삶의 진리를 위한 철학 수업

철학,
인간을
사유하다

삶의 진리를 위한 철학 수업

철학, 인간을 사유하다

초판 1쇄 발행 2014년 3월 5일

초판 2쇄 발행 2015년 4월 10일

-

지은이 이명곤

펴낸이 이방원

편 집 김민균·김명희·안효희·강윤경

디자인 손경화·박선옥

마케팅 최성수

-

펴낸곳 세창출판사

신고번호 제300-1990-63호

주소 120-050 서울시 서대문구 경기대로 88 냉천빌딩 4층

전화 02-723-8660

팩스 02-720-4579

이메일 sc1992@empal.com

홈페이지 http://www.sechangpub.co.kr

-

ISBN 978-89-8411-459-3 03100

이 도서의 국립중앙도서관 출판시도서목록(CIP)은 서지정보유통지원시스템 홈페이지(http://seoji.nl.go.kr)와

국가자료공동목록시스템(http://www.nl.go.kr/kolisnet)에서 이용하실 수 있습니다. (CIP제어번호: CIP2014005933)

삶의 진리를 위한 철학 수업

철학,
인간을
사유하다

이명곤 지음

세창출판사

들어가며

이 책은 인간이 인간답게 살며, 나아가 행복한 삶을 영위하기 위해서는 어떻게 살아야 하는가 하는 물음에 답하기 위해 쓴 일종의 철학 교양서적이다. 새는 새다울 때에 행복하듯이 인간은 인간다울 때에 행복하다는 단순한 진리를 근거로, '인간은 무엇이며, 어떻게 살아야 하는가?'라는 물음을 마주하였다. 복잡하고 모호한 현대사회 안에서 도대체 어떻게 살아야만 잘 사는 것인가, 보다 행복한 삶, 보다 진실 되고 가치 있는 삶이란 어떠한 삶인가에 대해서 고민하는 모든 이들에게 작은 길잡이를 제공하고자 하는 것이다. 어느 하나의 사상이나 철학적 도그마에 안착하지 않고, 가급적 보편적이고 상식적인 지평에서 다양한 문호, 철학자, 예술가, 시인의 입술을 통해 나타나고 있는 생의 진실과 지혜를 묵상하면서 삶의 진리를 드러내고자 하였다. 특히 성인으로서 스스로의 삶에 책임을 지고 세상에 첫발을 내딛는 20대들을 위해 자신의 삶을 성숙하고 주체적이며 보다 지혜롭게 살아가기 위한 길잡이 역할을 할 수 있도록 노력하였다.

지혜란 지식과 다르다. 지식이 단순한 앎을 의미한다면 지혜는 잘 사는 것에 도움을 주는 실천적인 앎이다. 여기서 잘 산다는 것은 '행복한 삶'뿐만 아니라, 보다 인간다운 삶, 보다 의미 있는 삶, 보다 가치 있는 삶, 보다 정의로운 삶 등을 말하는 것이다. 한국사회는 너무나 짧은 시기에 큰 경제적 성장을 이룩하여 가히 '경제 기적'을 낳은 국가라고 할 수 있다. 하지만 '무엇이든지 지나치면 모자람만 못하다'는 격언이 있듯이 이러한 불균형적인 경제적 발전은 수많은 부작용을 낳고 있다. 물질문명의 지나친 강조로 인해 인간이 물질화되고, 빈익빈 부익부가 첨예화되어 사회가 양분되고, 돈을 좀 더 벌기 위해서라면 타인의 생존을 위협하는 일도 마다하지 않는 냉혹한 사회가 되었다. 학교폭력과 가정폭력이 빈번하고 하루에도 수백 명이 자살을 하며, 이혼율이 세계상위권을 달리는 불행한 사회가 되고 말았다. 인문학이 위기를 겪는 사회가 되었고, '갑을 관계'라는 비극적 현실이 일상이 되어버린 사회가 현재 우리의 모습이다.

　이러한 사회현실 앞에서 과연 진정한 행복은 어디에 있을까? 이웃이 고통받고 있을 때, 나만이 안전하고 안락한 삶을 누린다면 행복할까? 무엇을 위해서 살아야 하는지 알지 못하면서 사회적 성공만 하면 행복할 수 있을까? 그렇지 않을 것이다. 가브리엘 마르셀은 진정한 행복은 나로 인하여 '너'가 행복해하는 모습을 볼 때 주어진다고 말한 바 있다. 이는 1등을 하고 상위 1%의 지위에 오른다고 해서 진정 행복한 삶을 영위할 수 있는 것은 아니라고 말해준다. 오늘날의 한국사회는 더 이상 정치적 제도나 다양한 사회단체를 통해서도 해결할 수 없을 만큼 도덕적, 정신적인 병폐가 깊다. 그럼에도 여전히 행복한 사회를 위한 희망을 가질 수 있다면 그것은 오직 교육의 힘이고, 인간의 심성과 정신을 새롭게 해주는 철학적 지혜의 힘일 것이다.

　진리眞理와 선善의 특성은 단순함에 있다. 루소는 '아직 미성년일 때는 공교육보다 차라리 자연 속에서 훨씬 많은 것을 배울 수 있다'고 하였다.

물론 이 말은 과장된 면이 있지만, 실천적인 지혜라는 차원에서 숙고해 볼 만하다. 우리는 주변에서 매일같이 이러한 진리를 체험할 수 있기 때문이다. 식물은 지구 상에서 가장 강한 생명력과 풍요함을 보여준다. 그들은 상처를 입어도, 병을 앓고 수족이 잘려나가도 끊임없이 새로운 싹을 틔운다. 끊임없이 새로운 잎을 내고 끊임없이 새로운 줄기를 탄생시킨다는 것, 바로 이것이 식물의 풍요한 생명력의 비결이다. 인간도 마찬가지다. 사회가 아무리 어둡고, 병폐가 아무리 깊어도, 끊임없이 새로운 정신을 탄생시킨다. 기성세대가 치유할 수 없을 만큼 혼탁하다 해도, 끊임없이 새로운 정신을 가진 이들, 상식적이고, 합리적이며, 진리를 통찰하고 선善을 갈망하는 젊은 정신이 탄생한다면 미래의 언젠가 한국사회는 매우 밝고 건강하며, 행복한 사회로 탈바꿈할 수 있을 것이다. 바로 이러한 진리에 작은 보탬이 되고자 하는 마음으로 이 책을 써내려갔다. 특히 청소년들에게 세상을 의미 있고 가치 있게 살아가는 데 작은 밑거름이 되기를 희망해본다.

이 책을 저술하면서 철학자, 문호, 예술가, 시인, 정치가의 명언을 매우 많이 인용하였고, 중간 중간에 이 명언들이 쉽게 눈에 띄도록 따로 모아서 제시하였다. 책을 읽을 시간이 없는 사람들에게 이 명언들만이라도 읽어볼 수 있도록 한 작은 배려라고 생각한다. 그리고 글을 쓰면서 글과 조화될 수 있는 적지 않은 삽화를 실었다. 신세대들의 성향에 조금이라도 부합하고자 하는 의도와 책을 읽는 작은 기쁨을 더해주기 위해서이다. 이 중에는 예전에 내가 그려둔 것도 있고, 이 책을 위해서 새로 그린 것들도 있다. 새로 그린 그림들은 대개가 위대한 화가들의 그림들을 모방한 것이 많은데, 평소에 내가 좋아하는 그림들을 직접 그려보고 싶은 갈망을 이번 기회에 한번 시도해보자는 생각과 그림을 소장하고 있는 기관이나 개인에게 누를 끼치지 않기 위해서였다. 아울러 자신의 견해를 말해준 아내에게 고마움을 표하며, 이 책이 출간될 수 있도록 허락해준 세창출판사 여러분에게도 감사를 드린다.

제주 아라동 연구실에서

이 명 곤

차 례

1장

사유의 힘,
보다 깊이
생각한다는 것

왜, 이 소나무는
크게 자라지 않는 것일까?

사유는 인간을 위대하게 한다

'인간이란 무엇인가?'라는 질문은 인류가 자신에 대해 생각하기 시작하면서 주어진 질문이다. 아마도 이 질문에 대한 가장 정확한 답이 있다면 그것은 '인간이란 무엇이라 규정될 수 없는 존재'라는 답변일 것이다. 인간을 어떻게 규정하든지 이러한 규정에 적합하지 않은 인간이 존재할 것이기 때문이다. 그래서 파스칼Pascal은 "인간이 무엇인지 알기 위해서는 모든 인간을 다 보면 된다"라고 하였다. 인간이 무엇인지를 규정하기 어려운 또 하나의 이유는 '인간이 무엇인가?'를 규정하기 위해서는 인간을 대상으로 고려할 수밖에 없는데, 이는 세상을 보는 눈이 눈 자신을 볼 수 없듯이 인간 역시도 자신을 스스로 객관적으로 바라볼 수 없다는 데에 있다. 그리고 인간을 제대로 규정하기 위해서는 인간존재가 지닌 다양한 국면—생물학적, 감성적, 이성적, 영적인 국면—을 모두 고찰하고 이 모두를 아우를 수 있는 용어와 개념을 도출하여야 한다. 하지만, 불행히도 이 모두를 아우를 수 있는 개념은 없으며, 이러한 사실은 인간언어의 한계를 말해준다. 그럼에도 '인간이 무엇인가?'라는 질문은 인간이 인간답게 살고 보다 잘 살기 위해서 필수불가결한 질문이다.

전통적으로 철학자들은 인간을 다양하게 규정한다. 그중에서도 '사유하는 존재'라는 규정은 인간의 본질을 규정하는 가장 일반적인 것이다. 왜냐하면 인간이 인간다울 수 있는 것은 무엇보다 먼저 생각할 수 있다는 것에 있기 때문이다. '생각하는 존재'라는 개념은 인간을 다른 생명체와 구별해주는 일종의 '유적類的인 구분', 즉 '인류'라는 개념에 가장 적합할 수 있다. 사유하는 인간의 특성에 대해 가장 중요한 의미를 두고 이를 예찬하는 철학자는 참으로 많다. 그중 몇 사람의 명언을 소개하면 다음과 같다.

데카르트Descartes: 나는 생각한다. 고로 나는 존재한다.

파스칼: 인간은 크기에 있어서는 우주에 비해 한 점 먼지에 불과하지만, 사유를 통해서 전 우주를 포함할 수 있다.

에메 포레스트Aimé Forest: 인간의 사유는 영적인 시선을 통해 세계의 본질을 완성한다.

가브리엘 마르셀Gabriel Marcel: 생각하지 못하는 병에 걸리지 않은 사람은 누구나 자유로울 수 있다.

‘생각하기 때문에 존재한다’는 말이 사실이라면, ‘생각하지 않으면 존재하지 않는 것’이 된다. 물론 문자 그대로 해석한다면, 이것은 말이 되지 않는 진술일 것이다. 그럼에도 ‘나의 존재’라는 의미가 무엇인가에 따라서 충분히 의미 있는 말이 될 수 있다. 가령 ‘나의 존재’가 다른 모든 인간과 구별되는 ‘나만의 것’이라고 한다면 그것은 곧 생각하는 것 외에 다른 것이 될 수가 없다. 내가 소유한 그 무엇이 아무리 희귀한 것이라 할지라도 유사한 것은 얼마든지 있을 수 있다. 미래의 과학기술은 마음만 먹으면 나의 세포 하나로 또 다른 나를 복제해낼 수 있을 정도로 발전할 것이다. 하지만 나의 생각, 나의 사유와 유사한 것은 있을 수 없으며, 이를 복제하는 기술은 어디에도 없을 것이다. 나의 사유는 가장 근원적으로 나를 규정해주는 그 무엇임이 분명하다.

그리고 인간이 사유를 통해서 ‘우주를 포함한다’는 것은 매우 의미심장한 말이다. 이 말에는 상상을 통해서 우주 전체를 생각할 수 있다는 의미도 있겠지만, 보다 근본적으로 ‘우주’라는 개념 자체가 인간의 생각을 통해서 가능하게 된다는 의미가 포함되어 있다. 혼란스럽고 카오스와 같은 우주를 질서정연하고 하나의 통일된 존재처럼 고려하고 있는 것은 바로 인간의 사유 덕분이기 때문이다. 자연과 세계를 가장 고상하게 규정해주는 것은 자연이 곧 신성한 그 무엇이라고 정의하는 것이다. 샤머니즘이나 토테미즘은 자연에 영적인 무엇을 부가하여 신성한 것으로 간주하였고, 중세인은 모든 자연에 신의 현존이 있다고 믿었고, 스피노자Spinoza도 "세계 전체가 곧 신"이라고 보았다. 하지만 이러한 진술들은 단지 믿음이나, 생각만으로 그렇게 되는 것은 아니다. 이러한 생각이 현실적인 것이 되기 위해서는 인간의 정신이 영적인 지평에 맞닿아 있고, 실제로 이러한 신성함을 자연에서 발견하여야 한다. 하지만 어떤 의미로 인간의 정신은 자연 속의 신성함을 '발견'하는 것이 아니라, 진정한 자연의 모습을 되찾아준다는 표현이 맞을 것이다. 즉, 닫혀 있고 하찮은 것 같은 자연이 진정한 자신의 모습을 보여주는 것은 오직 그것을 받아들일 준비가 된 깊이 사유하는 인간의 정신에게뿐이다. 이렇게 사유는 자연의 본질을 완성하는 것이다. 이러한 것은 인간이 사유를 통해서 세계를 창조하고 사유를 통해서 무의미한 자연에 의미를 부여하는 것을 의미한다. 이는 인간의 위대함은 곧 사유하는 데서 출발하고 있음을 말해주고 있다.

마찬가지로 '사유가 자유를 가능하게 한다'는 가브리엘 마르셀의 진술도 사유가 인간을 인간답게 하고 또한 인간을 위대하게 한다는 사실을 말해준다. 인간이 아닌 모든 존재는 자연법칙이나 본성의 법칙을 벗어날 수가 없다. 물은 0° 이상에서는 결코 어는 법이 없고, 비는 항상 땅으로 내리는 법이다. 가을이 되면 단풍이 물들고 겨울이 되면 잎이 모두 떨어진다. 해는 항상 동쪽에서만 떠오르고 소는 변함없이 풀을 먹는다.

표범은 결코 하늘을 날고자 하지 않으며, 고래는 땅을 걷고자 하지 않는다. 사자는 결코 불쌍한 영양을 위해 배고픔을 인내하는 법이 없고, 자신보다 허약한 표범에게 먹이를 양보하지 않는다. 하지만 인간은 다르다. 인간은 계절에 상관없이 물을 얼게 하고, 두 다리로 걷는 존재이지만 하늘을 날고자 하고 바닷속을 다니고자 한다. 또 이웃을 위해서 자신의 양식을 나누기도 하며, 심지어 다른 사람을 위해서 생명을 내어놓기도 한다. 이것이 곧 인간이 '자유로운 존재'라는 것을 말해주며, 이 인간의 자유는 곧 사유함에서 비롯되는 것이다. 어떻게 새들이 하늘을 날 수 있는가를 깊이 사유하지 않았다면 결코 비행기를 발명할 수 없었을 것이며, 왜 사과는 항상 아래로 떨어지는가를 생각하지 않았다면 중력이나 만류인력의 법칙도 발견할 수 없었을 것이다. 작은 나눔은 사유 없는 충동으로도 가능하겠지만, 자신의 재산을 나누는 일과 같은 도덕적인 일 그리고 벗을 위해 생명을 내어주는 일은 결코 깊고 진지한 생각이 없이는 있을 수 없는 일이다. 자연 법칙을 초월하고 인간의 본성을 넘어서는 도덕적인 일들은 모두 깊이 사유하는 인간의 특수성에서 기인된 것이다. 보다 생각이 깊은 사람은 보다 큰 자유를 누리는 사람이다. 보다 많이 사유하는 사람은 보다 많은 것을 발견하고 보다 큰 정신을 가진다. 사유는 인간성의 뿌리와도 같다. 전혀 사유하지 않는 인간은 마치 돌과 바위 같아서 전혀 변화가 없는 단조로운 삶을 살 뿐이다. 항상 적당히 생각하고 사유의 틀이 작은 사람은 마치 화분에 심어진 분재와도 같아서 결코 위대한 정신을 가질 수가 없을 것이며, 결코 사람을 감동하게 하는 도덕적인 선업善業을 이룰 수가 없을 것이다. 하지만 많이 생각하고 깊이 사유하는 사람의 정신은 물가에 심어진 나무와 같아서 풍성한 잎과 새로운 열매를 낼 것이다.

「지폐 속의 마리 퀴리」

유로화 이전까지 프랑스에서 사용된 가장 비싼 프랑화 속의 인물은 마리 퀴리였다. 라듐 추출 기술을 발명한 마리 퀴리는 '국제적 특허를 신청하라'는 정부의 압력에도 불구하고 전 세계 과학자들에게 자신의 연구기록물을 우편으로 보내었다. 그리고 편지에 '이것은 전 인류를 위해 자연이 준 신의 선물이므로 그 누구도 독점할 수 없다'고 자신의 행위에 대한 이유를 설명하였다.

　　프랑스에서 가장 존경받는 위인 중에 꼽히는 마리 퀴리Marie Curie 부인은 폴란드 사람이었다. 그녀가 프랑스의 가장 위대한 위인으로 인정을 받고, 외국인으로서 프랑스 최고가 지폐인 500프랑의 인물로 선정되고 프랑스를 빛낸 위인들만이 안장되는 판테옹 신전에 묻힐 수 있는 영예를 받은 것은 방사성 원소를 탐구한 그녀의 과학적 업적과 이로 인해 두 번씩이나 노벨상을 받은 과업 덕분이었다. 하지만 프랑스인들이 그녀를 가장 큰 위인이라고 생각하게 된 것은 이러한 그녀의 과학적 업적이 아니라 그녀의 숭고한 도덕성에 있었고, 이 도덕성은 곧 그녀의 깊은 사유 덕분이었다. 그녀 자신은 헌신적인 연구 끝에 암에 걸려 생을 마감했지만, 결코 자신이나 자녀들을 위해 '특허'를 내지 않고 모든 인류를 위해 자신이 발견한 법칙과 기술을 헌납하였다. 이것은 곧 혈연과 민족의 한계를 넘어선 그녀의 '인류애'를 증명하는 것이다. 왜, 이러한 놀라운 발견과 기술을 모든 인류를 위해 헌납하여야 하는가? 왜, 그렇게 하는 것이 진정 바람직한가에 대한 오랜 고뇌와 사유가 없었다면 결코 불가능한 일이었을 것이다.

❎ 사유는 의미와 가치를 유발한다

인간은 누구나 의미 있고 가치 있는 삶을 추구한다. 그런데 의미 있다는 것은 무엇을 말하는가? 의미意味란 '뜻'과 '맛'의 합성어이다. 즉, 의미가 있다는 것은 '정신적인 명분'이 있다는 것과 '흥미' 혹은 '재미'가 있는 것을 말한다. 인간이 하는 모든 일에는 '명분'과 '흥미'가 있다. 어떤 일은 명분보다는 '흥미'나 '재미'가 더 클 수가 있고, 어떤 일은 '흥미'나 '재미'가 없지만 '명분' 때문에 하기도 한다. 이 둘이 모두 다 있다면 좋겠지만, 어느 하나만으로도 어떤 일을 지속할 수 있는 원인이 된다. 직장인들이 흔히 "그만두고 싶지만 가장으로서의 의무 때문에 어쩔 수 없이 계속 직장에 다닌다"는 푸념을 할 때, 직장은 곧 흥미는 없지만 '명분'으로서 하는 것이 된다. 반면 매일 게임방을 드나드는 학생이, 안 좋은 것인 줄은 알지만 정말 재미있어서 그만둘 수가 없다고 할 때에는 '명분'은 없지만 '흥미'가 있기 때문에 지속하는 것이다. 어느 것이든 지속하는 이유는 '의미'가 있기 때문이다. 반면 명분도 없고 흥미도 없는 일이라면, 그것은 무의미한 일이다.

실존주의자의 선구자였던 키르케고르Kierkegaard는 "의미 없는 삶 그것은 죽음이다"라고 말하였다. 이는 무의미하게 사는 삶이란 살아도 산 것이 아니라는 말이다. 나의 삶이 가치가 있다는 것은 다양한 의미를 지니겠지만, 그중 첫 번째 의미는 '나의 삶은 나에게 의미가 있다'는 것이다. 그리고 이러한 의미는 곧 사유함에서 주어진다. 사실 '흥미'나 '재미'는 사유와 무관할 수 있다. 재미란 본질적으로 감각적인 것으로서 본성적으로 주어지는 것이지 사유를 통해서 주어지는 것은 아니다. 하지만 그럼에도 단순히 '재미있음'이 어떤 가치 있는 사실이 되기 위해서는 '사유'를 통해야만 한다. 예를 들어 수영은 단순히 재미있기 때문에 할 수 있고, 인터넷 게임도 단순히 재미있기 때문에 할 수 있다. 하지만 이 둘의 재미나 흥미는 동일하지 않으며 질적인 차이를 내포하고 있다. 전자는 '단순한 재미' 외에 건강에 도움이 된다, 스트레스를 해소할 수 있다는 등의 다른 의미가 파생되기에 가치 있는 것이다. 반면 후자는 건강을 망친다, 정신을 불안하게 한다는 등의 부정적인 의미가 파생되기에 '가치가 없는 재미'라고 할 수 있다. 이렇게 동일하게 재미있는 일도 '가치 있는 것'과 '무가치한 것'으로 구분할 수 있다. 그리고 이러한 구분은 오직 사유를 통해서만 가능하다.

'의미 있는 일'이 명분에서부터 주어질 경우에도 그 의미와 가치는 전적으로 사유를 통해서 주어진다. 예를 들어 학생들의 통학버스를 운전하기 위해서 매일 새벽 5시에 일어나서 버스회사로 나가야 하는 운전사의 경우 일의 고됨에 비해 급료가 매우 적을 수 있다. 만일 이 운전사가 '먹고살기 위해서 어쩔 수 없이' 운전을 한다면, 그의 삶은 매일매일이 고된 노동일 뿐 무의한 삶의 연속일 것이다. 반면 그럼에도 이러한 운전사의 삶이 매우 '의미 있는' 일이 될 수 있다. 그것은 명분을 발견하는 일이다. 여러모로 열악하기만 한 '통학버스운행'이 만일 그가 단순히 '먹고 살기 위해서'가 아닌, 수많은 학생들의 발이 되어 준다, 나로 인해 많은 학생이 지각하지 않고 학교수업에 참석할 수 있다, 일은 고되지만 매일 순수하고 밝은 젊은이들과 함께할 수 있다, 비록 급료는 적어도 젊은이들을 위한 보람된 일이다는 등의 다른 가치를 발견할 수 있다면 매일 기쁜 마음으로 운전대를 잡을 수 있을 것이다. 이렇게 새로운 가치를 발견하고 단조롭고 고단한 일을 매우 의미 있는 일로 바꾸는 것은 오직 사유를 통해서 가능하다. 이처럼 사유한다는 것은 거의 모든 인간적인 일에서 보다 많고 보다 의미 있는 가치들을 발견해낼 수 있는 것이다.

사실상 인문학적인 앎이란 새로운 것을 발견하게 하기보다는 이미 주어져 있는 많은 일에서 다양한 새로운 가치와 의미를 발견하게 하는 앎이다. 그중에서도 '지혜sopia'를 말하는 철학적인 앎이란 지식과 구별되는 것으로 가치와 의미를 창조하는 앎이다. 지식이 본질적으로 '정보의 습득'이라고 한다면 지혜는 '지식에서 가치를 창출하는 것'이라고 할 수 있다. 지식이 습득과 암기에서 주어지는 것이라면, 지혜는 깊이 사유하는 것에서 주어진다. 특히 철학적 앎을 의미하는 이 지혜는 '자기 자신을 알게 하는 앎'이다. 보다 정확히는 자신의 가치와 자신의 삶의 의미를 알게 하는 앎이다. 그리스 신화에는 「나르시스의 오류」라는 일화가 있다. 나르시스는 매우 아름다운 청년으로서 자신의 외모에 대해 자부심이 강한 청년이었다. 요즘으로 치면 제일가는 꽃미남이라고 할 수 있는 외모를 가진 청년이었다. 하지만 이러한 출중한 외모 때문에 오히려 그는 고독하게 혼자 지낼 수밖에 없었다. 왜냐하면 그는 자신의 벗이 될 수 있는 사람은 오직 자신의 외모에 걸맞은 사람이어야 한다고 생각하였기 때문이었다. 그는 매일같이 자신과 유사한 아름다움을 가진 사람을 기다렸지만 결국에는 발견하지 못하였다. 그러던 어느 날 연못에 비친 자

「카라바조의 나르시스」로부터

연못에 비친 자신의 모습을 바라보는 나르시스

철학자 루이 라벨Louis Lavelle은 「나르시스의 오류」라는 제목의 저술을 통해서 인간성이 범하는 보편적인 오류에 대해 말해주고 있다. 그 핵심은 '진정한 소통의 부재' 혹은 '소통의 부재로 인한 자아의 망각'이다. 진정한 소통은 내면성의 일치를 의미한다. "인간은 타인과의 내적인 교감이나 소통을 통해서만 자신의 존재에 보다 잘 진입할 수 있다"라고 라벨은 말한다. 하지만 인간은 본성적으로 타인의 내면보다는 외면(외모, 소유물, 직업, 업적 등)에 보다 집착하고 의미를 두기에 타인과의 진정한 소통과 교감을 가지지 못하고 또한 이로 인해 진정한 자신의 존재가치를 발견하지 못한다. 왜냐하면 끊임없이 타인의 외모를 모방하고 흉내 내면서 점차 자아를 상실해가기 때문이다. 자아의 상실은 곧 자신의 본질을 망각하게 하고 내적인 반향이 없는 인간관계는 인간을 고독하게 만든다.

신의 모습에 반하여 그만 풍덩 연못에 뛰어들어 죽고 말았다. 이 일화는 매우 단순하지만 의미심장한 현실의 사실들을 상징적으로 보여주고 있다. 참으로 행복하고 의미 있는 삶의 조건을 갖춘 나르시스가 매우 고독하게 지내다 무의미하게 죽어버린 이유는 단 한 가지, 그것은 '전혀 생각하지 않았다'는 사실이었다. 그가 의미를 둔 것은 오직 '외모'였다. 아름다운 외모를 갈망한다는 것, 이 자체가 나쁜 것은 아니다. 하지만 인간의 삶에는 아름다운 외모보다 더 중요한 것이 많다. 만일 그가 사람들 중에는 외모가 별로여도 마음이 매우 아름다운 사람이 있다거나, 정신이 매우 훌륭한 사람이 있다는 것을 생각할 수 있었다면, 그는 결코 그렇게 고독하게 지내지는 않았을 것이다.

나르시스의 오류는 인간의 내면을 보아야 한다는 단순한 진리를 말해주고 있지만, 좀 더 깊이 생각해보면 여기엔 '자신의 존재가치'에 대한 반성의 결여가 내포되어 있다. 현대인이 전형적으로 범하는 오류이기도 한 이 '존재가치에 대한 반성의 결여'는 사실 모든 인류가 지녔던 공통의 오류이기도 하다. '나의 존재'란 무엇인가? 나의 존재란 단적으로 '나인 것' 혹은 '나의 총체성'을 의미한다. 예를 들어 인간에 관한 어떤 학문분야가 새롭게 탄생한다고 해도 이는 여전히 '인간존재'에 대한 학문인 것이다. 따라서 인간을 존재로 고려한다는 것은 그의 생명 그 자체를 하나의 절대적인 '선물'로 고려하는 것이 된다. 한 인간의 탄생은 단지 우연의 산물로 볼 수도 있겠지만, 또한 그가 처한 상황이 유일한 인간의 드라마 속 한 부분을 차지한다는 측면에서 무한한 의미를 지니고 있다. 그가 탄생한다는 것은 그의 가족적, 민족적, 역사적 상황 안으로 한 생명이 삽입된다는 것이며, 이러한 막대한 역사적 상황 속에서 가지는 삶을 전체적으로 무상으로 부여받는다는 것을 의미한다. 이러한 역사적 상황 속에서 자신의 생명이 가지는 의미를 말해줄 수 있는 자는 오직 자신뿐이다. 내가 왜 하필 한국인으로 태어났는가? 내가 왜 하필 교사의 아들로 태어났는가? 왜 하필 가난한 시인의 아들로 태어났는가? 하는 등의 질문에 의미를 부여할 수 있는 자는 오직 자신뿐이다. 그렇기 때문에 각자는 또한 자신만의 역사와 삶의 의미를 이루어 간다. 인생의 역사를 드라마라고 한다면, 각자는 자신이 소설가이고 자신이 주인공인 그러한 드라마를 영위하는 것이다. 이 드라마 속에서 나의 인생의 역사는 오직 나만이 지닌 유일한 일생이며, 이 일생에 가치를 부여할 수 있는 것은 오직 나뿐이다. 드라마 속에서 보다 가치 있는 것이나 보다 의미 있는 것은 오직 드라마를 구성해가는 자신의 의도와 의지에 달려 있다. 보다 많은 부나 가난, 보다 아름다운 외모나 못생긴 얼굴, 좋은 직업이거나 기피하는 직업, 비극적인 삶의 현장이거나 행복한 삶의 현장 등 모든 것은 그 자체로 가치중립적인 것이며, 그 드라마가 어떤 목적이나 의미를 가진 드라마인가에 의해서만 그 가치가 결정되는 것일 뿐이다. 그리고 이러한 인생의 드라마에 의미와 목적을 부여하는 것은 오직 나의 사유를 통해서이다. 가령 병약하게 태어난 자신을 한탄할 수도 있겠지만, 어려움을 극복하고 훌륭한 삶을 이루는 것이 보람되고 가치 있는 삶이며, 고난을 극복하는 것에 관객들이 박수갈채를 보낸다고 생각하게 된다면 자신의 열악한 상황은 오히려 축복으로 보일 수 있다. 마음 한번 바뀐다고 지옥이 천국이 될 수는 없겠지만, 인간은 사유를 통해서 거의 모든 것을 바꿀 수 있다. 물리적인 변화가 아니라 가치의 전도와 의미의 변환을 말하는 것이다.

사유는 인간을 보다 더 큰 세계로 열리게 한다

　철학적 인간학의 창시자인 셸러Max Scheler는 "인간은 보다 더 큰 세계로 열려 있는 X"라고 말하였고, 파스칼은 "인간은 인간을 무한히 초월하는 존재"라고 말하였다. 어떻게 하여 인간은 자신보다 더 큰 세계로 열려 있으며, 자신을 무한히 초월할 수 있는 것일까? 물론 이러한 진술은 '신성한 세계와의 교감'이라는 종교적 인간으로서의 진리를 암시하고 있다. 그러나 우리는 이러한 인간의 진리를 일상의 삶에서 매일같이 체험할 수도 있다. 인간은 사유한다는 한에서 '항상 보다 나은 것', 즉 '이상적인 것'을 추구하는 존재이다. 기업인들은 아무리 많은 수익을 올려도 그보다 더 많은 수익을 창출하고자 기획하고 있으며, 99점을 받은 학생은 100점을 받지 못한 사실을 아쉬워한다. 아무리 아름다운 여인도 자신의 외모에 완전히 만족하지 못한다. 생애 최고의 걸작을 만들었다고 생각한 예술가도 얼마 지나지 않아 보다 더 나은 작품을 산출하고자 애를 쓴다.

　왜 인간은 항상 보다 더 나은 것을 추구하는 것일까? 인간의 욕심은 끝이 없어서일까? 그렇게 볼 수도 있을 것이다. 하지만 그것이 자연스런 본성적인 것이라면 욕심이라고 할 수는 없다. 그것은 곧 사유하는 인간이 가지는 필연적인 삶의 법칙이다. 인간은 사유를 통해서 '이상적인 것'을 생각할 수 있는 존재이다. 적극적인 의미에서 이상적이라는 것은 '현실적으로 불가능한 것'을 말한다. 이상적인 것이 이 지상에 존재한다면 그것은 이미 현실적인 것이지 더 이상 이상적인 것은 아니다. 그래서 플라톤Platon은 '이상적인 것'이 존재하는 곳은 이 세상이 아니라 저편세계, 즉 '이데아idéa의 세계'라고 생각하였다. 그리고 항상 이상적인 것을 추구하는 인간의 사유를 보면서 '인간의 영혼은 탄생 이전에 이데아의 세계에서 이데아들과 형제관계에 있었다'고 생각한 것이다. 물론 '이데아의 세계'에 관한 이러한 생각은 다분히 '신화적인 사고'이지만, 여기에는 매우 의미심장한 인간성의 진리가 내포되어 있다. 그것은 보다 나은 삶을 영위할 수 있는 존재라는 '도덕적인 인간'의 진실이다.

도덕을 의미하는 '모럴moral'은 '보다 나은 것을 지향하는 정신'을 의미한다. 따라서 모럴이 있는 사람이란 항상 보다 나은 것을 추구하는 사람을 말한다. 그런데 사실상 이러한 모럴은 어떤 특정하고 고상한 사람들이 지니고 있는 것이 아니라, 인간이면 누구나 지닌 인간의 본성이다. 그래서 레비나스Emmanuel Lévinace 같은 철학자는 "창조의 기적은 자신을 창조할 수 있는 '도덕적 존재l'être moral'를 창조한 데 있다"라고 하였다. 이는 도덕적인 행위를 통해서 '자신이 어떤 사람인 것'을 창조해가는 것이 곧 인간의 본성의 진리라는 말이며, 또한 도덕적 행위를 통해서 자연적인 질서를 넘어서는 것을 기적, 즉 '신의 업적'이라고 보는 것이다. 인간이 본성적으로 도덕적이라는 사실은 많은 것을 시사해주고 있다. "모로 가도 서울만 가면 된다"라는 우리 속담은 모럴의 관점에서 보면 잘못된 속담이다. 왜냐하면 중요한 것은 어떻게 가든 서울까지만 가면 되는 것이 아니라, 보다 잘 가는 것이 문제이기 때문이다. 즉, 결과도 중요하지만 그 과정이 또한 그에 못지않게 중요한 것이다. 모든 일에 있어서 보다 나은 것을 추구할 수 있는 것은 사유하는 인간의 특성 때문이다. 밥을 먹더라도 꽃 한 송이를 식탁에 두고 먹을 수 있는 여유, 집을 짓더라도 주변 환경과 어울리게 짓는 여유, 힘들지만 타인에게 작은 미소를 보낼 수 있는 여유, 가난한 이들을 위한 작은 기부를 할 수 있는 여유 등은 모두 '보다 잘 살고자' 생각하는 삶에서 주어질 수 있는 것이다. 이러한 작은 도덕적인 행위들이 모여서 '노예제도가 폐지되고' '민주사회가 도래하고' '여성의 권익이 신장되고' '복지사회가 성립'하게 된 것이다. 이렇게 사유한다는 것은 현재의 나를 넘어서 보다 더 큰 나를 형성하게 하는 원동력이다.

오늘날 현대사회에서는 수많은 사회적 문제들이 난무하고 있다. 한국사회에서 좋지 않는 사회적 현상들에서, OECD 국가 중 1위를 달리고 있는 문제들을 조사해보면 무려 15가지가 넘는다. 그동안 지나치게 인간적인 가치들을 경시하고 물질문명을 지향한 데 대한 자업자득인 셈이다. '빈익빈 부익부의 경제 불평등문제', '높은 자살률의 문제', '학교폭력의 문제', '높은 이혼율', '부모·자식 간의 대화단절', '실업률', '사건 사고율', '독거노인 문제', '남북한 문제', '비정규직 문제', '갑을 문제' 등 행복한 사회를 이룩하는 데 있어서 걸림돌이 되는 무수한 문제들이 우리 사회에 존재하고 있다. 이러한 문제들은 정치가들의 노력과 제도적인 개선 등으로 조금씩 해결해가야 하겠지만, 보다 근본적으로 사회구성원 모두가 '깊이 사유하는 습관'을 가질 때 비로소 해결할 수 있는 것들이다. 모든 국민이 '어떤 것이 옳고 그른지', '어떤 삶이 모두의 행복을 위해 바람직한지', '인간다운 것은 무엇이며', '행복한 삶이란 어떤 삶인지', '나의 인생의 의미'는 무엇인지 등에 대해 깊이 사유하는 습관을 가지게 된다면 언젠가는 이러한 문제들의 근원이 사라지고 보다 살기 좋은 행복한 한국사회가 도래할 것이다.

2장

행복을
위해서는
도덕적이어야
하는가

새들도 행복을 느끼는 것일까?
인간의 행복은 새들이 느끼는 행복과
무엇이 다를까?

「눈 속의 동행」

도덕 없이도 행복할 수 있을까?

모든 사람은 다른 사람들이 도덕적인 존재가 되어줄 것을 바라지만 자신이 도덕적인 존재가 되는 것은 꺼려한다. 왜 그럴까? 이 질문에 대해 프랑스의 문호 폴 발레리Paul Valéry는 "도덕이란 일종의 욕망들을 추구하지 않는 기술이며, 마음에 들지 않는 것을 하는 혹은 마음에 드는 것을 하지 않는 일종의 기술이기 때문"이라고 말하고 있다. 사실이 그렇다. 도덕적이란 말 그대로 우리의 본능적인 지향성에 반대되는 것이며, 힘겨운 어떤 것이다. 가령 가난한 이를 돕기 위해서 모금을 할 때, 여기에 동참하는 것은 내가 지닌 '부'를 어느 정도 포기한다는 것을 의미하며, 그것이 큰 금액이든 작은 금액이든 망설임을 유발한다는 것은 누구나 경험할 수 있다. 그렇게 많은 부를 소유한 대기업들이 적은 세금을 아끼려고 온갖 수단방법을 가리지 않는 것도 사실은 누구나 자신의 이익을 추구한다는 인간의 본능적인 행위에서 비롯된다.

어떤 의미에서 도덕적이 된다는 것은 '자신의 이익을 추구한다'는 존재의 자연적인 법칙을 거스르는 것과 같다. 그래서 레비나스는 "도덕적인 존재를 창조한 것이야말로 최대의 기적"이라고까지 표현한다. 이 말을 좀 더 깊이 음미해보면 매우 의미심장하고 중요한 진실이 내포되어 있다. 인간이 도덕적인 존재라는 것, 혹은 인간이 도덕적인 존재가 될 수 있다는 것은 당연한 사실 같지만, 실제로 이는 매우 어려운 일임을 의미하기 때문이다. 어떤 관점에서 보면 인류가 그 수많은 세월을 '진화'해오면서, 인간 자신을 이롭게 하는 그토록 찬란한 문명을 건설한 것도 사실은 '도덕적인 존재'가 되지 않기 위한 의식적·무의식적인 노력이 내포되어 있다.

오늘날 유행하는 과학적 저작 중에 『이기적 유전자』라는 책이 있다. 이 책은 기존의 진화론을 DNA라는 '유전인자'를 통해 전체적으로 다시 고찰하는 책이다. 이 책의 핵심을 요약하면 '애초에 DNA라는 유전자가 존재하였고, 지구상의 모든 생명체의 공통된 생명의 법칙은 이 DNA가 보다 잘 생존하기 위해서 생존에 유리한 외형을 만들어내는 것'이다. 즉, 인간이라는 고등동물도 사실은 DNA가 자신의 생존에 유리한 영장류를 고안한 것일 뿐이며, 이는 강하게 말해서 인간이란 DNA의 한 겉옷에 지나지 않는다는 것이다. 물론 이러한 황당한 것 같은 이론이 사실인가 하는 질문은 어리석겠지만—왜냐하면 이는 사실에 대한 진위가 아니라, 현상을 바라보는 특정한 관점을 의미하는 것이기에—그럼에도 이러한 사유들이 현대인의 사고방식에 매우 큰 영향을 미친다는 것은 우려스러운 일이다. 물론 이러한 사유들에도 어느 정도 진실이 내포되어 있다고 할 수 있는데, 그것은 생명체의 생명의 법칙이 '생존하는 것'임을 부정할 수가 없다는 점이다. 모든 생명체는 우선 그것이 살아 있다는 측면에서 살고자 하고 죽음을 회피한다. 이는 "모든 존재는 자신의 존재를 보존하고 계속 존재하고자 하는 법칙을 존재의 제일법칙처럼 지니고 있다"는 스콜라 철학자인 토마스 아퀴나스Thomas d'Aquin의 사유와 유사한 측면을 가지고 있다. 하지만 '생존하다'는 말과 '존재하다'는 말은 그 의미에 있어서 하늘과 땅 차이다. 생존하다는 것은 생물학적으로 죽지 않고 살아 있다는 것이지만, 존재하다는 것은 존재가 가지는 모든 가치를 실행한다는 것을 의미한다. 예를 들어서 "나는 사유한다. 고로 나는 존재한다"는 데카르트의 명제에 의하면, 살아 있지만 사유하지 않는 사람은 존재하지 않는 것과 같다. 즉, 존재한다는 것에는 존재가 가진 모든 가치 '살아 있음', '생각함', '창조함', '느낌', '문화의 향유', '사랑함' 등 모든 것이

리처드 도킨스Richard Dawkins의 『이기적 유전자』와 일반화의 오류

'과학을 넘어 현대사회의 고전'이라고 광고하고 있는 『이기적 유전자』는 그만큼 유전자라는 말이 현대사회에 매우 영향력을 미치는 과학적 용어임을 말해주고 있다. 하지만 이 책에서 주장하는 내용인 '모든 진화는 유전자의 자기 생존을 위한 발명'이라는 이론은 심각한 '일반화의 오류'를 범하고 있다. 일반화의 오류란 하나의 사태에 대해서 그 원인은 다양하고 복합적인 것일 수 있는데, 이 중에 어느 하나를 선택하여 그것을 유일한 원인으로 고려할 때 발생하는 오류이다. 가령, 한 위대한 화가가 자신의 인생을 예술에 헌신하게 된 데에는 수많은 원인이 있을 수 있다. 하지만 뒤늦게 이 화가가 젊은 시절 음악선생을 짝사랑했다는 사실이 발견되자, 그가 화가가 된 진짜 원인을 '젊은 시절의 짝사랑 때문'이라고 규정하는 것과 같다. 사실상 유전자의 자기생존이라는 말 자체가 마치 태양의 자기생존이나, 달의 자기 행복이라는 말처럼 신화적인 용어라고 볼 수도 있다.

해당한다. 이는 생존하는 것이란 그냥 생명을 유지하는 것이지만, 존재한다는 것은 보다 잘 사는 것 일체를 말하는 것이다.

그런데 생존만을 문제 삼고 있는 것은 보다 더 잘 산다는 모든 가치를 무의미한 것으로 만들어버린다. '모럴moral'은 '정신적인 것'이라는 'mental'에서 파생된 용어이다. 인간의 정신적인 특성은 다양하지만 그 중 하나가 '보다 더 나은 것을 추구하는 성향'이다. 즉, 인간의 정신이 가진 본성적인 기질이 항상 '보다 더 나은 것'을 추구한다는 것이다. 시험을 보더라도 친구를 만나더라도 항상 이후에는 어떤 후회가 남게 된다. '후회'란 본질적으로 더 잘할 수 있었는데 못했다는 아쉬움의 표현이며, 이러한 아쉬움은 항상 우리의 일상생활과 함께한다. 이것은 곧 생각하는 것의 증거요 인간이 정신적인 존재라는 것을 의미한다. 그리고 사실상 '행복을 추구한다'는 말 그 자체 안에 이미 보다 나은 것을 갈망한다는 것이 포함되어 있다. 보다 더 나은 것을 추구한다는 것은 다른 의미로 보다 가치 있는 것을 추구한다는 말이며, 우리가 잘 산다고 할 때, 이는 보다 가치 있는 삶을 산다는 것을 의미한다. 보다 가치 있는 것을 소유하거나 보다 가치 있는 삶을 살 때 우리는 보다 행복하다고 말할 수 있다. 나에게 소중한 것이 있거나 소중한 삶을 살아갈 때, 행복하다고 느낄 수 있기 때문이다. 그래서 사실상 행복을 추구한다는 말이나, 보다 가치 있는 것을 추구한다는 말이나 유사한 말이다. 이는 결국 인간이 보다 도덕적인 삶을 살 수 있을 때 보다 행복할 수 있다는 말이 된다. 따라서 생존만을 강조하고 보다 가치 있는 것, 보다 소중한 것을 말하지 않는 사회는 더 이상 '행복'을 추구하지 않는 사회와 같다. 요즘의 한국사회는 매일상이 사는 것이 아니라 생존하는 것과 같고, '살아남아야 한다', '생존해야 한다' 등이 일상적인 말이 되어버린 것 같다. 이러한 사회적 분위기는 왜 한국의 부모들이 자녀들에게 행복에 관하여 말하지 않으며, 자녀들의 행복을 걱정하지 않는가 하는 것을 설명해주는 이유이다.

아마도 부모들은 무의식중에 '행복하기 위해서라도 생존해야 한다'고 생각하거나 아니면 '생존을 잘하면 그것이 곧 행복한 삶'이라고 착각하는 것인지도 모른다. 즉, 건강하고 공부를 잘하면 좋은 대학을 다닐 수 있고, 좋은 대학은 곧 좋은 직업으로 이어지고, 좋은 직업은 곧 행복을 보장할 것이기 때문에 '공부 잘하고' '건강하기만 한다면' 결국 행복한 삶을 살게 되리라고 생각하는 것이다. 하지만 행복이 보다 소중한 것을 많이 가지고 보다 가치 있는 삶을 사는 것이라고 한다면, 좋은 직장이나 높은 월급은 단지 행복을 위한 '요소'일 뿐 결코 행복을 보장해주지는 않는다. 다른 선진국 사람들이 공부나 건강과 무관하게 독립적으로 행복을 걱정하고 있다는 것은 행복이란 '건강'과 '공부'에 달린 것이 아니라는 말이다. 그렇다면 행복은 어디에서 오는가? 철학자들은 이를 어떻게 생각하고 있을까?

철학자들이 말하는 행복으로의 길

철학자들은 저마다 행복에 관하여 말하고 있다. 이들의 생각이 반드시 행복에 대한 정답이라고 말할 수 없을지라도 이들은 우리에게 행복에 관하여 많은 것을 생각하게 해준다. 그리고 이들의 말에서 행복하기 위해서는 도덕적인 존재가 되어야 한다고 역설하고 있음을 하나같이 발견할 수 있다. 행복이 '개별적인 것'이라는 역설을 하는 철학자는 세네카Seneca, 아리스토텔레스Aristoteles, 보리스 비앙Boris Vian 등이다.

세네카: 각자는 혼자서 행복으로 향하는 길을 발견하여야 한다.
아리스토텔레스: 행복이란 그들 스스로 충분한(만족하는) 그것이다.
보리스 비앙: 내가 관심이 있는 것은 모든 인간의 행복이 아니다. 그것은 각자의 행복이다.

세네카는 행복의 길은 각자가 마련해야만 한다고 말하고 있다. 그런데 우리는 왜 각자가 행복의 길을 마련해야 하는가? 길을 가는 것은 각자의 몫이라도 옛 성현들이 이 길을 마련해줄 수는 없을까? 이러한 질문을 아리스토텔레스를 통해 답해볼 수 있을 것이다. 아리스토텔레스는 '스스로 충분한 자'만이 행복하다고 한다. '스스로 충분한 자' 혹은 '스스로 만족하는 자'란 무슨 의미인가? 스스로 충분하다는 것은 내가 지닌 욕구나 내가 갈망하는 것이 채워졌을 때이다. 그런데 내가 갈망하고 내가 원하는 것은 남들이 원하고 남들이 갈망하는 것과는 다르다. 어릴 때에는 내가 원하는 것이 남들이 원하는 것과 크게 다를 바 없지만, 나이가 들어감에 따라서 내가 원하는 것은 남들과 다를 수밖에 없다. 나의 가치관이나 세계관이 보다 뚜렷해질수록 내가 갈망하는 것은 남들이 갈망하는 것과 다르며, 내가 소중하게 여기는 것은 남들이 소중하게 여기는 것과 다르다. 그렇기 때문에 내가 스스로 만족하는 상태는 남들이 스스로 만족하는 상태와는 매우 다르다. 즉, 행복의 조건은 각자의 내적인 자아에 따라서 다르게 된다. 그래서 니체Friedrich Nietzsche는 한 개인이 행복하기 위해서는 자신만의 고유한 행복을 위한 규범이 필요하다고 말한다. 이는 행복하기 위해서는 어떠한 상태에서 스스로 만족하게 되는 자신만의 규범을 형성해야 함을 말하는 것이다. 바로 이것이 행복이 도덕적인 삶과 분리할 수 없는 것임을 보여주고 있다.

예를 들어보자. 고흐Gogh가 그림을 그리면서 행복함을 느꼈다고 한다면, 이러한 그림에 대한 애착은 태어날 때부터 타고난 것도 아니며, 어느 날 하늘에서 우연히 떨어진 것도 아니다. 스스로 어느 순간 그것을 선택하였고, 그것에 맛을 들이고 그것을 위해서 자신의 시간과 노력과 에너지를 쏟아부었을 것이다. 아마도 하루에 몇 시간씩 일 년 내내 그림을 그리는 데 헌신하였을 것이며, 그 속에서 수많은 갈등과 망설임의 시기도 보냈을 것이다. 그러나 마침내 그에게는 그 무엇도 변화시킬 수 없는 자신만의 규범, 내적이고 정신적인 규범을 가지게 되었을 것이다. 이러한 규범은 누가 강제한 것도 아니고, 그 자신을 위해서 반드시 그렇게 해야만 했던 것도 아닐 것이다. 다만 그는 스스로 그것을 선택하였고, 그것을 자신만의 고유한 규범으로 만들었고, 언제부턴가 그것을 수행하였을 때 그 무엇보다 큰 희열과 행복감을 맛보게 되었을 것이다. 바로 이것이 '보다 더 나은 것'을 추구하는 '도덕적인 것'이요, 차원 높은 가치를 추구하는 행위이다. 베토벤Beethoven이나 마더 테레사Teresa, 에디슨Edison이나 고갱P. Gauguin 같은 사람들이 추구한 삶은 모두 이렇듯 스스로 자신의 내적인 규범을 창출하고, 이를 충실히 수행하면서 스스로 만족하는 것이라고 할 수 있다. 우리는 이러한 스스로 규범을 창출하고 스스로 만족하는 사람들을 '자율적인 인간'이라고 하며, 이 자율적인 인간에게서 가장 뚜렷한 도덕적인 특성을 발견할 수 있는 것이다. 내가 행복하기 위해서는 나 스스로 행복을 위한 내적인 규범을 창출하지 않으면 안 된다. 즉, 행복이란 본질적으로 개별적인 것이지, 만인을 위한 보편적인 행복이란 있을 수가 없는 것이다. 보리스 비앙이 말하고 있는 것은 만인을 위한 행복한 상태란 있을 수 없는 것이며, 오직 각자가 스스로 추구하고 획득하는 행복한 삶이 있을 뿐이라는 인생의 진리이다.

그런데 어떤 사람들은 "행복을 위해서 반드시 차원 높은 가치를 필요로 하는가? 단순히 물질적이고 감성적인 삶을 통해서도 행복을 느끼면 그만이 아닌가?"라고 질문할 수도 있다. 충분한 양식과 건강한 육체 그리고 어느 정도의 여가만 있다면 행복한 삶을 살 수 있는 것이지 무엇이 더 필요한 것인가라고 반문할 수도 있을 것이다. 물론 이러한 조건 속에서도 행복해하는 사람들이 있을 것이다. 하지만 이러한 질문은 '행복'이라는 특성에 대해서 알지 못할 때에 주어지는 질문이다. 행복은 결코 어떤 특정한 조건만 갖추게 되면 저절로 주어지는 것이 아니라, 스스로 추구하여야만 주어질 수 있는 어떤 것이며 그것도 어떤 특정한 내적인 조건을 전제할 때 가능하다. 행복은 어떤 의미에서 창조적인 것이며, 지속적으로 성장하는 어떤 것이다. 이에 대한 철학자들의 명언을 들어보자.

토마스 아퀴나스: 행복은 즐거움과 다르다. 즐거움은 순간적인 것이지만, 행복은 지속적인 것이기 때문이다.

파스칼: 상상력은 모든 것을 가능하게 한다. 상상력은 아름다움을 만들고, 정의를 만들고, 행복을 만든다.

클로델Paul Claudel: 행복은 목적이 아니다. 그것은 삶의 수단이다.

토마스 아퀴나스가 말하고 있는 즐거움은 무엇이며, 왜 즐거움과 행복은 다른 것인가? 즐거움은 기쁨과 다르다. 한국어에서는 즐거움과 기쁨이 그렇게 분명히 구분되는 것이 아니지만, 불어에서는 '즐거움le plesir'과 '기쁨la joie'은 분명하게 구분되는 용어이다. 즐거움은 감각적이고 외적인 것의 특성이며, 순간적이며 가벼운 것이다. 가령 포도주 한 잔의 즐거움, 커피 한 잔의 즐거움 등을 말한다. 반면 기쁨은 내적이고 정신적인 특성을 가지는데, 지속적이며 깊은 내적인 어떤 것이다. 가령 벗으로부터 편지를 받았을 때의 기쁨, 중요한 시험에 통과하였을 때의 기쁨 등이다. 그리고 행복은 바로 이 후자에서 말해질 수 있는 것이다. 그런데 즐거움은 언제 어느 때나 원하기만 하면 가질 수 있는 것이지만, 기쁨은 그렇지 않다. 내면 깊숙한 곳에서 솟아나는 기쁨은 그것이 오랫동안 나의 삶의 소중한 그 무엇에 관련된 것을 전제한다. 나에게 깊은 기쁨을 줄 수 있는 벗은 하루아침에 생기는 것이 아니며, 중요한 시험이나 자격증도 원한다고 바로 얻을 수 있는 것이 아니다. 평생의 나의 동반자가 될 벗을 우연히 만났더라도 이러한 만남이 성사되고 벗으로 이어지기 위해서는 상대방을 벗으로 받아들일 수 있는 나의 내적인 터전을 전제할 것이며, 이 역시 하루아침에 이루어지는 것은 아니다. 동물은 한번 태어나면 평생 자신의 모습을 그대로 유지하고 산다. 그래서 동물은 불행을 알지 못한다. 키르케고르는 공중의 새들에게서 기쁨의 교사를 발견한다고 하였는데, 그 이유는 그들은 완벽하게 자신의 본질과 삶이 일치하기 때문이라고 한다. 자연의 생명은 어쩌면 존재하는 자체가 곧 행복일 것이다. 하지만 인간은 '되어지는 존재'이다. 내가 그 어떤 사람으로 '되어진다'는 것은 나의 자아 혹은 나의 동일성을 가진다는 것이며, 이 나의 자아, 나의 동일성에 일치하는 그 무엇을 얻게 될 때 우리는 매우 큰 기쁨을 느낀다. 바로 이 지속적이고 깊은 기쁨이 우리에게 '행복감'을 유발하는 것이다. 그래서 파스칼은 상상력이 행복을 만든다고 말한다. 이는 행복은 누구나 원한다면 취할 수 있다고 말하는 것과 같다. 왜냐하면 내가 어떤 사람이 될 것인가 하는 것은 나는 미래에 어떤 모습을 한 사람으로 살고 있을까를 상상하는 데서 가능하기 때문이다. 그래서 동물이 느끼는 행복과 인간이 느끼는 행복감은 질적으로 다른 것이다.

아무리 열악하고 비참한 상황에 처하더라도 인간은 '상상력'을 통해서 보다 나은 미래의 모습을 그려볼 수 있다. 사실상 무엇을 창조한다는 것은 '상상한 것'을 실현하는 것이다. 이미 주어져 있는 것을 실현하는 것은 창조가 아니다. 아이가 어른이 된다는 것은 창조적 행위가 아니다. 하지만 저능아가 천재적인 작가로 성장하는 것, 죄인이 의인으로 변하는 것은 창조적인 것이다. 즉, 창조적 행위란 아직 주어져 있지 않은 어떤 것을 정신의 힘, 사유의 힘을 통해서 그려내는 것이며, 이 그려낸 것을 실재가 되도록 노력하는 것을 말한다. '내일이나 미래를 전혀 생각하지 않고, 매일매일을 충실히 살다보면 천재도 되고, 영웅도 된다'는 말은 사실상 거짓이다. 오늘과 지금에 가장 충실하고 매일매일 주어진 현재를 100% 살아가는 존재들은 자연적인 존재들이다. 새와 나비나 백합 같은 존재들에게는 게으름이나 거짓이 전혀 없다. 이들은 완벽하게 현실에 충실하고 완벽하게 자신의 현재에 진실 되고 그렇게 평생을 살아간다. 하지만 그들은 결코 현재 주어진 자신의 이상以上이 되지는 못한다. 오직 정신을 소유한 인간만이 오늘과 내일, 현재와 미래의 완전히 다른 자신의 모습을 창조할 수 있다. 그것은 인간의 정신이 가진 '지향성' 때문이다. 사유를 할 수 있는 정상적인 인간은 누구나 본능적으로 오늘보다 나은 내일을 현재보다 나은 미래를 생각할 수밖에 없는 존재이다. 이는 마치 콩나물이 자동적으로 빛을 향해 기우는 것과 같다. 보다 나은 미래를 생각하는 정신이 자신의 감성적인 이미지와 더불어 구체적으로 어떤 모습을 그려낼 때, 우리는 이를 상상력이라고 한다. 그래서 상상력은 항상 창조의 원동력이 되는 것이다.

불어에서 상상imagination은 환상illusion이나 공상fantaisie과는 다르다. 상상이 현실적으로 실현가능한 것이라면 환상은 현실적으로 존재할 수 없는 어떤 것을 말한다. 그렇기 때문에 누구나 자신의 미래를 상상할 수 있고, 상상한 미래는 그가 어떤 삶을 살아가는가에 따라서 현실이 될 수도 있고, 한갓 상상으로 끝날 수도 있다. 그렇기 때문에 누구나 자신의 행복을 실현할 수도 있다. 그런데 이러한 자신의 미래 모습에 대한 상상은 어떤 의미에서 지속적으로 주어지는 것이지 인생의 어느 중요한 순간에서만 주어지는 것이 아니다.

심리학의 용어에는 '자기암시autosuggestion'라는 말이 있다. 이는 흔히 긍정적인 사고를 위해서 사용하는 용어인데, 어떤 중요한 일을 앞두고 그 일이 좋게 이루어질 것이라고 스스로에게 암시하고 각인하는 것을 말한다. 가령 오늘 중요한 일로 누군가를 만나는데, 일의 성공적인 성사는 자신이 그 일에 대해서 어떻게 생각하는가 하는 사고에 따라서 좌우되는 경향이 있으며, 만일 스스로에게 일이 잘 성사될 것이라고 암시를 주게 된다면, 잘 성사될 확률이 매우 높다는 것이다. 이는 종교에서 어떤 청원의 기도를 하는 사람이 기도하면서 이미 그것이 성사된 미래를 확신하고 상상하는 것과도 같다. 그런데 이러한 '자기암시'는 일종의 미래를 앞당겨서 '상상하는 것'과 유사하다. 사람의 행위는 자신이 전혀 알지 못하는 것으로 나아가지 않는다. 퇴근하는 사람이 보통은 자신이 잘 알고 있는 길을 통해서 집으로 가듯이, 인간의 행위는 자신에게 익숙한 것, 잘 알고 있는 것으로 나아가는 경향이 있기 때문이다. 그래서 아직 이루어지지 않은 어떤 것이 이루어지는 방식도 상상을 통해서 익숙한 어떤 방향으로 이루어질 수밖에 없는 것이다. 행복한 삶이라는 것도 이와 같다. 내가 어떠한 상황에 처해 있을지라도 만일 내가 보다 나은 내일, 보다 나은 미래를 상상한다면, 이러한 상상된 것으로 나의 삶이 이루어져갈 확률이 매우 높으며, 결국 나는 내가 행복하다고 생각하는 삶을 영위하게 될 것이다. 그리고 인간의 정신이 지향성을 가지고 있다는 사실은 이러한 '자기암시'나 '상상력'이 거의 매일의 삶 안에서 이루어지고 있는 것을 말해준다. 시험을 보러 가거나, 면접을 보러 갈 때, 친구를 만나러 가거나, 모임에 참여할 때 등 거의 모든 경우에 사람들은 그 일이 어떻게 이루어지고 어떤 방향으로 이루어졌으면 하는 바람을 가지고 있다. 바로 이 '어떠한 방향으로 일이 이루어졌으면' 하고 바라는 마음이 곧 우리가 이상적이라고 생각하는 것에 대해서 미리 '상상'하는 것을 말한다. 그리고 우리가 상상한 그 일이 제대로 이루어졌을 때, 우리는 작은 행복을 맛보는 것이다. 그렇기 때문에 행복은 사실상 어떤 인생의 큰 목적에 있다기보다는 매일 이루어지고 있는 삶의 크고 작은 문제에서 나의 '상상'이 실현되는 것에서 맛볼 수 있으며, 삶의 목적이라기보다는 더 잘 살기 위한 방편, 즉 진정한 도덕적 삶의 '수단'처럼 생각되어지는 것이다. 하지만 도덕적인 삶이 행복한 삶을 유발하는가, 행복한 삶을 위해서 도덕적인 삶이 요청되는가 하는 질문은 어떤 의미에서 닭이 먼저인가 달걀이 먼저인가 하는 질문과 같으며, 동전의 양면과 같은 것이다. 도덕적인 삶을 전제하지 않고서는 행복을 말할 수 없을 것이며, 마찬가지로 행복하지 않은 도덕적인 삶이라는 것도 뜨거운 찬물과 같이 언어도단인 것이다.

가장 큰 행복은 어디에 있을까

만일 인간에게 보다 큰 행복을 위해서는 보다 큰 도덕적인 삶이 요청된다고 한다면 이러한 도덕적인 요청에 있어서 가장 최상의 것은 무엇일까? 많은 철학자들이 이러한 최고의 행복을 사람과 사람의 어떤 관계성에서 찾고 있다. 에피쿠로스Epikuros 같은 철학자들은 이를 '우정'이라고 하였다. 그러나 만일 종교적인 것을 인정하는 유신론자라면 이는 신과의 관계성에서 주어진다고 할 것이다.

에피쿠로스: 우리의 삶의 행복에 관하여 말하고 있는 모든 지혜 중에서 가장 위대한 것은 우정이다.
토마스 아퀴나스: 인간은 신을 닮았다는 그 이유에 있어서, 인간의 최고 행복은 이 지상의 삶에서는 획득할 수 없다고 말해야 한다.

키르케고르: 인간이란 자신이 죽기 전까지 자기 자신이 행복한지를 단언할 수 없다.

앙드레 지드Andre Gide: 우리는 기쁨을 향해 노력한다. 하지만 이 노력 안에서 기쁨을 발견하는 것, 이것이 행복의 비밀이다.

행복이 소중한 어떤 것을 가짐으로써 주어진다는 것이 사실이라면 가장 큰 행복은 가장 소중하다고 여기는 어떤 것에서 주어짐이 당연하다. 그런데 사람들에게 가장 소중한 것은 무엇일까? 이 역시 각자에게 있어서 가장 소중한 것은 일반적으로 ―그것이 자신의 생명이 아니라면― 그가 사랑하는 어떤 사람일 것이다. 세상에 '사람'보다 더 중요한 것이 없다는 것은 누구나 인정할 수 있는 일이다. 칸트Immanuel Kant가 "인간은 그 자체가 목적이지 결코 수단이 되어서는 안 된다"라고 하였을 때, 이는 모든 것이 인간을 위해서 존재한다는 말이다. 집을 짓는 것도, 자동차를 만드는 것도, 대학을 세우는 일도, 첨단 공학을 개발하는 것도 모두 인간을 위한 것이다. 동물학이나 수의학이라는 것도 일차적으로는 동물을 위하는 것이겠지만, 이 역시 인간을 위한 것이다. 왜냐하면 소를 키우거나 개를 키우는 일이 소나 개를 위한 것이라면 애초에 인간은 소나 개를 야생의 상태로 두었을 것이기 때문이다. 생태학이라는 것도 일차적으로는 생태를 잘 보전하기 위한 것이겠지만, 이 역시 생태가 건강하여야 그 속에 살고 있는 인간이 건강하고 행복한 삶을 살 수 있기 때문이다. 종교나 예술도 마찬가지다. 사람을 위해서 종교나 예술이 있는 것이지, 사람이 종교나 예술을 위해 있는 것은 아니다. 누군가가 인간은 신을 찬미하거나 사랑해야 한다고 말한다면, 이 역시 '인간이 인간답고 행복하기 위해서는 신을 사랑하는 것이 필요하다는 것'을 말하는 것이지, '신을 위해서 인간이 존재한다'고 말하는 것은 아닐 것이다. 공산주의 몰락의 교훈, 그것은 공산주의가 인간을 위해서 존재하는 것임에도 불구하고, 공산주의를 위해서 인간이 희생되고 공산주의 때문에 인간이 비-인간적으로 되어버렸기 때문이다. 그것이 무엇이든지 '인간의 희생을 강요하는 그 무엇'을 우리는 이데올로기라고 말하는 것이다.

그것이 가족이든, 이웃이든 인간과의 어떤 관계보다 더 소중한 것은 세상에 없을 것이다. 그렇기 때문에 일반적으로 세상에서 가장 큰 행복은 '우정'이라는 에피쿠로스의 말은 부정할 수 없는 것처럼 보인다. 왜냐하면 우정이란 다만 친한 벗을 의미하는 것이 아니라, 모든 인간관계에 있어서 가장 이상적인 인간관계의 한 '양태'를 말하고 있기 때문이다. 모든 인간관계에 있어서 가장 이상적인 관계란 사실 '우정의 관계'이다. 아리스토텔레스는 우정은 사랑보다도 더 탁월한 것이라고 하였는데, 그 이유를 사랑은 배타성을 지니고 있지만 우정은 배타성이 없기 때문이라고 하였다. 그리고 우리는 이러한 사실을 일상생활에서 쉽게 체험할 수 있다. 누구를 사랑하게 되면, 나의 모든 관심이 사랑하는 사람에 집중하게 되어 그 외의 사람들에게는 소홀해지기 마련이다. 그리고 이러한 사랑이 특히 남녀 간의 사랑이라면 이 배타성이 더 강해진다. 이 사랑의 대상에는 상대방 한 사람 외에 또 다른 사람을 허용하지 않기 때문이다. 하지만 우정은 그러하지 않다. 우정은 그 어떤 경우에도 배타성을 허용하지 않기 때문이다. 그가 진정한 친구라고 한다면 나는 그가 더 많은 진정한 친구를 갖기를 바라게 된다. 진정한 우정이란 친구가 보다 많은 선善을 갖기를 바라고 보다 큰 행복을 갖기를 바라는 것이기 때문이다. 아마도 우정과 비슷하면서 우정보다 차원 높은 것이 있다면 '아가페적 사랑'일 것이다. 왜냐하면 아가페적 원리는 사랑함에 있어서 배타성이 전혀 포함되지 않으며, 모든 존재하는 것에 그 사랑이 미치고 있기 때문이다. 그럼에도 아가페적 사랑은 개인과 개인 간의 긴밀한 내적인 일치를 전제하지 않는다는 차원에서 관계성에 있어서는 우정보다 못한 것이라고 할 수 있다. 따라서 한 개인에게 개인적인 행복을 주는 최상의 것은 여전히 우정의 관계라고 할 수 있을 것이다.

그런데 우리는 여기서 진정한 벗을 가지는 것이 진정 인생에서 가장 소중한 것인가 하는 질문을 해볼 수 있다. 여기서 '벗을 가진다'는 것을 좀 더 확대해석하여 많은 건전한 인간관계, 진실한 좋은 인간관계를 가지는 것으로 해석한다면 어떨까? 이를 통해서 사람들은 진정한 행복을, 가장 큰 행복을 가질 수가 있을까? 하지만 이러한 것은 경험적인 사실을 통해서는 불가능하다고 할 수 있다. 공자는 인생의 말년에 '벗이 있어서 멀리서 진리를 논하러 와 준다면 얼마나 행복할까?'라고 고백하였다. 이 사실은 공자 같은 위인도 단 한 명의 진정한 친구를 사귀지 못하였음을 말해주고 있다. 예수 그리스도 역시 십자가에 달릴 때 그의 곁에는 단 한 명의 벗도 없었다. 그리고 추사 김정희가 제주도로 유배되었을 때, 그토록 많던 벗들은 단 한 명도 그의 곁에 없었고 다만 제자 한 명만이 그에게 남아 있었다고 역사는 말해주고 있다. 이러한 사실이 우리에게 결국 인생에 있어서 자신의 행복을 다른 인간에게 둔다는 것은 한계가 있음을 말해준다. 그래서 토마스 아퀴나스는 진정한 행복은 사실상 이 지상에서는 불가능하다고 말하고 있으며, 실존주의의 선구자 키르케고르도 인간은 죽을 때까지 자신의 행복을 확신할 수 없다고 말하고 있다. 사실상 어떤 종교도 사람에게서 행복이나 구원을 기대하지 않는다. 그렇기 때문에 우리는, 인생을 전체적으로 바라본다면, 진정한 행복이 이 지상에서는 불가능하다고 고백할 수밖에 없는 것이다.

만일 인간이 이 지상의 삶에서 진정한 행복을 가질 수 없다고 한다면, 우리는 행복하고자 하는 바람을 포기해야 하거나, 아니면 행복하기 위해서는 종교를 가져야 하는가? 물론 그럴 수도 있을 것이다. 하지만 행복하기를 포기한다는 것은 인간의 본성상 매우 어려운 일이다. 인간이기를 포기하지 않는 한 인간은 본능적으로 행복하고자 원할 것이기 때문이다. 어떤 의미에서 죽지 않고 살고자 하는 것 자체가 행복하기를 원하는 것을 증언해주고 있다. 마찬가지로 종교를 가진다는 것도 사실상은 행복을 산출하는 것이 아니다. 왜냐하면 종교적인 진리들이 사실이라고 하더라도 종교는 사후에나 혹은 어느 특정한 한계에서 행복을 약속한다는 것을 말하는 것이지, 종교가 곧 행복을 가져다주는 도구는 아니기 때문이다. 종교는 구원을 확약하는 것이지, 구원을 산출하는 것이 아니다. '약속'인 한 이는 현실적으로 실현된 것을 의미하는 것이 아니라, 다만 미래의 어느 순간에 주어질 것이라고 말하는 것뿐이다. 그렇기 때문에 우리는 이 현재의 삶 안에서 행복에 대한 다른 비전을 생각하지 않을 수가 없다. 그것은 현대 철학에서 '실재론적 영성'이라고 하는 관점이다. 즉, 행복이 완전하게 구현될 수 없는 것이 인간적 삶의 현실일지라도 '행복으로의 길 그것이 곧 행복'이라는 관점이다. 프랑스의 문호 앙드레 지드가 '기쁨을 향해 노력하는 것 안에서 기쁨을 발견하는 것이 곧 행복의 비밀'이라고 말하는 것은 이러한 의미이다. 구원을 향해 나아가는 길, 그것이 곧 구원이요, 천국을 향해서 나아가는 길, 그것이 곧 천국이며, 행복을 위해 나아가는 길, 그것이 곧 행복인 것이다. 생활이 우리를 속일지라도, 실망하지 말고 보다 더 큰 노력으로 기쁨과 행복을 위해서 나아가는 삶 이것이 곧 진정한 도덕적인 삶의 의미이다. 그렇기 때문에 도덕적인 사람이 되고자 노력하는 사람은 바로 그러한 노력 안에서 행복을 맛보는 것이다. 즉, 만일 누군가 결과를 생각하지 않고, 행복하기 위해서 노력하고 그 노력 안에서 행복감을 느낀다면, 이러한 사람은 결과와 무관하게 행복할 것이다.

자신의 행위 그 자체에 목적을 둔다면 실패란 있을 수가 없다. 노력함 그 자체가 이미 그에게 보상을 하고 있기 때문이다. 어떤 것이 '그것 자체로 목적인 것', 이것은 가장 순수한 어떤 것이다. '우정'과 '사랑'이 그러한 것이다. 어떤 다른 것을 목적으로 하는 우정이 있다면 그것은 더 이상 우정이 아니며, 어떤 다른 것을 목적으로 하는 사랑은 이미 사랑은 아닌 것이다. 그래서 고흐에게 '그림'이 곧 친구였고, 그림을 그리는 것이 곧 삶의 궁극적인 목적이었다. 순수한 사람이라는 것, 그것은 보다 가치 있는 것을 실현하고자 노력하는 그 자체에 삶의 목적을 두고 있는 사람을 말하는 것이다. 이러한 사람은 참으로 행복하지 않을 수 없을 것이다. 왜냐하면 행복의 원인이 바로 자기 자신의 행위 그 자체에 있기 때문이다.

한국사회의 행복은 어떻게 가능할까

한국사회가 경제적으로 유사한 상황에 있는 나라들 중에서 행복지수가 꼴찌라는 것은 널리 알려진 사실이 되었고, 사람들은 더 이상 이를 놀랍지 않게 생각하고 있다. 그래서인지 이 사실에 대해서 심각하게 고민하고 이를 해결하고자 하는 노력은 거의 보이지 않는다. 매너리즘과 타성에 빠진 나라, 더 이상 보다 가치 있는 것을 추구하지 않고, 오직 생존과 사회적 성공만을 생각하는 사회, 이러한 사회에서는 소중한 것, 가치 있는 것이 더 이상 소중하지도, 가치 있지도 아닌 것이 되어버린다. 그래서 문제가 더 이상 문제로 생각되지 않는 그러한 사회가 되어버리는 것이다. 철학자 베르그송Bergson은 "모든 문제는 문제를 정확히 인식하고 있다면, 해답이 바로 그곳에 있다"라고 하였다. 아마도 한국사회의 진짜 문제는 더 이상 우리의 심각한 문제를 문제로 인식하고자 하지 않는 것에 있을 것이다. 아무도 사회전체의 공동선에 대해서 고민하지 않는다는 것, 그리고 이러한 사태에 대해서 무감각하다는 것, 이것이 가장 우려스러운 한국사회의 실상이다. 사실상 개인의 이익과 자유를 최대한 존중하는 미국이나 일본 그리고 한국과 같은 '자본주의' 사회에서는 사회의 공동선을 개인의 권리에 우선하는 유럽식 사회주의 나라들보다 '공동선의 추구'에 있어서 구조적으로 매우 취약한 것이 사실이다. 하지만 도덕적인 사회를 형성하는 데 있어서 '복지국가'를 지향한다고 해서 이것이 해결될 문제는 아니다. 왜냐하면 복지사회란 말 그대로 제도적으로 국민의 복지를 실현하고자 하는 것이지, 국민 개개인의 도덕적인 성향을 향상시키는 것을 말하지는 않기 때문이다. 그렇기 때문에 전반적으로 국민의 도덕의식이 향상되지 않는 한 제도적인 복지사회의 실현이 국민의 행복을 보장해준다는 것 역시 환상일 뿐이다.

유럽의 복지국가들이 전반적으로 매우 높은 행복지수를 보이고 있는 것은 단지 그들이 '복지사회'를 갖추고 있다는 데에 있는 것이 아니다. 그것은 오랫동안 도덕적 삶에 길들여진 국민 개개인의 의식수준에 있는 것이다. 공산주의가 실패한 이유가 바로 여기에 있다. 제도적으로 매우 이상적인 사회를 지향하지만, 사회구성원들의 도덕적인 의식 향상을 전혀 뒷받침하지 않은 채, 이를 오직 제도적이고 권력의 힘을 통해 강제하고자 하였기 때문에 실패하고 만 것이다. 마찬가지로 국민 개개인의 도덕적인 성숙함을 전제하지 않는 제도적인 복지국가로의 접근은 결코 성공할 수 없을뿐더러 한국사회의 행복을 보장해주지도 않을 것이다. 모든 국민이 보다 사회전체의 공동의 선을 지향하고, 자신의 이익과 성공뿐 아니라, 이웃의 행복을 기원하는 그러한 마음을 가지지 못한다면, 제도가 아무리 좋아도 여전히 그 제도는 이기적인 사람들의 이기적인 도구로 사용될 것이다.

프랑스의 문호 빅토르 위고Victor-Marie Hugo는 "민중이 무지한 이유는 무지가 덕의 파수꾼이기 때문"이라고 말하였다. 무지한 자는 야망을 가질 수도, 자신의 이익을 위해서 추론할 수도, 법을 이용하기 위해서 머리를 쓸 수도 없기 때문에 결코 자신의 이익을 위해서 나쁜 짓을 하지 않는다고 한다. 즉, 개인의 이익을 위해서 사회제도를 교묘하게 이용하고, 법을 이용하여 합법적으로 자신의 이익을 추구할 수 있는 사람들은 배운 자들, 권력이나 부를 가진 상위계층의 사람들일 수밖에 없다는 것이다. 무지한 민중의 행위는 이들의 행위를 흉내 내거나 답습할 뿐이다. 그렇게 때문에 한 사회가 도덕적으로 성숙하기 위해서는 우선적으로 가진 사람들, 상위계층의 도덕적인 모범이 절대적으로 요청되는 것이다. 상위계층의 보다 많은 도덕적인 의무를 '노블레스 오블리주Noblesse oblige'라고 하는데 이 용어는 오늘날 일반명사처럼 보편화되어 있다. 결국 한국사회 구성원들의 전반적인 도덕적 의식 향상을 위해서는 가장 우선적으로 이루어져야 할 것이 곧 '노블레스 오블리주'의 정신이다.

'윗물이 맑아야 아랫물이 맑다'는 속담이 있듯이 사회를 이끌어가는 지도 계층에서 이러한 도덕성을 회복하지 못한다면, 미래의 주인이 될 청소년들에게서 이러한 정신을 기대할 수는 없다. '노블레스 오블리주'는 사회적인 의무라기보다는 차라리 개인의 양심의 의무, 즉 도덕적인

'노블레스 오블리주'란?

프랑스어로 '귀족들이 갖는 의무'라는 뜻이다. 이 말은 14세기 말 영국과 프랑스의 백년전쟁 중에 생겼다. 당시 영국군에 포위된 '칼레'라는 도시는 결국 저항하지 못하고 영국군에게 항복하게 된다. 영국군은 시민들을 살리기 위해서는 저항에 대한 대가로 시민 6명을 처형하여야 한다는 결정을 내렸고, 칼레시민들은 누구를 처형할 것인가를 결정하지 못하였다. 그런데 그 도시의 가장 부자였던 '외슈타시 드 생 피에르'가 자청하였고, 뒤를 이어 시장, 법률가, 귀족, 상인 등 5명이 동참하였다. 이들이 교수대에 모여 처형을 기다리고 있던 날, 임신을 한 영국의 왕비가 에드워드 3세에게 간청하였고, 이들의 희생정신에 감복한 영국왕은 이들을 살려주었다. 이후 이 일화는 '귀족들의 의무'라는 '노블레스 오블리주'를 탄생시킨 것이다. 오늘날 이러한 의무는 특히 정치인들과 기업인들에게 요청되고 있는데, 프랑스의 존경받는 대통령들과 엄청난 재산을 사회로 환원하고 있는 미국의 기업인들은 이러한 현대의 노블레스 오블리주의 상징으로 알려져 있다.

의무이다. 특히 개인의 권리와 자유를 최대한 보장하고자 하는 한국과 같은 자유국가에서는 '노블레스 오블리주'는 의무가 아닌 선택사항처럼 생각되고 있다. 하지만 '권리에는 반드시 의무'가 따른다. 더 많은 특권을 향유하는 사람들은 더 많은 의무를 가진다는 것은 상식이다. 오늘날 한국사회에서 가장 많은 권리를 향유하는 사람들이 바로 정치인들과 기업인들이라는 것은 누구나 아는 일이다. 이들이 먼저 솔선하여 한국사회의 진정한 행복을 걱정하고, '노블레스 오블리주'의 의무를 성실히 수행한다면 분명 변화는 주어질 것이다. 하지만 앞으로 약 20년 후에 사회를 이끌어갈 한국사회의 주인들이 분명 지금 자라나는 청소년들이라는 것을 생각하면 마냥 '윗물이 맑아지기를 기다린다는 것'은 감나무 밑에서 감이 떨어지기를 쳐다보고만 있는 것과 같다. 진정 한국사회가 살기 좋은 사회, 행복지수가 높은 사회가 되기를 바란다면, 현재의 젊은이들, 자라나는 청소년들이 훌륭한 도덕성과 인생의 지혜를 습득하는 살아 있는 교육이 필요한 것이다.

프랑스의 존경받는 대통령들

● 드골 대통령과 파리의 드골 국제공항

프랑스 5공화국 초대 대통령인 '샤를르 드골'의 정신과 업적을 기리면서 그의 이름을 따서 지은 세계최대의 국제공항이다. 2차 세계대전 당시 페탱 정부는 독일군에게 협조하는 것이 프랑스가 살길이라고 결정하였다. 그러나 당시 군인이었던 드골은 홀로 '아니오'라고 외치며 영국으로 건너가 '레지스탕스'를 조직하였다. 이후 대통령에 당선되어 초대 임기를 마치고 재임에 성공하였으나, 복지공약을 이행하지 못한 것에 대한 전국적인 학생시위가 발생하자 바로 대통령직을 사임하였다.

● 퐁피두 대통령과 퐁피두 미술관

1969년 조르주 퐁피두 대통령의 제창으로 착공되었고 1977년에 제창자의 이름으로 완공된 종합 문화예술 센터이다. 파이프와 철골을 그대로 바깥으로 드러난 파격적인 외관의 건물로 현대미술관을 비롯해 음악 센터, 도서관 등 각종 문화 센터가 들어서 있다. 퐁피두는 일명 '문화 대통령'이라는 별명을 가진 대통령으로서 문화국민으로서의 프랑스 국민의 자긍심을 세워줬다고 칭송받고 있다. 그는 재임기간 중 수많은 박물관과 미술관을 건립하였다.

● 미테랑 대통령과 미테랑 국립도서관

책을 펴 울타리처럼 세워 놓은 상징적인 건물로서 프랑스에서 가장 첨단의 도서관이다. 파리에서 흔치 않는 현대식 고층건물로서 총 6개의 국립도서관 가운데 가장 규모가 크다. 미테랑 도서관은 미테랑 대통령 집권 당시인 1990년 착공했다. 이상적인 사회복지제도를 실현한 대통령의 공로를 기념하기 위해 이름을 "미테랑 도서관"이라고 지었다.

미국의 존경받는 기업인들

● 빌 게이츠와 워런 버핏

미국에 사는 억만장자들을 대상으로 재산의 절반 이상을 조건 없이 사회에 환원하는, '기부 서약Giving Pledge' 운동을 벌이고 있는 두 기업가들이다. 빌게이츠는 이미 오래전부터 매년 기업이윤의 10% 정도를 사회로 환원하고 있으며, 워런 버핏은 이 운동을 위해서 자신의 전 재산의 80%를 기부하는 모범을 모였다. 이미 절반 이상이 이 기부운동에 서약하였다고 하는데, 모든 기부금이 모일 경우 약 6000억 달러(한화 약 620조)로 예상된다. 이들은 자녀들과의 충돌을 미연에 방지하기 위한 교육도 병행하고 있는데, 워런 버핏은 인터뷰를 하는 기자에게 "80%를 나누어 주어도 저의 모든 자녀가 평생 부자로 사는 데는 지장이 없다"고 농담하였다고 한다.

3장

욕망과
사랑의 차이

욕망의 끝은 비극적인 것일까?

「멕베드 부인의 욕망」

과연 인간의 욕망은 나쁜 것일까?
나쁜 욕망과 좋은 욕망의 기준은 무엇일까?

✄ 욕망은 어디서 오는가?

욕망이란 무엇인가? 욕망이란 무엇을 '욕구하고 갈망하는' 행위로서 인간이 생명을 유지하고 문화를 꽃피우기 위해서 반드시 필요한 것이다. 그럼에도 전통적으로 욕망은 부정적인 의미로 사용되었고, 경계해야만 하는 인간의 내적인 어떤 성향으로 치부되었다. 하지만 오늘날에는 '욕망의 철학'이란 말이 있을 정도로 인간의 욕망에 대해서 매우 긍정적으로 바라보고자 하는 시각이 지배적이다. 전통적으로 인간의 욕망은 '과도한 욕심'으로 생각되었다. 대부분 셰익스피어 소설의 주제는 과도한 인간의 욕망이 비극을 불러온다는 것이며, 불사를 추구한 진시황의 일화는 인간의 욕망이 끝이 없음을 말해주는 대표적인 일화라고 할 수 있다. 조선시대의 선비들 역시 군자의 가장 큰 성품은 '욕망'을 억누르고 예를 지키는 것으로 보고 있는데, "청산리 벽계수야 수이감을 자랑마라"라고 시작하는 옛 한시에 얽힌 황진이와 벽계수의 일화는 이를 잘 보여준다. 그렇다면 인간의 욕망은 진정 나쁜 것이며, 억제하여야 할 것인가? 그리고 이러한 욕망은 어디서 오며 그 의미는 무엇인가?

인간의 욕망이 그 자체로 나쁜 것은 아니다. 만일 인간에게 욕망이 전혀 없다면, 인간사회는 유지될 수가 없을 것이다. 철학자들은 욕망을 마치 인간이 무엇인가 행위를 하기 위해서 반드시 필요한 '동인動因'처럼 고찰하고 있다.

아리스토텔레스: 욕망이란 매력적인 것에 대한 미각이다.

플라톤: 우리가 가지고 있지 않은 것, 우리이지 않은 것, 우리에게 부재하는 것, 바로 이것이 욕망과 사랑의 대상이다.

파스칼: 모든 상태에 있어서 우리의 본성은 우리를 불행하게 만들고, 우리의
욕망은 행복한 상태를 그려준다. 이 상태에 도달하면 우리는 행복감을 느끼
게 된다. 우리는 우리 자신이 아닌 것에 도달하는 기쁨을 가지고 있지만, 우
리가 이 상태에 도달하는 순간 이미 이는 우리 자신의 행복이 아니다. 왜냐하
면 우리는 여전히 우리 자신이 아닌 것을 갈망하고 있기 때문이다.
루소Rousseau: 우리의 이성이 완성되는 것은 행위를 통해서이다. 우리는 오직
기쁨을 욕망하기 때문에만 알고자 원할 뿐이다.

모든 생명체는 본능적으로 자신의 존재를 보존하고자 하며, 이를 위
해서 가지게 되는 생득적인 능력이 있다. 연어는 본능적으로 고향으로
돌아가는 회귀 능력을 가지고 있으며, 오리는 본능적으로 물에서 헤엄
치는 능력을 가지고 있다. 그런데 이러한 동물의 생존본능을 욕망이라
고 하지는 않는다. 마찬가지로 인간 역시 생존을 위해서 본능적으로 가
지게 되는 욕구들을 욕망이라고 하지 않는다. 욕망은 인간만이 가진 그
무엇으로 인간됨의 의미와 관련이 깊은 것이다. 욕망은 한자로 '慾望'으
로 표기된다. '바란다는 것'과 '희망'하는 것의 합성어이다. 그래서 단순
한 욕구를 욕망이라고 하지 않는다. '단순히 욕구하는 것欲'에 '마음心'
이 더해질 때, '욕慾'이 되며, 이는 마음으로 즉 의지적으로 무엇을 바라
는 것을 의미한다. 그래서 우리는 욕망하는 것을 단순히 원하는 것이 아
니라 갈망한다고 하는 것이다. 그런데 우리가 '어떤 것을 희망한다'는 것
은 '원하는 것'과는 다르다. 갈망하는 것이 우리의 의지에 달려 있지 않
은 것일 때, 우리는 '희망한다'고 한다. 가령 옷을 고르거나 음식을 고를
때는 '이것보다 저것을 원한다'라고 말하며, 직업을 선택할 때는 '어떤 직
업을 희망한다'고 말하는 것이다. 왜냐하면 전자는 나의 의지에 달린 것

이며, 나의 권리이기 때문이요, 후자는 나의 의지에만 달린 것이 아니며, 나의 권리가 아니기 때문이다. 따라서 무엇을 욕망한다는 것은 획득하기가 쉽지 않은 어떤 것을 애타게 갈망한다는 것을 의미하는 것이다. 그런데 욕망한다는 것은 '인간적인 삶'과 어떤 관련이 있는 것일까?

아리스토텔레스는 왜 욕망을 '매력적인 것에 대한 미각'이라고 하였을까? 매력적인 것이란 라틴어로 '아페티투스appetitus'라고 한다. 불어에서 식사 전 인사를 할 때, '보나뻬띠'라고 하는데, 이는 'bon appetit', 즉 '좋은 맛'이란 뜻이다. 즉, '맛있게 드세요'라는 뜻이다. 여기서 맛을 의미하는 '아뻬띠'는 라틴어의 '아페티투스'에서 기원한다. 따라서 매력에 해당하는 일차적인 것은 '맛'을 의미한다. 그런데 사실상 라틴어의 '아페티투스'는 단순히 맛을 의미하는 것이 아니라, 인간이 가진 모든 능력에 있어서 맛을 주는 것을 의미한다. 맛있는 음식, 아름다운 풍경, 예쁜 옷, 재미있는 책, 흥미로운 사상 등 우리의 마음을 끌어당기는 것, 혹은 의지를 유발하는 모든 것이 '아페티투스', 즉 '매력'을 의미한다. 그런데 우리의 마음을 끌어당기거나 의지를 유발하는 것은 그것이 무엇이든 우리 자신에게 '좋은 것'이다. 인간은 그 자체로 자신에게 좋은 것에 대해서만 의지를 유발하기 때문이다. 따라서 '매력적인 것에 대한 미각'을 의미하는 욕망은 그 자체로 좋은 것이다. 무엇을 욕망한다는 것은 나 자신에게 좋은 것을 추구한다는 것이며, 이는 행복하고자 하는 것이며, 그러기에 또한 나 자신을 사랑하고자 하는 것이다.

플라톤은 '자신에게 없는 것'을 추구하는 것이 욕망이라고 하였는데, 사실이 그렇다. 자유로운 사람은 자유를 갈망하지 않을 것이며, 건강한 사람은 건강을 갈망하지 않을 것이다. 이미 부를 소유한 사람은 부를 갈망하지 않을 것이며, 이미 아름다운 사람은 아름답게 되고자 갈망하지 않는다. 사람들은 본성적으로 나에게 없는 그 무엇을 갈망하게 된다. 가난하게 자란 사람이 돈을 많이 가지는 것이 소원이고, 공부를 하지 못한 사람에게 공부를 많이 해보는 것이 소원인 것은 지극히 당연한 것이다. 그래서 모든 욕망은 그 자체로 자기의 충만을 원하는 지극히 정상적인 행위이며, 욕망을 가진다는 것은 매우 인간적인 행위이다. 사실 욕망을 전혀 가지지 않는 사람은 이미 인간적인 사람이 아니다. 그런데 문제는 사람에 따라서는 이미 가지고 있는 것을 더 가지려고 하는 경향이다. 어떤 부자들은 이미 돈을 많이 가지고 있으면서도 오직 돈만을 원하며, 권력자는 오직 더 많은 권력을 가지기를 원하고 어떤 미인들은 오직 아름다워지기만을 갈망하는 것이다. 이러한 것은 더 이상 욕망이 아니라 비정상적인 욕망, 즉 '욕심'이다. 그것이 무엇이든지 지나친 욕심은 일종의 '중독'이다. '중독'이란 다만 어떤 약물적인 것에만 해당하는 것이 아니다. 어떤 것에 대한 매력을 조절하지 못하고 의지가 무한히 어떤 것을 갈망하게 되는 것이 모두 '중독'이다. 인간의 의지가 매력의 노예가 될 경우 그것이 무엇이든지 중독이다. 이 경우 인간이 가진 어떤 것에 대한 '매력'은 더 이상 자신을 충만하게 하는 것이 아니라, 자신을 파괴하는 것이 된다. 알코올에 대한 중독, 돈에 대한 중독, 권력에 대한 중독, 아름다운 육체에 대한 중독, 심지어 물건 사는 것에 대한 중독 등 현대에는 눈에 보이지 않는 중독이 너무나 많다. 따라서 욕망이 삶을 망치는 경우는 모두 비-정상적인 욕망으로 인해 무엇에 중독이 되었기 때문이다. 파스칼이 '본성은 인간을 불행하게 하지만, 욕망은 인간을 행복한 상태로 이끈다'고 하였을 때, 이 본성이란 의지의 통제를 벗어난 무절제한 본능적 추구를 말하며, 이것이 곧 비-정상적인 욕망인 것이다. 인간의 욕망은 올바르게 실행되기만 한다면 그것은 곧 자신의 행복을 위한 원동력이 되는 무엇이다. 그래서 루소 같은 철학자는 학문의 목적도 "기쁨을 욕망하기 때문"이라고 생각하고 있으며, 클로델은 "지성조차도 욕망의 충격 아래서 작용하는 것"이라고 말하는 것이다. 그것이 무엇이든 행위한다는 것에는 어떤 '욕망'이 근원적인 원동력처럼 자리하고 있다. 그래서 욕망은 우리의 행위를 유발하고, 우리의 행위를 완성하며, 궁극적으로 인간의 행복을 지향하는 가장 최초의 원리가 되는 것이다. 페르디낭 알키에Ferdinand Alquié는 "철학적으로 말해서 죄란, 아무것도 행위하지 않는 것"이라고 말한 바 있는데, 이는 다른 말로 죄란 '아무것도 욕망하지 않는 것'이라고 할 수 있다.

구체적으로 무엇을 욕망할 것인가는 사람에 따라 다르겠지만, 무엇을 욕망한다는 것은 모든 인간에게 있어서 보편적인 진리와도 같은 것이다. 그래서 어떤 의미에서는 "나는 욕망한다. 고로 나는 존재한다"는 진술이 가능한 것이다. 사실이 이러하다면 무엇을 욕망한다는 것은 인간에게 있어서 가장 근원적인 '좋은 것', 즉 '선善한 것'이다. 욕망한다는 것은 인간답게 산다는 것이며, 그것도 행복을 추구한다는 첫걸음인 것이다.

 ## 무엇을 욕망하고 무엇을 욕망하지 말아야 할 것인가

욕망한다는 것 자체는 매우 좋은 것이다. 그런데 왜 전통적으로 사람들은 욕망에 대해서 부정적인 생각을 가지고 있으며, 욕망을 마치 인간 비극의 원인처럼 고려하고 있는 것일까? 욕망은 모든 인간 행위의 원동력이지만, 이 욕망은 다만 무엇을 추구하는 원동력일 뿐 욕망되고 있는 것이 획득 가능한지에 대한 판단은 인간의 정신 혹은 사유에 달려 있다. 그래서 모든 욕망이 다 좋은 것일 수가 없는 것이다. 그래서 철학자들은 어떤 욕망이 좋은 것이며, 어떤 욕망이 좋지 않은 것인가를 구분하고 있다.

데카르트: 대다수 우리의 욕망은 우리나 다른 사람들이 도달할 수 없는 것이다. 오직 우리가 도달할 수 있는 것만을 욕망하기 위해서 무엇이 우리에게 달린 욕망인가를 정확하게 구분하는 것은 매우 중요하다.

에픽테토스Epiktetos: 자유를 획득하는 것은 욕망의 만족을 통해서가 아니라, 오히려 욕망의 소멸을 통해서이다.

라이프니츠G. W. Leibniz: 한 인간이 그 자신에게 기쁨을 줄 어떤 것의 부재를 통해서 느끼는 것은 초조함이다. 만일 이것이 자신에게 주어진다면, 바로 이것을 사람들은 욕망(욕망의 성취)이라고 하는 것이다.

스피노자: 기쁨으로부터 탄생하는 욕망은 슬픔에서 탄생하는 욕망보다 더욱 강하다.

만일 내가 욕망하고 있는 것이 나의 능력이나 한계를 넘어서는 것이라면, 이는 결국 나에게 실망과 환멸만을 줄 것이며, 우리는 이를 부질없는 욕망이라고 할 것이다. 그래서 데카르트는 무엇이 우리 자신의 능력으로 실현가능한 욕망인지 아닌지를 구분하는 것이 매우 중요하다고 말하고 있다. 그리고 이러한 사실은 일상에서 흔히 경험할 수 있는 것들이다. 가령 고등고시를 통과하여 법관이 되고자 욕망하는 사람들 중에서 실제로 고시를 통과하여 법관이 되는 사람의 비율은 30%를 넘지 못한다. 그리고 이를 위해서 10년씩 공부를 계속하는 사람도 있다. 만일 이들이 결국 법관이 되지 못한다고 한다면 이는 결과적으로 자신의 능력으로 실현이 불가능한 것을 욕망한 것이 된다. 마찬가지로 복권을 사서 단번에 인생역전을 꿈꾸는 사람들도 사실은 자신의 능력으로 획득할 수 없는 어떤 것을 욕망하는 것이다. 단순히 재미나 오락으로서가 아니라 이러한 것에 희망이나 기대를 걸고 있다면 이러한 사람은 매우 어리석은 사람일 것이며, 이러한 욕망을 가진 사람들의 대다수는 마침내 실망과 환멸을 체험하고 말 것이다. 따라서 어떤 경우에는 '욕망'을 가지는 것보다는 욕망을 억제하거나 없애는 것이 더 낳은 경우도 있는 것이다. 그래서 에픽테토스 같은 철학자는 "자유 획득은 욕망을 없애는 것에서 가능하다"라고 말하는 것이다. 물론 이러한 진술은 '자유'라는 보다 고차적인 차원에 대해서 말하고 있지만 여전히 사실이다. 명백하게 우리 자신의 능력으로 획득할 수 없는 것에 대해서는 욕망해서는 안 된다. 내가 이것을 욕망하는 한, 나는 다른 것을 욕망할 기회를 상실할 것이며, 나의 모든 의지나 생각이 이것에 얽매여 버려서 자유로울 수 없기 때문이다. 그런데 현실 안에서 우리가 무엇을 욕망할 때, 이것이 과연 나의 능력으로 획득할 수 있는 것인가를 식별하는 것은 매우 어렵다. 고시를 준비하는 사람들의 경우에도 사실상 누구도 자신의 능력으로 이러한 욕망을 이룰 수 있을지 확신하는 사람은 없다. 대다수 사람들이 마침내 실망하더라도 이러한 실망은 결과론으로 주어지는 것이지 과정 중에는 아무도 이를 알 수가 없기 때문이다. 그래서 어떤 것을 욕망하면서 명백하게 올바른 욕망인지 헛된 욕망인지를 분명하게 구분할 수 있는 경우는 거의 드물다. 역사적 경험으로 보더라도 수많은 사람이 불가능하다고 여기는 것을 성취하였음을 볼 수 있는 예는 많다. 귀머거리가 된 베토벤이 탁월한 교향곡들을 작곡한 것이나, 저능아라는 오명으로 초등학교를 중퇴하고 단 한 번도 공교육을 받은 적이 없던 에디슨이 세계최고의 발명가가 된 것이나 혹은 장님에 귀머거리, 벙어리인 헬렌 켈러가 위대한 문호가 된 것 등이 이러한 예이다. 이러한 예에서 우리는 무엇을 욕망할 것인가 말 것인가를 판단하고 결정한다는 것이 사실상 불가능하다는 것을 알 수 있다. 따라서 우리가 어떤 것을 욕망할 때 성공의 가능성을 구분 기준으로 삼을 수는 없다.

그렇다면 우리가 진정 욕망하여야 할 것의 기준으로 삼을 수 있는 것은 무엇인가? 그것은 바로 즐거움 혹은 기쁨을 주는 어떤 것을 욕망하는 것이다. 생각해보자! 만일 어떤 것을 욕망할 때, 그것의 성공 혹은 실현과 상관없이 욕망하는 것 자체 혹은 욕망하는 과정 자체가 기쁨이나 즐거움을 준다고 한다면, 이는 결과에 상관없이 나를 행복하게 하는 것이다. 통속적인 말로 '가다가 그만 가도 간 만큼은 이득이다'는 논리이다. '무엇을 욕망할 것인가' 하는 것의 척도는 '내가 욕망하는 것이 나에게 진정한 기쁨을 주는 것'이어야 한다. 그것이 무엇이건 결과와 무관하게 나에게 깊은 내적인 기쁨을 주고 삶의 의미를 부여해주는 것이라면, 그것은 내가 욕망해야 할 진정한 대상이다. 그래서 라이프니츠는 기쁨을 줄 수 있는 것을 성취하였을 때, 이것이 곧 욕망의 성취라고 하는 것이다.

키르케고르는 인간만이 '권태를 느낄 수 있는 존재'라고 하였고, 바로 이 권태로 인하여 모든 인간의 불행이 시작된다고 보았다. 사실상 욕망이라는 것도 바로 이러한 권태를 해결하기 위한 것이며, 권태가 해결되는 것은 기쁨을 발견하는 순간이다. 감각적인 즐거움은 이러한 권태를 해결하는 것이 아니라, 잠시 잊게 하는 것으로 여전히 권태를 숨기고 있다. 나의 권태가 해결될 수 있는 순간은 진정한 기쁨, 내면 깊숙이에서 솟아나고, 나에게 삶의 의미를 줄 수 있는 그러한 기쁨이어야 한다. 내가 어떤 것을 욕망할 때, 그것을 욕망한다는 이유만으로 나에게 큰 기쁨을 주고 무한한 삶의 의미를 부여해주는 것, 이것은 이미 욕망의 대상이 아니라, 사랑의 대상이다. 무엇을 사랑한다는 것, 이 사랑이 진정한 사랑이기만 한다면 여기에는 실패란 것이 있을 수 없다. 왜냐하면 사랑은 그 결과에 연연하지 않고 사랑하는 행위 그 자체에 가장 큰 의미를 두고 있기 때문이다. 이러한 사랑의 특징은 그 대상이 인간일 경우 가장 분명하게 드러난다. 사랑의 가장 큰 특징, 그것은 사랑하는 이에게 가장 큰 내적인 기쁨을 유발한다는 것이며, 그러기에 이는 또한 사랑받는 대상을 기쁘게 한다는 것이다. 왜냐하면 기쁨이란 전염되는 것이기에, 진정으로 기뻐하는 이만이 타인을 기쁘게 할 수 있기 때문이다. 그래서 스피노자는 '기쁨에서 탄생한 욕망'이 '슬픔에서 탄생한 욕망'보다 더욱 강하다고 하는 것이다. 사랑은 사랑하는 행위 자체가 그 무엇보다도 큰 기쁨과 행복감을 주는 것이기에 그 외에 어떤 다른 보상을 기대하지 않는다. 그렇기 때문에 진정한 사랑은 사랑받는 사람을 자유롭게 하는 것이다. 기쁨과 자유는 진정으로 사랑받는 이만이 느낄 수 있는 가장 값진 정서이며, 그 무엇으로도 살 수 없다. 그것이 무엇이든지 진정한 기쁨과 자유를 체험하게 하는 욕망은 이미 사랑의 행위로 변모한 것이다.

우리는 인간사에서 빗나간 사랑이 슬픔을 유발하고 나아가 슬픔이 비극을 낳는 것을 볼 수 있다. 이 빗나간 사랑이란 바로 기쁨과 자유가 상실된 욕망을 말하는 것이다. 욕망이 진정한 내적인 기쁨과 자유를 상실하게 되면, 이는 곧 진정한 욕망이 '소유욕'으로 변하였다는 것을 의미한다. 무엇을 소유한다는 것은 무엇을 물질화하고, 대상화한다는 것을 의미한다. 인격이 상실된 사람을 욕망한다는 것, 이것은 곧 물질화된 인간을 욕망한다는 것이고, 인간을 소유하고자 하는 것이다. 아름다움이나, 진리나, 인격 등은 소유할 수 있는 것이 아니다. 이것은 그 자체로 소유가 불가능한 것이다. 땅을 소유할 수 있지만, 땅이 지닌 아름다움을 소유할 수는 없다. 아름다움은 그저 바라볼 수 있을 뿐이며, 누구나 바라볼 수 있는 무엇이다. 마찬가지로 진리도 존중되고 감탄할 수 있는 무엇이지 소유할 수 있는 것이 아니다. 진리는 그 자체로 만인을 위한 것이기 때문이다. 한 인격체란 그 자체가 다양한 관계성 속에 있는 것이기 때문에 소유 자체가 불가능하다. 인격체라는 것은 그 자체로 다양한 관계성 −인간과 자연의 관계, 인간과 인간의 관계, 인간과 신성한 존재와의 관계성− 을 가지고 있으며, 이러한 관계성의 가능성이 무한히 열려 있는 존재를 말하는 것이다. 따라서 한 인간에게 가하는 가장 큰 잘못이나 죄는 그 인간의 인격을 부정하는 것이다. 인간을 소유한다는 것은 곧 그가 가진 다양한 관계성을 부정하면서 그의 인격을 부정한다는 것을 의미함으로써 소유하는 순간 인간관계는 소멸되고 만다. 어떤 의미에서 그 누군가를 소유하고자 하는 사람은 다른 어떤 사람보다도 이 누군가와 멀리 떨어져 있는 사람이다. 왜냐하면 그는 이 누군가와의 인간관계를 부정하고 있기 때문이다. 이러한 소유의 관계 역시도 관계성이라고 말할 수 있다면 이러한 관계성은 가장 피상적이고, 순간적이고, 나약한 관계이다. 왜냐하면 이러한 관계에는 결코 기쁨이라는 것이 없기 때문이다. 이러한 것의 관계성은 '초조함'과 '불안함'과 '두려움' 등에 기초해 있는 것이기에 비록 이러한 관계가 평생을 가더라도 이 관계는 여전히 순간적이고 찰나적인 것이다. 이러한 관계는 마치 고무줄을 늘였다 놓아버리면 다시 제자리로 돌아가 버리는 것처럼, 매 순간 다시 시작해야만 하는 관계성이기 때문이다. 이러한 원리는 비단 인간과 인간관계에서만 그러한 것이 아니라, 관계성이라고 부를 수 있는 모든 것에 있어서 마찬가지다. 무슨 정당이나, 사회단체 혹은 종교단체 같은 것에 있어서도 소유욕에 의한 관계성은 관계를 매우 나약하게 하고 피상적이게 하고, 결국 오래가지 못하게 한다.

비극이란 빗나간 욕망, 비-정상적인 욕망이 관계성을 파기해버리는 것에서 성립하는 일체의 인간사를 말한다고 할 수 있다. 많은 사람에게서 참으로 아름답고 고상한 희망을 품고 시작하지만 결국 대다수가 비극으로 끝나버리는 수많은 인간관계들을 볼 수 있다. 이러한 비극의 밑바닥에는 인간이 범하는 모든 잘못과 죄의 근원인 '소유욕'이 도사리고 있다. 따라서 그것이 어떠한 욕망이든지 소유욕으로 변모하고 있는 것을 발견한다면 이러한 욕망을 없애야 한다. 사실상 여기서 욕망을 없앤다는 것은 정확한 표현이 아니다. 왜냐하면 욕망을 없앤다는 것은 불가능하기 때문이다. 여기서 요청되는 것은 욕망의 올바른 방향성 혹은 지향성이다. 미움과 사랑이 사실은 하나의 마음의 두 방향성이듯, 소유욕과 사랑도 사실은 동일한 욕망의 다른 방향성이기 때문이다. 따라서 모든 욕망에 있어서 중요한 것은 욕망의 대상이 아니라, 올바르게 욕망한다는 욕망의 질적인 특성 혹은 그 방향성인 것이다.

 ## 올바른 욕망은 위대한 것을 낳게 한다

그렇다면 어떤 것을 정상적으로 혹은 올바르게 욕망한다는 것은 무엇을 말하는 것일까? 사실상 인간의 욕망은 아이가 어른이 되듯이 그렇게 성장한다. 아이들은 아이로서의 욕망을 가지고 있고, 어른들은 어른으로서의 욕망을 지니고 있다. 그렇기 때문에 하나의 동일한 행위에서 욕망은 다양하게 나타날 수 있다. 예를 들어보자. 누군가 값비싼 그림을 샀다면 그 이유는 무엇일까? 여기에는 일반적으로 3가지의 다른 이유가 있을 것이다. 첫째, 그림을 상품으로 간주하고 투자를 위한 것이다. 이 경우 그림은 주인의 창고에서 값이 오르기만을 기다리게 될 것이다. 이러한 사람은 사실상 돈을 욕망하는 것이다. 둘째, 장식을 위한 것이다. 그림이란 품위가 있는 것이니, 집이나 사무실을 장식하기 위해서 더없이 좋은 것이다. 이 경우 그림은 장식품으로서 유용한 무엇이 된다. 이러한 사람은 사실은 보다 멋진 거실을 욕망한 것이다. 마지막 이유는 감상하기 위해서이다.

그런데 그림을 감상한다는 것은 무엇을 의미하는 것일까? 그림을 감상한다는 것은 그림이 지니고 있은 어떤 좋은 것을 음미한다는 것을 말한다. 그림이 지니고 있는 '좋은 것', 이것은 미학적 실재라고 한다. 미학적 실재는 '아름다운 무엇'이 될 수 있으며, '작가의 정서나 정신'이 될 수 있으며, '감동을 주는 무엇'일 수 있다. 일반적으로 좋은 그림이란 작가의 내적인 그 무엇을 담고 있는 것이다. 그래서 그림을 감상한다는 것은 그림을 그린 사람의 정신이나 마음을 느낀다는 것이며, 또한 작가가 받은 그 영감을 추체험할 수도 있다. 이러한 사실에서 알 수 있는 것은 인간의 욕망이 무엇을 지향하는가에 따라서 욕망이 산출하는 가치가 달라진다는 사실이다. 피카소P. Picasso는 "예술작품이란 이를 바라보는 관람객의 시선을 통해서만 생명을 가진다"라고 말한 바 있는데, 앞의 두 경우에는 전혀 이러한 작품의 생명력을 산출할 수가 없게 된다. 경우에 따라서는 훌륭한 예술작품 하나가 수십 번의 조언보다 나은 것이다. 예술작품 하나가 인생을 바꿀 수 있는 영감을 주기도 하고, 구원의 빛을 줄 수도 있다. 훌륭한 예술작품은 작가의 모든 것이 거기에 담겨져 있기 때문이다. 그래서 실존주의 선구자인 키르케고르는 모든 진정한 예술작품은

'특정 종류의 영원성'을 가진다고 말하고 있다.

예술작품을 욕망한다는 것이 바로 이 세 번째 것이며, 이것이 곧 성숙한 욕망이다. 성숙한 욕망의 특징, 그것은 '기쁨을 주는 무엇'이 거기에 있다는 것이다. '기쁨'이란 '즐거움'과 다른 것이다. 가령, 불어에서 즐거움le plésir이란 주로 감각적인 만족을 통해서 가지게 되는 순간적인 것이며, 외적인 어떤 것이다. 반면 기쁨la joie은 정신적인 어떤 것을 동반하며 지속적이고 내적인 그 무엇이다. 길을 가다가 만 원짜리 지폐를 한 장 주웠을 때는 즐거움이 있다. 그 만 원으로 점심을 사서 먹거나, 영화를 볼 때에도 즐거움이 있다. 하지만 이러한 즐거움은 그리 오래가지 못한다. 하지만 그리운 사람으로부터 편지를 받았을 때에는 기쁨이 있다. 그 편지를 읽을 때는 마음속 깊은 곳에서 솟아나는 기쁨을 느낄 수 있으며, 이러한 기쁨은 며칠 동안 지속되는 것을 발견할 수 있다. 성숙한 욕망은 이렇게 지속적이고 내면적인 것이면서 우리의 삶에 행복감을 주는 무엇이다. 성숙한 욕망이 기쁨을 주는 무엇이라는 차원에서 이러한 욕망은 도덕적인 삶의 원천이 된다. 왜 그런 것인가?

데카르트: 세계의 질서를 바꾸기보다는 차라리 나의 욕망들을 바꾸는 것이 낫다.

스피노자: 기쁨으로부터 탄생하는 욕망은 슬픔에서 탄생하는 욕망보다 더욱 강하다.

아우구스티누스Augustinus:

   － 실망한 영혼에 의한 욕망의 후퇴와 치유된 영혼에 의한 욕망의 방출 사이에는 큰 차이점이 있다.

   － 행복이란 우리가 소유한 것을 욕망하기를 지속하는 것이다.

욕망이 도덕의 원천이라는 사유는 언뜻 보기엔 모순된 진술 같아 보인다. 왜냐하면 도덕이란 많은 경우 우리의 욕망을 억제하거나 절제하는 데서 성립하는 것이기 때문이다. 하지만 조금만 더 깊이 생각해보면 도덕이 욕망을 억제하는 데서 성립하는 것은 아님을 알 수 있다. 도덕이 보다 가치 있는 것을 추구하는 것에서 성립한다면, 도덕은 보다 가치 있는 것을 욕망하는 것이기 때문이다. 인간은 누구나가 자신에게 소중한 무엇인가를 지니고 있다. 이 소중한 것이 항상 자신에게 존재하며, 그 의미가 지속되기를 바란다. 이 무엇이 소중한 것으로 남아 있는 한 인간은 행복감을 맛볼 수 있다. 가령 친구를 사귀게 된 사람은 누구나 자신의 친구가 영원히 친구로서 남아 있기를 바란다. 자신이 하는 일이 자신에게 소중하다고 생각하는 사람은 자신이 그 일을 평생 할 수 있기를 희망하게 된다. 자신이 소중하게 생각하는 것을 영원히 소중한 것으로 간직하고자 하는 것은 곧 그 소중한 것을 욕망하는 것을 의미한다. 그래서 아우구스티누스는 행복을 '소유한 것에 대한 욕망의 지속'으로 본 것이다.

사실상 우리는 어떤 것을 소유하지 못한 것에서보다는 이미 소유한 것의 상실에 대해서 더욱 염려하고 불안해한다. 현대사회가 그토록 많은 '보험 상품'이 넘치는 것은 이를 반증하는 것이라 할 수 있다. '보험'이란 이미 소유하고 있는 것에 대한 상실의 두려움을 없애주는 그 무엇이기 때문이다. 그런데 인간적인 삶에서 묘하게도 우리가 소중하다고 생각하는 것이 영원히 지속되는 법은 결코 없다. 모든 것은 시간과 함께 변하고 시간과 함께 퇴색되어간다. 이것이 자연의 질서이고 세계의 질서이다. 아름다운 외모나 육체적인 건강은 시간과 함께 사라져간다. 그렇게 친분이 있었던 벗들도 시간과 함께 멀어져간다. 처음에는 목숨이라도 내어줄 것 같았던 사랑도 시간과 함께 변하게 된다. 오랜 결혼 생활에서 자주 상대방의 사랑이 '변했다' 혹은 '식었다'라고 불평하지만 변하고 식는 것이 자연의 이치요 세계의 법칙이다. 변화하고 사라져가는 것들을 계속 잡아두기 위해서 집착하는 것은 자연의 이치를 바꾸고자 하는 것과 같으며, 결국 이는 실망과 절망을 낳을 뿐이다. 그래서 데카르트는 "세계의 질서를 바꾸기보다는 차라리 나의 욕망들을 바꾸는 것이 낫다"라고 한 것이다. 사실 영원한 것은 어디에도 없기 때문에 실망하고 환멸을 느끼지 않기 위해서, 즉 자유롭기 위해서는 욕망을 아예 없애버리는 것이 유일한 해답일 것이다. 그래서 불교에서도 '무욕'을 지향하고 에픽테토스 같은 철학자도 '자유는 욕망의 충족을 통해서가 아니라, 욕망의 소멸'에서 주어진다고 한 것이다. 하지만 인간이 자신의 욕망을 완전히 없애버리는 것이 과연 가능할까? 그리고 이러한 것이 가능하더라도 '모든 욕망을 없애 버리고자 하는' 이러한 것이 어쩌면 가장 큰 욕망은 아닐까? 대다수 범인들에게 있어서 욕망을 완전히 없이한다는 것은 있을 수도 없겠지만, 그래서도 안 될 것이다. 왜냐하면 욕망의 긍정적인 차원, 그것은 가치의 산출에 있기 때문이다.

서머셋 모음W. Somerset Maugham의 『달과 6펜스』는 후기인상주의의 대표자인 고갱의 일화가 소설화된 것이다. 이 소설에서는 성공한 금융가로서의 고갱의 삶을 '6펜스', 즉 하찮은 동전 한 개로 그리고 그림을 그리고 싶다는 고갱의 내적인 욕망을 '달'로 비유하고 있다. 자신의 내면 깊숙이에서 솟아나는 욕망을 거부하는 대신에 고갱은 결국 이러한 자신의 욕망을 실현하기 위해서 모든 것을 버리고 전 삶을 투신하게 된다. 그리고 그는 결국 후기인상주의라는 화풍을 낳았으며 「황색의 그리스도」, 「아이티의 여인들」, 「우리는 어디서 왔고, 누구이며, 어디로 가는가?」 등의 수많은 걸작을 낳았다. 사실 고갱이 금융가로 살았던 그 삶도 나쁜 것은 아니었다. 아름다운 아내와 귀여운 딸, 그리고 충분한 수입이 보장되는 금융가로서의 삶은 현대인이라면 누구나 부러워할 만한 삶이다. 그럼에도 그는 이러한 안락하고 만족한 삶을 포기하였다. 그것은 그가 그의 내면 깊숙이 간직하고 있던 '그림을 그리고 싶다'는 보다 고상한 욕망 때문이었다. 소설에서는 어느 날 직장에서 집으로 돌아온 주인공이 더 이상 '그림을 그리고 싶다'는 갈망을 느낄 수 없었고, 바로 이때가 그가 그림을 그리기 위해서 모든 것을 포기할 결심을 한 때라고 말하고 있다. 더 이상 그림을 그리고 싶다는 욕망을 느낄 수 없었다는 것은 곧 '영혼의 갈망'이 상실되었음을 말하고 있다. 고갱은 자신의 영혼의 갈망이 영원히 상실된다는 사실을 결코 인정할 수 없었던 것이다. 그가 34살의 나이가 되어서야 비로소 화가의 길을 걷기로 결심하였다는 사실은 많은 것을 암시해주고 있다. 그것은 세상의 어떤 좋은 것들도 자신의 깊은 영혼의 갈망보다 더 소중하거나 가치 있는 것은 없다는 것을 말해주며, 또한 비록 자신의 갈망을 실현하지 않는다 하더라도 갈망을 지니고 있다는 그 자체가 행복감을 주거나 의미심장한 무엇을 준다는 것을 말해주고 있다. 무언가 가슴 깊숙이 자신만의 어떤 갈망을 지니고 있다는 것, 이것은 큰 행운이며 선물이다. 누구나 고갱과 같은 그러한 갈망을 지닐 수는 없을 것이다. 하지만 인간이라면 누구나 자신만의 갈망을 선택할 수는 있는 것이다. 그것이 위대한 무엇이 아닐지라도 아무도 알아주지 않는 것일지라도 자신만이 가진 소중한 무엇, 의미 있는 무엇이면 그만인 것이다. 언젠가는 이것이 실현될 것을 꿈꾸며 희망을 품는 것은 참으로 삶을 의미 있고 행복하게 살아갈 수 있도록 하는 비결이다.

철학적으로 '낭만주의'란 바로 이러한 것이다. 비록 그것을 실현할 가능성이 거의 없더라도 마음속에 어떤 이상을 품고 사는 것, 혹은 현실적으로 실현하였을 때, 이상이 상실될 것을 두려워 오히려 마음속으로만 간직하고 살아가는 것 바로 그것이다. 현실과 이상은 언제나 어느 정도의 간격이 존재한다는 것, 이를 인정하고 자신의 내면에서 이상적인 세계를 구축하고 살아가는 것, 이것이 바로 낭만주의라는 것이다. 파울로 코엘료Paulo Coelho의 『연금술사』에는 젊은 시절 많은 돈을 벌어서 모든 이슬람인의 희망인 '메카로의 순례'를 꿈꾸었던 부자상인이 등장한다. 그가 장사를 하고 성실하게 돈을 모아서 부자가 된 것의 원동력이 '메카로의 순례'였다. 하지만 부자가 된 지금 그는 여전히 젊은 시절의 그 꿈을 간직한 채 '메카로의 순례'는 하지 않는다. 왜냐하면 실제로 메카로 순례를 가게 된다면 젊은 시절 자신이 꿈꾸던 그 아름다운 환상이 깨어져 버릴 것 같았기 때문이다. 그 상인은 아마도 죽을 때까지 그 꿈을 간직한 채 살아갈 것이다. 어떤 고상한 꿈을 가지고 산다는 것, 이것이 행복할 수 있는 삶의 비결이다. 물론 그 상인이 용기를 내어 '메카로의 여행'을 시도할 수도 있고, 진정으로 젊은 시절 꿈꾸던 그 환상을 현실이 되게 할 수도 있고, 어쩌면 현실의 진실로서 마음속의 이상을 대신할 수도 있을 것이다. 이러한 것을 철학적으로는 실재론이라고 한다. 그 상인이 '낭만주의자'로 남아 있든지, 혹은 '실재론자'로 변신하든지 중요한 것은 그가 무엇인가 소중한 것을 간직하고 추구하고 있다는 그 자체에 있다. 그리고 우리가 체험할 수 있는 인생의 진리란 나에게 진정 소중하고 가치 있는 것은 역시 남에게도 소중하고 가치 있는 무엇이라는 사실이다. 고갱의 그림들은 고갱에게 매우 소중한 것이었다. 그리고 그의 정신과 의지가 담긴 그 작품들은 오늘날 여전히 우리에게 매우 소중하고 값진 것으로 남아 있다.

진정으로 도덕적인 것이란 바로 이러한 것이다. 나에게 소중하고 가

고갱의 마지막 대작: 「우리는 어디서 왔고, 누구이며, 어디로 가는가?」로부터

34살의 나이에 그간의 삶을 청산하고 새로이 그림공부를 시작하여, 제법 이름이 알려질 무렵 자신의 화풍을 싫어하는 파리를 떠나 아프리카의 작은 섬 아이티로 떠나 평생 그곳에서 그림을 그리다 생을 마감하였다. 수많은 대작을 남겼고 후일 사람들은 그의 화풍을 '후기인상주의'라고 불렀으며, 그의 그림이 지향한 것을 '원시적인 건강미'라고 말하였다. 그의 마지막 대작은 단일 그림으로는 세계 최고의 고가를 자랑하고 있다. 현재 이 그림에는 무려 5000억이라는 어마어마한 가격이 매겨져 있다. 이러한 가격은 물론 예술작품이 상품화된 자본주의 모순을 보여주고 있기는 하지만, 그럼에도 우리는 자신의 모든 것을 바쳐서 그림을 그리고자 한 고갱의 삶과 정신을 이 그림을 통해서 어렴풋이나마 엿볼 수 있다.

치 있는 무엇을 위한 행위는 대다수 다른 사람에게도 소중하고 가치 있는 무엇이 된다는 것이다. 베토벤이 위대한 음악들을 작곡한 이유는 그 자신의 내면에 감동을 줄 수 있는 음악이 필요했기 때문이었고, 신비가들이 훌륭한 삶을 남겨준 것도 그들이 신성한 무엇에 강한 갈증을 느꼈기 때문이었다. 자신에게 참으로 소중하고 가치 있는 것은 다른 모든 이에게 있어서도 매우 소중한 무엇이 된다. 이러한 일은 비단 위대한 일에 있어서뿐 아니라 매일의 일상에서도 볼 수 있다. 가령 기업인이 가난한 고아들을 위해서 기부를 하였을 때, 이 행위가 진정 자신에게 소중하고 가치 있을 때, 우리는 이를 도덕적이라고 판단한다. 또한 다른 모든 이에게도 이러한 행위가 소중하고 가치 있는 일로 여겨지게 되는 것이다. 반면 만일 기업인이 고아들을 위해 기부하는 행위가 '무가치한 것'이라고 생각하고 있다면 '기부의 행위'는 기업의 이미지나 다른 정치적인 목적을 위한 것이 됨으로써 이러한 행위는 '도덕적인 행위'일 수 없으며, '위선'이라고 하는 것이다.

사람들은 흔히 가치란 매우 주관적인 것이라고 생각하는데, 이는 잘못된 생각은 아니지만 그 자체로 사실인 것도 아니다. 가치는 그것이 작은 것일수록 주관적인 것이며, 보다 상승할수록 일반적이고 보편적인 것이 된다. 우리는 이러한 사실을 현실 안에서 아주 쉽게 발견할 수 있다. 밥을 먹을 것인가 빵을 먹을 것인가의 가치는 지극히 주관적인 것이다. 등산을 할 것인지, 영화를 보러 갈 것인지도 지극히 주관적인 가치이다. 이러한 것들의 가치는 거의 이를 행하는 한 개인의 주관적인 기호나 내적 상황에 달려 있기 때문이다. 하지만 시인이 되기 위해서 문학을 전공할 것인지 혹은 안전한 취업을 위해서 경영학을 전공할 것인지 하는 문제는 더 이상 한 개인의 문제가 아니며, 이에 따른 결과의 가치는 매우 보편적인 가치를 함의하고 있다. 상인이 한 명 더 있다는 것과 시인이 한 명 더 있다는 것은 사회적으로 매우 다른 가치를 유발하면서 경우에 따라서 엄청난 가치의 차이를 유발한다. 마찬가지로 공공화단에 장미를 심을 것인지, 선인장을 심을 것인지 하는 것은 크게 다른 가치를 유발하지 않지만 빈 공유지에 주차장을 만들 것인지 혹은 마을 도서관을 지을 것인지 하는 것은 매우 다른 가치를 함의하고 있다. 이러한 사회적 가치는 더 이상 개인들의 주관적인 가치에 좌우되는 것이 아니다. 이처럼 대다수의 사회적인 가치나 인류를 위한 가치는 보편적인 것이다. 베토벤의 교향곡이나 고흐의 그림, 나아가 톨스토이Leo Tolstoy의 작품이나 마더 테레사의 헌신 행위는 모두 보편적인 가치를 지닌 것이다. 보편적인 어떤 가치는 그 자체로 위대한 것이다. 비록 그것이 작은 것일지라도 '보편적'이라는 그 특성과 의미를 통해서 위대한 것이다.

보편적인 가치란 곧 선에 대한 정신적인 이해와 추구라는 일종의 아가페적인 사랑을 담고 있다. 모든 이에게 의미가 있는 것, 모든 이에게 해당하는 가치를 추구하는 것이 곧 진정한 의미의 아가페적 사랑이다. 누군가 선한 일을 행하고 사랑을 실천하였지만 세상이 그를 알아주지 못하여 실망하였다면, 그것은 곧 자신의 문제이다. 왜냐하면 진정한 사랑은 보답받기를 원치 않기 때문이다. 무엇인가 보답을 기대한다는 것은 여전히 그의 욕망이 소유욕에 휘어잡혀 있음을 의미한다. 이러한 영혼들은 자신이 기대한 그 무엇이 주어지지 않을 때 실망하고 자신의 욕망을 거두어들인다. 하지만 그의 욕망이 진정한 사랑으로 변모한 영혼은 결코 욕망을 거두어들이는 법이 없다. 왜냐하면 그것이 어떠한 이름을 지니고 있든지 진정한 사랑은 사랑하는 그 자체에 의미를 두고 있으며, 결코 보답을 기대하지 않기 때문이다. 그래서 아우구스티누스는 '욕망을 거두어들이는 실망한 영혼'과 '욕망을 끊임없이 실현하는 치유된 영혼'을 구분하고 있는 것이다. 여기서 치유된 영혼이란 '아가페적 사랑'을 실현할 수 있는 영혼을 말한다. 자연 상태의 인간 영혼을 마치 병든 것처럼 고려하고, 아가페적 사랑을 할 수 있는 영혼을 치유된 영혼이라고 생각하는 이러한 관점은 대다수 그리스도교 철학자가 긍정하는 관점이다. 키르케고르는 인간이 이기적인 성향을 가지고 있는 한 일종의 정신병을 가지고 사는 것과 같은 것이라고 생각하였다. 진정 타인을 사랑할 수 있는 사람은 참으로 치유된 사람, 즉 구원된 사람과 같다. 플라톤은 자연 상태의 인간의 욕망을 '즐거움을 추구하는 욕망'이라고 생각하고, 보편적인 선을 추구하는 상태를 획득된 이념으로 구분하고 있지만, 사실상 무엇을 갈망한다는 차원에서 이는 이념이라기보다는 여전히 욕

「성녀 리지외의 테레사」

프랑스 리지외에서 태어난 가르멜 수도원의 성녀이다. 가장 현대적인 이 성녀는 동일한 '테레사'의 이름을 가진 성녀 '아빌라의 테레사'와 구분하기 위해서 '소화小花 테레사'라고 부르기도 한다. 소화 테레사는 스스로 자신은 아무것도 내세울 것이 없는 '작은 자'라고 하면서, 아주 작은 것들을 가장 큰 사랑으로 행하면서 평생을 사랑을 실천한 성녀로서 평범한 일상인들에게 가장 친근한 성녀라고 할 수 있다.

망이다. 현대의 가톨릭 성녀인 소화 테레사Therese de Lisieux는 자신은 그 누구보다도 사랑하고 사랑받는 것에 갈증을 느낀다고 하였다. 사랑받기 위해서 그녀는 그토록 모두를 사랑하였다고 한다. 아주 작은 것들, 일상의 자잘한 모든 것을 가장 큰 사랑으로 행하고자 하였다. 그리고 그녀는 금세기 가장 위대한 가톨릭의 성녀가 되었다. 인간이 무엇인가 위대한 것을 산출하기 위해서 가장 먼저 전제되는 것이 있다면 그것은 '갈망' 혹은 '욕망'을 가지는 것이다. 그리고 이 욕망이 소유욕이 아닌 보편적인 가치를 창출할 수 있는 사랑의 행위로 변모한다면 여기에는 위대한 무언가가 반드시 존재하는 것이다.

4장

최상의
가치로서의
사랑

좋아하는 것과 사랑하는 것은
무엇이 같고 다른가?

「다정함」

앞서 우리는 욕망과 사랑에 관하여 고찰하였다. 인간이란 본성적으로 무엇인가를 욕망할 수밖에 없는 존재이며, 이러한 욕망이 인간의 모든 실존의 지평에서 행위의 원동력임을 보았다. 이러한 욕망이 올바른 길을 잃게 되면, 그것은 곧 인간적 삶에 있어서 비극을 가져오게 되지만 올바른 길을 가게 된다면 사랑으로 변모한다는 것을 알 수 있었다. 즉, 인간 욕망의 궁극적인 지향점은 곧 사랑이다. 이번 장에서는 사랑의 위대함에 대해서 다루고 있다. 사랑이 참으로 고귀한 것이며 위대한 것임에도 불행히도 동서양을 막론하고 철학사에는 사랑에 대해서 말하고 있는 철학자는 드문 편이다. 아마도 그 이유는 사랑이라는 것이 가장 보편적인 가치임에도 불구하고 사상적인 차원에서 사랑은 어디까지나 그리스도교의 가치일 뿐이다. 그래서 사랑에 대해서 양적으로나 깊이로나 심오한 이론으로서 다루고 있는 철학자는 중세의 철학자 토마스 아퀴나스와 실존주의자의 선구자인 키르케고르뿐인 듯하다. 하지만 우리는 이 장에서 무수한 현대의 문호들과 사상가들이 사랑에 대해서 말하고 있는 것을 보게 될 것이다. 그리고 이를 통해서 사랑이라는 것이 인간적인 삶에서 무엇을 의미하며 어떠한 가치를 가지는지를 알게 될 것이며, 왜 루소가 도덕에 대해서 책을 쓴다면 99페이지를 비워두고 마지막 장에서 "사랑만으로 충분하다"라고 쓸 것이라 했는지 그 이유도 알 수 있을 것이다.

사랑은 인간다운 삶을 위한 근원적인 힘이다

동물들도 사랑을 할까? 그렇게 볼 수도 있다. 그들도 때가 되면 교미를 하고 가끔 볼 수 있는 모성애는 사람을 뛰어넘는 것 같아 보인다. 그래서 '짐승만도 못한 인간'이라는 말도 있다. 하지만 엄밀한 의미에서 사랑이란 인간이 가진 가장 인간적인 어떤 것이다. 만일 동물에게 사랑이라는 말을 사용한다면 이는 '은유'로서일 것이며, 실제로서 사용한다면 언어의 남용이 될 것이다. 왜냐하면 사랑이란 무엇보다 먼저 인간적인 모든 정념의 뿌리 혹은 근원으로 나타나기 때문이다.

아베 피에르Abbe Pierre: 산다는 것은 사랑하기를 습득하는 것이다.
토마스 아퀴나스: 미움, 공포, 절망, 기쁨, 환희 등 모든 정염의 뿌리는 사랑이다.
장 아누이Jean Anouilh: 아름다운 것이란, 사람들이 사랑하는 그것이다.

사실 사랑에 대해서 말을 하고자 한다면, 먼저 '사랑'이 무엇인가라는 개념적인 정의가 있어야 할 것이다. 하지만 사랑이라는 개념이 너무나 애매모호하고 다양한 의미로 사용되기에 사랑이 무엇이라고 일반적인 혹은 보편적인 정의를 내린다는 것은 불가능하다. 그래서 사랑을 가장 보편적이고 포괄적인 의미로서 고찰하고자 한다면 사랑은 삶을 가능하게 하는 근원적인 힘처럼 고려할 수밖에 없다. '산다는 것이 사랑을 습득하기 위한 것'이라는 말은 인간의 삶은 마치 사랑이 조금씩 성장하여 그 진정한 의미의 사랑을 실현하는 것이라고 할 수 있다.

토마스 아퀴나스는 인간의 모든 정염이 사랑으로부터 발생한다고 하는데, 이는 모든 자연적인 욕망이 '자기 자신에 대한 사랑의 표현'이라는 말이다. 먹고 마시며, 아름다운 것을 보려 하고, 누구를 좋아하는 것 등은 모두 자기존재를 보존하기 위한 무의식적인 행위이다. 가령 죽기를 결심한 사람에게는 먹는 것도 보는 것도 듣는 것도 일체의 것이 무의미해진다. 살고자 한다는 것, 그것은 자기존재를 사랑하고자 하는 것이다. 자신의 존재를 보존하고자 하는 것이 자기 사랑이라고 말할 수 있다면 이는 사실 모든 살아 있는 것에 공통되는 것이다. 토마스 아퀴나스는 이를 '본성적인 사랑'이라고 한다. 모든 살아 있는 것은 자연적으로 주어진 자신의 본성이 있고 이 본성으로부터 발생하는 생존하고자 하는 것, 이것이 곧 자기존재를 사랑하는 것이다. 하지만 인간에게는 이러한 본성적인 사랑의 차원에서부터 이미 다른 생명체들과는 다른 것이 함께 나타나고 있는데 그것은 심미적인 것의 추구이다. 인간은 다만 먹고자 하지 않고 다만 들으려고 하지 않는다. 동물에게 있어서 오감은 오직 생존을 위한 것이지만 인간에게 있어서 오감은 본질적으로 심미적인 지평의 것이다. 심미적인 것이란 '아름다운 것'에 대한 추구를 말한다. 아름다운 것이란 가장 기본적인 삶의 활력소이다. 좋아한다는 것이 기질적인 문제이며 주로 감각적인 것이라고 한다면, 사랑한다는 것은 정신적인 것이다. 아니, 감각적인 것이 참여된 정신적인 것이다. 즉, 좋아한다는 단순한 감각적인 것에 그 이상의 무엇, 삶의 의미나 정신적인 명분 등이 첨가될 때 이는 이미 사랑하는 것이다. 인간은 무의식적으로나마 항상 감각적인 것 이상, 단순히 즐거운 것 이상을, 즉 심미적인 것을 추구한다. 자살을 결심한 사람이 모차르트의 음악을 들으면서 새롭게 삶을 생각하게 되는 것은 그 음악이 무엇인가 인생의 진실을 말해주고 있기 때문이다. 그 진실은 곧 '산다는 것은 아름답다'는 것이다. 그래서 아주 단순한 남녀 간의 에로스적인 사랑에도 본질적인 것은 정신적인 무엇이다. 페르난도 페소아Fernando Pessoa는 "본질적인 것은 사랑이다. 섹스는 다만 우연적인 것일 뿐이다"라고 말하고 있는데, 이는 남녀 간의 사랑에도 '성적인 섹스'는 중요한 것이 아니라는 말이다. 이는 단지 사랑을 위한 하나의 매개수단일 뿐이다. 사랑한다는 것은 이러한 감각적인 기쁨을 추구하는 것과는 차원이 다른 것이기 때문이다. 남녀 간의 에로스적 사랑도 사실상 사랑이라는 삶의 의미의 한 부분을 차지하고 있다. 그 한 부분이라는 것은 곧 '인생은 아름다운 것'이라는 사실의 어느 한 부분이다.

사실 어떤 의미에서 인생이 아름답기 때문에 인생을 사랑하는 것이 아니라, 인생을 사랑하기 때문에 인생이 아름다운 것이다. 인생이 아름답기 때문에 사랑한다면 아마도 인생을 사랑하는 사람은 국민의 3%에도 미치지 못할 것이며, 힘겨운 투쟁을 하고 있는 노동자들에게는 이보다 더 큰 거짓말이 없을 것이다. 하지만 산다는 것, 그것이 어떤 모습으로 다가오든지 다가오는 그것을 사랑하고자 한다면 우리는 거기서 어떤 아름다운 것을 발견할 수 있다. 모든 것이 완전하게 갖추어진 낙원에서 인생이란 어떤 의미를 가지고 있을까? 그것은 곧 주어진 인생을 사랑하는 것이다. 정의도 평화도 인권도 자유도 추구할 필요가 없는 낙원에서 할 수 있는 인간적인 것이란 오직 그것을 사랑하는 것뿐이다. 그래서 빅토르 위고는 '낙원의 이브에게 있어서 사랑이 유일한 아름다움'이라고 말하고 있다. 사랑한다는 것, 그것은 곧 아름다움을 창출하는 것이다. 시각적으로 아름답지 않은 것도 그것을 사랑하게 될 때, 아름다운 무엇이 그곳에 있게 된다. 즉, '아름다운 것이란, 사람들이 사랑하는 바로 그것'이다. "고슴도치도 자기 자식은 예뻐 보인다"는 통속적인 속담은 이러한 사실을 말해준다. 하지만 여기에서 다른 하나의 진실은 자기 자식을 사랑하는 고슴도치의 행위 그 자체가 곧 아름다움이라는 사실이다. 빅토르 위고의 유명한 소설 『노틀담의 꼽추』에는 세상 모두로부터 버림받는 꼽추가 주인공으로 등장한다. 아무것도 보여줄 것이 없는 이 꼽추는 그럼에도 그의 사랑을 통해서 가장 아름다운 무엇을 보여주고 있다. 집시 소녀 에스메랄다를 사랑한 꼽추 카지모도의 행위는 참으로 아름답게 보이고 감동적이다. 소설의 마지막에 성당묘지에서 발견된 집시소녀의 해골을 꼭 껴안고 있는 한 꼽추의 해골은 독자들의 마음을 뭉클하게 한 다. 이 세상에서 버림받고 아무도 자신을 기억하거나 보아주지 않는 꼽 추가 살아갈 수 있는 유일한 의미가 곧 집시소녀에 대한 사랑이었다. 그 무엇을 사랑한다는 것은 참으로 아름다운 것이며, 이는 곧 삶의 가장 큰 동기이며 명분이기도 하다. 참으로 힘겨운 인생길을 가고 있는 꼽추에 게 유일하게 평화와 기쁨과 의미를, 즉 정신적인 휴식을 제공한 것이 '에 스메랄다'에 대한 연정이었다. 이렇게 카지모도에게 있어서 집시소녀에 대한 남모르는 사랑은 인생의 유일하고도 가장 큰 휴식처였다. 그래서 제롬 트레펠Jérôme Treffel은 "사랑이 없는 삶을 쉼표가 없는 문장"에 비유 한 것이다.

사실 모든 전문적인 직업인에게 있어서 '자신의 전문직'이 사랑하는 것이 되지 않는다면 이는 바로 힘겨운 노동으로 전락하고 만다. 예술가 가 생존을 위해서 그림을 그린다면 그림을 그리는 일은 참으로 고통스 러운 일이 될 것이요, 소설가가 글을 쓰는 것을 사랑하지 않게 되면, 글 을 쓰는 일은 그 무엇보다도 힘겨운 노동으로 변해버릴 것이다. 농부들 이 '재료비'에도 못 미치는 수확을 하면서도 농사일을 포기하지 않는 것 도 그들이 '농사짓는 일'을 사랑하기 때문이다. 그 무엇을 사랑한다는 것 은 곧 삶의 의미이며, 사랑하기를 멈춘다는 것은 곧 '삶'을, '인간다운 삶' 을 멈추어버리는 것과 같기 때문이다. 인간을 인간답게 하는 가장 기본 적인 것이 곧 무엇을 사랑하는 것이다. 무엇을 사랑한다는 것은 단지 좋 아하는 것과 다르다. 농부가 농사를 짓는 것이 단지 좋아하기 때문이 아 니며, 못난 아들을 위해 헌신하기를 멈추지 않는 어머니도 단지 아들을 좋아하기 때문이 아니다. 그를 사랑하기 때문이다. 아무것도 사랑하지 않는 사람은 참으로 불행한 삶을 사는 사람이다. 가끔 사람들이 '이것은 살아도 산 것이 아니다'라고 푸념할 때, 이는 사실상 '더 이상 사랑할 수 있는 것이 아무것도 없다'고 푸념하는 것이다. 수십 번씩 감옥을 들락거린 러시아의 한 정치범은 인터뷰에서 자신은 감옥에 갈 때마다 양쪽 주머니에 보리를 가득 넣어 간다고 말한 적이 있다. 그 이유는 감옥의 창살에서 보리를 키우면서 무료한 시간을 보내기 위해서라고 한다. 무엇인가 생명이 자라는 것을 보고 그것들을 물주고 가꾸고 하면서 자신의 무료한 감옥의 삶에 활기를 찾을 수 있다고 하였다. 바로 이것이 그의 생존의 비법, 즉 무엇인가를 매일같이 돌보고 가꾸고 하면서, 즉 무엇인가를 사랑하면서 인간적인 삶을 영위하였던 것이다. 인간이란 무언가 사랑할 대상만 있다면 인간다운 삶을 영위할 수가 있는 존재이다. 그래서 사람다운 사람이란 '나는 사랑한다. 고로 나는 존재한다'라고 말할 수 있는 사람이다.

사랑은 가장 가난한 인생을 가장 풍요롭게 한다

사랑은 가장 가난한 자에게 가장 큰 부요함을 주는 무엇이다. 철학자 알랭Alain은 "사랑한다는 것은 그의 바깥에서 그의 부요함을 발견하는 것이다"라고 말하고 있다. 어떻게 사랑하는 자는 자신의 바깥에서 자신의 부요함을 발견하는 것일까? 우리는 이 부요함의 의미를 다양하게 생각해볼 수 있다.

파스칼: 사랑은 나이를 먹지 않는다. 사랑은 언제나 태어나는 것이기 때문이다.
빅토르 위고: 사랑이란 다른 사람 안에서 자신을 발견한다는 것이며, 이를 알
게 되는 기쁨이다.

사랑하는 사람들의 특징, 그것은 젊다는 것이다. 흔히 '사랑하면 예
뻐진다'고 하는 말이 있는데, 사실상 이는 사랑의 특징인 젊음을 의미한
다. 젊다는 것은 그 자체로 아름다운 것이다. 싱싱한 생명력과 때 묻지
않은 순수한 마음은 참으로 보기에 좋다. 그 어떤 애완동물이나 심지어
맹수들도 어릴 때에는 참으로 귀엽고 예쁘다. 순진무구한 그들의 눈동
자나 뽀송뽀송한 털을 보면서 감탄하지 않을 사람은 없다. 그리고 인간
도 어린아이 때에는 누구나 예쁘고 귀엽다. 그래서 모든 탄생은 신비롭
고 감탄할 만한 것이다. 어떤 심리학자는 인간이 부모에게 효도하는 시
간이란 태어나서 3년간뿐이라고 한다. 이 기간에 평생 할 효도를 다한
다는 것이다. 왜 그런가? 그것은 아이를 길러본 사람, 그토록 사랑스럽
고 그를 위해서라면 내 생명이라도 내어 줄 것 같은 어린 자식을 키워본
사람이라면 그 이유를 알 수 있을 것이다. 그런데 철학자 파스칼은 사랑
이라는 것은 매 순간 다시 태어나는 것이라고 한다. 만일 그렇다면 사랑
하는 사람은 바로 이러한 싱그럽고 순수한 어린이다운 무엇을 지닌 사
람일 것이다. 어린이의 특징, 그것은 가난함이다. 어린이는 저항할 힘이
없고, 자신을 방어할 아무런 것도 가지고 있지 않다. 무방비 상태의 어린
이, 하지만 역설적이게도 이러한 무방비 상태의 어떤 것이 어린이가 가
진 가장 강력한 부요함이다. 잠을 자고 있는 갓난아기는 무한한 힘이 있
다. 그 어떤 흉악범도 이러한 순진무구하고 연약하기 짝이 없는 어린이
의 몸에는 감히 손을 대지 못한다. 순진무구하고 결백하다는 것, 거기에

는 신성한 무엇이 함께하고 있기 때문이다. 이러한 신성불가침을 부정하는 사회는 인간의 사회가 아니라 야만인들의 사회일 것이다. 마찬가지로 사랑하는 사람은 그 자체로 연약하기 짝이 없는 사람이다. 사랑하는 사람은 무방비 상태에 있는 사람이다. 진정 사랑하는 사람은 누구를 해치거나, 모함하거나, 증오하거나, 시기할 수도 없다. 왜냐하면 사랑은 이러한 것과는 반대되는 것이기 때문이다. 하지만 사랑하는 자의 힘은 역설적으로 이러한 무방비 상태, 이러한 무장해제에 있다. 왜냐하면 이들은 그 어떤 사람의 적도 아니기에 그 누구도 그 무엇도 두려워하지 않기 때문이다. 그러기에 사랑하는 사람은 매일 아침 마치 새롭게 이 세상에 태어나는 것처럼 그렇게 하루를 맞이한다. 이들은 언제나 어린이 같은 순수함과 싱그러움을 지니고 있다. 그래서 이들은 항상 젊다. 그들의 육체는 늙겠지만 마음은 늙지 않는다. 마음속의 젊음을 상실한 사람들, 아무것도 사랑하지 않는 사람들은 나이와 무관하게 이미 늙은 사람이다. 세상에서 가장 부요한 것은 곧 젊음이고, 그것도 마음이 젊다는 것이다. 젊음이란 그 자체로 무한한 가능성이기 때문이다.

사랑이 부요함을 가져오는 것은 사랑하는 대상에서 자신을 발견하기 때문이다. 영국의 왕이었던 헨리 4세Henry IV가 '자신을 사랑하는 사람은 자신의 강아지도 사랑한다'고 하였을 때 이는 사랑의 존재론적인 일치, 즉 '공통본성co-natualité'에 대해서 말하고 있는 것이다. 유사한 것은 유사한 것을 끌어당긴다는 말이 있다. 그리고 그와 유사한 특성과 기질을 가지게 된다. 야생화를 사랑하는 사람은 야생화를 사랑하는 또 다른 사람을 만났을 때, 매우 친근함을 느낀다. 그리고 그를 좋아하게 되고 또 그를 사랑하게 된다. 사랑하는 사람은 자신이 사랑하는 사람에게서 자신과 유사한 것을 발견한다. 그래서 빅토르 위고도 "사랑이란 다른 사람

안에서 자신을 발견한다는 것이며, 이를 알게 되는 기쁨이다"라고 하였다. 그것이 어떤 이름을 가진 것이든 우리는 일생 동안 수많은 사람을 사랑하게 된다. 그리고 이 수많은 사람 중에서 공통점이 있다면 그것은 곧 '나'이다. 즉, 그들 안에 있는 나와 유사한 무엇이다. 어떤 사람 안에서 '나'와 유사한 것을 발견하게 되면 나는 그에게 친밀감을 느끼고, 그와 유사하게 되고자 한다. 그래서 사랑은 본질적으로 '일치'를 가져온다. 그를 아는 것만으로 그를 사랑하게 되지는 않는다. 내가 그를 사랑하게 되는 것은 그 안에서 나와 유사한 그 무엇을 발견하였기 때문이고 또 그와 유사하게 되고자 하기 때문이다. 그래서 사랑의 법칙은 '사랑하는 사람을 닮아간다는 것'이며, 이는 또한 사랑하는 사람이 사랑하는 것을 또한 사랑하게 되는 것을 의미한다. 그래서 진정한 관계성이란 '그가 혹은 그녀가 사랑하는 것을 나도 사랑하게 되는 것'을 의미하게 된다. 진정한 친구란 벗이 사랑하는 것을 나도 사랑하게 되는 것을 말하며, 진정한 사제지간이란 스승이 사랑하는 것을 제자도 사랑하게 되는 것을 말한다. 이렇게 사랑은 존재론적으로 유사하게 되는 '공통본성'을 가지는 것이다. 보다 많은 사람을 사랑한 사람은 보다 많은 것을 사랑하게 됨으로써 보다 풍요롭게 된다. 부요함이란 바로 이러한 내적인 것, 정신적인 것의 부요함을 말하는 것이다.

인생이 풍요롭다는 것은 농부들의 풍요로운 수확이나 높은 이윤을 남기는 기업인들의 풍요와는 근본적으로 다른 것이다. 인생이 풍요롭다는 것은 삶에 있어서 소중하고 가치 있는 것을 많이 가진다는 것을 말하며, 그래서 기쁨을 주는 많은 것, 행복감을 주는 많은 것을 가진다는 것을 의미한다. 그래서 고흐 같은 화가들은 비록 물질적으로는 가장 가난한 사람 중 한 사람이었지만, 자연 속의 색체와 명암에 둘러싸여 매일을 행복감으로 보냈다. 그는 동생 테오에게 보낸 편지에서 그러한 자연의 아름다움을 알지 못하는 사람은 인생을 헛사는 것이라고 말하고 있다. 그는 물질적으로 빈곤하게 살았지만 참으로 풍요로운 인생을 살다간 사람이었다. 생텍쥐페리Saint Exupery는 『어린 왕자』에서 낡아빠진 인형을 빼앗긴 어린 소녀가 눈물을 터뜨리는 것을 보면서 그 소녀가 참 행복한 삶을 살고 있다고 하였는데, 그것은 눈물을 흘릴 만큼 소중한 무엇을 가지고 있기 때문이었다. 오늘날 현대의 어른들은 무엇을 빼앗겨야 눈물을 흘릴 것인가? 눈물을 흘릴 만큼 소중한 무엇이 우리에게 있기는 한 것인가? 팸 브라운Pam Brown은 "어린아이에게 있어서 곰 인형이 가장 친한 벗이 되기 위해서는 매우 많은 사랑이 필요하다"라고 말하였는데, 이는 사랑의 특성을 아주 잘 말해주고 있다. 사랑은 무가치한 것을 가치 있게 하고, 무의미한 것을 의미 있게 하는 무엇이다. 피카소의 그림이 아무리 값비싼 것이라 해도, 그 그림을 내가 전혀 사랑하지 않는다면 나에게 그 그림은 아무런 가치도 의미도 없는 것이며, 세상이 열광하는 베스트셀러 소설이라고 해도 내가 그 소설을 사랑하지 않는다면 그것은 나에게 아무것도 아니다. 반면에 아무도 보지 않는 들꽃 한 송이라도 내가 그 꽃을 참으로 사랑한다면 그 꽃은 나에게 무한한 가치를 가진 소중한 것이다. 아무리 문제아동이라 할지라도 그의 어머니에게는 소중한 아이인 이유는 단지 자기 자식이기 때문이 아니다. 그것은 그 어머니가 그 아이에게 쏟은 정성과 사랑 때문이다. 보다 많은 사랑을 준 것은 보다 큰 가치를 유발한다. 많이 사랑한다는 것, 이는 자신의 삶을 그만큼 풍요롭게 한다.

토마스 아퀴나스는 사랑이란 '사랑하는 대상의 선bonum을 추구하는 것'이라고 하였다. 그래서 나를 가장 잘 이해하는 사람도 나를 사랑하는 사람이고, 나를 가장 최상으로 평가할 수 있는 사람도 나를 사랑하는 사람이다. 나를 사랑하는 사람은 나에게 있는 선의 가능성을 통찰하고 있기 때문이다. 저능아라는 오명을 안고 초등학교에서 쫓겨난 에디슨을 그의 어머니는 스스로 교육을 하였다. 이후 단 한 번도 공교육을 받아본 적이 없는 에디슨은 오직 어머니의 교육을 통해서 세계 제일의 발명가가 되었다. 에디슨의 어머니가 에디슨에게 가진 사랑은 '바보'의 외관 속에 숨겨져 있는 에디슨의 천재성을 보게 하였던 것이다. 인간은 누구나가 자기만의 장점이나 천재성을 가지고 있다. 이를 통찰하고 이를 실현할 수 있는 사람은 오직 그를 사랑하는 사람뿐이다. 사랑하는 사람은 사랑받는 이가 가진 것을 그 자신이 아는 것보다 더 많이 알고 있다. 그래서 신의 존재에 대한 '신은 나 자신보다 더 나 자신에게 가까이 있다'는 아우구스티누스의 고백은 사실 은유나 과장된 것이 아니다. 나를 사랑하는 신은 나 자신보다 나를 더 많이 알고 있으며, 나 자신보다 더 가까이 나에게 있는 것이다. 폴 르부Paul Reboux는 "사랑에 빠진다는 것은 당신을 사랑하는 사람 안에서 그가 희망하는 것을 보는 것이지, 그가 발견한 것을 보는 것이 아니다"라고 말하고 있다. 사랑에 빠진다는 표현은 단순히 사랑한다는 것과는 다르다. 이는 진정한 사랑의 징표인 '상호주관성'을 말하는 것이다. 내가 그를 사랑하는 것과 동일한 정도로 그도 나를 사랑하고 있다는 것을 의미한다. 진정한 사랑은 항상 상호적인 것이지 일방적인 것이 될 수가 없다. 내가 더 많이 사랑하면 그도 더 많이 나를 사랑하게 되고, 내가 물러나면 그도 그만큼 물러나게 되는 것이 진정한 사랑 특성이다. 사랑에 빠진 사람은 사랑하는 사람을 알고 있다. 사랑하는 사람에 대한 온갖 소문이나, 사회적 평가나, 모든 선입견에도 불구하고 이러한 외관 아래 숨겨져 있는 진정한 그를 알고 있다. 그래서 사랑하는 사람은 사랑받는 사람에 대한 희망을 결코 버리지 않는다. 그리고 사랑받는 사람도 사랑하는 사람이 자신에게 가진 이 희망을 알게 된다. 왜냐하면 그 역시 그를 사랑하고 있기 때문이다. 그래서 추락하는 한 사람을 추락에서 멈추게 하고 다시 상승하게 하는 유일한 것이 바로 사랑의 힘이다. 사랑은 사랑하는 사람에게 있는 모든 가능성을 통찰하고 희망한다. 왜냐하면 사랑은 그의 선bonum을 갈망하는 것이고 그의 행복을 갈망하는 것이기 때문이다. 그래서 사람들은 자신을 진정으로 사랑하는 사람을 만났을 때 비로소 진정한 자신을 자각하게 되고, 자신을 실현하고자 하는 희망을 가지는 것이다.

사랑의 특성을 좀 더 실감나게 말하기 위해서 나의 작은 체험을 들려주고자 한다. 내가 프랑스의 리옹에서 유학을 하고 있을 때였다. DEA과정을 마치고 늙은 도미니크회 사제였던 지도교수가 교수로서의 삶에서 은퇴를 하고 말았다. 당시 '리옹 가톨릭대학'에는 토마스 아퀴나스를 전공한 교수가 한 명도 없었다. 박사과정에서 나의 논문을 지도해줄 교수를 찾아서 백방으로 헤맸으나 불가능하였다. 계속 박사과정을 밟으려면 다른 주제로 다른 교수에게 지도를 청해야 하거나 다른 학교로 적을 옮겨야 했다. DEA학위 논문에서 밝힌 나의 주제가 토마스 아퀴나스의 사상을 현대 시대에 도움을 줄 수 있는 사상으로 재정립하는 것이어서 다른 가톨릭대학에서도 지도교수를 구하기는 역시 어려웠다. 나는 주제를 바꾸려고 하였다. 그런데 은퇴를 앞둔 늙은 노교수가 도저히 거역할 수 없는 위엄으로 "너는 그것을 충분히 할 수 있다. 국립대학에서 다른 교수를 찾아보라"고 충고하였다. 프랑스에서는 전통적으로 혁명 이후 국립대학과 가톨릭대학이 서로 대립하는 분위가 강했다. 가톨릭대학에서도 지도교수를 구할 수 없는데, 국립대학에서 지도교수를 구한다는 것은 도저히 자신이 없었다. 그래서 나는 "내가 이것을 국립대학에서 할 수 있다는 것을 어떻게 확신하십니까?"라고 정색을 하고 물었다. "내가 너를 너보다 더 잘 알고 있다. 그것을 왜 모르느냐?"라고 조용하게 말하였다. 그는 30년간 대학에 학생들을 가르친 교수였지만 매우 가난한 신부였다. 그 흔한 자가용 하나 없어서 회의를 갈 때마다 비서가 버스표를 챙겨 주었고, 그 흔한 CD기 하나 없어서 내가 음반을 선물할 때, 테이프에다 다시 녹음을 하여 주어야 했다. 처음에는 그러한 '자발적 가난'이 매우 시대에 뒤떨어진 사고방식이며 고루한 것이라 생각하였다. 하지만 결국 나는 나의 지도교수인 그 가난한 신부한테서 가장 소중한 가치를 배웠고, 그를 진심으로 존경하게 되었다. 그는 모든 일에 있어서 사랑하며 사는 것이 전부였다. 중요한 것은 삶을 사랑하는 삶이 되게 하는 것이지, 그것이 현대식이면 어떻고, 구식이면 어떤가, 자동차로 가든 걸어가든 그것이 사랑하는 것과 무관하다면 아무런 의미가 없는 것이었다. 불편하거나 편리하다는 것도 사랑과 무관한 것이라면 어떻게 되어도 상관이 없었다. 하지만 그는 그의 그 사랑으로 말미암아 누구도 가질 수 없었던 삶의 풍요를 지니고 있었다. 그는 내가 그를 사랑했던 것보다 무한히 더 나를 사랑하고 있었던 것이었다. 마지막 인사를 드리러 갔던 날 나는 그에게 그간 진심으로 감사했다고 고마움을 표했다. 하지만 그는 나지막하게 자신에게 작은 행복을 더해준 내가 오히려 고맙다고 했다. 그의 이름은 프랑수아 제니트F. M. Genuyt이다. 비록 이름도 생김새도 말도 달랐지만 나는 그에게서 까마득한 어린 시절 우리 할머니의 모습을 볼 수 있었다. 그 기원이나 사상은 달라도 그가 지니고 있던 사랑은 할머니가 가지고 있던 그 사랑과 전혀 다르지 않았던 것이다.

참으로 사랑은 한 인간의 인생을 풍요롭게 하는 그 무엇이다. 그래서 프랑스 문호인 피에르 피에라르Pierre Pierrard는 "이 세상에서 유일한 실수, 유일한 불행이 있다면, 그것은 사랑을 알고자 하지 않고, 사랑하고자 하지 않는 것"이라고 말하고 있는 것이다.

🌿 사랑만이 진정한 나를 발견하게 하며, 진정한 나를 실현하게 한다

사랑의 다른 한 특성은 사랑할 때 비로소 자기 자신을 알 수 있고 또한 타인을 진정으로 알 수 있다는 점이다. 사랑에는 거짓이 끼어들 틈이 없다. 사랑하는 사람은 순수하다는 그 특성 때문에 진실하게 된다. 사랑의 특성을 잘 말해주는 한 일화가 있다. 결혼식을 마친 신부가 며칠 지나지도 않아서 사랑의 징표인 결혼반지를 잃어버렸다고 한다. 곤혹스러웠던 신부는 평소 친분이 깊었던 한 목사를 찾아갔다. 신부는 걱정스러운 얼굴빛이 역력한 채로 말하였다. "사랑의 징표인 소중한 반지를 잃어버렸으니 어쩌면 좋겠습니까?" 목사가 조용하게 대답하였다. "중요한 것은 반지가 아닙니다. 당신은 이제 진짜 사랑을 잃어버렸으니, 그것을 어디 가서 찾아야 할지 걱정스럽군요." 그렇다. 사랑에는 가식이나 거짓이 있을 수 없다. 만일 신부가 진정으로 신랑을 사랑한다면 반지를 잃어버린 걱정을 신랑에게 말했어야 했다. 사랑은 어떤 경우에도 진실하고 두려움이 없다. 사실 반지라는 것은 사랑에 비하면 아무것도 아니다. 그것은 단지 사랑을 외적으로 표시해주는 겉옷에 불과한 것이다. 사랑이란 자신의 결함, 실수, 오류, 부족함 그 모든 것을 사랑하는 이 앞에서 말할 수 있는 힘이다. 왜냐하면 사랑은 이 모든 것보다 더 크고 고귀한 것이기 때문이다.

　빅토르 위고: 네가 사랑하는 것을 나에게 말해다오, 그러면 네가 누구인가를
말해주겠다.
　발자크Honore de Balzac: 그 자신이 아닌 모든 것에 대해서 사랑은 공포를 지니
고 있다.
　로제 몬돌로니Roger Mondoloni: 삶의 의미 그것은 사랑하기 위해서 모든 위험을
감수한다는 것이다.

　사랑이 사랑하는 자의 선bonum을 바란다는 그 사실로부터 참된 사랑
은 오직 진실만을 지니게 된다. 그렇기 때문에 진정으로 '자기' 혹은 '자
아'라고 할 수 있는 것은 자신이 사랑하는 것의 총체뿐이다. 내가 사랑하
지 않는 것, 그것은 다만 살아가는 수단이며 방편이지 '나 자신의 일부'
라고는 할 수 없는 것들이다. 그래서 빅토르 위고는 '사랑하는 것을 말해
준다면 자신이 누구인지 말할 것'이라고 한 것이다. 물론 성인이 아닌 한
매 순간 모든 것을 사랑한다는 것 자체가 환상일 것이다. 다만 여기서는
나에게 소중한 무엇, 나에게 의미를 주고 내가 아끼고 귀중하게 여기는
것들이라고 해야 할 것이다. 그래서 사랑을 삶의 원리로 지니고 사는 사
람에게 있어서 어떤 사람이 자기 자신이 아닌 것을 보여주거나 제시할
때 참으로 곤혹스러운 것이다. 왜냐하면 사랑하는 것을 삶의 원리로 사
는 사람에게 있어서 '거짓'이나 '위선' 혹은 '허상' 등은 결코 사랑의 대상
이 될 수 없기에 '실재'라고 할 수 없으며, 따라서 사랑할 대상을 전혀 제
시하지 않는 것과 같기 때문이다. 그것이 아름다운 것이건, 추한 것이건,
선한 것이건, 악한 것이건 오직 진실한 것, 그 자신인 것만이 사랑의 대

상이 된다. 그래서 사랑의 가장 큰 적은 '미움'이나 '증오'나 혹은 '불화'가 아니다. 오히려 이러한 것들은 의지의 전환을 통해서 보다 큰 사랑으로 변모할 수 있는 것들이다. 사랑의 가장 큰 적은 '거짓'이거나 '위선'이거나 '허상'이며, 철학적으로 말하면 일체의 '이데올로기적인 것'이다. 이데올로기란 '존재'가 아닌 것을 의도적으로 존재로 착각하게 하는 사유형식을 말한다. 이는 대개 개념적인 언어로 '실재'를 대신하고자 하는 것에서 발생하는데, 그것이 실재가 아니라는 차원에서 사람들의 정신을 오류의 틀 속으로 데려간다는 데에 심각한 문제를 일으키는 오류의 정신이다. 이는 단순한 오해에 그치지 않고 무익한 번민과 불화의 원인이 되며 사랑의 가능성을 원천적으로 없애버리기 때문이다. 가령 '한국사람은 정精에 의존하는 사람들이고, 일본사람은 헤아림에 의존하는 사람들이다'는 식의 표현은 다양한 정신적인 기질 중 어느 하나를 추상적으로 표현한 것인데, 이를 구체적인 실재라고 믿게 되면 오류가 되는 것이다. 실제로 한국사람, 일본사람이라는 것은 존재하지 않으며, 다만 구체적인 한국인, 구체적인 일본인이 있을 뿐이다. 마찬가지로 정이나 헤아림 같은 것도 구체적으로 존재하는 것은 아니며, 구체적으로 사람을 움직이는 감정은 복잡 미묘한 것이지, 이렇게 한 단어의 명사로 표현할 수 있는 것은 아니다. 이와 유사하게 이데올로기적인 것은 삶 안에서 무수히 많이 존재한다. '중세의 암흑기', '조선의 전근대성', '가부장적 한국사회', '서구의 이원론' 등 이 모든 것을 만일 실재 그자체로 믿게 되면 곧 이데올로기가 되는 것이다. 이데올로기는 실재가 가진 다양한 사태 혹은 다양한 진실 중 어느 하나만을 추출하여 실재를 대신하고자 한다는 차원에서 진짜인 그것, 사실 그 자체를 소외시키는 것으로 공허한 것이다. 사랑은 이러한 이데올로기 앞에서는 그의 뿌리를 내릴 수가 없다. 이러한 이데올로기적인 정신 앞에서 사랑은 공포를 느낄 수밖에 없는 것이다. '그 자신이 아닌 모든 것에 대해 사랑은 공포를 느낀다'는 발자크의 진술은 참으로 올바른 진술이며, "사랑은 모든 종류의 타협과는 결별한다"는 클로드 누가로Claude Nougaro의 말도 참으로 진실 되다. 사랑에 적당한 것, 타협한다는 것은 있을 수 없다. 진정으로 사랑하기를 원하는 사람은 진실한 것, 참된 것, 실재인 것만을 원할 뿐이다.

대개 사람들은 '첫사랑은 헤어지게 된다'고 말한다. 이 말이 사실이라면 그 이유는 어디에 있는 것일까? 아마도 다양한 이유가 있겠지만 그 중 분명한 한 가지는 대개 첫 사랑이라는 것이 사랑하는 사람 그 자체를 사랑하는 것이 아니라, 다분히 자신이 상상하는 그 사람을 사랑하고 있기 때문일 것이다. 사랑하는 사람이 자신이 지니고 있는 어떤 사랑스러운 이미지를 사랑받는 자에 투영하고는 이것이 곧 사랑받는 자의 '실재 이미지'라고 착각하기 때문일 것이다. 이러한 사랑은 결국 사랑받는 자의 실재모습과 자신이 정신 속에서 지니고 있던 그 이미지가 동일한 것임이 아니라고 밝혀지는 순간 갈등을 느끼게 되며, 상대방이 더 이상 자신이 가진 그 이미지와 유사하지 않다고 느끼는 순간 결별하고 마는 것이다. 그래서 세르지 겐스부르그Serge Gainsbourg는 "사람들은 그 자신이 아닌 것 때문에 그 사람을 사랑하고, 그 자신인 것 때문에 그를 떠난다"라고 한 것이다. 제법 오래 사귄 사람들이 "그는 변했어", "그녀는 예전의 그녀가 아니야"라고 말하는 것을 종종 볼 수 있는데, 사실 이는 변해버린 그 사람을 발견한 것이 아니라, 이제야 진정한 그의 모습을 발견했다는 것을 말하고 있다. "사랑에 빠지면 눈이 먼다"는 속담은 사실이다. 하지만 사실상 눈이 먼 것이 아니라, 자신이 보고 싶은 어떤 부분만을 보게 된다는 표현이 맞을 것이다. 어떤 의미에서 첫사랑의 시작은 사랑을 갈망하는 사람이 사랑해야 할 사람의 모든 행위에 대해서 자신만의 해석을 가하는 것에서 출발하고 있다. 그녀가 반갑게 인사하면, 자신을 좋아하고 있다는 신호로 여기고, 그녀가 방귀를 뀌어도 순수하다고 생각하고, 화를 내면 내숭을 떨지 않아서 좋다고 해석하는 것이다. 그래서 대개는 첫사랑이란 진정한 사랑이라기보다는 '또 다른 자기 사랑'이라고 할 수 있다. 사랑할 대상을 통해서 사실은 자신을 사랑하고 있는 것이다. 그렇게 때문에 사랑이 보다 성숙하게 성장한다는 것을 전제하지 않는 첫사랑은 결국 '헤어짐'으로 끝나고 마는 것이다. 하지만 그럼에도 이 '자기 사랑'이라는 첫사랑의 체험은 사람들에게 많은 것을 깨닫게 한다. 그것은 모든 사랑은 결국 자기 자신의 사랑에서 출발한다는 만고불변의 진리를 알게 해준다는 것이다.

프랑수아 모리아크Francois Mauriac: 우리 자신을 발견하기 위해서는 사랑의 시선이 필요하다. 우리 자신은 오직 사랑에 의해서만 통찰될 수 있다.
마르크 레비Marc Levy: 사랑할 수 있기 위해서는 먼저 자기 자신이어야 한다.
클로드 로이Claude Roy: 너 스스로를 사랑하라, 그러면 하늘이 너를 사랑할 것이다.
오스카 와일드Oscar Wilde: 자기 자신에 대한 사랑은 결코 끝나지 않는 순정과 같다.

인간을 움직이게 하는 첫 원동력이 욕망이라고 한다면, 그리고 이 욕망이 사랑의 다른 이름이라고 한다면, 사랑은 한 개인을 창조하는 힘이라고 할 수 있다. 한 개인을 형성하는 요인이 무엇인지는 다양하게 고찰해볼 수 있다. 기계론자들은 개인의 자아라는 것은 사회 환경과 유전적인 요인에 의해서 기계적으로 형성된다고 말할 것이며, 운명론자들은 한 개인이 타고난 운명에 의해서 결정된다고 할 것이며, 듀이J. Dewety 같은 교육철학자는 '교육'에 의해서 결정된다고 할 것이다. 그리고 니체나 사르트르Jean Paul Sartre 같은 철학자는 오직 자신의 의지에 의해서만 결정된다고 할 것이다. 사실상 이 모든 사상가의 말은 어느 정도의 진실을 담고 있다. 왜냐하면 이 모든 것이 한 개인의 자아형성에 어떤 식으로든 영향을 미치고 있으며, 완전히 무관한 것은 없기 때문이다.

마찬가지로 이 모든 요인 중에서 어떤 것도 결정적인 요인이라고 할 만한 것은 없다. 왜냐하면 우리의 경험에 의하면 오늘의 나를 있게 한 것은 항상 복합적인 요인에 의한 것이며, 가장 중요한 하나란 있을 수 없기 때문이다. 나비 효과란 말이 있듯이 이 모든 요인 중 그 어느 하나만 없었더라도 오늘의 나는 없었을 것이기 때문이다. 그런데 이러한 모든 요인이 나의 자아형성을 가능하게 한 원인들이 되기 위해서는 다른 하나의 조건이 전제되는데 그것이 사랑이다. 즉, 모든 원인의 이면에서 이 원인들을 원인일 수 있게 하는 공통된 것이 사랑이다. 보다 정확히는 자기 자신에 대한 사랑이다. 왜 그런가? 평양감사도 자기가 싫으면 못 한다는 속담이 있듯이, 그 어떤 환경적 요인도 이를 수용하고자 하는 자발적인 의지가 없다면 무용지물이 되기 때문이다. 대통령의 자녀가 약물 중독자가 되고, 경찰관의 아들이 범죄자가 되는 것 등은 이러한 사실을 증명해준다. 반면 가족이나 친지들 중에 미술을 하는 사람이 전혀 없었지만 고흐는 위대한 화가가 되었고, 주변에 자신과 유사한 사람이 한 명도 없었지만 마더 테레사는 성녀가 되었다. 나를 둘러싼 환경이란 내가 나 자신을 사랑하는 한에서 그 의미를 갖게 된다. 왜냐하면 나를 사랑한다는 것은 곧 나의 선bonum을 실현하고자 하는 것인데, 이를 전제하지 않는다면 나의 모든 환경적인 좋음은 전혀 도움이 되지 못하기 때문이다. 즉, 환경이란 자신의 선의 실현에 도움이 된다고 믿는 한에서만 유용한 무엇이 된다. 이는 교육의 경우에도 마찬가지다. 아무리 좋은 교육환경을 갖추었다고 해도, 그곳에는 여전히 문제 학생, 일탈학생들이 있기 마련이다. 그들이 일탈을 하는 이유는 그곳의 환경이 자신에게 적합하지 않다고 믿기 때문이며, 자신의 선의 실현에 도움이 되지 않는다고 믿기 때문이다.

사실 모든 반항이란 곧 '자기를 주장'하는 몸짓이다. 비록 그것이 적절한 방식은 아니더라도 '자기를 주장하는' 모든 행위는 일종의 '자기 사랑'의 발로다. 자기이고자 하고, 자기를 꽃피우고자 하는 의지이다. 하지만 이러한 자기를 주장하는 의지도 진정 사랑하는 시선을 가지지 못한다면 자신을 제대로 볼 수가 없을 것이다. 어린 시절부터 자의식이 너무나 강하여 집을 뛰쳐나간 아우구스티누스도 어머니의 지극한 자식사랑이 없었다면 결코 위대한 성인이 될 수가 없었을 것이다. 그가 북아프리카에서 태어나 일찍이 아테네로 로마로 방황의 시기를 보냈을 때 그의 어머니 모니카는 수억만 리 외국에까지 아들을 따라갔으며, 간절하게 그를 위해 기도하였다. 그리고 마침내 아우구스티누스는 자신의 참회를 기록하는 『고백록』을 썼고 이후 성인의 길로 나아갔던 것이다. 아우구스티누스가 지닌 '진정한 자기'를 볼 수 있었던 것은 곧 사랑하는 그의 어머니 모니카의 시선이었다. 누구를 사랑한다는 것은 그의 진정한 모습, 숨겨진 모습을 볼 수 있는 눈을 가지게 한다. 그리고 자신이 누구이든 자기 자신을 사랑한다는 것, 이는 진정한 내가 아닌 그 모든 것을 던져버린다는 것을 의미한다. 오로지 나 자신이 된다는 것, 나 자신이고자 하는 것, 이것이 자기 사랑의 조건이며, 또한 이러한 의지 자체가 곧 자기 사랑의 시작이다. 그래서 마르크 레비는 '사랑할 수 있기 위해서 먼저 자신이 되어야 한다'고 말하는 것이다.

나를 사랑하기 위해서는 먼저 '나 자신'이 되어야 하듯이, 누군가를 사랑하기 위해서도 나는 '나 자신'이어야 한다. 즉, 타인을 사랑하기 위해서는 먼저 나 자신을 사랑하지 않으면 안 된다는 것이다. 황석영의 『삼포 가는 길』은 진실을 향해서 나아가는 일종의 삶의 변증법적 법칙에 대해서 말해주고 있다. 이 소설에 나오는 세 주인공들은 처음 만났을 때는 하나같이 서로를 믿지 못하고 경계를 하는 사이지만, 소설의 마지막에는 모든 가식과 허상을 털어내고 서로가 서로에게 순수한 자기 자신으로 나서고 있다. 소설의 마지막에서 주인공 영달은 '백화'가 고향으로 갈 수 있도록 자신이 가진 모든 것을 내어주고 빈털터리로 남게 된다. 그리고 그때서야 관록의 작부 백화는 '눈물을 흘리는 아가씨 이점례'로 나서게 된다. 타인을 경계하는 어떠한 장벽도, 자신의 진정한 모습을 가리는 어떠한 가면도 없을 때, 비로소 '나와 너'의 관계가 성립하며, 여기에는 서로가 서로를 아껴주고 서로의 행복을 바라는 것밖에 남지 않는다. 이것을 토마스 아퀴나스는 사랑이라고 정의하고 있다. 어떤 사람이 나에게 있어서 '그' 혹은 '그녀'로 남아 있는 한 나는 그를 사랑할 수가 없다. 왜냐하면 내가 사랑해야 할 대상은 '실재', '진짜의 존재', 즉 '너'뿐이기 때문이다. 우리 자신의 진정한 모습을 겹겹이 두르고 있는 위선, 가장, 기만의 껍질을 벗어 던지고 숨김없는 '나 자신'이 드러날 때, 비로소 '그'가 아닌 '너'로 나설 수 있다. 이것이 마르틴 부버Martin Buber가 『너와 나』에서 말하고 있는 진정한 관계성의 조건이며, 사랑을 위한 조건이다.

자기 자신으로 나선다는 것, 진실이 아무리 비참하여도 오직 '나 자신'이기를 두려워하지 않는다는 것, 이것이 곧 사랑의 힘이다. 사람들은 순수한 어린이를 보면 웃음 짓고, 머리를 쓰다듬어 주고 싶고 또 껴안아 주고 싶어 한다. 왜냐하면 어린이는 순수한 자신을 드러내고 있기 때문이다. 순수한 어린이는 모든 사람의 사랑을 받는다. 이는 진정한 사랑은 배타적이지 않음을 말해주고 있다. 사실 순수한 자기 자신으로 살아가면서 자신을 사랑하는 존재는 모든 자연적인 존재다. 자연에는 전혀 가식이나 위선이 없기 때문이다. 그래서 실존주의자 키르케고르도 '들의 백합과 공중의 새'가 곧 기쁨을 가르쳐 주는 가장 위대한 인간의 스승이라고 말하고 있는 것이다. 성경의 원죄설은 다양한 해석이 가능하지만 그중 하나는 '순수성의 상실'에 대한 은유라는 것이다. 선악과를 따먹고 자신들의 알몸이 부끄러워서 몸을 숨긴 아담과 하와에게 하느님은 "너 어디에 있느냐?"라고 호통을 쳤다. 그들이 몸을 숨긴다고 신의 눈을 피할 수 없을 것인데, 왜 신은 "너 어디에 있느냐?"라고 물었던 것일까? 그것은 곧 자신의 진정한 모습을 가리고 있는 것에 대한 질책이었던 것이다. 하느님 사랑의 조건 그것은 곧 '있는 그대로의 순수한 모든 것'이다. 신이 아담과 하와를 계속 사랑할 수 있는 단 한 가지 조건인 '너와 나'의 관계가 스스로 자신을 숨김으로써 상실되어버렸던 것이다. 스스로 자신을 사랑하는 자, 즉 있는 그대로의 진실한 자신의 모습으로 살고자 하는 자, 이러한 사람을 신은 사랑하지 않을 수가 없는 것이다. 왜냐하면 "신은 곧 사랑Deus Caritas est"이기 때문이다.

어떠한 관점에서 보면 지구상의 진화의 역사, 모든 인류의 역사가 곧 개인의 자아를 형성하도록 허락하는 조건을 조금씩 갖추어온 과정이라고 할 수 있다. 수억 년의 과정을 거쳐서 생명이 도달한 진화의 정점, 그것은 곧 '자기 자신', '개인의 개별적인 자아'를 가지게 되었다는 것이다. 자기 자신이 된다는 것, 이것은 생명체의 궁극적인 목적이라고 해도 과언이 아니다. 철학사의 초기에 이미 '너 자신을 알라'는 금언을 통해서 소크라테스가 주문한 내용도 사실 이것이었다. 하지만 자기 자신이 된다는 것은 쉬운 일이 아니다. 왜냐하면 대다수 일반인에게 있어서 '벌거벗은 자기 자신'이란 나약하기 짝이 없는 존재, 불쌍한 존재, 수치스런 존재일 뿐이기 때문이다. 로제 푸르니에Roger Fournier는 "사랑의 기적은 한 남자나 한 여자를 사랑하는 것이 아니다. 그것은 진정으로 다른 한 사람을 사랑할 수 있을 만큼 자기 자신을 사랑할 수 있다는 것이다"라고 하였는데, 이는 자기 자신을 사랑하는 것이 '기적'이라고 할 만큼 사실은 매우 어렵다는 것을 말해주고 있다. 모든 존재가 자기 자신을 사랑하도록 그렇게 되어 있는데 왜 자신을 사랑하는 것이 어려운 것인가? 그것은 바로 벌거벗은 자기, 순수한 자기, 진정한 자기를 인정하고 받아들여야 하기 때문이다. 하지만 진정한 자기 자신에서 발견되는 이러한 나약함과 불쌍함 그리고 수치심이란 진정한 자신을 대변하는 용어가 아니라, 사랑이 부재한 자기 자신의 상태를 말하는 것이다. 사랑이 없을 때, 사람들의 관계성은 물질, 돈, 직위, 관습, 명성 이러한 것들로써 성립된다. 이러한 것들이 관계성의 중심에 놓이게 되면 진정한 '자기 자신'은 주변부로 밀려나거나 '소외'되고 만다. 그렇기 때문에 나를 포장하고 있는 이러한 외적인 것들을 제거하고 나면 자신이란 마치 무無에 불과한 것처럼 보이는 것이다. 하지만 만일 자신이 사랑의 시선으로 자신을 보게 된다면, 자신을 겹겹이 둘러싸고 있던, 부나, 직위나, 명성 등이 오히려 아무것도 아닌 것이 되고, 진정한 자신의 모습이 전부인 것처럼 보이게 된다. 오늘날 현대인이 무엇을 해도 마치 '돈이 전부'인 것처럼 생각하는 그 삶의 모습은 사랑의 시선으로 보면 애처롭고 불쌍하기 그지없다.

막스 베버Max Weber의 '근대국가론'에는 사랑이 상실된 근대인의 초라한 모습이 '근대성'이라는 이름의 포장 아래 매우 그럴싸하게 나타나고 있다. 그는 근대국가의 정치적 정체성은 오직 권력이라고 하면서 권력의 정의를 "정당한 물리적 폭력을 지배수단으로 독점하는 데 성공한 지배조직"이라고 정의하고 있다. 이는 노골적으로 말해서 힘이 전부이고, "힘 있는 자가 곧 국가이고 진리"라고 말하는 것과 같다. 이러한 사고는 "짐이 곧 국가"라고 말한 프랑스의 루이 14세Louis XIV 국왕의 왕권신수설과 거의 다를 것이 없다. 다만 왕이 '조직'으로 바뀌었을 뿐이다. 그리고 이러한 전체주의적 발상은 현대 자본주의 사회에 있어서는 "돈이 곧 진리"라는 것으로 바뀌었다. '왕'이든 '힘'이든 '돈'이든 이러한 것을 중심에 놓는 사회에는 개인의 자아가 들어설 틈이 없고 따라서 사랑이 끼어들 틈이 없다. 막스 베버는 또한 정치를 "영혼의 구원"과는 "다른 과업"이라고 하면서 이 다른 과업은 폭력의 수단을 통해서만 완수될 수 있는 것이라고 하였다. 도대체 폭력을 통해서 달성할 수 있는 과업이라는 것이 무엇인가? 사실 폭력이란 사랑에 반대되는 용어이다. 모든 종류의 폭력에는 '개인의 자아'를 물화物化시키는 일종의 지배욕이 깔려 있다. 사실 개인의 자아를 무화無化시키는 폭력보다 더 큰 폭력은 없고, 이는 곧 사랑을 제거시켜버리는 폭력보다 더 큰 폭력이 없다는 것을 말한다. 폭력의 극단, 그것은 존재하는 것을 '무화'시키는 것이다. '과업'이란 '부과된 업적'을 말한다. 업적이란 위대한 것, 훌륭한 것을 말한다. '실재'가 없는 '허상'은 어떠한 형태라도 '과업'이라는 이름을 가져서는 안 된다. 왜냐하면 그것은 사실은 '없는 것'이기 때문이다. 존재하지 않는 것을 존재로 고려하는 것을 철학적으로 이데올로기라고 한다. 가장 놀라운 경제적 발전을 자랑하는 자본주의 사회에서 매우 저조한 행복지수가 보이는 이상한 현상은 사실 이상한 것이 아니라 당연한 것이다. 그들은 행복의 첫 번째 조건인 '자아의 형성'을 제거하면서, '자기 자신에 대한 사랑'을 제거시켜버렸기 때문이다.

자기 자신을 사랑한다는 것, 이것이 모든 행복의 출발점이다. 그래서 행복하고자 한다면, 힘과 권력을 추구하기 이전에, 돈을 추구하기 이전에 '나는 누구인가'라는 대전제가 항상 먼저 숙고되어야 한다. 만일 한국이라는 나라를 진정 행복한 국가로 만들고자 한다면, 정치가들은 '한국'이란 어떤 국가인가라고 질문하여야 한다. '한국의 국가이념' 혹은 '건국이념'을 먼저 살펴보아야 하는 것이다. 인간이 스스로 자기 자신을 창조해가는 존재이듯이, 국가도 스스로 국가이념을 창조해가야 한다. 프랑스의 토미스트인 프랑수아 제니트는 "인간영혼의 실존은 창조성으로부터 드러난다"라고 하였다. 인간이 다만 물질이 아니고, 움직이는 기계가 아니며, 신진대사를 하는 생물체가 아닌 이유가 바로 이 자기를 창조하는 힘에 있다. 그렇기 때문에 인간을 영혼이라고 말할 수 있는 것이다. 자기가 형성되고 자아가 완성되어 간다는 것은 가장 큰 행복이다. 그리고 이러한 자아의 형성과 완성의 과정에서 가장 두드러지는 것이 곧 무엇을 사랑한다는 것이다. 왜냐하면 사랑하는 것으로부터 진정한 자신을 형성할 수 있기 때문이다. 그래서 영혼의 구원과 육체의 구원, 자기 사랑과 이웃 사랑은 항상 동시적인 것이며, 상호적인 것이다. 육체의 구원을 도외시한 영혼의 구원이나, 영혼의 구원을 도외시한 육체의 구원이나, 자기 사랑을 외면한 이웃 사랑이나 이웃 사랑을 외면한 자기 사랑 등 이 모든 것은 허상이며 이데올로기이다. 왜냐하면 이 둘은 오직 사유를 통해서만 따로 고려될 수 있을 뿐 근원적으로 분리될 수 없는 것이며, 분리되는 순간 '실재'는 이미 존재하지 않기 때문이다. 진정한 사랑에는 항상 이 둘이 함께 있는 것이다. 그래서 에메 포레스트는 "학문은 사랑을 통해서 완성된다"라고 하였다.

사랑이 이 둘을 수렴하고 통일하는 행위라는 차원에서 진정 사랑하고자 하는 사람은 항상 허상과 가식들의 위협 속에 놓여 있다. 사랑을 외치는 자는 '육체만을 외치는 자'나 '영혼만을 외치는 자' 혹은 '자기 사랑만을 외치는 자'나 '이웃 사랑만을 외치는 자'로부터 경멸의 대상이 되기 때문이다. 키르케고르가 신 앞에 홀로서는 단독자의 개념을 사랑의 철학이라는 이름으로 제시하였을 때, 종교인들은 종교를 속화하였다고 배척하였고, 철학자들은 철학을 종교화하였다고 박해하였다. 하지만 그는 사랑의 이름으로 이를 견디어내었고 모든 위험을 감수하였다. 왜냐하면 사랑이 아닌 어떤 것도 그에게는 무의미한 것이었고, 사랑하는 것이 삶의 전 의미였기 때문이었다.

✽ 사랑한다는 것, 그것이 곧 행복이다

수많은 철학자나 문호들이 행복에 대해서 말하고 있다. 이들의 진술 중 가장 일반적인 견해는 인간행동의 근원적인 동기는 곧 '행복'에 있다는 것이다. 인간은 무엇을 하든지 무의식적으로나마 그 일이 자신의 행복에 도움이 된다는 차원에서 행위하는 것이지 그렇지 않다면 행위하지 않는다는 것이다. 이는 달리 말해서 인간이 욕망을 가지는 것은 곧 행복을 지향하기 때문이라고 해석할 수 있으며, 욕망의 완성이 사랑에 있다고 한다면 결국 사랑이 인간에게 행복을 주는 것이라고 결론지을 수 있다.

그런데 흔히 사람들이 오해하는 것은 누구로부터 사랑을 받는다는 것이 곧 '행복'이라고 생각하는 것이다. 사실 수많은 사람이 괴로움과 고뇌를 가지는 것은 자신이 좋아하는 사람이 자신을 사랑하지 않는다는 것 때문이다. 인간의 거의 모든 행위는 타인으로부터 인정받고자 하고, 어떤 사람으로부터 사랑받고자 하는 동기를 가지고 있다. 이것 때문에 서로 시기하고 질투하고 나아가 거짓을 퍼뜨려 모함을 하기도 한다. 부모로부터 사랑받고자 하는 어린아이가 자신의 동생을 질투하여 괴롭히는 것을 볼 수 있는데 이는 사랑받고자 하는 욕망이 폭력을 야기하는 가장 일반적인 예이다. 이와 유사하게 선거에서 정치인들이 자신의 정책을 알리기보다는 상대방을 비방하는 소위 네거티브 전략은 대중으로부터 사랑받기 위해서 폭력을 행사하는 대표적인 예이다. 즉, 인간의 사랑받고자 하는 욕망은 어떤 식으로든지 폭력이라는 부작용을 낳게 된다. 이러한 폭력을 통해서 인간은 결코 행복할 수가 없다. 인생을 깊이 체험한 대다수 사람들은 진정한 행복은 사랑받는 것에 있는 것이 아니라 사랑하는 것에 있다고 말한다.

헤르만 헤세Hermann Hesse: 사랑받는다는 것은 행복을 가져오지 않는다. 하지만 사랑한다는 것 이것이 행복이다.

자크 살로메Jacques Salome: 서로 사랑하는 사람들에게 있어서 중요한 것은 어쩌면 상대방을 행복하게 해주는 것이 아닐 것이다. 중요한 것은 스스로 행복한 것이며, 이 행복을 상대방에게 제공하는 것이다.

에마뉘엘 무니에Emmanuel Mounier: 나는 내가 다른 사람들을 위해서 존재한다는 한에서만 존재하며, 존재한다는 것은 어느 한도 안에서 사랑한다는 것이다.

다미앵 카르보넬Damien Carbonell: 우리에게 살고 죽을 이유를 주는 사람은 우리가 사랑하는 사람들이다.

행복이 사랑을 받는 것에 있는 것이 아니라, 사랑하는 것에 있다는 이러한 진실은 사실상 논리적으로 이미 분명하다. 왜냐하면 나의 행복이 나를 사랑하는 타인의 행위에 달려 있다면 나의 행복은 항상 다른 것에 의존하는 것이 된다. 그 무엇의 원인이 나의 바깥에 있다는 것은 항상 불안하다. 왜냐하면 그것이 무엇이든지 나의 바깥에 있는 원인은 나의 의지와는 무관한 것이며, 이는 언제 사라질지 모르는 것으로서 불안을 야기하기 때문이다. 반면에 '사랑하는' 행위는 이 행위의 원인이 나의 내면에 있는 것이기 때문에 내가 원하는 한 이 행위는 지속될 수 있다. 이러한 행위는 불안함이 없고 지속적이다.

한국과 마찬가지로 경제적으로 부유한 데 비해 행복지수가 턱없이 낮은 일본에서는 그 원인을 알기 위해 NHK에서 설문조사를 한 적이 있었다. 설문 조사 중 무엇이 갖추어지면 행복할 것인가라는 물음에 일본직장인의 다수가 "사랑할 대상만 있어도 행복할 것 같다"는 답변을 했다고 한다. 이러한 통계는 행복에 있어서 중요한 것은 '사랑받는 것'보다는 '사랑하는 것'에 있다는 것을 말해주고 있다. 일본직장인들의 말을 달리 풀어보면 "사랑받지 못해도 좋다. 사랑할 수 있다면 행복하겠다"는 말이다. 나를 사랑해주는 사람이 없다고 하더라도 내가 사랑해야 할 사람들이 많이 있다는 것, 이것이 행복의 비결이라는 말이다. 왜 그런 것일까? 사랑한다는 것이 본질적으로 '상호적인 것'이라고 한다면 이러한 진술은 모순된 것이 아닐까? 조지 샌드George Sand는 "사랑받는 것 없이 사랑하고자 하는 것, 이는 이미 불이 꺼진 담배로 다른 담배에 불을 붙이고자 하는 것과 같다"라고 말하고 있지 않는가? 사랑이 상호적이라는 것은 사실이며, 전혀 사랑받지 못하는 일방적인 사랑함이 있을 수 없다는 것도 사실이다. 하지만 우리의 경험상 서로 완전히 상호적인 사랑, 서로가 동등한 크기와 깊이로 사랑하는 이상적인 사랑은 있을 수 없다는 것을 알고 있다. "자식을 이기는 부모가 없다"는 속담이 있듯이 부모 자식 간의 사랑에서는 항상 부모의 사랑이 크고 깊으며, 경우에 따라서는 일방적일 수도 있다. 부모의 사랑은 목숨이라도 내어줄 것 같은데, 자식은 이러한 부모의 사랑을 전혀 감지하지 못하고 귀찮아 할 수도 있는 것이다. 그렇다고 부모의 사랑이 잘못된 사랑은 결코 아니다. 사랑은 본질적으로 성장하는 것이며, 에로스적 사랑에서 아가페적 사랑으로 나아가는 것이다.

보다 아가페적으로 나아간다는 것은 곧 '사랑받기보다는 사랑하기를' 원하는 사랑이다. 아가페적 사랑이란 사랑받는 것을 염두에 두지 않고 오직 사랑하기를 바라는 사랑을 말한다. 그것이 어떠한 형식 어떠한 이름을 가진 사랑이든지 사랑이 성장하면 사랑은 그 특성에 의해서 아가페적이 될 수밖에 없다. 셸 실버스타인Shel Silverstein의 『아낌없이 주는 나무』에서 소년에 대한 나무의 사랑은 이러한 아가페적인 사랑의 특성을 상징적으로 보여주는 예이다. 자신의 모든 것을 끊임없이 내어주는 '나무'는 아이를 사랑하였기 때문에 행복하였다. 전혀 사랑받는 것을 염두에 두지 않고 오직 사랑하는 것에서 자신의 행복을 발견한 이 나무는 소년을 위해서 모든 것을 내어준다. 물론 이러한 나무의 헌신적인 사랑은 인간과 인간 사이의 현실세계에서 참으로 발견하기 어려운 사랑이다. 마더 테레사와 같은 특별한 성자들에게서가 아니라면 불가능한 것인지도 모른다. 하지만 그럼에도 그 원리에 있어서 모든 사랑하는 사람에게 동일하게 적용되는 진리가 '사랑받는 것'에서보다는 '사랑하는 것'에서 행복이 주어진다는 사실이다. 행복이 본질적으로 내적인 것이라는 차원에서 '사랑받는 행위'와 '사랑하는 행위' 사이에는 행복이라는 차원에서 큰 질적인 차이가 있다. 에리히 프롬Erich Fromm은 "사랑이란 우리가 사랑하는 사람의 삶과 성장을 위한 능동적인 배려"라고 규정하고 있다. 사랑받는다는 것은 수동적이지만, 사랑하는 행위는 능동적인 것이다. 수동적인 한 사랑받는 행위는 제한적이고 잠정적인 것이다. 반면 사랑하는 행위는 능동적이기 때문에 무제한적이며, 현실적인 것이다. 사랑받는 수동적인 행위는 그 크기나 깊이에 있어서 나의 의지와 무관하며, 비록 그 크기나 깊이에 있어서 굉장한 것이라 할지라도 사랑받는 자가 그것을 감지할 수도 느낄 수도 없다. 그리고 무엇보다도 사랑받고 있다는 사태는 항상 현실적일 수가 없다. 사랑하는 사람이 그의 사랑을 직접적으로 표현하지 않는다면 내가 사랑받고 있다는 사실은 믿을 수는 있어도 진지하게 느낄 수가 없기 때문이다. 즉, 사랑받는다는 것은 심리적으로 현실적으로 결코 지속적인 것일 수가 없는 것이다. 반면 사랑하는 나의 행위는 그 크기나 깊이에 있어서 무한히 커지고 깊어질 수 있으며, 나의 내면에서 내가 분명히 감지할 수 있을 만큼 성장한다는 것을 느낄 수 있다. 누구를 사랑하는 나의 마음은 항상 나에게 현실적이고 지속적이다. 사랑한다는 어떠한 외적인 징표나 표현 없이도 나의 내면에서 그 사랑이 항상 현실적이다. 사르트르나 미셀 푸코Michel Foucault 같은 현대의 행동주의철학자에게서는 오직 '행동하는 것'만이 '나 자신'을 형성할 뿐 행동의 이면에 있는 '보이지 않는 본질'을 가정하는 것은 허구라고 생각한다. 하지만 사랑하는 사람에게 있어서만큼은 이러한 견해는 의심의 여지가 없이 부질없다. 왜냐하면 사랑하는 사람은 결코 사랑의 표징인 '외적인 행위'를 그의 마음속 깊이 자신의 존재를 형성하고 있는 '사랑 그 자체'와 동일시할 수 없음을 알고 있기 때문이다. 사랑은 결코 행동을 통해서만 존재하는 것이 아니며, 행동이 멈춰진다고 함께 소멸되는 것이 아니다. 사랑은 나 자신의 존재를 이루고 있는 것이다. 행위가 존재를 따르는 것이지, 존재가 행위를 따르는 것이 아니다. 그렇기 때문에 무니에는 내가 진정 사랑하는 사람이라고 한다면, 내가 존재한다는 그 사태가 곧, 어느 한도 안에서는, 사랑하는 사태가 된다고 말한 것이다.

사랑이 행동에 앞서고 행동을 초월하는 것이라는 측면에서 우리는 그의 사랑을 그의 행동을 보고 판단할 수가 없다. 우리는 앞서 사랑의 성녀인 '소화 테레사'에 대해 말한 바 있다. 그녀는 가르멜이라는 봉쇄 관상수도회의 성녀이다. 봉쇄란 말 그대로 세상으로부터 봉쇄된 수도원을 말한다. 세상 안에서 자신을 헌신한 수많은 성인 성녀들이 있는데, 세상과 완전히 분리된 봉쇄 수도회의 수녀가 '사랑의 성녀'로 이름 불린다는 것은 사랑이 단지 눈에 보이는 외적인 행동을 말하는 것이 아니라는 것을 단적으로 보여주는 예일 것이다. 그녀는 비록 세상으로부터 단절되어 있었지만, 진리를 추구하는 세상 속의 사람들, 가난한 이들을 위해 헌신하는 봉사자들, 박해받는 사람들, 사랑에 목말라 하는 사람들, 정의에 굶주린 사람들의 가장 친한 벗이었다. 만일 소화 테레사가 지니고 있던 만큼 그 동일한 사랑을 지니지 않는다면, 최소한 그녀와 유사한 실존을 가지지 않는다면 우리는 그녀의 그 사랑을 결코 감지하지 못할 것이다.

한 인간이 지니고 있는 진정한 사랑은 오직 내가 사랑할 때만 눈에 보이는 무엇이다. 어쩌면 인간의 모든 정염 중에서 사랑한다는 감정만큼 시간과 공간 그리고 행동을 초월하는 것은 없을 것이다. 모든 것이 시간과 함께 퇴색되고 소멸되어 가지만 사랑은 결코 소멸되지 않는다. 그래서 클로델은 "시간은 모든 것을 소모하지만, 사랑만은 시간을 사용한다"라고 말하고 있다. 죽음의 직전에 우리에게 남아 있는 것이 무엇일까? 모든 것이 나의 시간과 더불어 소멸되겠지만 만일 여전히 전혀 소멸되지 않고 남아 있는 것이 있다면 그것은 우리가 진정 사랑했던 것이며, 또한 우리의 사랑이다. 그래서 성서에서도 '사랑만은 영원하다'고 한 것이다. 교황 요한 바오로 2세가 "영원하게 된다는 감정이 없는 사랑은 결코 시작되지 않는다"라고 말했을 때, 이 사랑은 사실 인간이 사랑이라고 말할 수 있는 모든 사랑을 말하고 있다. 믿기 어렵겠지만 우리가 사랑한 것은 결코 상실할 수도 잊어버릴 수도 없다. 왜냐하면 그것은 우리의 존재의 깊은 곳에 각인된 우리 존재 그 자체이기 때문이다. 그것이 어떠한 모습, 어떤 이름을 가지고 있든지 진정 사랑이라면 그것은 어떤 특정한 종류의 영원성을 지니고 있다. 왜냐하면 사랑은 곧 신의 속성이기 때문이다. 그래서 사람들이 죽음을 두려워하지 않을 유일한 것이 있다면 그것은 사랑이다. 바로 이러한 이유로 다미앵 카르보넬은 "우리에게 살고 죽을 이유를 주는 사람은 우리가 사랑하는 사람들이다"라고 말하는 것이다. 인생에는 수많은 가치가 있다. 하지만 그 어떤 가치도 내가 그것 때문에 죽을 수도 있는 가치란 없다. 나의 생명과 바꿀 수 있는 유일한 가치가 있다면 그것은 사랑뿐일 것이다. 진정 사랑하는 사람에게 있어서 사랑이 아닌 것으로 삶을 살아갈 수는 없다. 사랑이 없는 세상에서 그들은 살아갈 힘을 잃고 만다. 그래서 그들은 사랑과 반대되는 삶을 긍정하기보다는 차라리 죽음을 선택한 것이다. 종교의 역사에는 이러한 사람들을 '순교자'라고 부르고 있다. 즉, 신이 사랑이라는 것을 증거하는 죽음만이 순교라고 불릴 수 있다. '순교'라는 이름에 가장 어울리는 아니 유일하게 어울리는 것이 있다면 '사랑'이다. 사랑으로 죽는 것이 아닌 그 어떤 죽음도 '순교'라고 불릴 수는 없을 것이다. 그래서 데니 가농Denis Gagnon은 "사랑으로 죽는다는 것은 그냥 죽는 것과는 완전히 다른 것이다"라고 말하고 있다.

「가르멜의 일상」

빨래하는 소화 테레사 성녀(좌)와 그의 누이 제네비에브 수녀(우)를 그린 현대 한국화

성녀 소화 테레사는 15세에 가르멜 수녀원에 입회하여 24세의 젊은 나이로 세상을 떠났다. 오직 사랑하는 것만을 자신의 사명으로 알고 자신의 모든 것을 헌신하였다. 그의 자매였던 '제네비에브'는 이러한 동생의 정신에 감화를 받아 자신도 동일한 수녀원에 입회를 하여, 동생의 벗이자, 동료이자, 자매로서 임종 때까지 함께하였다. 임종 직전에 소화 테레사는 "나는 이제 진정한 삶으로 나아갑니다!"라는 유언을 남겼다고 한다.

아마도 수많은 사람들은 여전히 이러한 사랑에 대한 이론들이 도무지 황당하고 믿기 어려운 것처럼 보일지도 모른다. 감상적이고 과장된 것처럼 들릴 수도 있다. 하지만 이러한 사랑에 대한 이론들이 가슴에 와 닿고, 현대인이 지니고 있는 그 사상들, 가치관들이 오히려 의심이 들게 되는 유일한 순간은 진정으로 무엇을 사랑하기 시작할 때일 뿐일 것이다. 그래서 라 로시푸코François de La Rochefoucauld는 "사람들은 진정으로 사랑할 때, 자신들이 철석같이 믿고 있던 것들을 의심하기 시작한다"라고 말하고 있다. 아마도 온갖 이데올로기에 위협받고 휘어잡혀 있는 현대인에게 가장 유용한 명언은 "나는 사랑한다. 고로 나는 의심한다"는 금언이 아닐까 한다.

5장

정치와
법 그리고 인권

국가란 운명공동체인가,
사회적 계약공동체인가?

「우도의 봄」

국가란 국민의 공동선을 위해서 존재한다

아리스토텔레스는 "인간은 본성적으로 정치적인 동물이다"라고 하였다. 여기서 '정치적'이란 무엇을 의미하는 것일까? 정치政治란 말 그대로 '나라의 일을 다스림'이란 뜻이다. 따라서 정치적이란 '나라'를 형성하는 것을 의미하며, 보다 넓은 의미로는 '사회를 형성하는 성향'을 의미한다. 즉, 인간은 본성적으로 여러 사람과 어울리고 어떤 공동체를 형성하면서 살아가고자 하는 존재라는 것이다. 그런데 이렇게 인간이 정치적이 될 수밖에 없는 이유는 인간이 본질적으로 자신의 소유와 권리를 보호받고자 원하기 때문이다. 자연 상태의 인간은 동물과 별반 다를 것이 없어서 약육강식의 힘의 원리에 인간의 삶이 지배받을 것이다. 하지만 인간은 이러한 자연적인 상태를 넘어서는 존재이며, 문명과 문화 그리고 평화를 지향하는 존재이다. 평화를 갈망하는 인간에게 있어서 평화를 유지하기 위해서는 개인이 소유한 재산과 개인들의 권리를 보호해줄 장치가 필요한데, 이것이 곧 법이다. 법이 잘 지켜지기 위해서는 법을 유지하고 법을 수호할 권력기관이 필요한데, 이것이 곧 정부이다.

홉스T. Hobbes는 이러한 사실을 누구보다도 잘 간파한 철학자이다. 그는 『시민론』에서 다음과 같이 말하고 있다. "사회의 바깥에서 모두는 모든 것에 대해서 하나의 권리를 가지고 있다. 각자는 누구보다도 지배적이지 않고, 누구에게 예속되어 있지도 않다. 하지만 국가(공화국) 안에서 각자는 그의 고유한 권리를 평화롭게 즐길 수 있다." 그는 또한 『리바이어던』에서 "최상의 권력을 획득하는 두 가지 방법이 있다. 하나는 자연적인 힘이며, 다른 하나는 사람들이 다른 사람들로부터 스스로를 보호하기 위해서 어떤 특정한 사람이나 단체에 복종하기를 원하는 경우이다. 이 두 번째 경우가 정치적인 공화국 혹은 형성된 공화국이라 부르는 것이다"라고 말하고 있다. 즉, 국가란 사람들이 다른 사람들로부터 자신을 보호하기 위해서 자발적으로 자신들의 권리를 양도한 거대사회조직이며, 여기서 정부는 최고의 권위와 권력을 소유한 행정집단을 일컫는 말이다. 따라서 정상적인 국가란 정부의 정치를 통해서 국민 개개인의 평화와 행복을 최대한 보호하고 실현하고자 하는 국가를 의미한다. 보다 일반적인 의미로 말하면, 국가란 국가구성원 전체의 공동선共同善을 실현하기 위해 형성된 가장 최상위 단체라고 규정할 수 있다. 국민이 국가의 정책이나 정치노선에 대해서 복종하고 지지하는 것은 오직 이러한 공동선의 실현이 국가를 통해서만 가능하다고 믿기 때문이다.

우리는 이를 사회학자 뒤르켐Durkheim의 생각에서도 분명히 알 수 있다. 그는 "만일 한 공동체가 국가 권력에 복종하기를 원한다면, 이는 복종하기를 원해서가 아니라, 다만 공동선을 원하기 때문이다"라고 말하고 있다. 이러한 공동선의 실현을 위해서 국민은 국가기관에 자신의 권력을 양도하게 되며 근대사회에서 합법적인 물리적 폭력을 행사할 수 있는 것은 오직 국가라는 단체뿐이다. 그래서 막스 베버는 '근대국가의 지배 정당성의 근거'를 "정당한 물리적 폭력을 지배 수단으로 독점하는데 성공한 지배조직"이라는 국가의 정체성에서 찾고 있다. 헤겔과 같은 철학자는 '국가'를 변증법적인 운동을 통해서 자신을 실현하는 '절대정신'이 최상으로 실현된 상태라고까지 말하고 있는데, 이는 인류 역사상 국가라는 단체가 가장 진보한 사회의 형태임을 긍정하는 것이다. 프랑스의 대통령이었던 니콜라 사르코지는 "국가가 쇠락할 때, 국민은 더 이상 성장하지 않는다"라고 말하였는데, 이는 국가와 국민은 공동의 운명체이며, 국가와 국민은 운명을 함께한다는 것을 말해주고 있다.

국가를 현대사회에서 국민의 공동선을 위한 가장 진보한 사회로 이해하는 이러한 근대적 국가관에도 불구하고 국가에 대한 신뢰보다는 국가에 대한 매우 부정적인 견해를 가지고 있는 철학자나 사회학자들도 적지 않다. 독일의 정치철학자인 슈티르너Max Stirner는 "국가는 오직 하나의 목적을 추구한다. 개인을 한계지우고 속박하고 강요하며 어떤 일반적인 것에 복종시키는 것이다. 국가? 이것이 무엇인가? 귀를 열고 들어보라. 나는 당신들에게 민족들의 죽음에 대해서 말해줄 것이다"라고 하였고, 프랑스의 영향력 있는 정치가 르페브르Lefebvre는 『국가에 관하여』에서 "국가라는 정치적인 공간 안에서 당신들의 차이는 무의미한 것으로 환원되며, 당신들은 번호가 붙여진 하나의 대상에 지나지 않습니다"라고 하였다. 러시아의 정치철학자인 미카엘 바쿠닌Bakounine은 "국가란 정치적인 종교의 제단이며, 여기서 자연적인 사회는 항상 제물이 되었다. 국가 보편성은 탐욕스럽고 인간적인 희생으로 삶을 연명한다"라고 신랄하게 국가를 비판하기도 한다.

뒤르켐: 만일 한 공동체가 국가 권력에 복종하기를 원한다면, 이는 복종하기를 원해서가 아니라, 다만 공동선을 원하기 때문이다.

슈티르너: 국가는 오직 하나의 목적을 추구한다. 개인을 한계지우고 속박하고 강요하며 어떤 일반적인 것에 복종시키는 것이다. 국가? 이것이 무엇인가? 귀를 열고 들어보라. 나는 당신들에게 민족들의 죽음에 대해서 말해줄 것이다.

루소: 나는 지상권주권은 일반적인 의지의 실행일 뿐이라고 말하고자 한다. 이는 결코 양도할 수 없는 것이며, 집단적인 존재에 지나지 않는 최고 권한정부은 주권을 통해서만 재현될 수 있다.

국가가 민족의 죽음을 야기한다는 이러한 사유는 전통적으로 '민족국가'의 형태를 유지하고 있는 한국인에게는 다소 생소한 표현이다. 하지만 역사적으로 민족 간의 교류가 활발하고 근본적으로 다민족 국가를 형성하고 있는 유럽의 국가들에 있어서는 자연스러운 현상이기도 하다. 가령 프랑스의 경우는 전통적으로 바스크족, 골족, 켈트족, 프랑크족 등 다양한 민족이 통일되어 형성된 국가이기에 근대 이후 프랑스 사회에서는 거의 민족이란 말을 잘 사용하지 않는다. 프랑스 제5공화국의 초대 대통령이었던 샤를르 드골은 "애국심이란 자기 나라를 사랑하는 것이며, 민족주의란 다른 민족들을 증오하는 것이다"라고 하여 민족보다는 프랑스라는 국가를 강조하였다. 그렇기 때문에 국가개념을 강조한다는 것은 자연히 민족의 개념을 약화시키는 것이 되며, 그래서 국가주의를 강조하는 정치가들에 대립하는 정치가들은 '국가는 민족들의 차이를 무의미하게 하는 전체주의적인 것'이라고 비판하게 되는 것이다. 반면 국가 그 자체가 하나의 민족을 구성하고 있는 한국사회에서 '애국심'과 '민족주의'는 마치 동의어같이 취급되고 있다. 하지만 한국사회도 현대로 올수록 다문화 가정이 많아지고 한국 국적을 가진 혼혈아동들이 많아진다는 것은 '민족주의'의 약화를 의미하고 있다. 결국 한국사회가 민족의 개념보다는 국가관을 더욱 강조하는 사회로 나아간다는 것은 필연적이라 하겠다. 반면 국가의 권력이나 국가주의가 지나치게 강조되면 자연적인 사회, 즉 인간이 살아가면서 자연스럽게 형성되는 '친족 공동체', '마을 공동체', '지역 공동체' 등이 약화된다는 것을 의미한다. 국가가 하나의 절대적인 권위로 부상하게 되면, 다른 모든 지역사회가 국가의 이익이라는 단 하나의 슬로건 아래 복종해야 하고, 자칫 전체주의 사회로 흐를 위험도 있는 것이 사실이다.

사실 대다수 현대 국가에 있어서 국가가 가지는 위상은 거의 절대적이다. 그래서 부르도Bourdeau는 『국가』에서 "국가 안에서 권력은 개인으로부터 지배자들에게로 이전되었다는 의미에서 제도화되었다. 지배자들은 오직 이 권력을 실행하기만 하면 되는 것이다. 국가는 이제 유일한 권력의 소유자가 되었다"라고 현대국가들의 특징을 말해주고 있다. 국가가 절대적인 권력을 합법적으로 보유한 거대단체라고 하는 이 사실로부터 이미 국가는 '전체주의적인 경향성'을 강하게 안고 있다. 그래서 국가가 전체주의 사회로 흘러갈 위험을 경계하는 목소리는 많은 사상가들에 의해서 분명하게 말해지고 있다. 스피노자는 『정치신학 논고』에서 "국가의 목적은 자유이다"라고 말하며, 국가가 국민을 억압해서는 안된다는 것을 천명하였고, 프랑스의 현대 토미스트인 자크 마리탱Jacques Maritain은 "국가는 모든 것에 대한 관심 중에서 특수화된 한 부분이다"라고 말하며, 국가가 관여할 수 없는 독립된 영역이 있음을 암시하고 있다. 반면 루소는 『사회계약설』에서 "나는 지상권(주권)은 일반적인 의지의 실행일 뿐이라고 말하고자 한다. 이는 결코 양도할 수 없는 것이며, 집단적인 존재에 지나지 않는 최고 권한(정부)은 주권을 통해서만 재현될 수 있다"라고 하였다. 이는 국가라는 통치기구가 오직 국민의 보편적인 의지를 통해서만 그 권력의 정당성이 보장될 수 있음을 의미하는 것이다. 국민의 보편적인 혹은 일반적인 의지가 곧 국가의 권력의 정당성이라는 것은 사실 대다수의 민주국가에서 긍정하는 것이다. 대한민국의 헌법에도 이를 아주 분명하게 명시하고 있는데, 헌법 제1조 2항에는 "대한민국의 주권은 국민에게 있고, 모든 권력은 국민으로부터 나온다"라고 명시되어 있다. 즉, 민주주의 국가에서 국가의 존립근거는 '국민의 보편적인 의지'에 있으며, 이는 곧 국가는 국민의 공동선을 위해서 존재한다는 것을 말해주고 있는 것이다.

정치는 인권과 조화를 이루어야 한다

어떤 의미에서 국가의 가장 큰 특징이 또한 국가가 가진 가장 큰 위험성이기도 하다. '절대 권력은 절대로 망한다'는 속담이 있듯이 국가는 자신이 소유한 절대권을 스스로 조율하지 못할 때 돌이킬 수 없는 실수를 범하기도 하기 때문이다. L. 그라텔루프Léon-Louis Grateloup는 『새로운 철학문집』에서 "정치적 행위는 단지 사태의 대립들로부터의 표상이 아니라, 하나의 사회 안에 모든 이를 통합하고자 하는 목적을 가지고 있다. 합법적인 최상의 권력이 성립하면 가장 강력한 법도 소멸하게 되고 만다"라고 하면서 국가의 권력이 너무 강력하게 되면 다른 모든 사회법이 무력하게 된다는 것을 시사하고 있다. 그런데 국가의 무제한적인 권력을 견제하는 강력한 이념은 곧 '자연권'에 대한 이념이다. J. 르클레르Jean Leclerc는 "정부는 일반적으로 자연권le droit naturel을 좋아하지 않는다. 왜냐하면 사람들이 이 자연권에 호소할 때는 오직 정부에 대해 저항할 때뿐이기 때문이다"라고 말하고 있는데, 어느 정도 과장된 진술이긴 하지만 부정할 수 없는 사실이다. '자연권'이란 자연적으로 혹은 본성적으로 가지게 되는 권리를 말하는데 이것이 인간에게 있어서는 '인권'이 된다. 사실 '권리'라는 말은 '의무'에 대립하는 개념으로 '국민의 기본권'에 해당한다. 오늘날의 정치구도 속에서는 대개 여권에서는 국민의 의무를 강조하고 야권에서는 국민의 권리를 강조한다. 왜냐하면 정부를 대변하고 있는 여권의 정치인들은 국민이 정부를 위해서 좀 더 인내하고 헌신해줄 것을 원하고, 반면 이러한 정부를 견제하고 있는 야권의 정치인들은 정부는 가급적 작은 권력을 가지고 국민이 보다 많은 권리를 가질 수 있기를 바라기 때문이다. 즉, 헌법이 보장하고 있는 국민의 권리에 대한 조항들은 일반적으로 국가의 권력을 제한하는 역할을 하고 있는 것이다.

전통적으로 왕조정치가 강했던 동양의 국가들에서는 정부의 권력이 강력했고, 보수의 정당들이 보다 큰 정치적인 입지를 점유하고 있었다. 자연히 국민의 권리에 대한 의식이 약하고 또한 진보세력의 입지가 약하였다. 특히 한·중·일의 아시아 3국은 이러한 경향이 두드러지고 오늘날 한국사회에서도 여전히 이어오는 경향이라 하겠다. 그 이유로 두 가지를 들 수 있는데, 하나는 역사적으로 왕조사회에서 시민사회로의 이행한 시기가 상대적으로 짧다는 것에 있을 것이며, 다른 하나는 이러한 사회구조의 변화가 스스로의 자각에 의한 사회진보의 결과물이라기보다는 대개 외세나 세계정세의 변혁에 맞물려 타의에 의해서 이루어졌다는 사실이다. 사실 한국사회는 왕조정치체제에서 민주주의를 의미하는 공화국으로 이행하는 과정에서 국민의 자발적인 정치적 요구에 의한 혁명이라는 것이 전혀 없었다. 일제치하에서 독립하면서 남한은 미국에 의해 민주주의를 형성하게 되었고, 북한은 소련공산당에 의해 공산사회를 형성하게 되었다. 반면 프랑스의 경우 인류역사상 최초의 자발적인 시민 민주혁명이라고 할 수 있는 '프랑스 대혁명'이 발생한 이후에도, 새로운 왕정복귀에 맞서 7월 혁명, 2월 혁명 등이 있었고, 시민사회가 형성된 이후에도 '파리코뮌'이 결성되고 민주화를 위한 내전이 발생하여 3만 명이 넘는 사람들이 희생된 '피의 주일'이라는 진통을 겪었다. 이러한 과정을 거쳐 오늘날의 시민사회인 프랑스가 탄생한 것이다.

오늘날 복지사회라는 프랑스 사회의 근간이 되는 파리선언을 보면,

대혁명(1792) 이전의 1789년 파리선언

• 모든 사람은 법 앞에서 자유롭고 평등하다.

• 모든 정치적인 연합의 목적은 인간의 자연권과 불가침의 권리를 보존하기 위한 것이다.

• 이 권리들은 자유권, 소유권, 안전권, 억압에 대한 저항권이다.

• 생각과 견해의 자유로운 소통은 인간의 가장 값진 권리들 중 하나이다.

대혁명 이후의 1793년 파리선언

• 사회의 목적은 공동의 행복이다.

• 정부는 국민에게 그의 자연권과 천부인권을 누리는 것을 보장하기 위해서 상속된다.

• 이 권리들은 평등권, 자유권, 안전권, 소유권이다.

• 모든 인간은 본성적으로 법 앞에 평등하다.

위의 선언들은 프랑스사회가 민주사회 이념의 가장 기초가 되는 몇 가지 원칙들을 선언한 것이다. 그런데 이들 선언에서 혁명 이전과 혁명 이후는 별반 내용상의 차이를 보이지 않는다. 이는 프랑스 혁명이 우발적으로 이루어진 것이 아니라, 오랫동안의 시민들의 자각과 준비기간을 통한 사회의 진보를 의미하는 것이라고 하겠다.

그 내용이 대개가 국민의 권리에 대한 내용들인데, 사실상 이는 대한민국의 헌법에 명기된 내용들과 크게 다르지 않다. 하지만 그럼에도 몇 가지 상이한 내용을 볼 수 있는데, 우선 혁명 이전의 선언에 있는 내용 중에서 일종의 정당의 목적에 해당하는 원칙이다. "모든 정치적인 연합(정당형성)의 목적은 인간의 자연권과 불가침의 권리를 보존하기 위한 것"이라는 대목과 혁명 이후의 선언인 "정부는 국민에게 그의 자연권과 천부인권을 누리는 것을 보장하기 위해서 상속된다"라는 대목이다. 전자는 정당의 목적이 국민의 권리를 보존하기 위해서라는 말이며, 후자 역시도 정부는 국민의 권리를 보장하기 위해 상속된다는 말이다. 즉, 정부와 정당이 존재하는 우선적이고 궁극적인 이유는 '국민의 권리'를 보호하기 위해서라는 말이다. 하지만 대한민국의 헌법 8조 1항에는 "정당의 목적은 정권의 획득에 있다"라고 명시되어 있다. 비록 헌법에 1조 1항에 이미 "주권은 국민에게 있다"고 선언하고 있고, 1조 2항에 "모든 권력은 국민에게서 비롯된다"라고 명시하고 있지만, 세부적인 사항에 있어서 여전히 국민의 권리가 우선시되지 않는다는 것은 이러한 정치역사의 전통적인 분위기와 무관하지 않다. 사실 민주화란 "주권이 국민에게 있고, 권력이 국민의 보편적인 의지를 통해서 주어진다"는 대원칙과 "정치란 곧 국민의 권리를 보장함으로써 공동선을 지향하는 것"이라는 원칙을 추구하는 것에서 성립한다. 그렇기 때문에 정권이 정통성을 확립하고 권력이 정당화될 수 있기 위해서는 정부와 정당은 항상 국민의 권리와 사회의 공동선을 추구하고자 하는 노력을 게을리해서는 안 되는 것이다.

'구조주의'를 통해 현대사회를 이해하고자 한 철학자 미셸 푸코는 권력이 현대사회에서 어떻게 형성되고 구조화되는지를 잘 말해주고 있다.

여전히 우리는 권력이 무엇인지에 대해서 무지하다. 누가 권력을 실행하는가? 그리고 어디에서 이를 실행하는가? 현실적으로 우리는 이 권력을 손에 쥐고 있는 사람이 이를 이용하며, 어떻게 이를 통해서 이득을 보는지에 대해서 대충 알고 있다. 그런데 우리는 이 권력을 규정하는 것이 정부가 아니라는 것을 잘 알고 있다. 각각의 투쟁이 정당, 감옥, 법원, 노동조합, 언론사 등 권력의 특수한 단체를 중심으로 발전하고 있다.

— 「지성인들과 권력」/질 들루즈와의 담화 중에서(L'Arc, 7049)

위 진술에서 푸코가 말하고자 하는 것은 현대사회에서 정치적인 권력은 더 이상 국가가 독점하고 있지 않다는 사실이다. 권력은 다양한 조직과 단체를 통해서 구조화되고, 이러한 조직들의 내부에서 아주 섬세하게 계층화되고 있음을 말하고 있다. 그래서 어떤 관점에서 보면 사회단체가 있는 곳에 권력의 계층이 있으며, 오늘날 '갑을 분쟁'이라는 이원화는 모든 분야, 모든 영역에서 '권력을 가진 자와 가지지 못한 자'라는 이중적인 구조로 나타나는 것이다. 그렇기 때문에 보다 선진화된 사회일수록 '반-정부투쟁'이라는 것을 보기가 매우 어렵다. 왜냐하면 권력을 독점하여 국민을 억압하는 국가란 전-현대적이고 후진적인 국가를 의미하기 때문이다. 현대사회에서는 많은 분야에서 지배적인 위치에 있는 사람들이 자신들의 사회에 대립하는 어떤 '공동의 적'을 만들기를 좋아하고, 그 사회의 구성원들이 공동의 적을 공격하고 경멸하도록 만드는 것을 종종 볼 수 있다. 가령 북한 사회가 굴러가는 힘의 원동력이 '미-제국주의 타도'에 있다는 것은 이러한 대표적인 사례이다. 이렇게 한 사회의 지배적인 사람들이 공동의 적을 만들어내고 공격하는 것은 이 과정에서 구성원들의 힘을 결집시키고, 권력을 독점하고자 하는 이유에서이다. 이러한 사회에서는 종종 나약하고 힘없는 이들이 피해자가 된다. 이러한 권력의 독점은 그 자체로 '전체주의 사회', '독제의 사회'라는 형식을 띠게 된다. 이러한 사회는 정상적인 권력의 분배와 권력의 평등화를 통해서 사회 공동선의 추구라는 정치의 궁극적인 목적을 져버리는 사회라고 할 수 있다. 이러한 사회는 결코 정치적인 선진화를 꾀할 수가 없는 사회이다.

J. 르클레르: 정부는 일반적으로 자연권을 좋아하지 않는다. 왜냐하면 사람들이 이 자연권에 호소할 때는 오직 정부에 대해 저항할 때 뿐이기 때문이다.

스피노자: 국가 안에서 누구도 자신의 자연권을 다른 사람에게 양도하지 않으며, 따라서 한 시민은 누구도 염두에 두지 않고 이 권리를 자신이 속한 사회의 다수에게 제공한다. 이러한 조건 하에서 모두는 평등한 것이다

자크 마리탱: 인간의 이성이 발견할 수 있는 인간본성에 의한 하나의 질서 혹은 기질이 있으며, 이를 통해서 인간의 의지는 인간존재의 필연적인 목적들에 적합하게 행위하여야 한다. 명시되지 않은 법칙 혹은 자연적 권리란 이것 외에 다른 것이 아니다.

루소: 한 민족은 자유롭게 복종하지만 섬기지 않는다. 그는 수장을 가지고 있지만 주인을 가지고 있지는 않다. 그는 법에 복종하지만 오직 법에만 복종할 뿐이다. 그가 다른 사람들에게 복종하지 않는 것은 오직 법의 힘에 의해서이다.

정치적인 선진화를 위한 가장 기초적인 전제가 있다면 그것은 평등의 개념을 확립하는 것이다. 왜냐하면 민주주의 사회에서 가장 소중한 가치가 있다면 그것은 '평등의 개념'이기 때문이다. 프랑스 대혁명의 모토 중 두 번째가 '평등'의 개념이며, 대한민국 헌법에서도 "모든 국민은 법 앞에 평등하다"라고 하고 있다. 평등이란 모두가 동등하다는 것을 말한다. 그런데 무엇이 동등하다는 것인가? 사실 자연 상태에서 인간이란 평등하다고 보기가 매우 어렵다. 왜냐하면 자연의 산물이란 결코 동일한

것을 산출하지 않기 때문이다. 능력의 차이, 힘의 차이, 재능의 차이 등 자연적인 인간은 결코 동등하지 않다. 마찬가지로 현대사회에서 사회적인 인간은 결코 평등하지 않다. 부자와 가난한 자, 권력자의 자녀와 노동자의 자녀, 지능이 높은 자와 낮은 자, 재능을 타고난 자와 재능이 없는 자, 건강한 자와 건강치 못한 자 등 모든 이는 그 사회적 인간적인 조건에 있어서 불평등하다. 따라서 모든 인간이 평등하다는 개념은 다른 차원에서 주어져야 한다. 그것은 권리의 차원이다. 즉, 누구에게나 인간이라는 이유만으로 동등하게 고려되어야 할 '권리'가 있다는 것을 인정하는 것이다. 이 권리를 철학자들은 '자연권le droit naturel'이라고 한다. 스피노자는 "국가 안에서 누구도 자신의 자연권을 다른 사람에게 양도하지 않으며, 따라서 한 시민은 누구도 염두에 두지 않고 이 권리를 자신이 속한 사회의 다수에게 제공한다. 이러한 조건 하에서 모두는 평등한 것이다"라고 말하고 있다. 인간은 결코 양도할 수 없는 자연적인 권리를 가지고 있으며, 자유롭게 이를 타인에게 제공할 수 있는 한에서 평등하다. 그런데 자연권이란 무엇을 말하는가? 자크 마리탱은 "인간의 이성이 발견할 수 있는 인간본성에 의한 하나의 질서 혹은 기질이 있으며, 이를 통해서 인간의 의지는 인간존재의 필연적인 목적들에 적합하게 행위하여야 한다. 명시되지 않은 법칙 혹은 자연적 권리란 이것 외에 다른 것이 아니다"라고 말하고 있다. 이를 간단히 말하면 인간은 탄생과 더불어 모두에게 동일한 '인간의 본성'을 가지고 있으며, 이 중에 인간의 궁극적인 목적, 즉 행복으로 방향 잡힌 것으로부터 가지게 되는 권리가 곧 '자연권'이다. 이는 현대사회에서 '인권'이라는 개념과 동일하다. 자연권이 인간이 인간답게 살기 위해서 가져야 할 최소한의 권리, 침해할 수 없는 천부적인 권리라고 할 때, 이것이 곧 '인권人權'의 의미가 된다. 레오 스트라우스Leo Strauss는 자연권의 존재근거를 사람들이 만든 법의 정의로움과 불의함을 판단하는 상위법의 존재에 두고 있다.

정의롭지 않는 법들에 대해서 말한다는 것은 충분히 있을 수 있으며, 가끔은 필연적이다. 이러한 판단에 의하면 긍정적인 법droit positif은 자신에게 상위적인 법(즉, 자연법)과 무관하게 정의롭거나 비-정의로운 씨앗을 가지고 있다는 것을 말해준다. 이러한 씨앗에 대한 판단을 통해서 자연법이 긍정적인 법을 판단할 수가 있는 것이다.

— 자연법과 역사Droit naturel et histoire 중에서

만일 모든 사람이 법을 준수해야 한다면, 우선 법이 모든 이에게 동등하고 모두가 존중할 만한 것이라는 것을 보증해야 할 것이다. 그렇기 때문에 모든 인정법人定法은 그 근거를 인간이 마음대로 바꾸거나 새로 제정할 수 없는 보다 상위적인 법으로부터 발생하여야 한다. 바로 이 상위법이 '자연법'이며, 이 자연법으로부터 발생되는 인간의 권리가 인권이다. 루소는 『에밀』에서 "자연과 인간의 자연적인 법들이 존재한다. 이 법들은 현명한 인정법loi positive의 근거가 된다. 이 자연법들은 양심과 이성에 의해서 인간의 마음속에 기록되어 있다. 자유로운 존재가 되기 위해서는 바로 이 자연법들에 복종해야 한다"라고 말하였다. 자연법이란 인간이 본성적으로 지니고 있는 이성과 양심에 의해서 '타당하다고 여겨지는' 혹은 '정당하다고 여겨지는 것'의 일체라고 할 수가 있다. 이러한 자연법으로부터 발생하는 권리가 '자연권'이며, 이러한 자연권이 특별하게 인간에게 적용될 때, 사람들은 이를 '인권'이라고 하는 것이다. 만일 인간의 자연권을 긍정하지 않는다면, 모든 법은 법률을 제정하는 특정

「청년 루소」

한 사람들의 가치나, 세계관에 의한 것으로, 법이 모두에게 동등한 것이
라는 법의 보편성을 확보할 수가 없다. 인간의 평등이 권리의 평등을 말
하는 것이기에, 모든 인간은 법 앞에 평등한 것이다. 왜냐하면 법이란 본
질적으로 '권리'를 보장하는 규칙을 의미하기 때문이다.

그런데 이러한 법 앞에서의 평등은 어떤 관점에서는 그 자체로 모순
된 것처럼 보이기도 한다. 왜냐하면 우리는 직장 상사나 사회지도자들
에게 대개 법률이 정한 원칙을 따라 복종하여야 하기 때문이다. 이러
한 모순된 상황을 누구보다도 잘 통찰한 이는 루소이다. 그는 몽테뉴
Montaigne에게 보낸 편지에서 "한 민족은 자유롭게 복종하지만 섬기지 않
는다. 그는 수장을 가지고 있지만 주인을 가지고 있지는 않다. 그는 법
에 복종하지만 오직 법에만 복종할 뿐이다. 그가 다른 사람들에게 복종
하지 않는 것은 오직 법의 힘에 의해서이다"라고 쓰고 있다. 즉, 인간이

다른 한 인간에게 복종하는 것은 인간으로서 복종하는 것이 아니라, 법률이 정한 어떤 직위에 대한 복종이다. 대통령을 존중하는 것은 그가 존중할 만한 사람인가 하는 것과 무관하게, 법이 부여한 그의 권리를 보장해주어야 하기 때문에 존중하는 것이다. 이러한 상황은 법이 오히려 인간을 불평등하게 만드는 근원처럼 보인다. 하지만 루소는 인간의 불평등은 사회적 존재로서의 인간의 존재 조건처럼 이해하면서 이러한 불평등의 기원을 설명해주고 있다. 그는 『사회계약설』에서 "사람들이 사회계약으로부터 상실하는 것은 자연적인 자유와 그가 추구하고 도달할 수 있는 모든 것에 대한 무제약적인 권리이다. 반면 사회계약을 통해서 그가 획득하는 것은 사회적 자아와 그가 소유하고 있는 모든 것에 대한 소유권이다"라고 말하고 있는데, 이는 사회를 형성한다는 것은 자연 상태의 자유와 무제약적인 권리가 야기하는 '만인 대 만인의 투쟁'을 방지하고 사회구성원 모두에게 '자신의 사회적 지위'와 '소유권'을 법으로 보장한다는 것을 의미한다. 사회는 그 자체로 계층과 구조를 가지고 있으며, 이러한 계층과 구조는 필연적으로 인간의 불평등을 야기한다. 하지만 이러한 불평등이 권리의 불평등을 말하는 것은 아니다. 빅토르 쿠쟁 Victor Cousin은 "사람들은 개인들의 사회적인 관계들을 지배하는 규칙과 법들을 긍정적인 권리droit positif라고 부른다. 긍정적인 권리는 그 근거와 척도와 한계를 자연적인 권리(자연권)로부터 취한다"라고 말하고 있다. 이는 모든 인간이 사회구성원으로서 사회적인 직위나 위치를 가지고 있으며, 이러한 직위와 위치에 따른 권리를 '긍정적인 권리' 혹은 '사회적인 권리'라고 한다면, 그가 인간이기 때문에 가지게 되는 자연적인 권리는 '인권'으로서 절대적인 권리임을 말하는 것이다. 모든 사회적인 권리는 이러한 인권에 반하거나 모순되어서는 안 되며, 사회적 권리의 근원은 항상 자연권, 즉 인권이어야 한다.

　법 앞에 모두가 평등하다는 것은 곧 자연권과 인권을 말하며, 이는 개개인에게 최소한의 인간다울 수 있는 권리를 보장한다. 반면 사회법이 부여하는 '사회적 권리'는 이러한 인권으로부터 그 근거를 가지며, 이러한 인권과 모순될 수 없으며, 인권 위에 군림할 수가 없다. 만일 사회적 권리가 타인으로부터 인권을 박탈한다면, 이러한 사회적 권리는 이미 그 정당성을 잃고 만다. 즉, 사회라는 것이 필연적으로 인간과 인간의 불평등을 야기하기는 하지만, 이러한 불평등은 인간성의 차원이 아니라 단지 사회적 자아가 가지게 되는 정당한 권리일 뿐이다. 따라서 인권을 규정하는 것은 사회적 지도인사들이 아니다. 그것은 모든 사회구성원의 보편적인 의지이며, 이는 곧 인간의 본성 깊숙이 각인되어 있는 원리들에 의한 것이다. 그렇기 때문에 플라톤은 "나에게 있어서는 인간의 본성 그 자체가 우리에게 하나의 선한 정의를 제공하는 것 같다"라고 말하며, 루소도 "본성과 실존적 질서의 영원한 법칙들은 양심과 이성에 의해 마음 깊숙이 기록되어 있다"라고 한 것이다. 그런데 만일 누군가가 각 개인들의 개별적인 사회적 자아를 규정하는 것은 무엇인가라고 묻는다면 이는 곧 개인의 능력과 노력이라고 말해야 할 것이다. 능력 그 자체가 평등할 수는 없겠지만, 최소한 누구나가 자신이 원하는 사회적 자아를 획득하기 위해서 노력할 수가 있다. 즉, 선택의 자유와 누구나 원하는 것을 추구할 수 있다는 것에서는 평등한 것이다. 실존주의자인 키르케고르도 이러한 사실을 매우 분명하게 말해주고 있다.

　우리 모두는 그 무엇이 될 수 있다. 왕은 신하들의 권력으로부터 빛날 수 있으며, 신하들은 언론인들의 능력으로부터, 그리고 언론인들은 돈의 능력으로부터, 그리고 돈은 가정의 능력으로부터 그리고 가정은 부인들로부터 …
그런데 우리는 주일날 사제로부터 우리는 아무것도 아니라는 설교를 듣게
된다. 우리는 각자가 우리의 능력에 따라서 사회 안에 우리의 자리를 가지게
된다.

물론 대다수 사람들은 오늘날의 현대사회에서 각자가 원하는 사회적
자아를 꿈꿀 수 있는가 하는 점에 대해서 회의적이기도 하며, 또한 이
미 탄생과 더불어 사회적 조건에 의해서 사회적 자아가 어느 정도 정해
져 있으며, 그런 한 결코 평등을 말할 수는 없다고 생각할 수 있다. 그럼
에도 우리는 최소한 중세시대나 조선시대 같은 과거보다는 현대사회가
이러한 평등이 보다 잘 실현되고 있다고 말할 수는 있을 것이다. 그리고
사회적 진보는 이러한 개인의 기회의 평등을 최대한 보장해주는 사회로
나아가는 것이라고 말해야 할 것이다. 프랑스의 대통령이었던 자크 시
라크Jacques Chirac는 "정치란 필연적인 것을 가능하도록 하는 예술이다"라
고 말하였는데, 여기서 필연적인 것이란 곧 '모든 이가 권리에 있어서 평
등한 사회'라고 해야 할 것이다. 누구나 자신이 꿈꾸는 사회적 자아를 실
현할 수 있도록 무한한 가능성을 열어주는 사회가 곧 평등한 사회요, 인
권이 살아 있는 사회이기 때문이다. 어떤 사람들은 희소성의 원칙에 따
라서 모든 이가 자신이 원하는 사회적 자아를 꿈꿀 수 있는 사회란 공상
소설에서나 가능한 것이라고 일축해버릴 수도 있을 것이다. 하지만 희
소성이라는 것도 '모두가 선호하는 어떤 지위'를 가정할 때 성립하는 것
이다. 만일 모든 사회적 지위에 대해서 어떤 기득권이나, 수위권을 제거
한다면 더 이상 '만인이 선호할 만한 것'이란 존재하지 않을 것이며, 자
신이 꿈꾸는 사회적 자아는 곧 자신이 본성적으로 가진 특별한 능력이

규정하게 될 것이다. 이러한 사회가 비록 유토피아에 불과할지언정 인간은 이러한 사회를 향해 꾸준히 나아가지 않으면 안 된다. 왜냐하면 이것만이 진정한 '평등'이 실현될 수 있는 유일한 길이기 때문이다.

사실 모든 이가 법 앞에 평등하다는 이러한 사유는 당위의 진실을 말해주는 것으로, 당위가 반드시 사실이 되지는 않는다. 법 앞에서의 만인의 평등이 당연한 것이고, 언젠가는 그렇게 되어야 할 것이지만, 이러한 진리가 지금 현재 우리 사회의 사실을 말하고 있지는 않다. '유전무죄 무전유죄'라는 유명한 말은 이러한 진실을 잘 말해주고 있는 것이라 하겠다. 법 앞에서의 만인의 평등이 진정 현실이 되기 위해서는 이러한 진리의 당사자인 사회구성원 개개인이 정치에 관심을 갖고 있는 한에서만 조금이라도 실현이 될 수가 있다. 정치에 관심을 가진다는 것은 별다른 것이 아니다. 정치인들이 진정 국민을 위한 법을 제정하고 국민의 행복을 위한 정책을 펴는가에 관심을 기울이는 것이다. 만일 이러한 관심을 게을리한다면 당연히 정치인들도 국민에게 관심이 없을 것이며, 국민 모두를 위한 정책을 펴지도 않을 것이다. 프랑스의 유머작가이자 배우인 콜뤼시Coluche는 "정치적인 삶에서 좋은 의식을 가지기 위해서는 나쁜 기억을 가지는 것으로 충분하다"라고 역설적인 말을 하였는데, 이는 그릇된 정치로 인해서 고통을 받았던 과거의 기억을 잊지 않는다면, 다시는 이러한 그릇된 정치가 자행되지 않을 것이라는 말이다. 많은 이들은 역사는 되풀이된다고 생각하지만, 사실 정치적 불행의 되풀이는 오직 국민이 정치에 무관심하다는 하나의 사실에 의해서만 가능한 것이다.

권력과 법은 정의로울 때 정당한 것이다

권력이란 무엇인가? 파스칼은 "힘이 없는 정의는 무의미하며, 정의 없는 권력은 폭력이 된다"라고 하였다. 즉, 권력과 정의는 함께할 때 의미가 있으며, 이 둘은 결코 떨어질 수 없는 것임을 말해준다. 대다수가 법치국가인 현대 국가에서는 일반적으로 권력은 법을 통해서 그 힘을 행사한다. 국가가 소위 국책사업이라는 것을 행할 때 항상 이에 해당하는 법률을 먼저 통과시키고 이 법에 따라서 자신들의 정책에 대한 합법성을 보장받는다. 그뿐만 아니라 공권력을 동원하여 힘으로 시위자들을 진압할 때에도 항상 법에 따라서 정당하게 물리력을 행사하며, 시위자들에게 손해배상을 청구할 때도 항상 법에 따라 정당하게 행한다. 즉, 법은 권력이 정당한 힘을 행사하기 위해서 마련한 도구라고 할 수 있다. 하지만 최소한 논리적이고 이성적으로 곰곰이 생각해본다면 이러한 현대사회의 모습이 그렇게 정당하거나 당연하게 보이지는 않는다. 루소는 『사회계약설』에서 "권력이 법을 만들지 않는다는 것과 사람들은 오직 적법한 권력에만 복종한다는 것을 이해해야 한다"라고 말하고 있으며, 단테Dante는 『신곡』에서 "모든 재판권은 법관에 대해 앞선다. 사실 재판권에 질서 지워진 것이 법관이지, 그 반대가 아니다"라고 말하고 있다. 즉, 법은 한 개인이나 한 집단에 의해서 만들어지는 것이 아니라는 것이다. 토마스 아퀴나스 역시 인간이 만든 모든 인정법은 그 근원이 '자연법'에 있으며, 인정법은 결코 자연법과 모순되거나 자연법에 반하여서는 안 된다고 말하고 있다. 법이 정당하기 위해서는 국민의 보편적인 의지에 일치해야만 한다. 비록 구체적인 법안을 고안하고 제정하는 것은 국민의 대표인 국회나 정부가 하겠지만, 이러한 법이 그 타당성을 가지기 위해서는 보편적인 국민의 의지에 동의를 구해야 한다. 이러한 경우라야만 법이 정의로운 법이라고 할 수 있기 때문이다.

마땅히 가져야 할 것을 가지고, 마땅히 되어야 할 대로 되는 것이 정의라고 한다면 정의는 그 근원이 '자연법'에 있는 사회적 인간으로서의 가장 특징적인 덕목이요 본질적인 것이다. 루소는 자연 상태에서 사회적 상태로 이행하는 인간의 변화에서 본질적인 변화가 바로 '본능'에서 '정의'로 나아가는 것이라고 보았다. 정의가 실현되기 위해서는 '자기생존'이라는 본능적인 행동을 초월해야 한다. 정의는 '내가 원하지 않는 것을 남에게 강요하지 말라!'는 대다수의 종교에서 볼 수 있는 행위의 기본 원칙에서 주어지는 것이다. 만일 권력이 이러한 정의의 기본원칙을 어기게 된다면 그것을 곧 '타락한 권력'이라고 할 수 있다. 철학사 속에서 권력에 대해서 가장 비판적인 시선을 가지고 있었던 철학자는 마르크스 Karl Marx였다. 그는 『1844년의 경제학 철학 수고』에서 "권력이란 모든 인간적 특성의 타락과 혼란, 불가능한 것들(화폐의 신성한 힘)과의 화해를 통해서 소외될 수 있는, 스스로 소외하는 그리고 소외를 양산하는 본질 안에서 인간성이 소외된 능력이다"라고 신랄하게 비판하고 있다. 사실 마르크스가 비판하는 권력이란 '정의로운 권력'이 아니라, '타락한 권력'을 말한다. 정의를 상실한 타락한 권력이 스스로 소외되는 이유는 자연권과 인권에 기초한 국민의 보편적인 의지로부터 이탈하기 때문이며, 이러한 불의한 권력이 인간성을 소외시키는 이유는 오직 정의만이 국민의 공동선과 인간다운 삶을 보장할 수 있음에도, 정의를 상실하고 폭력적이 되면서 국민을 노예화시키고 사물화시키기 때문이다.

파스칼: 힘이 없는 정의는 무의미하며, 정의 없는 권력은 폭력이 된다.

단테: 모든 재판권은 법관에 대해 앞선다. 사실 재판권에 질서 지워진 것이 법관이지, 그 반대가 아니다"

마르크스: 권력이란 모든 인간적 특성의 타락과 혼란, 불가능한 것들(화폐의 신성한 힘)과의 화해를 통해서 소외될 수 있는, 스스로 소외하는 그리고 소외를 양산하는 본질 안에서 인간성이 소외된 능력이다"

토마스 아퀴나스: 도덕적인 선善의지는 아직 존재하지 않는 것에 도달한다.

권력이 국민의 보편적인 의지에서 나온다는 차원에서 권력은 국민의 보편적인 욕망을 실현하는 힘이라고 할 수 있다. 그래서 「파리의 선언」에는 "권력의 본질적인 의무는 사람들을 행복하게 하는 것"이라고 명시되어 있다. 그런데 만일 어떤 권력이 국민의 자유를 억압하고 타인에게 정의롭지 못하게 권력을 행사한다면 이는 더 이상 국민의 보편적인 욕망을 실현하는 권력이 아니라 특정인이나 특정집단의 욕망을 추구하는 일종의 개별적인 욕망의 추가 되어버린다. 이러한 권력은 결코 권력의 정당성을 가질 수가 없다. 루소는 "만일 개별적인 관심이 마치 일반적인 의지처럼 고려된다면 그리고 만일 개별적인 폭력들이 마치 공공의 폭력처럼 간주된다면 이는 사회적 계약이 전혀 고려되지 않았음을 의미한다"라고 말하고 있는데, 이는 어떠한 경우에도 법이 개인이나 특정한 집단의 전유물이 되어서는 안 된다는 것을 그리고 오직 사회적인 합의에 의해서만 법일 수 있음을 말해주고 있는 것이다. 알랭은 『권력에 관하여』에서 "정의로운 법이란 사람들, 여자들, 어린이들, 병자들, 무지한 자들이 모두 평등하도록 애쓰는 법이다. 이러한 법에 반하여 불평등이 사물들의 본성 안에 있다고 말하는 사람들은 정신적인 빈곤을 말하는 사람들이다"라고 말하고 있다. 모든 사물 안에 불평등이 이미 내재되어 있다는 이러한 사유는 오직 물질적이고 물리적인 차원에서 바라보기 때문이다. 평등은 모든 물리적인, 육체적인 조건들을 넘어서 인간성으로서의 인간의 본성에서 기인하는 것이기 때문에 인간에 대한 정신적인 통찰을 전제하는 것이다. 모든 육체적인 빈약함, 무능함, 나약함, 도덕적 특성들을 넘어서 깊은 인간의 본질을 파악하는 정신만이 모든 인간이 인간으로서 동질적이며, 평등하다는 것을 파악할 수가 있다. 그래서 정의로운 법은 사회적 약자들에 대해서도 동등하게 인간다운 삶을 보장해주고자 애쓰는 것이다.

　법이 타락한 권력에 의해서 만들어지고 사용되어질 때 이를 바로잡을 수 있는 것은 언제나 '자연권'과 '인권'에 의한 논의를 통해서이다. 프랑수아 베유François Weil는 "자연법은 그 자체로 한 공동체가 마치 매우 분명한 의무나 법처럼 고려하는 것이 된다. 자연법은 쓰이지 않는 법(불문법)이 되며, 쓰인 법(성문법)보다 상위적인 것이다. 왜냐하면 자연법이 인정받기 위해서는 성문법이 필요 없기 때문이나, 그 반대는 아니기 때문이다"라고 말하고 있다. 즉, 하나의 사회적 법이 폭력적이 될 때, 이러한 법을 인정하는가 아닌가 하는 것, 다시 말해서 이러한 법의 정의로움을 알기 위해서는 자연법과 일치하는 것인지를, 아니면 최소한 자연법에 기초한 것인지를 논하는 것으로 충분한 것이다. G. 르나르Renard 역시 『법, 질서와 이성』에서 "자연법이라는 것은 당혹스러운 것이다. 질서를 세우기 위해서는 자연법이 필요불가결한 것이지만, 또한 모든 질서를 파괴할 수 있는 하나의 원리를 숨기고 있는 것 같다. 우리가 법에 대해서 논의하도록 부추기는 것은 바로 이 자연법이다"라고 말하고 있다. 자연법은 모든 인정법의 근거가 되고 사회법을 만들도록 하지만, 또한 이러한 인정법과 사회법을 무화시키는 것도 역시 자연법이다. 그러기에 어떤 특정한 사회법이 논의되어야 할 것인가 말 것인가 하는 것은 곧 자연법과의 일치 여부를 파악하면 되는 것이다.

사실 법이란 어떤 의미에서는 의사의 처방전과 같다. 의사의 처방전은 환자의 호전상태에 따라서 달라져야 하듯이 법도 사회의 구조나 분위기가 바뀌면 그에 따라서 달라져야 하는 것이다. 그래서 법은 끊임없이 창조되어야 하는 무엇이다. 자크 들로르J. Delos가 "법이란 궁극적으로 공동의 선을 실현하기 위해서 사회가 어떻게 살아가야 하는가를 규정하는 사회적 창조이다"라고 말하고 있는 이유도 바로 여기에 있다. 토마스 아퀴나스도 "도덕적인 선善의지는 아직 존재하지 않는 것에 도달한다"라고 하는데, 아직 존재하지 않는 이것은 곧 새로운 법의 창조를 말하는 것이다. 그렇기 때문에 법은 단순히 사람들의 행위를 구속하는 것이 아니다. 법의 적극적인 측면, 그것은 사람들로 하여금 새로운 행위, 새로운 삶의 형식을 가지게 한다는 것에 있다. 루소는 『에밀』에서 "사람들이 법들로부터 아무런 이득을 취할 수 없다는 것은 진실이 아니다. 법들은 우리에게 정의롭게 될 수 있는 용기를 주며, 자기 자신을 다스릴 수 있도록 배우게 한다"라고 말하고 있다. 법이 정의로운 것이 될 때, 이는 마치 교육제도와 같이 사람들을 교화하고 계몽하는 힘을 지니게 된다. 왜냐하면 법은 사회구성원들로 하여금 특정한 행동을 야기하게 하고 새로운 삶의 규범을 일상적으로 실천하게 하기 때문이다. 정치인들도 이를 모르는 바는 아니다. 그래서 현대사회에는 이러한 법을 창조하는 일을 전문적으로 담당하는 정치인들이 생겨났고 우리는 이들을 '국회의원'이라고 부르고 있다. 한국사회만 해도 국회의원들의 새로운 법률창조에 대한 열정은 대단하다. 이들은 끊임없이 새로운 법안을 상정한다. 하지만 참으로 불행하게도 한국사회에서는 이러한 법안들을 상정하는 데에는 열정적이나 법안이 통과되고 실효성 있는 법안으로 정착하는 데에는 무관심하다. 그 예로 현재 한국사회에서 법안이 상정되었으나 통과하지 못하고 계류 중인 안건이 600여 건이 넘는다는 사실을 들 수가 있을 것이다. 이는 곧 국민의 정치에 대한 관심이 보다 높아져야만 한다는 사실을 말해주고 있다고 할 것이다.

정의를 완성하는 것은 사랑이다

정의라는 용어는 사실 다양한 차원에서 이해될 수 있다. 정의라는 말은 보통 사회정의를 의미하는 것이겠지만, 플라톤과 같은 철학자는 개별적인 영혼의 한 특성처럼 고려하고 있다. 플라톤은 정의를 '영혼 그 자체에 있어서 고려된 영혼의 최상의 선'처럼 이해하였는데, 이는 정의를 한 영혼의 어떤 특정한 내적인 상태나 기질처럼 고려한 것이다. 그는 『국가론』에서 "정의란 인간에게 있어서 개별적으로 관계하는 내적인 행위성을 질서 지운다. 우리에게 낯선(이상한) 것을 하도록 허락하지 않는 원리들을 형성한다"라고 하였다. 즉, 정의가 확립된 영혼들은 그들의 내적인 원리에 의해서 정당하고 올바른 행위를 하게 되며, 사람들이 윤리·도덕적으로 선하다거나 의롭다는 것은 바로 이 영혼의 내적인 기질을 의미하는 '정의'에 의해서이다. 이와 유사하게 아리스토텔레스는 "사람들 사이에서 어떠한 공동체나 계약관계가 전혀 없을 때라도 모든 사람에게는 마치 선견지명처럼 자연적이고 공통적인 감정으로 느껴지는 정의와 불의가 있다"라고 하였다. 이는 모든 인간이 마치 본성처럼 사회적 삶을 살기 이전에 지니고 있는 정의에 대한 선험적인 감정을 가지고 있음을 말하는 것이다. 몽테뉴 역시 『수상록』에서 "자연적이든 보편적이든 정의 그 자체는 국가적인 다른 특수한 정의보다 더 확고하고 고상한 것이다"라고 하였다. 이는 모든 사회적인 규범이나 법조항과는 독립된 '정의'라는 것이 있다는 것을 말한다. 사실 사회학적인 차원에서 보면 모든 규범이나 법조항을 넘어서는 '정의 자체'를 말한다는 것은 하나의 공상이요, 공허한 것으로 보일 수도 있다. 사회적 삶의 모든 상황들이나 법률적인 조항들이나 규범의 틀을 넘어서는 한 개인의 내적인 기질이나 특성으로서의 정의를 말한다는 것은 이미 정의의 존재론적인 혹은 형이상학적인 측면을 말하고 있는 것이다. 그리고 이 경우에 우리는 진위의 문제가 아니라 언어의 문제임을 통찰할 수 있다. 맹자의 '호연지기'에서처럼 습관적으로 의로운 행위를 생각하고 반복하다 보면 우리의 내면에 마치 어떤 본성처럼 굳어진 의로운 기운이 갖춰지게 되는데 이것을 철학자들은 '정의'라고 지칭하는 것이다. 즉, 아리스토텔레스가 말하듯이 습관이 본성처럼 굳어져서 '제2의 천성'으로 변한 것이라고 할 수 있다. 프랑스의 인격주의자 에마뉘엘 무니에는 『특성에 관하여』에서 "정의의 맛은 술책을 쓰는 행위나 시기심에서, 이타성(관대함)의 경쟁의식으로 나아가는 한에서만 참으로 새로운 하나의 우주로 안내한다. 그렇게 된다면 여기서는 내적인 풍요를 살아갈 수 있을 것이다"라고 말하고 있다. 정의가 '이타성의 경쟁의식'으로 나아간다는 것은 사실 정의가 '아가페적 사랑'으로 나아간다는 말이다. 이러한 분석은 정의가 존재론적인 국면으로 이해되지 않는다면 불가능하다. 정의가 단순히 사회규범이나 법률적 조항에 적합한 행위만을 의미한다면, 이러한 정의는 오직 행위가 유발될 때에만 말해질 수 있는 것이며, 결코 어떤 내적인 속성이나 특성으로 말해질 수는 없기 때문이다. 정의가 사랑으로 변모하기 위한 조건은 정의 역시도 하나의 내적인 기질 혹은 특성처럼 존재론적이어야 하기 때문이다.

플라톤: 정의란 인간에게 있어서 개별적으로 관계하는 내적인 행위성을 질서 지운다. 우리에게 낯선이상한 것을 하도록 허락하지 않는 원리들을 형성한다"
아리스토텔레스: 사람들 사이에서 어떠한 공동체나 계약관계가 전혀 없을 때라도 모든 사람에게는 마치 선견지명처럼 자연적이고 공통적인 감정으로 느껴지는 정의와 불의가 있다.
칸트: 만일 정의가 사라져버린다면 지상에서의 삶은 가치 없는 삶이 될 것이다.
베르그송: 닫힌 정의와 열린 정의는 그 스스로 형성되고 외적으로 유사해 보이는 법들과 동일한 방식으로 설명될 수는 없다.
폴 리쾨르Paul Ricoeur: 정의의 요청은 그 근원이 타인이 나와 동등하며 그가 필요로 하는 것들은 내가 필요로 하는 것들만큼 가치가 있다는 근원적인 긍정에 있다.

그런데 정의가 사랑으로 변모할 때에만 '내적인 풍요'를 누릴 수 있는 것은 무엇 때문일까? 그것은 사랑이 정의보다 더 많은 가치를 산출하기 때문이다. 정의는 정당하게 자기 몫을 갖게 하고, 타당한 것만을 허락하는 '평등'의 원리이며, 그런 한 수평적인 도덕적 원리라고 할 수 있다. 하지만 사랑은 이러한 수평적인 도덕원리를 넘어선다. 사랑은 죄인을 용서하고, 불행한 이에게 자신에게 정당한 몫 이상을 가지게 하며, 타인에게 그가 지닌 현실성 이상을, 즉 그가 가진 가능성을 항상 주시하며, 그에게 과분한 것을 허락하는 것이다. 정의가 사회적 삶을 건강하게 유지하기 위한 최소한의 원칙이라면, 사랑은 보다 내적으로 풍요롭고, 정신적으로 여유가 가득 찬 삶이다. 칸트는 "만일 정의가 사라져버린다면 지상에서의 삶은 가치 없는 삶이 될 것이다"라고 하였는데, 사랑은 단순한 가치 이상이다. 사랑은 삶에 활력소를 제공하고, 맛을 제공하며, 행복한 희망을 가지게 한다.

정의의 역할은 사회구성원들로 하여금 '폭력'을 방지하는 역할을 한다. 본래 인간의 욕망은 무한하고, 사회가 가진 재화나 직위는 유한하기 때문에 사회적 삶은 필연적으로 '투쟁의 연속'일 수밖에 없다. 나아가 모든 인간이 도덕적이지 않은 가운데 사람들과 사람들의 관계는 필연적으로 타인에 대한 어떤 원한의 감정을 가지게 한다. 여기서 형법의 체계는 무제약적인 복수로부터 사람들을 보호해주는 가장 효과적인 방법이다. 강제적인 정의의 원칙은 사람들로 하여금 복수의 의무로부터 해방시킨다. 왜냐하면 형법의 체계는 개인적인 이익을 결코 무시하지 않지만, 이러한 개인적인 이익이 항상 일반적인 이익, 즉 사회의 공동선의 이익과 일치해야 한다고 명하고 있기 때문이다. 이러한 공동의 선을 긍정할 때에만 한 사람의 이익과 다른 한 사람의 이익이 공존할 수가 있기 때문이다. 이익을 추구하는 장본인은 항상 개인이겠지만, 이들의 이익을 추구하는 의지는 보편적인 의지를 상징하는 법적 체계에 의해서 조율되고 제한을 받게 될 때 정의가 유지된다.

법이 정당하고, 모두가 법을 존중한다고 해서 항상 정의가 실현되는 것은 아니다. 인간사회는 결코 거대한 기계덩어리가 아니기 때문에 성문화된 법체계가 결코 정의로운 사회적 삶을 보장하지는 않는다. 정의가 공정함이라고 할 때, 이 공정함은 법을 철저히 준수한다고 항상 성취될 수 있지는 않다. 법이란 결코 복잡 미묘하고 다양한 인간적인 행동들과 각각의 고유한 상황들 속에서 적절하게 행위할 수 있도록 섬세하거나 다양하지 못하다. 그렇기 때문에 현대사회에서 공정한 행위는 이러한 복잡하고 섬세한 상황에 적합하게 행동할 수 있는 일종의 '중용의 덕'을 요청한다. 베르그송은 『도덕의 두 원천』에서 "닫힌 정의와 열린 정의는 그 스스로 형성되고 외적으로 유사해 보이는 법들과 동일한 방식으로 설명될 수는 없다"고 말하고 있다. '닫힌 정의'가 오직 법률적 조항에 의존하는 것이라면 '열린 정의'는 '중용의 덕'을 잘 갖춘 정의라고 할 것이다. 그리고 열린 정의는 법조항의 적용을 넘어선다는 측면에서 이미 인격적이다. 이러한 '열린 정의'의 개념이 실제로 사회적 삶에서 적용되고 있는 경우는 사실 한국사회에서는 잘 보기 어렵다. 반면 프랑스 사회에는 이러한 예들을 종종 볼 수가 있는데, 그중 하나의 예를 들면, 모든 법률적 적용에 있어서 일선에서 직접 실무를 담당하는 공무원에게 법률을 유권해석할 수 있는 권한을 8%가량 부여한다는 것이다.

나 역시 이러한 제도의 덕을 본적이 있는데, 유학 중 체류증 만기를 하루 앞두고 갱신을 하러 가다가 소매치기를 당해서 학생증을 잃어버린 적이 있었다. 그날 체류증을 갱신하지 못하면 그 다음 날부터는 불법체류자가 될 신세였다. 하늘이 캄캄하였다. 기대는 하지 않았지만, 혹시나 하는 생각으로 담당 공무원에게 사정을 말하였다. 나의 설명을 들은 후 그 담당자는 이런저런 몇 가지 질문을 하였다. 그러고는 새 체류증에 도장을 '꽝' 찍어주는 것이었다. 그리고 친절하게도 명함 뒤편에다가 1주일 내로 보내야 할 서류의 이름, 즉 새 학생증의 사본이나, 학과사무실의 확인서를 적어 주었다. 당시 나는 '열린 정의'가 무엇을 의미하는 것인지 충분히 체험할 수가 있었다. 이러한 제도를 악용할 염려도 있겠지만, 프랑스 사회는 열린 정의가 통용할 수 있을 만큼 충분히 성숙해 있었다.

'열린 정의'는 그 자체로 한 개인의 성숙한 인격을 전제하는 것이며 특히 타인에 대한 존중의 정신을 필수적으로 요청한다. 폴 리쾨르는 『의지의 철학』에서 "정의의 요청은 그 근원이 타인이 나와 동등하며 그가 필요로 하는 것들은 내가 필요로 하는 것들만큼 가치가 있다는 근원적인 긍정에 있다"라고 하였는데, 이는 곧 타인의 존재가치가 나의 존재가치와 동등하다는 평등의 정신에 입각한 것이다. 칸트도 "인간의 의식은 스스로 모순에 빠지지 않기 위해서 자신의 모든 의무에 있어서 다른 사람들을 마치 자기행위의 심판자처럼 이해해야 한다"라고 하였는데, 이는 성숙한 자기 객관화의 정신이라고 할 수 있다. 즉, 나의 행위에 대한 가치를 판단하는 것은 나도 아니요, 법률적 조항도 아니며, 항상 대중의 보편적인 정신을 염두에 둘 때, 보다 정의로운 행위를 할 수가 있는 것이다. 이러한 관점에서 범죄자들을 처벌하는 행정적인 법의 형량을 규정하는 것은 원칙적으로는 시민들의 자유의사에 달려 있다. 가령 국민적 관심사가 집중된 어떤 특정한 범죄행위에 대해 어떠한 형량을 내릴 것인가 하는 문제에 있어서 단순히 법의 규정을 따르는 것이 아니라, 전체 국민의 보편적인 의지에 준하여야 한다는 것이다. 이러한 것이 곧 열린 정의의 의미이다.

정의가 보다 열린 정신을 가진다는 것은 상황을 무시한 법의 획일적인 집행을 견제한다는 의미를 담고 있으며, 이러한 의미에서 진정한 정의는 법을 통한 권력의 폭력을 방지하는 것이라 하겠다. 하지만 한 사회에 아무리 정의의 정신이 살아 있다고 하더라도 정의감이 실질적인 행위의 규범인 법에 앞설 수는 없기 때문에, 마음이 나쁜 사람들이 법을 악용하고자 할 때에는 일체의 정의감정이 무용하다는 것도 사실이다. 따라서 보다 정의롭고 도덕적인 사회가 되기 위해서는 애초에 선의지를 가진 지도자와 권력자를 선택하는 것이 바람직하며, 이는 또한 모든 사회구성원으로 하여금 공동선을 추구하는 선한 의지를 가질 수 있는 교육환경과 문화적 토대를 마련하는 것이 필수적임을 말해주고 있다. 장 켈레비치V. Jankélévitch는 "정의는 법의 폭력을 교정한다. 반면 사랑charité은 불순한 의도를 제거하기 때문에 폭력의 가능성 자체를 없애버린다. 의무 이상으로 하는 사랑에 근접한다는 것은 정의에 산소를 제공하는 것이다"라고 말하고 있다. 사랑은 확실히 정의보다 고상한 것이다. 정의는 폭력을 견제하고 교정하는 것이지만, 사랑은 아예 폭력의 가능성을 제거한다. 쥘 라뇨Jules Lagneau는 『유명한 교훈들』에서 "우리의 원리는 사람들과의 이권이 걸려 있는 도처에서 사랑을 정의로 대체하는 것이거나 혹은 차라리 정의를 행하는 것을 사랑의 기회로 삼는 것이다"라고 하였고, 루이 라벨은 『가치론』에서 "사랑charité은 각각의 개인들을 분열시키는 간격을 더욱 파는 대신에 이 간격을 메운다"라고 하였다. 정의를 사랑의 기회로 삼는다는 것은 사랑이 정의보다 더 포괄적이며, 사랑을 실천하는 다양한 방법 중 하나가 정의 확립이라는 것이다. 정의가 도덕적인 가치이기는 하지만, 가끔 정의가 너무 획일적이고 사랑이 배제될 때, 정의는 사람과 사람을 분리시키고 비인간적이게 한다. 도스토엡스키Dostoevskii의 『죄와 벌』에는 사랑이 배제된 정의가 얼마나 인생을 황폐하게 하는가를 잘 보여주고 있다. 이 소설 속에 등장하는 3명의 주인공들은 각기 당시 공산화된 러시아의 사회상을 대표하는 인물인데, 고리대금업자이며 전당포 주인이었던 '노파'는 제정러시아의 지주들을 상징하고, 이 노파를 살해하고 마을 사람들을 부채에서 해방시켰던 청년 라스콜리니코프는 지주들을 처형하고 새로운 정치체제를 만든 '공산당'을 상징한다. 하지만 살인을 한 라스콜리니코프는 양심의 가책으로 인하여 기쁨과 행복을 상실한 황폐한 삶을 살아가게 된다. 라스콜리니코

프를 어둠에서 구원해낸 연인 소냐는 그의 문제를 정확히 파악하는데, 그것은 정의만 존재하고 사랑이 부재한 한 젊은 혁명가의 우울함이었다. 이 소설이 우리에게 말해주고 있는 것은 인간 사랑이 부재한 냉정한 정의는 결코 인간을 행복으로 인도할 수 없다는 것이다. 그 이유는 어쩌면 애초에 인간은 자연 상태에서는 결코 정의로울 수 없으며, 따라서 인간을 구원할 수 있는 것은 정의가 아니라 사랑이라는 기독교적 세계관이 배경이 되고 있기 때문일 것이다.

폴 리쾨르는 『역사와 진리』에서 "진정한 사랑charité은 자주 비인간적인 정의와 위선적인 사랑을 통해서 조롱당한다"라고 하였는데, 사실이 그렇다. 인류역사상 진정한 사랑이 환대받고 존중받은 적은 거의 없었다. 그 대표적인 예가 그리스도 사건이었다. 일반적으로 대중은 정의에는 열광하지만 사랑에는 냉소적이다. 정의는 힘이 있지만, 사랑은 나약하기 때문이요, 정의는 정당한 몫을 약속하지만 사랑은 그 무엇도 약속하지 않기 때문이다. 오히려 사랑은 용서와 희생과 헌신을 말하기 때문에 수용하기가 힘든 것이다. 하지만 그렇다고 해서 정의와 사랑을 기원이 다른 두 지류로 이해할 수는 없다. 사실 누구나 타인으로부터 사랑받기를 원하지만, 자신은 타인을 사랑하기를 싫어하기 때문에 사랑보다는 정의를 더 원하는 것이다. 즉, 단적으로 말해서 우리가 타인을 사랑하기 힘겨운 것은 타인이 정의롭지 못하기 때문이다. 성경에서도 '의인은 하나도 없다'는 역설적인 말을 하고 있다. 만일 모두가 의인이라고 한다면 사랑은 더 이상 필요가 없을 것이다. 오히려 아무도 의인은 아니기에 결국 '사랑'이 요청되는 것이다. 만일 그럼에도 정의가 요청되는 이유가 있다면 이는 사람들 사이에서 사랑이 안전하게 보호되고 형성될 수 있기 위해서 필요한 토대라고 해야 할 것이다. 즉, 사람들이 정의를 원하지만,

이러한 정의가 완전히 이루어질 수 없을 때 사랑이 제 몫을 할 수가 있는 것이다. 그래서 사랑이 정의의 완성처럼 나타나는 것이다.

6장

사회성과
사회정의

다음은 프랑스 사회보장국 현관에
붙어 있는 포스터이다.

이를 어떻게 생각하는가?

"당신도 우리사회를 구성하는 꽃잎 하나입니다."

사회란 인간 존엄성의 실현 장소이다

　어린 시절 누구나 한 번쯤 '사람은 사회성이 좋아야 한다'라는 말을 들어보았을 것이다. 그리고 으레 선생님들은 친구가 많은 학생들의 성적표에는 '사회성이 좋다'라고 기록한다. 그런데 사회성이라는 것이 '친구를 잘 사귈 수 있는 성격'을 말하는 것일까? 조금만 깊이 생각해보면 이러한 것은 매우 피상적인 생각임을 알 수 있다.

　사회성이란 단지 사람을 잘 사귀는 성격을 말하는 것이 아니라, 사회가 목적으로 하는 것을 잘 견지하는 성격을 말하는 것이다. 따라서 사회성이 좋다는 말은 곧 '사회적인 사람', '사회가 지향하는 목적'의 경향성을 가진 혹은 이러한 경향성이 강한 성격을 말하는 것이라 할 수 있다. 물론 일반적인 경우에 친구가 많다는 것, 친구를 쉽게 사귀는 사람이 이러한 사회적 지향성과 일치할 확률이 높겠지만 반드시 그러한 것은 아니다. 그렇다면 사회가 지향하는 목적은 무엇인가? 그것은 곧 '공동의 선'이다. 왜냐하면 인간이 사회를 형성하는 이유는 사회를 통해서 모든 인간이 추구하는 '행복'을 더 잘 추구할 수 있기 때문이다. 하지만 이러한 상식적인 사유와 다른 생각을 가지고 있는 철학자들도 의외로 많다. 수많은 철학자들이 저마다의 세계관과 가치관을 가지고 있고, 이러한 다양한 세계관 사이에도 서로 소통이 가능한 지점이 있으며, 이를 통해서 보편적인 사유를 도출할 수 있다. 하지만 사회에 관한 한 철학자들의 사유에는 도저히 보편적인 사유를 도출할 수 없으리만치 다양한 생각, 서로 상반된 생각이 존재한다.

　따라서 우리는 이러한 다양하고 상반된 사유를 가급적 긍정적인 방식으로 이해하고 해명하면서 사회와 관련된 다양한 개념을 도출하고 인간의 사회성에 대한 이해를 도모해야 한다. 인간이 사회를 형성하는 목적 혹은 이유에 대해서 긍정적으로 바라보는 철학자들의 사유는 사회를 통해서만 인간은 자신이 궁극적으로 목적하고 있는 '행복한 삶'을 획득할 수 있다는 것이다.

아리스토텔레스: 인간은 다만 생존하기 위해서 사회를 형성한 것이 아니다. 보다 잘 살기 위해서, 즉 행복을 위해 사회를 형성한 것이다.

홉스: 사회라는 형식을 취하기 이전의 사람들의 자연 상태는 지속적인 전쟁이었다. 단순한 전쟁이 아니라, 만인에 대한 만인의 전쟁이었다.

헤겔: 자연 상태는 조잡함, 폭력 그리고 비-정의로움의 상태이다. 사람들은 국가를 의미하는 사회를 형성하기 위해서 이러한 자연 상태로부터 떠나야 한다.

베르그송: 사회적 응집력은 다른 사람으로부터 스스로 보호하기 위해서 매우 광범위하게 보존되어야 한다.

마르크스: 인간은 단지 사회적 동물인 것은 아니다. 인간은 사회 안에서만 개별화될 수 있는 동물이다.

인간이 행복을 추구하는 존재라는 사실을 인정한다면, 이후 인간의 모든 행위의 궁극적인 목적이 행복이라는 사실을 부정할 수 없을 것이다. 이러한 측면에서 사회를 형성하는 인간의 행위도 당연히 그 궁극적인 목적은 행복이라는 아리스토텔레스의 사유를 부정하기는 어렵다. '타인이 곧 지옥'이라는 사르트르의 말도 사실 인간의 사회성을 부정하는 것이 아니라, 다만 소통의 부재가 얼마나 큰 고뇌를 가져오는가를 강조하기 위한 것이다. 왜냐하면 그는 지식인의 사명을 말하면서 '지식인이란 자신과 무관한 일들에 관여하는 것'이라고 말하기 때문이다. 사회에 대해서 말하면서 가장 일반적인 사유 중 하나가 '가족' 혹은 '가정'이라는 것이 가장 최소단위의 사회이면서 또한 가장 이상적인 사회라는 것이다. 왜냐하면 한 가족이 정상적인 가족인 한, 가족의 구성원들은 서로가 서로를 위해서 노력하며, 궁극적으로 가족의 이상적인 공동선을 지향하고 있기 때문이다. 그래서 '가족은 사회의 기초'라는 발자크의 말도 부정하기는 어려운 듯하다.

인류의 발달사를 보면 사회가 형성되기 이전의 인간의 삶이란 말 그대로 원시적인 사회이다. 원시적이란 문명이 배제된 사회로서 오직 힘이 지배한 사회였다. 힘의 원리는 곧 정글의 법칙을 말하는 것으로, 동물에게는 자연스럽지만 인간에게는 추하고 비-정의로운 상태이다. 홉스는 이러한 상태를 '만인에 대한 만인의 전쟁'으로 보았는데, 과장된 표현이긴 하지만 그렇다. 오직 힘이 지배하는 사회에서는 법이나, 관습, 양심의 작용이 전혀 없는 곳으로 힘 외에 존중할 만한 무엇이 존재하지 않기 때문이다. 홉스는 이러한 상태를 시민사회의 바깥에 있는 상태라고 말하면서 자신의 행복을 추구하기 위해서 타인에게 고통을 주거나 전가하는 곳이라고 말하고 있다. 흄 역시도 사회란 사회구성원들의 힘이 연합되는 곳을 말하며, 이러한 사회는 보다 큰 잠재성을 가지게 하고, 또한 사회를 통한 분업화는 일의 효율성을 극대화한다. 흄은 사회가 인간에게 주는 무엇보다 큰 혜택은 인간이 가진 운명이나, 우연한 사고로부터 인간을 보호하는 데 있다고 생각하고 있는데, 이러한 사유는 곧 사회가 가진 '복지의 측면'을 말한다. 인생을 살다보면 누구나 한 개인으로서는 감당할 수 없는 불행을 체험하게 되며, 이러한 불행은 오직 사회적인 힘을 통해서만 해결 가능한 것이다. 가령 장애아동을 가진 어머니의 고민은 혼자서 해결할 수 있는 것이 아니다. 산사태가 나 온 마을이 초토화되었을 때, 사회적인 차원에서 도움을 주지 못한다면 마을은 소멸하고 말 것이다. 사회는 분명 인간의 공동선共同善을 위해서 존재하는 것이 사실이다.

인간의 역사와 함께 사회는 다양한 모습을 취하였고, 일반적으로 보다 작은 규모에서 보다 큰 규모의 사회로 변화해왔다. 헤겔과 같은 철학자는 가장 큰 규모의 사회, 가장 이상적인 사회를 오늘날 우리가 '국가'라고 부르는 사회라고 말하고 있다. 하지만 칸트는 '세계시민'이라는 개념을 말한다. 다시 말해서 전 세계가 하나로 되는 그러한 '국가의 이념'을 말한 것이다. 그리고 오늘날 '유럽연합'을 보면서 이러한 '세계국가'에 관한 이념이 다만 공상인 것만은 아니라는 것도 알 수 있다. 어쨌든 이렇게 인간이 보다 큰 규모의 사회를 형성해가는 이유는 분명하다. 그것은 혼자서는 해결할 수 없는 문제들을 해결하고 보다 평화롭고 행복한 인간사회를 만들기 위해서이다. 즉, 인류의 공동선을 위한 것이다.

사회에서 인간과 인간, 단체와 단체는 마치 살아 있는 유기체처럼 응집력을 지니고 있다. 보다 건강한 사회는 이러한 응집력이 강한 사회이다. 사실 사회라는 언어적 의미 자체가 '응집력'이라는 뜻이다. '사회社會'란 '모일 사'와 '모일 회'가 결합된 말이며, 사회를 의미하는 영어의 'society'나 불어의 'société'도 '연합하다'는 동사의 명사형이다. 따라서 사회의 가장 일반적인 특성은 구성원들 사이의 강한 응집력이다. 그런데 철학자 베르그송은 이러한 응집력의 목적은 또한 각 개인이 타인으로부터 자신을 보호하기 위한 것이라고 말하고 있다. 사실이 그러하다. 사회가 공동의 선을 지향한다는 것은 사회구성원 모두의 행복과 선을 지향한다는 것이지 어느 특정 집단의 행복을 위한 것은 아니다. 그러기에 각자는 사회를 통해서 자신의 행복과 선을 보장받아야만 하는 것이다. 그래서 마르크스는 '인간을 사회를 통해서 개별화되는 존재'로 본 것이다.

우리는 이상과 같은 논의를 통해서 사회에 관한 가장 기본적인 몇 가지 정의를 도출해볼 수 있다. 첫째, 사회는 인간의 행복을 위해서 형성된 것이다. 둘째, 사회는 원시성과 폭력성으로부터의 문명화를 의미하는 것이다. 셋째, 사회는 구성원들의 공동의 선을 위해 존재한다는 것이다. 넷째, 사회는 그것을 통해서 인간의 존엄성뿐 아니라, 각각의 개인의 존엄성이 실현되는 장이라는 것이다. 이러한 기본적인 원칙들은 법에 있어서 다른 모든 법의 기본이 되는 헌법과 같은 것이다. 이러한 기본원칙으로부터 우리는 사회현상을 고찰하면서 건강한 사회와 병든 사회를 구분할 수 있을 것이며, 이상적인 사회에 대한 비전을 가질 수가 있는 것이다. 흔히 인류의 역사는 오류와 실수의 과정이라고 말하듯이, 인류 역사상 발생한 모든 종류의 사회는 나름의 오류와 실수를 지니고 있던 사회였다. 인류는 끊임없이 보다 나은 사회를 형성하기 위해서 현사회의 문제점들에 대해 고민하고 보다 이상적인 미래사회의 비전을 가지고자 노력하지 않으면 안 된다. 즉, 어떠한 사회도 현재의 상태를 이상적인 사회로 고려할 수는 없는 것이다. 따라서 보다 나은 사회, 보다 행복한 사회, 보다 이상적인 사회를 위한 담론의 장은 모든 사회에서 열려 있어야 한다. 이것이 사회가 존재해야 할 유일한 이유이기도 하다. 사회란 인간의 몸과 같아서 유기체적이고 조직적인 어떤 것이며, 단순한 집단이 아니라 서로가 서로를 위해서 존재하는 공동체이다. 따라서 건강한 사회란 항상 소통하고 순환하고 생동하는 무엇이며, 이러한 생동하는 사회에서 인간의 존엄성이 빛을 발하게 될 것이다.

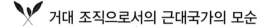# 거대 조직으로서의 근대국가의 모순

그런데 사회가 항상 인류에게 유익하고 인류의 행복을 위한 제도나 조직이었던 것은 아니다. 많은 철학자는 사회가 인간에게 가지는 부정적인 이미지, 해로운 모습을 말하기도 한다.

> 루소: 땅을 소유하면서 이것은 나의 것이라고 말하는 첫 사람과 이를 단순하게 인정해버리는 사람들에 의해서 사회라는 것이 형성되었다.
> 발자크: 진정한 힘이 어디에 있는지 알지도 못한 채, 사람들은 사회에서와 마찬가지로 초등학교에서부터 이미 연약한 자를 경멸한다.
> 마르크스: 오늘날까지 모든 사회의 역사는 계급의 투쟁에 불과하였다.
> 루소: 자연은 인간을 행복하게 하고 선하게 하였다. … 하지만 사회는 이를 박탈하고 인간을 비참하게 하였다.
> 막스 베버: 근대국가란 정당한 물리적 폭력을 지배수단으로 독점하는 데 성공한 지배조직이다.

사회에 대해서 가장 부정적인 입장을 표명한 철학자가 있다면 루소일 것이다. 루소는 근본적으로 사회가 가진 모순과 사회악에 대해 사유의 초점을 두고 있으며, 그가 고민한 것은 사회를 부정하기보다는 '사회악'이 없는 사회의 가능성이었다. 사회가 있는 곳에 사회악이 있다. 이는 부정할 수가 없는 사실이다. 오늘날 한국사회에 발생하는 수많은 범죄나 사회문제는 '사회적 삶의 부작용'의 한 형태로서 모두 '사회악'에 해당하는 것이다. 원시시대에는 '자연악'이란 것이 있었다. 전염병, 기아, 가뭄, 홍수, 지진 등 인명을 해치고 삶에 고통을 유발하는 모든 것을 '자연악'이라고 한다. 사회는 이러한 자연악으로부터 인간을 보호하지만 또한 보다 심각한 다른 종류의 악을 유발하였다. 그것은 절도, 강도, 사기, 살인, 자살, 가정폭력, 권력의 폭력, 독제, 테러, 전쟁 같은 심각한 사회적인 악이다. 레비스트로스Levi-Strauss에 의하면 아마존 유역에 있는 일부 부족사회에서는 '거짓말'이나 '도둑질' 같은 용어가 존재하지 않으며, 부족 구성원들은 이러한 행위에 대해서는 이해조차 못 한다고 한다. 즉, 이러한 부족사회는 현대사회가 안고 있는 수많은 사회악이 존재하지 않는 사회라는 것이다. 이는 결국 사회란 항상 좋은 것만은 아니며, 사회가 잘못되었을 때, 자연 상태보다 더 심각한 고통과 악을 유발할 수도 있다는 것을 의미한다.

루소의 경우 사회가 형성된 가장 원초적인 조건이 '사유재산'의 인정에 있다고 보았다. 이러한 견해가 옳은 것인가는 차후로 미루더라도 '사유재산의 긍정'이 사회를 구성하는 가장 중요한 한 요인인 것만은 부정할 수가 없다. 오늘날 자본주의 사회에서 사회를 구성하는 가장 중요한 것이 '자본'이며, '사유재산'을 부정하게 되면 자본주의 사회란 존립할 수가 없을 것이기 때문이다. 그리고 거의 대부분 국가는 '사유재산'을 인정한다. 그런데 루소는 '자본의 개인화'는 필연적으로 '빈부의 격차'를 낳고 이러한 빈부의 격차는 다른 여러 격차들, '권력의 격차', '문화의 격차', '삶의 질의 격차' 등을 낳고 여기서 인간의 불평등이 발생한다고 보고 있다. 이러한 사회적 격차는 신분상승을 위한 사람들 사이의 경쟁과 투쟁을 야기하고, 이러한 경쟁과 투쟁에서 '정의'가 상실될 때 온갖 범죄 행위가 유발되는 것이다. 그래서 루소는 '사회가 오히려 자연이 부여하였던 행복과 선함을 인간에게서 박탈하고 인간을 비참한 존재로 만들었다'고 말하는 것이다. 사회에서 나타나는 계층 간의 격차는 인간으로 하여금 계층의 상승이라는 지상목표를 가지게 하였고, 이는 결국 사회적 삶을 마치 계층 상승을 위한 힘의 소유라는 형식으로 나타나게 한 것이다.

현대사회에서는 보다 다양한 양태로 나타나지만 근대사회에서 힘이란 '자본'과 '권력'이었다. 막스 베버가 근대국가를 마치 거대한 폭력집단처럼 규정하고 있는 것도 그만큼 권력이 거의 모든 것을 지배하고 있음을 의미하고 있다. 국가는 지상 최대의 조직이며, 인간사회의 최상위 조직으로서 국가에 대항하여 맞설 수 있는 어떠한 힘도 존재하지 않는다. 이러한 상황 속에서 국가사회는 더 이상 구성원을 행복하게 하는 수단이 아니다. 오히려 국가는 국가의 이익, 즉 국익을 위해서 개인의 자유를 제한하고 합법적으로 폭력을 사용할 수 있게 되었다. 지역주민들의 목숨을 건 반대에도 불구하고 강행하는 국책사업들, 4대강 사업, 송전탑 건설 등은 이러한 예를 잘 보여준다. '국익'이라는 것이 전체 국민의 이익을 대표할 만한 것이 아닐 때, 이는 곧 국가이데올로기에 봉사하는 관념이 된다. 국민 대다수의 이익이나 행복을 외면하는 국익이란 결국 권력을 소유한 소수 계층의 이익을 대변하는 것이 되기 때문이다. 이러한 현상은 국가 사회주의 형식으로 나타나는 중국과 같은 나라에서는 극명하게 부각되는 현상인데, 중국의 경우 원칙적으로 사유재산이 허락되지 않는 나라이기 때문에 사실상 어떠한 국익사업도 결국은 '공산당'의 이익을 말하는 것이며, 이는 또한 권력을 소유한 공산당의 소수 상위 당원들의 이익으로 환원되고 마는 것이다. 그러기에 국가로 대변되는 근대사회에서 모든 구성원은 계층을 상승하기 위해서는 '자본'을 축적하든가, '권력'을 쟁취해야만 하며, 따라서 근대사회에서 최고의 가치는 '자본'과 '권력', 즉 힘을 소유하는 것이 된다. 이러한 사회에서 힘은 곧 선망의 대상이요, 나약함은 곧 경멸의 대상이 되는 것이다. 그래서 마르크스 같은 사상가의 시선에서는 인류의 전 역사를 통틀어 사회란 항상 '보다 나은 계급으로 상승하기 위한 투쟁'처럼 보였던 것이다.

이러한 측면에서 근대국가 사회에서 나타나고 있는 가장 근원적인 문제는 '사회'가 지니고 있는 원초적인 의미가 소실되었다는 데에 있을 것이다. 즉, 사회란 사회를 구성하고 있는 구성원들 각자의 이익과 행복, 즉 시민의 존엄성을 위해서 존재한다는 대전제를 망각하고 있다는 점이다. '전체를 위해서 소수를 희생할 수밖에 없다'는 사유는 오늘날 도처에서 볼 수 있는 사회적 현상이며, 문제는 전체를 위한다는 슬로건이 대부분 상위 소수자를 위한 것이 되어버린다는 데에 있다. '빈익빈 부익부'라는 현상은 자본주의 사회에서는 피할 수 없는 사회현상이다. 왜냐하면 '자본이 최고의 가치라는 자본주의의 의미' 자체 안에 이미 자본을 가진 자가 모든 점에 있어서 유리하고 권력을 우선적으로 선점할 수 있는 사회라는 개념이 포함되어 있기 때문이다. 그래서 오늘날 대부분 자본주의 사회에서는 상위 1%가 대다수의 부를 독점하고 있으며, 99%가 마치 이들 상위 1%를 위해서 존재하는 것처럼 보이는 것이다. 이러한 측면에서 '사회가 오히려 인간의 행복과 선을 박탈하고 인간을 비참하게 하였다'는 루소의 말은 과정된 것이 아니다. 따라서 자본주의 사회가 보다 사회의 근본적인 목적에 일치하기 위해서는 '복지제도'를 통해서 부의 분배를 실현하지 않으면 안 된다. 그런데 우리가 여기서 이러한 현대사회의 모순, 자본주의 사회의 고질적인 병폐의 근원이 어디에 있는지 질문해볼 수가 있다. 애초에 사회란 인간의 행복과 존엄성의 실현을 위해서 존재하였는데, 현대사회는 오히려 대다수 인간의 비참을 기반으로 번영하고 있다. 왜 이러한 현상이 발생하였는가? 그 근본적인 요인은 '사회' 혹은 '사회성'에 대한 본질 왜곡에 있다고 말할 수 있다.

월가 시위란?

2010년 5월 스페인 마드리드에서 시작하여 미국 뉴욕의 월가에서 절정을
맞았으며, 이후 전 세계적으로 번진 시위이다. 리스본, 로마, 브뤼셀, 뉴욕,
서울을 비롯한 전 세계 82개국, 951개 도시에서 연쇄적으로 발생하였다.
이 시위는 현대사회, 특히 자본주의 사회의 구조적인 모순에 대해 비판하
는 젊은이들과 중산층 시민들로 구성된 자발적인 시위로서 이들은 자신들
의 노동의 대가를 대부분이 상위 1%가 차지하고 있으며, 부의 분배와 사회
의 구조적인 모순의 해결을 요구하고 있다. 이러한 전 세계적인 시위가 발
생하게 된 구체적인 동기는 전 세계의 금융회사들이 모여 있는 월가에서
'세계적인 금융위기'가 발생하였으며, 그 위기의 고통을 평범한 서민들이
떠안아야 한다는 자각에서 발생하였다. 이들의 슬로건은 "우리는 99%이
다"라는 구호였다.

우리는 사회의 성립요건을 두 가지 차원에서 말할 수 있을 것이다. 하
나는 '인간성' 그 자체의 요구에 의해서이며, 다른 하나는 '존엄한 인간의
삶'을 위한 공동의 협력에 대한 '필요성'에 의해서이다. 사회가 인간성의
완성을 위해서 요청된다는 의미에서 사회는 끊임없이 성장하고 변화하
는 그 무엇이다. 사회의 성숙은 곧 인간성의 성숙과 발걸음을 같이해야
한다. 그런데 인간성이 성숙한다거나 완성된다는 것은 무엇을 의미하는
것일까? 그것은 문맹에서 문명으로, 야만에서 지성으로, 힘의 원리에서
도덕의 원리로, 폭력의 원리에서 평화의 원리로 성숙하는 것이다. 사회
도 마찬가지다. 사회는 단번에 성숙한 시민사회로 나타난 것이 아니다.
사회는 원시시대부터 존재하였고, 씨족사회, 부족사회 그리고 봉건사회
를 거쳐서 시민사회로 이행하여 왔다. 사회는 사회를 지칭하는 다른 용

어들을 포함하고 있는데, 그것은 '집단', '조직', '공동체'이다. 그것이 어떠한 모습을 하고 있든지 사회는 '조직'의 형태를 띠고 있다. 이 조직이 무엇에 기반을 두고 있는가에 따라서 보다 '집단'의 형태를 가지거나 '공동체'의 형식을 가지게 된다. 하나의 조직이 무지하거나, 야만적이거나, 힘의 원리에 지배받고 있다면 이는 '집단'에 가까우며, 이와 반대로 하나의 조직이 깨어 있거나, 지성적이거나, 도덕의 원리에 의해서 움직일 때 '공동체'에 가까운 것이 된다. 가령 우리는 '조폭집단', '이익집단'이라는 말을 사용하지만 '조폭공동체', '이익공동체'라는 말은 사용하지 않는다. 이와 반대로 '마을공동체', '본당공동체'라는 말은 사용하여도 '마을집단', '본당집단'이라는 말은 사용하지 않는다. 마찬가지로 '민족공동체'라는 말은 사용하지만 '민족집단'이라는 말은 사용하지 않는다.

따라서 내가 속한 사회가 보다 이상적인 사회인가를 알기 위해서는 그 사회가 '집단'에 더 가까운지 혹은 '공동체'에 더 가까운지를 살펴보면 된다. 한 사회가 집단에 더 가까울수록 사회성이 상실되어 있으며, 공동체에 더 가까울수록 사회성이 살아 있는 사회이기 때문이다. 결국 근대사회와 현대사회의 문제점은 애초에 사회의 출발점에 있어서 사회의 규정을 잘못하고 있다는 것이며, 이는 곧 첫 단추가 잘못 채워졌음을 의미하는 것이다. 그 잘못 끼워진 첫 단추란 "근대사회(국가)를 마치 힘(권력)의 독점에 성공한 조직"처럼 규정한 데에 있다. 힘을 독점한 조직이라는 정의만 있을 때, 국가는 거대한 집단, 즉 거대한 조폭세계와 다를 바가 없다. 여기에는 '인간의 행복과 존엄성을 위해서 서로가 서로를 필요로 한다는 사회성', 즉 '공동선의 추구'라는 사회의 기본적인 헌법이 상실되어 있다. 사회성이 상실된 사회는 무늬만 사회이지 더 이상 사회라고 보기 어렵다.

자본주의 사회에서 '정치적인 권력'을 대신하는 것이 곧 '자본'이다. 그리고 오늘날 권력과 자본은 떼려야 뗄 수 없는 관계가 되어버렸다. 그런데 자본이란 무엇인가? 자본은 가장 좁은 의미로는 곧 '화폐', 즉 '돈'을 의미한다. 돈의 역할, 그것은 소비를 하기 위한 수단이다. 대다수 현대인은 '돈'이면 무엇이건 가능하다는 막연한 환상을 가지고 살고 있다. 하지만 곰곰이 생각해보면 '돈'으로 할 수 있는 것은 매우 제한되어 있으며, 사실상 단적으로 말해서 '돈'으로 할 수 있는 것은 오직 한 가지 '소비'뿐이다. '소비'란 엄밀한 의미에서 '물건을 사는 것'이다. 그것이 물건, 즉 상품이라면 돈으로 살 수 없는 것은 없다. 하지만 물건이 아닌 어떤 것도 돈으로 살 수 있는 것이 없다. 운전면허증을 돈으로 살 수 있는가? 피아노를 잘 치는 기술을 돈으로 살 수 있는가? 시험 점수를 돈으로 살 수 있는가? 친구를 돈으로 살 수 있는가? 가족의 화목을 돈으로 살 수 있는가? 인내하는 덕을 돈으로 살 수 있는가? 인생의 지혜를 돈으로 살 수 있는가? 우리가 살아가면서 소중하다고 생각하는 대부분의 것은 돈으로 살 수 없는 것들이다. 그렇기 때문에 '부의 분배'가 잘 이루어지는 사회라고 해서 좋은 사회인 것은 아니다. 가령 FTA를 긍정하는 몇몇 정치인은 대기업들이 돈을 많이 벌고 파이를 최대한 키워서, 나중에 그 파이를 골고루 나누면 된다고 생각한다. 하지만 이러한 단순한 생각에는 심각한 오류가 포함되어 있다. 자본주의 사회에서 결코 자본을 획득한 사람이 그 자본을 골고루 나누어 주는 일이 발생하지도 않겠거니와, 만일 그렇다고 하더라도 '파이를 나누는 일'은 건강한 사회가 추구하는 목적을 달성하는 데는 전혀 해결책이 못 된다. 농사일을 포기한 가난한 농민들이나, 어업을 포기한 어민들에게 '돈'으로 보상하는 것은 억울하게 감옥에 있는 사람에게 돈으로 보상을 해주는 행위와 다를 바 없다. 이미 정상적인 삶을 상실한 죄수에게 돈이 무슨 도움이 될 것인가? 농사를 짓는다는 것, 어업활동을 한다는 것은 그들의 삶이고 생명이다. 가장 소중한 삶과 생명을 없애고, 다만 물건만을 살 수 있는 하찮은 '돈'으로 보상을 할 수는 없기 때문이다. 진정한 보상이 있다면 그것은 그들에게 어떤 식으로든지 '삶과 생명'을 되찾아주는 일이다. 데카르트는 '나는 사유한다. 고로 나는 존재한다'라는 명언을 남겼다. 만일 농부라면 '나는 농사짓는다. 고로 나는 존재한다'라고 할 것이며, 어부라면 '나는 고기를 잡는다. 고로 나는 존재한다'라고 하였을 것이다. 존재한다는 것은 곧 살아 있음을 의미한다. 사람들은 자신에게 가장 소중한 무엇, 가장 의미 있고, 가장 가치 있는 무엇을 할 때, 비로소 존재한다는 존재감을 느낄 수가 있다. 그리고 이러한 의미 있고, 가치 있는 무엇은 결코 '자본', 즉 '돈'으로 살 수 있는 것이 아니다. 돈으로 살 수 있는 것은 이러한 존재한다는 것에 덧붙여져 있는 장식들, 도구들, 즉 파편들뿐이다. 그래서 자크 들로르는 소비가 미덕처럼 고려되고 있는 현대사회를 '존재의 파편들만 중시하는 사회'라고 비판하는 것이다. 애초에 인간의 행복과 존엄성을 위해서 성립된 '사회'가 공동선의 추구라는 사회성을 망각하였을 때, 이 사회는 오히려 인간의 행복과 존엄성을 근원부터 위협하는 사회, 즉 집단이 되어버린다. 바로 이러한 것이 현대사회의 모순인 것이다.

❖ 국민의 권리와 사회적 갈등

하나의 거대한 국가 사회 안에는 다양한 작은 사회가 존재한다. 가정이 가장 기초적인 사회라고 한다면, 마을도 하나의 사회이고, 지역도 하나의 사회이다. 그리고 이러한 지역 사회에서는 또한 교회나 성당, 학교나 시민단체들의 사회가 있다. 그리고 싫든 좋든 누구나 이러한 사회에 소속되어 있다. 하나의 보다 상위적인 사회는 하위적인 사회가 더 좋은 사회가 될 수 있도록 보호하고 도움을 주는 사회라고 한다면, 하위 사회는 상위 사회가 더 건강한 사회를 형성할 수 있도록 협조하고 도움을 주는 관계여야 한다. 즉, 거대사회 안의 작은 사회들은 거대 사회를 구성하는 구성원들이다. 이러한 차원에서 국가는 하위 사회들의 모순이나 문제점들로부터 사회구성원인 개인을 보호하는 최상위 기관이다.

칸트: 알력이란 사람들의 반–사회적인 사회성, 즉 사회 속으로 들어가고자 하는 경향성과 이를 벗어나고자 하는 경향성을 말해준다. 이 이중의 경향성은 사회 속으로 들어가고자 하는 것에 대한 지속적인 경향성과 이 사회를 해체하고자 하는 일반적인 반감이다.

쇼펜하우어Arthur Schopenhauer: 사람들이 발견하게 될 적절한 거리는 공동의 삶을 가능하게 한다. 이 적절한 거리는 친절함과 아름다운 행동양식이다.

프로이트Sigmund Freud: 서로가 서로에게 대립하는 이 원초적인 적대감으로 인하여 문명화된 사회는 지속적으로 위협받고 있다.

토마스 아퀴나스: 선善은 아직 존재하지 않는 것을 창조하게 한다.

알랭: 간단히 말해 나는 국가들의 사회가 일단 형성된 뒤에 평화를 유지하는 데에 있어서 무기력한 것은 경찰력의 부족 때문이 아니라, 오히려 경찰력을 너무 강하게 하는 데 있다고 믿는다. 결코 위협에 굴하지 않는 명예를 금지할 때, 결국 여기서 투쟁이 발생하는 것이다.

현대사회에서 사회구성원들로 하여금 개인의 행복과 존엄성을 보장하는 최상이자 최후의 보루는 '국민으로서의 권리'이다. 만일 한국사회가 헌법이 보장하는 국민으로서의 권리만이라도 철저히 보호해주고자 하였다면, 참으로 행복지수가 높은 사회가 되었을 것이다. 하지만 한국사회가 여타 국가들에 비해 상대적으로 행복지수가 매우 저조하다는 것은 이러한 국민의 기본적인 권리가 잘 지켜지지 않고 있음을 말해주고 있으며, 이러한 기본권을 보장하는 것이 매우 어렵다는 것을 또한 반증해주고 있다.

하지만 이러한 국민의 기본 권리에 대한 개념 자체가 없었던 원시사회나 봉건사회에서는 우리가 상상하는 것 이상으로 사회구성원들이 힘겹고 고통스럽게 살았을 것이다. 국민이나 시민 혹은 민족이라는 개념이 없었던 봉건사회에서도 다양한 사회들은 있었다. 이들의 사회는 국가에 대한 국민의 관계보다는 '가족과 구성원의 관계', '친족과 친족구성원의 관계', '지역과 지역구성원의 관계' 등이 사회적 삶의 중심을 이룬 사회였다. 이러한 사회에서는 본질적으로 전통적인 관습이 지배하는 사회이므로, 한 구성원이 평등하게 자신의 권리를 주장한다는 것은 있을 수가 없다. 모든 것이 상하의 지배관계로 형성되어 있고, 지배자가 모든 권리를 독점하는 관계로 이루어져 있다. 가령 한 나라의 군주인 왕은 그 자체로 법이요, 진리였다. 그리고 한 가정의 가장도 그 가정 안에서 거의 절대적인 잣대가 된다. 이러한 사회를 우리는 전근대적인 사회라고 부르며, 이러한 전근대적인 사회에서는 '국민의 기본권'이나 '평등의 원칙', '민주주의의 개념' 등이 존재하지 않는다. 이러한 의미에서 전근대적인 사회란 곧 거대한 집단과 같으며, 공동체의 개념이 형성되지 않은 사회라고 할 수 있다. 이러한 사회에서는 본질적으로 사회 내부의 계층 간의 이동이 매우 어려웠고, 따라서 사회적 구조와 무관하게 개개인의 재능

대한민국 헌법이 보장하는 국민의 5대 기본권

• 자유권

국민이 권력으로부터 자유를 보장받기 위한 권리로서, 법에 의하지 않고
는 구속할 수 없는 신체의 자유, 언론이나 출판에서 국가의 제한을 받지 않
을 언론의 자유와 출판의 자유, 개인이 자신의 사유재산에 대해서 간섭받
지 않을 재산권 행사의 자유, 원하는 곳에서 살 수 있고 이사할 수 있는 거
주 이전의 자유, 나아가 자신의 자유의사에 따라 종교를 선택할 수 있는 종
교의 자유, 자유롭게 전화나 우편을 할 수 있는 통신의 자유, 학문과 예술의
자유 등이다.

• 평등권

모든 국민이 성별, 가족, 지역, 신분, 직업, 종교 등에 따라 차별받지 않고
평등하게 대우 받을 수 있는 권리이다. 교육기회의 평등, 법 앞에서의 평
등, 참정권의 평등 등을 들 수 있다.

• 참정권

모든 국민이 적극적으로 정치에 참여할 수 있는 것을 보장하는 권리이다. 법
정 성인인 국민이라면 누구나 대통령, 국회의원 선거에 투표할 수 있는 선거
권이 보장되며, 대통령, 국회의원 등이 될 수 있는 피선거권을 가지고 있다.
그리고 국가의 중대 사안을 위한 국민투표에 참여할 수 있는 권리가 있다.

• 청구권

자신의 권리를 행사하기 위해서 공정한 재판을 받을 수 있는 권리를 말한
다. 헌법에는 모든 국민에게 청원권, 재판 청구권, 형사 보상 청구권, 국가
배상 청구권, 헌법 소원권 등을 보장하고 있다.

• 사회권

인간으로서 누려야 할 최소한의 사회생활을 국가로부터 보장받을 수 있는
권리를 말한다. 헌법은 모든 국민에게 근로자의 고용 증대와 적정 임금을
보장하는 근로권, 교육을 받을 수 있는 교육권, 쾌적하고 건강한 환경에서
생활할 수 있도록 환경권 등을 보장하고 있다.

이나 노력에 따른 정당한 이익을 주장할 수도 없는 사회이다. 한 개인의 운명은 그가 속한 가족사회나 지역사회의 위치나 직위에 의해 전적으로 결정되고 그가 속한 소수단위의 사회와 운명을 함께하였다. 따라서 이러한 사회에 속한 개인이 자신의 이익이나 권리를 신장하기 위해서는 타 지역, 타 지방, 타 민족으로부터의 전체 사회의 이익이 신장되는 한에서 가능한 것이다. 이러한 현상의 대표적인 예가 식민지배이다. 이집트의 백성들은 유대민족 전체를 지배하면서 유대인들을 종으로 노예로 삼으면서 이로서 전체 이집트 백성들의 이익을 꾀하였고, 일제강점기 일본 국민은 한국 민족 전체를 지배하면서 일본 국민 전체의 이익을 꾀하였다. 따라서 시대가 어떻게 변하든지 식민주의적 정치관, 제국주의적 정치관은 하나의 거대한 집단적인 행위이며 모두 전근대적인 시대의 산물이라고 할 수 있다.

반면 국가와 국민의 개념이 분명하게 정립되고 있는 현대사회에서 가장 분명하게 부각되는 것이 곧 개개인의 평등한 인격의 개념이다. 헌법이 보장하는 국민의 기본권의 목적이 바로 개개인의 인간다운 삶을 사회가 보장한다는 것이며, 이는 결국 모든 구성원의 인간으로서의 존엄성을 보장한다는 것을 의미하기 때문이다. 따라서 헌법을 가진 정상적인 국가라면 국가의 이익이나 민족의 이익을 위해서 개인의 권리나 존엄성을 파괴하지 않을 것이며, 또한 타 민족의 권리나 이익을 침해하지도 않을 것이다. 홉스가 "국가 안에서 각자는 그의 개별적인 권리들을 조용하게 즐긴다"라고 하였을 때, 이는 국가라는 사회가 가진 사회적 역할의 최상의 효용성을 말해주는 것이다. 그리고 이러한 국가의 국민에 대한 의무와 보호는 국가라는 거대한 사회를 집단이 아닌 공동체라는 개념으로 접근하고 있기에 가능한 것이다.

'공동체'란 '공동의 몸체'라는 말이다. 즉, 모든 국민들은 국가라는 거대한 몸체를 구성하는 동등한 부분들이라는 말이다. 비록 그 역할이나 중요성이 달라도 나의 몸체를 이루고 있는 사지나 오장육부 모든 기관은 하나같이 소중하고 동등한 내 몸의 부분인 것이다. 오늘날 모든 사회는 하나의 공동체라는 개념을 지니고 있으며, 이는 국가와 국가, 민족과 민족의 관계에 있어서도 마찬가지다. 그럼에도 오늘날 여전히 이러한 공동체성이 잘 구현되지 않고 끊임없이 국가(정부)와 국민, 지역과 지역, 개인과 개인이 대립하고 갈등하는 이유는 어디에 있는 것일까?

이러한 질문에 답하기 위해서는 구체적인 한 사건을 둘러싸고 있는 문화적, 역사적, 정치·경제적 측면의 입체적인 고찰이 필요할 것이다. 그리고 이러한 원인규명은 어쩌면 철학자의 몫이 아니라, 사회학자의 몫일 것이다. 따라서 우리는 철학적 차원에서 사회와 사회 그리고 개인과 사회 간의 대립과 갈등에 대한 사유를 전개해볼 수가 있다.

사실상 인간의 모든 행위가 그러하듯이 끊임없이 지속하는 행위란 있을 수가 없다. 헤겔에 의하면 인류역사나 인간의 행위의 법칙은 정-반-합의 변증법적인 운동이라고 한다. 모든 삶의 법칙을 예외 없이 변증법의 법칙으로 설명할 수는 없겠지만 이러한 변증법은 인간의 행위를 설명하는 좋은 방법 중 하나일 수 있다. 모든 인간의 행위에는 반드시 실행하고자 하는 욕구와 어느 순간 이 실행을 멈추고자 하는 반작용이 발생하게 된다. 이를 프랑스의 여류 철학자 시몬 베유simone Weil는 '중력의 법칙'이라고 한다. 하늘 위로 솟아오르는 비행기는 반드시 지상이 끌어당기는 중력의 힘을 받게 된다. 이는 인간의 행위에서도 그대로 적용된다. 내가 이웃을 위해서 선한 행위를 하고자 결심하게 되면, 뒤이어서 이러한 행위를 거부하는 어떤 내적인 움직임을 감지하게 된다. 이러한 선행이 보다 크고 무거운 것이라면 갈등이나 망설임도 보다 클 것이다. 개인과 사회와의 대립에 있어서도 이와 동일한 방식으로 설명할 수 있다. 내가 어떤 단체에 가입하게 되면 어느 순간 반드시 이 단체를 벗어나고자 하는 충동을 느끼게 된다.

왜 그런 것일까? 그 이유는 두 가지일 것이다. 하나는 사회적 삶을 추구하는 나의 사회성 그 자체에 있으며, 다른 하나는 사회 구성원들의 집단적 특성 때문일 것이다. 우선 인간의 본성적인 욕구인 '사회성'의 추구에 대해서 생각해보면 이 사회성의 목적이 '존엄성의 실현'에 기초해 있음에도 불구하고, 이상적인 사회, 즉 낙원이 아닌 한 이러한 목적을 어떤 구체적인 사회 안에서 기대한다는 것 자체가 불가능하기 때문이다. 하나의 사회가 형성되기 위해서는 비록 정도의 차이가 있겠지만 그 사회가 지향하는 궁극적인 목적이나 이념과 이를 실행하기 위한 세부적인 규범이나 약속 규정이 있어야 한다. 하지만 여러 가지 이유로 이러한 이념과 약속 규정들이 제대로 지켜지지 않는다. 왜냐하면 인간은 본성적으로 사회적임과 동시에 또한 이기적인 존재이기 때문이다. 그래서 프로이트는 '인간의 원초적인 적대감이 문명사회를 지속적으로 위협하고 있다'고 본 것이다. 최소한 우리의 경험에 비추어 본다면 인간은 하나의 공동체 안에서도 끊임없이 자신의 이익을 추구하고, 자신의 이익을 위해서는 공동체의 이념이나 규범을 너무나 쉽게 저버릴 수 있는 존재라는 것을 부정할 수는 없다. 그래서 인간은 한편으로는 사회의 구성원이되고자 하는 지향을 가지고 있지만 또한 이기적이고 반칙이 무성한 사회를 벗어나고자 하는 갈망을 동시에 가지게 되는 것이다.

칸트는 이러한 이중적인 감정을 '알력'이라고 표현하였다. 사회가 있는 곳에 알력이 있을 수밖에 없다. 그래서 쇼펜하우어는 사회의 공동체

한국사회의 지역 대립

전통적으로 한국사회에서는 지역감정이 매우 분명하게 나타나고 있다. 선거 이후의 결과는 이를 단적으로 증명하고 있는데, 근대 이후 국회의원 선거나 대통령 선거의 결과는 항상 지역적으로 분명하게 자신들의 선호정당에 대해서 거의 몰표를 주고 있는 모습을 연출하고 있다. 일반적으로 영남지역권은 여당을 호남지역권은 야당을 지지하는 추세로 이어졌는데, 이러한 현상은 김대중, 노무현 정부 때 역전된 이후로 변함이 없었다. 이러한 지역적 대립은 다양한 측면에서 한국사회의 민주주의와 정치적 발전에 아주 심각한 부정적 영향을 미치고 있다.

적인 삶이 가능하기 위해서는 이러한 알력을 피할 수 있는 적절한 거리와 친절한 행동양식이 반드시 필요하다고 본 것이다. 그런데 사회적 '알력'이 단순히 사회와 사회의 구성원 간에서만 발생하는 것은 아니다. 보다 더 심각한 현대사회의 문제는 '사회'와 '사회' 사이의 알력이다. 우리는 이를 '지역이기주의'라는 보다 쉬운 말로 표현할 수 있을 것이다.

지역이기주의는 본질적으로 국민이나 민족의 개념을 없애버리고 국민과 민족 내부의 갈등을 부추겨 국가사회를 근본적으로 뒤흔든다는 차원에서 매우 심각한 병폐이다. 사실상 지역이기주의는 인간이 있는 곳에 언제나 있어 왔고, 또한 앞으로도 결코 없어지지 않을 사회악이다. 오늘날 님비현상이나 핌피현상으로 자주 나타나는 지역이기주의는 '나만 잘되면 그만'이라는 개인주의가 '우리만 잘되면 그만'이라는 개인주의의 집단적 형태로의 연장을 의미하는 것이지만, 많은 경우 이 역시 집단 내의 특수한 계층이나 특정 부류의 이익을 위해서 의도적으로 조장되고 있다는 것도 사실이다. 가령 한 집단 내부의 갈등을 해소하기 위해서 지도자들은 자주 이러한 관심을 다른 집단과의 대결이라는 상황으로 만들어내고 자신들의 기득권을 유지하기 위해서 적절하게 이러한 집단 간의 갈등을 이용하는 것이다. 일본의 우익단체들의 지도자들이나 유럽의 민족주의 정당들이 자국민으로 하여금 '외국인 혐오증'을 부추기는 행위는 기득권을 계속 유지하기 위해서 집단 간의 갈등을 조장하는 대표적인 예라 할 수 있을 것이다. 이러한 집단이기주의의 병폐는 국가나 민족의 공동선을 위한 노력을 저해한다는 차원 외에 다른 심각한 부작용을 낳고 있는데, 그것은 이러한 집단이기주의가 강해지면 개개인의 양심적인 행위를 더 이상 하지 못하게 한다는 도덕부재의 상황을 유발한다는 것이다. 가령 정치용어 중에는 '당론'이라는 것이 있는데, 이는 어떤 사회적인 중요사안에 대해서 한 정당이 가지고 있는 관점이나 입장을 말한다. 그리고 모든 정당원들은 이러한 정당의 당론을 따를 수밖에 없다. 왜냐하면 정당의 당론을 어긴다는 것은 곧 정당을 배신하는 행위가 되기 때문이다. 결국 대다수 국회의원은 당론을 따르기 위해서 자신의 양심적인 행위를 포기하게 되고 이렇게 되면 '유권자들의 이익'을 대변한다는 대의민주주의 자체가 무의미해진다.

한국사회에 만연하는 지역갈등, 지역의 양극화는 이러한 집단이기주의의 대표적인 예일 것이다. 집단주의가 강한 사회는 결코 도덕적으로 성숙할 수가 없다. 왜냐하면 건강한 사회로 발전하는 대신 계속하여 거대한 집단처럼 남아 있기 때문이다. 이러한 거대 집단의 특징 중 하나는 골치 아픈 사회적 문제에 대해서 그 원인을 규명하고 근본적으로 치유하고자 하는 대신에 '희생양'을 찾게 된다는 것이다. 그리고 이 경우 자주 집단 내의 이방인이나 약자가 그 희생양이 된다. 이러한 예는 인류 역사 안에 수없이 존재해왔다. 중세기의 마녀 사냥이나 히틀러의 유태인 학살 등은 그 대표적인 예일 것이다. 이러한 '희생양'의 일화들은 한 집단이 범하는 공공의 범죄행위에 해당하는 것이기에 그 여파가 참으로 크다. 사회적 문제를 '희생양'을 통해서 해결한다는 것은 당장의 사회적 안정을 유지하는 데는 도움이 될 것이지만, 멀리 본다면 사회적 문제에 대해서 양심의 눈을 감아버리는 비-도덕적인 삶이 습관이 되어 누구도 양심적인 행위, 도덕적인 행위를 하지 않게 한다는 것을 의미한다. 이러한 사회는 결국 사회 내의 보다 많은 범죄행위와 비-도덕적인 행위를 양산하게 될 것이며, 결국 사회의 붕괴를 초래할 것이다. "절대 권력은 절대적으로 망한다"는 속담은 사실 논리적인 사유이다. 절대 권력 아래서는 누구도 진실을 말하기를 꺼려할 것이기에 결국 도덕적으로 타락한 사회가 되어버릴 것이며, 도덕적으로 타락한 사회가 오래 유지될 수는 없을 것이기 때문이다. 그래서 르네 드 샤토브리앙René de Chateaubriand은 '무죄한 자를 범죄자로 죽이는 것은 곧 사회를 상실하게 하는 것'이라고 말하는 것이다.

사회성이 보다 중요하게 강조되고 있는 현대사회에서는 사회적 여건이나 상황과 무관하게 개인의 행복을 추구할 수가 없게 되었다. 그래서 현대사회는 개인의 행복을 강조하는 대신에 전체 구성원의 평등의 개념을 구상하였고, 그것이 오늘날 국민의 기본권을 만들어낸 것이다. 이러한 측면에서 장 보드리야르Jean Baudrillard가 '예전의 행복의 신화를 현대에 와서 평등의 신화가 대체한 것'이라고 말한 것은 참으로 일리 있다. 그리고 평등을 신화라고 표현한 것도 사실은 옳은 말이다. 이 세상에 존재하는 그 어떤 사회라 할지라도 모든 구성원이 평등하게 살아가는 사회는 없을 것이다. 만일 그러한 사회가 있다면 그것은 이미 인간의 사회가 아닌, '낙원'일 것이다. 하지만 인간은 건강한 사회를 형성하기 위해서 가능한 한 이러한 평등을 최대한 실현하고자 하지 않으면 안 된다. 루소의 '사회계약설'은 그것이 어떠한 사회이든지 사회의 구성형식이나 체제는 '구성원들 사이의 계약 혹은 합의'에 의해서 설립되었다는 것을 말해주고 있다. 그리고 이러한 계약이 이행되지 않았을 때, 사회구성원은 계약을 파기하고 새로운 사회의 체제를 모색할 수 있는 권리가 있음을 말해주고 있다. 그리고 이러한 사회계약설은 프랑스의 혁명을 초래하였고, 결국 군주국이라는 체제를 '공화국'이라는 새로운 정치체제로 변형시켰다. 프랑스의 혁명은 '사회'라는 차원에서 참으로 인류의 변화, 인류의 도약이라 하지 않을 수 없을 것이다. 오늘날 아랍의 일부 사회를 제외하면 지구상 대다수의 국가들이 '공화국'의 형태를 유지하고 있는 것은 사실 프랑스 혁명 때문이다.

헤겔은 절대정신이 가장 이상적으로 구현된 것이 곧 '국가'라고 표현하고 있다. 이는 다시 말해서 인류의 진보과정에서 '국가'라는 형태의 사회가 가장 진보된 사회형태라는 말이다. 하지만 칸트가 말하듯이 국가란 일종의 절대 권력이기 때문에 국가가 부패하게 되면 그 해악은 그 어떤 사회형태가 산출하는 것보다 큰 것이다. 오늘날 가장 유행하는 말 중 하나인 '사회정의'라는 말은 국가사회가 부패하였을 때 발생하는 부작용을 해결하는 한 방법을 말하는 것이며 또한 국가가 건강한 사회성을 유지하도록 하는 처방전과 같은 것이다.

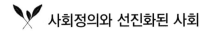# 사회정의와 선진화된 사회

  그렇다면 사회정의란 정확히 무엇을 말하는 것인가? 사회정의란 말
그대로 개인과 개인 사이의 정의를 사회적 차원으로 적용하는 것을 말
한다. 즉, 개인과 사회 혹은 사회와 사회 사이의 정의를 말하는 것이다.
그렇다면 개인과 개인의 정의는 또 무엇을 말하는 것인가? 정의에 대해
서 말하고 있는 철학자들은 매우 많으며, 그 의미 또한 다양하다.

  아리스토텔레스: 공정함이란 완전히 정의로운 것이지만 법에 따른 정의는 아
  니다. 공정함은 평등함의 정의에 있어서 중용을 말하는 것이다.
  스피노자: 정의란 시민권이 그에게 보장하는 것에 따라서 각자에게 부여해야
  할 것에 대한 영혼의 지속적인 기질을 말한다.
  플라톤: 비-정의로움을 행하는 것은 이러한 것의 희생자가 되는 것보다 더 수
  치스러운 것이다.
  베르그송: 이 정의는 순차적인 창조들로부터 기인하는 것이다. 여기서 창조란
  각자 인격의 보다 완전한 실현을 의미하며, 따라서 정의란 인간성의 정의를
  말하는 것이다.
  파스칼: 정의롭게 제정된 법은 그 결과를 생각하는 것 없이 정의를 위해서 유
  지되어야 한다. 왜냐하면 이들은 (정의롭게) 제정된 것이기 때문이다.

  정의正義란 '바르다는 것'과 '옳다'는 것의 합성어이다. 따라서 우리는
정의를 상식적인 인간의 사유에 있어서 정당한 혹은 공정한 것을 의미
한다고 할 수 있다. 만일 이를 윤리 도덕적 차원에서 말하면 양심에 따른
행위나 판단을 정의라고 할 수 있다. 공정함이라는 차원에서 정의의 기

준은 '상식', '이성', '합리', '양심' 등이 정의를 판단하는 기준이다. 일반인은 흔히 법대로 하는 것이 정의로운 행위라고 쉽게 생각할 수도 있겠지만 사실 구체적인 인간의 행위에서 법적인 적용이 사태를 공정하게 해결하는지 의구심이 드는 것이 사실이다. 대개 법이란 매우 일반적인 규정이어서 해석의 여지가 매우 넓기 때문이다. 그래서 "코에 걸면 코걸이 귀에 걸면 귀고리"라는 말이 있는 것이다. 따라서 아리스토텔레스는 '정의'라는 말과 '법에 의한 정의'는 다른 것이라고 말한다. 몽테뉴 역시 정의는 특수한 국가적인 정의보다 더 고상한 것이라고 하면서, 법적인 의미의 정의와 일반적인 의미의 정의를 구분하고 있다. 그렇다면 일반적인 의미, 혹은 보편적인 지평에서의 정의란 무엇을 말하는 것일까? 아리스토텔레스라면 '중용의 덕'을 정의라고 할 것이다. 하지만 이 중용이라는 말은 매 상황마다 가장 적절한 것이라는 의미로서 일상적인 상황에서 적용하기가 어려운 용어이다. 왜냐하면 사람들은 동일한 상황에서 가장 적절한 것, 즉 중용의 행위를 각기 다르게 판단할 수도 있기 때문이다.

그런데 루소는 정의를 자연적 상태에서 사회적 상태로 이행하는 과정에서 본능이 대체된 어떤 것이라고 규정하고 있다. 무엇이 자연 상태에서 본능이었던 것이 사회적 상태에서 대체된 것일까? 자연 상태에서 본능은 행위의 척도였다. 원시인에게 있어서 행위의 원칙은 본능에 따르는 것이었다. 반면 사회적 상태에 있어서 인간은 본능에 의존하여 행위하지는 않는다. 사회적 삶에 있어서 인간행위의 척도는 다양하다. 가령 관습, 규범, 약속, 법, 도덕적 양심 등이다. 한마디로 인간다운 행위를 정의라고 하는 것이다. 왜냐하면 이러한 것이 바르고 옳게 행위하는 것이라고 하기 때문이다. 이 경우 정의로운 행위란 '인간적인 행위'와 거의 유사한 말이다. 그런데 현대사회란 본질적으로 서로 다른 다양한 문화나 관습들을 가진 사람들이 생활하는 장이며, 이러한 곳에서는 '인간적인 행위'라는 것도 사람에 따라 다를 수 있다.

그래서 스피노자 같은 철학자는 보다 구체적인 정의에 대한 규정을 하고 있다. 그것은 일단 시민권에 따라서 자신에게 부여된 것을 지속적으로 간직하고자 하는 영혼의 기질이라고 말하고 있다. 가령 정당하게 교사의 자격을 획득한 사람이 특별한 경우가 아닌 한 지속적으로 교사이고자 하는 것, 그리고 상인이라면 상인처럼 살아가는 지속적인 기질, 농부라면 지속적으로 농부로서 대접받을 수 있는 기질 등을 말하는 것이다. 이는 맹자가 "왕은 왕답고, 신하는 신하답고, 백성은 백성다울 때 나라가 평화롭다"고 말할 때의 그 기질과 매우 유사하다. 사실상 이러한 정의에 대한 진술들은 매우 단순하지만 매우 힘이 있는 진술이다. 오늘날 현대사회에서 가장 심각한 사회적 문제가 관리가 관리답지 않고, 교사가 교사답지 않고, 상인이 상인답지 않고, 농부가 농부답지 않고, 노동자가 노동자답지 않다는 데에 있다. 아니 차라리 관리가 관리다울 수 없고, 교사가 교사다울 수 없고, 상인이 상인다울 수 없고, 농부가 농부다울 수 없고, 노동자가 노동자다울 수 없다는 표현이 더 정확할 것이다. 가령 오늘날 유행어가 된 '갑을 분쟁'의 경우는 대기업의 횡포로 인해 상인이 상인답게 장사를 할 수 없다는 상황을 말한다. 마찬가지로 교사는 자신의 교육이념에 따라서 가르치는 것이 아니라, 학생들의 성적을 올려야 하는 압박감에 시달리고 있을 때 이는 곧 교사가 교사다울 수 없는 상황을 말하는 것이다. 이처럼 자신이 정당하게 선택한 어떤 위치나 직무에 대해서 정당하게 자신의 의지와 가치관에 따라서 지속적으로 살 수 있다는 것, 이것이 곧 정의라는 것이다. 일한 만큼의 대가나 보수를 받을 수 있고, 그에 적합한 존중을 받을 수 있다는 것, 이것이 노동자의 정의일 것이며, 정당하게 계약한 사항들에 대해서 성실하게 자신의 권리나 이익을 보장받을 수 있는 것, 이것이 상거래에 있어서 정의가 될 것이다. 따라서 현대사회에 있어서 개인의 정의와 사회적 정의는 그 기준이 매우 모호하고 서로 겹쳐 있다고 보는 것이 옳을 것이다. 고용주와 노동자의 경우 정의가 지켜지지 않을 때, 그 원인이 한 개인의 인격적인 문제나 개인적인 욕심에 의한 것이라면 개인적인 정의의 문제가 되겠지만, 반면 그 원인이 사회 구조적인 문제에 기인된 것이라면 그것은 사회 정의의 문제가 될 것이다. 갑을 분쟁이 발생하는 이유는 애초에 잘못된 계약관계 때문일 것이며, 이러한 부-정의로운 계약이 성립될 수 있도록 허락하는 사회구조적인 문제가 그 근본원인으로 작용하기에 사회정의의 문제이며, 또한 그렇다고 하더라도 양심적인 기업인이라면 이러한 갑을 분쟁을 발생시키지 않을 것이기에 이는 또한 개인의 정의이기도 한 것이다.

그래서 아리스토텔레스는 두 사람이 서로 우정의 관계를 유지한다면 정의의 문제는 발생하지 않을 것이라고 한다. 하지만 서로 친분을 돈독하게 쌓으면서 정의문제가 발생하지 않도록 하기에는 오늘날의 현대사회는 사회구조적인 문제가 너무 깊이 개인적 삶의 영역에 관여되어 있으며, 또한 개개인이 더 이상 양심이나 우정만을 삶의 원리로 가지고 살아가기엔 너무나 각박한 세상이 되어버렸다. 이러한 사실은 또한 한국사회가 얼마나 비인간적인 사회로 변해버렸는가를 반증하는 것이라 하겠다. 우정은 사실 정의 이상이다. 우정이란 인간적인 것이라는 특성에서 제일가는 것이라고 할 수도 있다. 예전에는 원숭이가 가장 인간을 닮은 존재라고 생각하였지만, 현대의 과학자들은 외모가 아닌 삶의 양식으로 보면 코끼리나 돌고래가 가장 인간을 닮았다고 한다. 그 이유로 코끼리는 많은 언어를 가지고 서로 소통하고 있으며, 돌고래는 인간 외에 그 어떤 동물에게서도 볼 수 없는 '우정'이라는 것을 삶의 양식으로 지니기 때문이라고 한다. 우정이란 그 어떤 외적인 원인이나 목적이 없는 '우정을 가지는 것' 그 자체가 목적인 어떤 것이다. 그래서 인간의 삶의 양식에서 가장 탁월한 것을 '우정을 가지는 행위'라고 본 것이다. 왜냐하면 보다 완전한 것일수록 다른 어떤 것의 도움 없이 그 자체로 만족하는 것이기 때문이다.

하지만 이러한 우정을 가진다는 것이 매우 어렵다는 것은 누구나 경험적으로 충분히 체험할 수 있다. 공자 같은 성인도 "유붕자원방래 불역낙호有朋自遠方來 不亦樂乎"라고 말하였다. 이는 "벗이 있어서 먼 곳에서 와준다면 얼마나 즐겁겠는가!"라는 말이다. 그래서 정의가 충분히 지켜지는 사회일지라도 여전히 우정은 필요한 것이며, 우정이 없는 정의는 아직은 인간적인 삶에서 멀리 있는 것이다. 그런데 현대사회에서 보다 사회성이 강조된다는 것은 우정이 꽃피기 위해서는 먼저 정의가 성립되어야 한다는 것을 의미한다. '친할수록 예를 지켜야 한다'는 것은 이를 두고 하는 말이다. 우정이 없이도 정의는 지속될 수 있겠지만, 그것이 어떠한 우정일지라도 정의가 무너진 곳에서는 우정이 계속 지속될 수가 없다. 한국사회에서는 "멀리 있는 형제보다는 가까이 있는 이웃이 더 낫다"는 속담이 있는데, 이는 우정이 깨어진 형제보다는 우정이 지속되는 이웃이 낫다는 것을 은유하는 말이다. 대다수 한국의 가정이 상속문제가 발생할 때 형제간의 반목을 체험한다. 전통적으로 가부장제를 고수하는 한국사회는 당연히 장남에게 보다 많은 상속을 허락하겠지만, 민주주의와 시민의식이 성숙한 사회는 모든 자녀에게 동등한 상속을 법적으로 허락하고 있다. 관습과 법의 괴리가 서로에게 비-정의롭다는 감정을 유발하는 것이다. 즉, 정의의 문제가 결국 형제간의 우애를 파괴하는 것이다. 이 외에 오늘날 한국사회에서 자주 볼 수 있는 다른 한 예는 국책사업이다. 큰 국책사업을 할 때마다 지역주민들 사이의 의견 대립 문제가 불거진다. 그렇게 돈독하던 이웃관계가 사업의 과정에서 서로 간의 불신으로 인해 하루아침에 원수지간이 되어버리는 것이다. 이는 곧 사업 과정에서 발생하는 다양한 이익관계에서 서로 불신하고 불만족하고 있다는 것이며, 서로가 공정하지 않다고 믿고 있기 때문에 발생하는 문제이다. 즉, 사회정의의 문제가 개인의 우정을 갈라놓은 것이다. 이러한 예들은 우정의 문제가 결코 정의의 문제에 앞서지 않는다는 것을 말해주고 있으며, 우정이 보다 지속적이기 위해서는 반드시 정의의 문제가 선결되어야 함을 말해주고 있다. 그래서 칸트는 '정의가 무너지면 모든 것이 무가치한 것'이 되어버린다고 생각하였고, 말브랑슈Malebranche는 '사랑을 베풀기에 앞서 먼저 정의로워야 한다'고 생각한 것이다.

정의가 공정함을 의미한다는 차원에서 부-정의가 발생할 때, 여기에는 반드시 가해자와 피해자가 발생하게 된다. 즉, 정의를 침해하는 자와 이로 인한 피해자가 생기게 된다. 때로는 누가 피해자인지 누가 가해자인지 잘 알 수가 없지만, 대개의 경우 정의를 침해하는 자는 자신이 가해자인지 피해자인지를 알 수 있다. 왜냐하면 인간은 자신의 행위에 대해서 도덕적 판단을 내릴 수 있는 '양심'을 지니고 있기 때문이다. 플라톤이 비-정의로움을 행하는 것보다는 차라리 비-정의로움을 따르는 것이 더 낫고, 비-정의로움의 피해자가 되는 것보다 비-정의로움을 행하는 것이 더 수치스러운 짓이라고 한 것은 바로 우리의 양심에 대한 가책 때문이다. 인간이 자신의 행위를 판단하고 양심의 가책을 느낄 수 있는 존재임에도 자신의 양심을 속이면서까지 정의를 침해한다는 것은 그만큼 인간이란 도덕적으로 나약한 존재라는 것을 말해주고 있다. 그래서 정의가 무너진 사회에서 사는 사람들은 '자신이 초라하다'는 감정을 보편적으로 느낀다. 자존감이 없는 것이다. 그래서 정의가 실현되기 위해서 정의는 힘을 가져야 한다. 도덕적으로 나약한 존재를 대신하는 것이 곧 법이다. 법은 행정력이라는 물리적 집행력을 가지기에 힘이 있으며, 법이 잘 집행되는 한에서 법은 정의의 수호자이다. 하지만 아무리 훌륭한 법이 많이 있다고 해도, 이를 집행하는 사람들의 도덕성을 전제하지 않는다면 이 법은 무용한 것이다. 경우에 따라서는 오히려 법이 부-정의한 행위에 면죄부를 부여하는 도구가 되고, 정의를 위해 수립된 법이 오히려 정의를 침해하는 도구로 전락하는 아이러니가 발생하기도 하는 것이다. '유전무죄 무전유죄'라는 말은 법이 정의를 침해하고 있는 아이러니를 한마디로 표현해주는 대표적인 문구이다. 오늘날 현대사회에서 '법'은 거의 절대적인 힘을 가지고 있다. 누구도 법 위에 있을 수 없고, 법을 초월하는 힘을 가진 사람은 없기 때문이다. 하지만 바로 이러한 까닭으로 정의가 상실된 권력은 보다 더 위험하다. 정의가 없는 힘은 독재를 낳기 때문이다. 바로 이 때문에 현대사회로 올수록 지도자들의 능력보다는 도덕성이 보다 중요시되고 '노블레스 오블리주' 같은 말이 유행하게 되는 것이다. 이러한 사실은 사회정의는 항상 개인의 정의가 전제되어야 한다는 것을 말해주며, 모든 사회정의의 문제에는 개인적인 도덕성의 문제가 내포되어 있음을 의미한다. 따라서 개개인이 자신의 삶의 현장에서 개인적인 정의를 실현할 수 있는 교육적 풍토와 도덕적 환경이 먼저 주어지지 않는다면, 결코 제도적으로 사회정의를 실현할 수는 없을 것이다.

유럽의 선진국 국가에서 단 1년이라도 살아본 사람들은 공통적으로 이들 사회에서는 개인의 정의와 사회정의가 살아 있다는 점을 체험한다. 살기 좋다는 것은 크게 두 가지를 말한다. 하나는 자연환경이 매우 좋다는 것이며, 다른 하나는 사회적 환경이 매우 좋다는 것이다. 여기서 사회적 환경이 좋다는 것은 곧 '정의가 살아 있다'는 것을 의미한다. 개인적인 정의가 살아 있음은 유럽사회의 곳곳에서 발견할 수 있다.

내가 처음 프랑스로 유학을 가서 감탄했고 부러웠던 일화가 몇 가지 있다. 언어를 빨리 습득하기 위해서는 어학기숙사보다 일반 가정집에 방을 구하는 것이 낫다는 충고를 명심하고 있던 나는 학생센터에서 방을 세놓는 집의 주소를 몇 개 구하였다. 그리고 그 주소 몇 개를 들고서 어설픈 불어실력으로 이 사람 저 사람에게 길을 물었다. 당시 이미 몇 차례 이곳저곳을 방문한 터라 의욕이 꺾여 있었고, 하루 종일 길거리에서 사먹은 음식 때문에 속도 거북하였다. 무엇보다 말이 통하지 않아 매우 회의적이었고 여러모로 지쳐 있었다. 차라리 어학기숙사에서 방을 구할까 생각했지만, 그래도 쉽게 포기할 수는 없다는 생각이 들었고, 호텔에서 며칠 묶으면서 조용히 방을 구해볼까 하는 생각도 했지만 그러기에는 가난한 유학생의 입장에서 호텔비가 너무 아까웠다. 이러지도 저러지도 못하고 길을 가고 있는데, 유치원 학생을 데리고 다가오는 한 젊은 부인과 마주쳤다. 순간적이었지만 나는 망설이면서 내적으로 갈등했다. 말도 서툴고 초라한 아시아 학생에게 잘 대답해줄까? 말이 통하지 않아서 무시나 창피만 당하는 것이 아닐까? 하지만 용기를 내어 인사를 하고, "집을 찾는데, 좀 가르쳐 주시겠어요?" 하고 주소를 쓴 종이를 내밀었다. 종이에 쓰인 주소를 보기 전에 그 부인은 나를 물끄러미 쳐다보면서 환한 미소를 지어주었다. 그리고 주소를 살펴보더니 "죄송합니다. 저희 마을이 맞기는 한데, 이 도로가 어디에 있는지는 잘 모르겠습니다.

죄송합니다!"라고 하였다. 나는 순간 왜 부인이 스스로 미안하게 생각하는 것인지 의아하였다. 그 멋진 부인이 환히 웃어주고 또한 미안하다고 정중하게 인사하는 모습이 너무나 생소하였고, 초라한 외국인 학생을 마치 귀빈 대하듯 하는 모습이 정말 고맙게 느껴졌다. 그리고 그 작은 일화는 오랫동안 기억에 떠올라 나를 흐뭇하게 하였다. 내가 집을 구하게 된 것은 버스 안에서 만난 한 대학생 덕분이었다. 그는 주소를 보면서 자신이 알 수 있을 것 같다며, 버스에서 내려 나를 그 집까지 안내하여 주었다. 전혀 알지 못하는 외국인에게 시간을 내어주고, 길 안내를 해준 그 학생의 친절이 참으로 고마웠다.

더 놀라운 것은 자취를 한 지 1년이 되었을 무렵이었다. 당시 대학 초년생인 주인집 아들과 꽤 친하여졌는데, 우연히 부동산에 관한 이야기를 하다가 '프랑스에 살고 있는 모든 사람은, 비록 불법체류자라도, 집세를 낸 영수증을 지역 사회보장국에 가지고 가면, 정부 보조금을 받을 수 있다'는 내용을 듣게 되었다. 망설이는 나에게 그는 "왜 자신의 권리를 포기하려고 하느냐?"라면서 집세 영수증을 잃어버렸으면 자신이 다시 어머니께 부탁하여 써주겠다면서 꼭 가지고 가라고 하였다. 나는 12장의 집세 영수증을 모두 모아서 사회보장국이라는 곳을 찾아가서 내었다. 그리고 정확히 2주 만에 그간 낸 총 집세의 절반가량을 한꺼번에 받을 수 있었다. 마치 저금해둔 돈을 받은 양 참으로 기분이 좋았다. 그리고 돈이 문제가 아니라, 이렇게 정정당당하고 정의가 살아 있는 사회에서 살고 있다는 생각이 오랫동안 행복감에 젖어들게 하였다.

이 외에도 프랑스라는 사회가 나에게 보여준 '친절함'은 참으로 많았다. 첫 아이가 한국에서 태어나서 1년 만에 프랑스로 왔다. 자취방을 벗어나 작은 빌라를 세내어 가족 세 명이 함께 살았다. 그런데 집주인이

유달리 아이를 좋아하는 사람 같았다. 그 마담은 우리 아이를 보면서 국가에서 양육비를 지원받을 수 있는지 알아보라고 하였다. 아직 말도 잘 통하지 않고, 절차도 번거롭고 무엇보다 한국 국적을 가지고 있는 아이에게 프랑스 정부가 양육비를 주리라고는 생각되지 않았다. 차일피일 미루고 있는데, 주인아주머니가 직접 알아보고 서류를 가져다주었다. 그 마담은 친절하게도 서류를 다 채우고 난 뒤 제출하여야 할 곳의 약도도 간략하게 그려서 첨부해왔다. 혹시 하는 마음과 설마 하는 마음이 반반이었는데, 결국 외국인 국적을 가진 아이들은 도착한 첫해만 지원받을 수 있다고 연락이 왔고, 6개월 단위로 두 번을 받을 수 있었다. 그 돈으로 유모차도 사고, 아이 옷도 몇 벌 살 수 있었고, 가난했던 우리 가족에게는 퍽 힘이 되었다. 돈이 중요한 것이 아니라, "우리 사회는 당신들도 사랑합니다!"라고 사인을 보내온 것 같아서 정말이지 큰 힘이 되었다. 이 외에도 그들이 보여준 친절은 참으로 많았다. 한국말로 하면 그것은 '친절'이었지만 프랑스 사회에서는 그것이 곧 '정의'였다. 정당하게 입학허가서를 받고 왔으니, 나는 일종의 손님인 셈이었고, 길 안내를 해준 사람들은 자신이 그 지역에 사는 사람이니까, 당연히 자기 지역사회를 위해서 작은 봉사를 하는 것은 시민 된 의무라고 생각한 것이었다. 주인집 아주머니는 자신이 외국인에게 세를 놓았으니, 당연히 외국인으로서의 어려움도 생각해주어야 한다고 생각하였다. 그리고 법이 허락하는 개인의 권리는 누구도 무시해서는 안 된다고 생각하였다.

이와 관련하여 나를 놀라게 한 다른 일화는 '출생지 찾아주기'라는 이색적인 '대학생 아르바이트'였다. 프랑스에는 프랑스에서 출생한 누구나 프랑스의 국적을 가지게 되고, 프랑스의 국적을 가진 사람들은 누구나 국가로부터 '최소 생활비'를 보장받을 수 있었다. 그럼에도 프랑스에는 다른 유럽 국가들에 비해 일종의 '노숙자'나 '거지'들이 많았다. 그런데 이들이 노숙자로 생활하는 이유는 국가로부터 생활비를 지급받지 못하였기 때문이었다. 생활비를 지급받기 위해서는 출생지의 시청에서 발급하는 '출생증명서'가 필요한데, 이들에게는 출생증명서가 없었다. 그 이유는 주로 두 가지인데, 하나는 이들이 어디에서 태어난 것인지 그 출생지 자체를 알 수 없는 경우이며, 다른 하나는 비록 출생지를 알아도 글을 알 수 없어서, 서류작성 자체가 불가능하기에 그냥 자유롭게 노숙자로 살아가는 것이었다. 그래서 정부에서는 이러한 사람들을 위해서 대학생들에 아르바이트를 하게 한 것이었다. 대학생들이 그들에게 다가가 설득을 하고, 함께 출생지를 수소문하고, 그 출생지의 시청에 가서 대신 서류를 작성하고, 마지막으로 사회보장국에서 생계비 신청을 해주는 것이었다. 물론 이러한 친절을 마다하는 사람도 있으며, 국가에 손을 벌리는 것이나 길가에서 기타를 치면서 사람들에게 손을 벌리는 것이나 마찬가지라고 생각하며, 그냥 내버려두라고 하는 사람들도 있다. 어쨌든 무지하여 자신의 권리를 찾을 수 없는 사람들을 위해서 정부가 노력하는 그 모습이 참으로 부러웠다. '프랑스인은 세상에서 가장 자존심이 강한 민족'이라는 말이 그냥 나온 말이 아니라는 생각이 들었다. 그들의 자존심의 원천은 모든 일에 있어서 당당하고 떳떳하게 행동하는 그 정의감 때문인 것 같았다.

사회정의란 모든 사회적 사안에 대해서, 나의 행동이 정당한가 하는 것에서 성립한다. 사실상 자연환경을 파괴하는 무분별한 개발도 과연 이러한 것이 정당한 것인가, 다른 사람들의 권리나 행복을 침해하지는 않는가 하는 깊은 성찰에서 정의가 주어질 수 있다. 개인의 정의가 사람과 사람 사이에 공정함을 말한다면 사회정의는 '사람과 사회' 혹은 '사회

와 사회' 사이의 공정함을 말한다. 그리고 이는 보다 포괄적이고 일반적
인 의미로 '헌법이 명시한 국민의 기본권'을 해치지 않는 것, 더 적극적
으로 이러한 국민의 기본권을 실현하는 것을 의미한다. 그리고 이는 다
시 기본권이 지향하는 '모든 국민의 평등'을 실현하는 것이라는 말로 환
원할 수 있을 것이다. 따라서 사회정의를 일으켜 세운다거나 사회정의
를 회복한다는 말은 국가나 사회가 제 기능을 충분히 발휘하지 못함으
로 인해 발생하는 사회적 불평등을 바로잡는다는 것을 의미하기도 한
다. 우리나라 헌법은 사회정의가 부재할 때 이를 보완할 수 있는 안전장
치들을 권리로서 인정하고 있다. 그중 대표적인 것이 '단결권'이라는 것
이다. 이 권리는 노동3권 중의 하나로 '근로조건의 유지·개선을 목적으
로 노동자가 사용자와 대등한 교섭력을 가질 수 있는 자주적 단체를 결
성하고 이에 가입하여 활동할 수 있는 권리'를 말한다. 쉽게 말해서 힘이

있는 고용주와 대등하게 대화하고 교섭하기 위해서 힘이 없는 다수의 노동자가 서로 연대할 수 있는 권리를 말하는 것이다. 오늘날 한국사회에서 이러한 단결권이 구체적으로 실현되고 있는 대표적인 사례는 보통 '노조'라고 불리는 '노동조합의 결성'이다. 하지만 이 외에도 다양한 시민단체, 예를 들어 '소비자조합', '장애인 협회', '환경단체' 등은 모두 이러한 연대의 권리를 대표하는 단체이다.

사회정의를 실현하고자 하는 궁극적인 목적은 '인간의 존엄성'의 실현에 있다. 왜냐하면 애초에 사회가 형성된 이유가 여기에 있기 때문이다. 그래서 베르그송은 '결국 정의란 인간성의 정의를 말하는 것'이라고 생각한 것이다. 인간의 존엄성이 단기간에 실현될 수 있는 것이 아닌 만큼 사회정의 역시도 단기간에 실현될 수 있는 것은 아니다. 프랜시스 베이컨Francis Bacon은 "사람들은 수천의 비열함을 통해서 존엄함에 도달한다"라고 말한 바 있다. 사회가 잘못되었다고 푸념만을 하는 것도 정의를 실현하는 데는 크게 도움이 되지 않을 것이며, 단김에 모든 이의 평등을 실현하라고 외치는 것도 정의로운 사회를 이루는 데 도움이 되지는 않을 것이다. 근본적으로 유교적인 전통에 뿌리하고 있는 한국사회는 다른 유럽의 복지국가에 비해서 사회정의를 실현하는 데 있어서 훨씬 더 어려운 문화적 토양 위에 서 있는 것이 사실이다. 각자가 자신의 생활전선에서 매 순간 정의로운 사람이 되고자 노력하고, 천박한 지역이기주의를 넘어서는 도덕성과 정의가 살아 있는 정치인들을 국민의 대표로 선택하고자 하고, 불완전한 법들을 새롭게 개정하여 보다 공정한 법들을 제정하고자 하는 꾸준한 노력만이 한국사회를 정의로운 사회, 살기 좋은 사회로 변화시킬 것이다.

7장

소통의
등급들

자신과의 대화는 왜 필요할까?
자신과의 대화는 어떻게 하는 것일까?

「명상의 시간」 (부분)

소통하고자 한다는 것은 인간이고자 하는 것이다

베르나르 베르베르Bernard Werber: 어린 아기들은 생존하기 위해서 소통이 필요하다. 우유와 잠만으로는 충분하기 않다. 소통 역시 삶에 있어서 필요불가결한 하나의 요소이다.

가스통 베르제Gaston Berger: 고통 속에 갇혀 있고, 즐거움 안에서 고립되고, 죽음 안에서 고독하고, 인간은 그의 조건 자체를 통해서 포기할 수 없는 하나의 갈망인 소통에 있어서 결코 만족할 수 없도록 선고받았다.

아동심리학자들은 갓난아기들에게는 가급적 '피부접촉'을 많이 해야 한다고 충고한다. 그것이 아기에게는 유일한 '소통의 방식'이기 때문이다. 그리고 의사들은 갓난아기에게 우유보다는 모유를 먹이는 것이 낫다는 얘기를 자주하며, 이를 납득시키기 위해서 모유가 얼마나 우유보다 좋은지를 분석해주곤 한다. 하지만 모유가 우유보다 좋은 것은 단지 모유가 가진 특별한 영양분 때문만이 아닐 것이다. 영양분보다 중요한 것, 그것은 '젖을 먹는 행위'를 통해서 이루어지는 아기와 엄마 사이의 긴밀한 소통이다. 말이 통하지 않고 아는 사람이 전혀 없는 낯선 지역을 여행해본 적이 있는 사람들은 소통이 얼마나 소중한 것인지를 체험할 수 있다. 암담하고 절망적인 상황에서 지나가는 행인의 '작은 미소'나 '우호적인 눈빛 하나'는 그들에게 따뜻한 감정과 함께 그 상황을 이겨낼 힘을 준다. 흔히 자살자들은 죽기 전에 자신이 고독하고 죽음을 생각하고 있음을 암시하는 내용들을 주변사람에게 알린다고 한다. 사회학자들은 자살의 진정한 이유를 '경제적인 이유'와 같이 단순히 삶의 문제가 너무 힘들기 때문만은 아니라고 한다. 그들로 하여금 결국 삶을 포기하도록 하는 것은 힘겨운 어떤 문제가 아니라, 이러한 문제로 인해 주변사 람들과 소통이 단절되고 고독하게 혼자 있다는 그 사실에 있다. 즉, 이들 을 자살로 내모는 것은 보다 근원적으로 '소통의 단절'로 인한 '고독감'이 다. 이러한 예들은 소통이란 단지 어떤 외적인 목적이나 일을 처리하기 위한 방법적인 것이 아니라 그 자체로 살아가기 위해서 매우 소중한 필 수불가결한 요소라는 것을 말해준다.

그가 누구이든지 진정한 소통을 하고 있는 사람이 단 한 사람이라도 있다면 인간은 고독하지 않다. '인간은 빵만으로 살 수 없다'는 속담이 있듯이, 인간은 결코 물질적인 풍요만으로 행복할 수가 없다. 자신을 이 해하고 자신을 존중해주는 누군가가 있을 때 인간은 자신의 존재의미를 가질 수가 있으며, 자존감을 가질 수가 있다. 소통이란 단순히 도구적인 것이 아니다. 그것은 인간존재의 본질적인 욕구이자 그것을 통해서 인 간이 인간다울 수 있는 그 무엇이다. 그래서 베르나르 베르베르는 소통 이란 '삶에 있어서 필요불가결한 하나의 요소'라고 한 것이다.

자크 세귀에라Jacques Séguéla: 앞으로의 소통에 있어서는 컴퓨터보다는 평범 한 가슴이 훨씬 더 필요할 것이다. … 소통은 신경계를 통해서 나타나는 것이 아니라, 마음속 깊은 곳으로부터 나타난다.

프랑수아 돌트François Daulte: 모든 인간의 그룹은 소통 안에서 그들의 부요함 을 취한다. 상호도움과 연대성은 하나의 공통된 목적을 지향하며, 서로 다름 에 대한 존중은 각자를 꽃피게 한다.

니콜라이 베르댜예프Nikolai Berdyaev: 사회란 세상 사람들 사이에 하나의 소통 을 설립하는 것이다. 사회는 대중의 삶을 조직하는 것이다.

사람이 사람과 소통해야만 한다는 것은 어쩌면 태초에 신이 그렇게 만들어 놓은 것이라고 해야 할 것 같다. 왜냐하면 인간이 서로 사랑하지 않으면 안 된다는 것은 곧 소통하지 않으면 안 되다는 것을 말하기 때문이다. 그리고 니체나 쇼펜하우어같이 세상을 비극적으로 보는 철학자들의 관점에서도 인생이 비극적이기 때문에 소통은 반드시 필요하다. 가스통 베르제가 고통받고, 고립되어 있고, 고독한 인간의 조건 자체가 곧 소통의 욕망을 야기한다는 것은 참으로 올바른 해석이다. 모든 것이 충만한 사람, 그래서 아무것도 필요치 않는 사람은 더 이상 소통의 필요성을 느끼지 않을 것이다. 하지만 인간은 누구나 불완전하고, 무언가를 필요로 한다. 그리고 우리의 경험이 우리에게 알려주는 진리는 '인간의 문제'는 본질적으로 타인과의 소통을 통해서만 해결할 수 있다는 것이며, 그것이 아무리 힘겹고 절망적인 일이라 할지라도 '진정한 소통'이 있다면 견디어 갈 수 있다는 사실이다.

진정한 소통이 단순한 정보의 전달이 아니라, 이해와 존중이라는 마음속의 깊은 교감을 의미한다고 할 때, 오늘날의 사회는 점점 더 진정한 소통이 상실되어 가고 있음이 분명하다. 컴퓨터와 스마트폰을 통한 너무나 손쉬운 정보의 전달, 너무나 가벼운 소통은 마음과 마음이 오가고 서로 공감하고 상대방을 마음속으로부터 이해하고자 하는 진정한 소통을 방해하고 있다. 그래서 진정한 소통을 위해서는 '컴퓨터보다는 평범한 가슴이 훨씬 더 필요할 것'이라는 말이 참으로 가슴에 와 닿는 것이다. 부조리 철학자 카뮈Albert Camus는 모든 인간의 행위 뒤에는 소통을 하고자 하는 갈망이 도사리고 있다고 생각하였는데, 그는 "모든 소통에 대한 거부는 또한 소통의 다른 한 유혹이다. 무관심하거나 적대적인 모든 몸짓도 사실은 가장된 도움의 요청"이라고 하였다. 그리고 몽테뉴는

『수상록』에서 "우리는 언어를 통해서만 인간일 수 있으며, 언어를 통해서만 서로가 서로를 지지해줄 수가 있다"라고 하였다. 이는 인간은 근원적으로 소통을 원하고, 소통을 위해서 언어를 발명하였다는 것을 말해주고 있다. 이러한 차원에서 우리가 말을 하고, 책을 쓰고, 강의를 하는 것도 사실은 '소통의 한 방편'이다. 인간이 발명한 가장 탁월한 문화형식 중 하나가 예술이라고 한다면 예술 역시도 그 본질에 있어서는 '소통'이라는 것을 함의하고 있다. 소통은 나와 다른 '너'를 이해하게 하고, 너를 이해함으로써 나를 풍요롭게 하고 나와 너를 동시에 꽃피우게 한다. 우리가 예술작품을 감상하는 것도, 그 작품을 통해서 그 작가를 이해하고자 하는 것이다. 만일 우리가 예술작품을 통해서 이해하고 소통하는 것이 아무것도 없다면, 그 예술작품은 무엇으로 작품이라고 할 수 있을까? 이와 반대로 우리가 조각이나 그림을 보고 많을 것을 느끼고 이해한다면, 이보다 더 큰 소통이 있을 수 있을까? 전혀 말하지 않고, 전혀 글을 쓰지 않아도 이루어지는 소통, 이것이 탁월한 소통의 방식이 아닐까? 그래서 올덴부르크C. Oldenburg는 "예술은 소통의 탁월한 기술이다. 이미지는 모든 소통의 방법 중 최상의 것이다"라고 한 것이다.

❤️ 소통은 상호주관적인 것이다

몰리에르Moliere: 사람들은 들을 줄 알게 될 때, 잘 말할 수 있게 된다.

몽테뉴: 말이라는 것은 반은 말하는 사람의 것이며, 나머지 반은 듣는 사람의 것이다.

윌리엄 제임스William James: 자연에서 가장 움직일 수 없는 장벽은 사람들과 사람들 사이의 생각 차이에 있다.

　'소통疏通'이란 말 그대로 '막힌 것을 통하게' 하는 것으로 '서로' 이해하는 행위, 즉 상호적인 것이다. 따라서 진정한 소통이라고 한다면 그것은 '일방적'인 것에 반대되는 것이다. 그래서 장 아브라함Jean Abraham은 "소통이란 경청하는 자를 이해하는 것에서 성립된다"라고 말하였다. 아무리 좋은 음식도 그 음식을 먹는 사람이 소화할 수 없는 음식이라면 그것은 그에게 좋은 음식이 될 수 없듯이, 아무리 좋은 말이라도 경청하는 자가 그 말을 수용할 수 없는 상황 속에 있다면 그것은 울리는 징소리와 다를 게 없다. 이렇게 서로 이해하는 행위를 철학에서는 '상호주관적인 것'이라고 한다. 어떤 의미에서 인간의 모든 의미 있는 행위나 의미 있는 말에는 '주관성'이 성립되어 있다. 즉, 사태를 객관적으로 혹은 있는 그대로 표현하고 말하기보다는 말하는 이의 주관적인 상황에서 사태를 묘사하고 있는 것이다. 한 개인의 주관적인 입장에서 어떤 사태를 이해하는 것, 이것이 곧 주관성이다. 칸트는 '물자체는 알 수 없다'는 유명한 말을 하였는데, 이는 다시 말해서 어떤 것의 실재, 어떤 것의 있는 그대로의 모습은 알 수가 없는 것이라고 하는 것과 같다. 어떤 의미에서 사람들이 당연하게 생각하는 많은 것들이 사실상 인간이라는 존재의 주관적인 입장에서 그렇게 보인다고 하는 것과 같다. 장미꽃은 붉은 색이라고 하지만, 강아지의 눈에는 흑백으로밖에 보이지 않을 것이며, 하늘은 파랗다고 생각하지만 우주에서 보면 하늘은 아무런 색깔을 지니지 않을 것이다. 또한 생수는 아무것도 포함되어 있지 않는 순수한 물이라고 생각하지만, 현미경으로 보면 수많은 미생물과 미네랄이 포함되어 있다는 것을 알 수 있다. 따라서 어떤 관점에서는 인간이 알고 있는 모든 지식은 사실상 인간이라는 주관성의 입장에서 그렇다고 하는 것에 지나지 않을 것이다.

이처럼 사람의 일상사도 마찬가지다. 어떤 하나의 사건에 대해서 사람들이 이해하고 있는 수많은 앎이 사실은 어떤 사람들의 주관적인 입장에서 그렇게 보이고 그렇게 해석되는 것뿐인 경우가 많다. 가령 어린 에디슨은 초등학교 시절에 '저능아'라는 판단을 받고 학교를 중퇴하여야 했지만, 사실 이 판단은 교사의 주관적인 입장이었을 뿐이었다. 그는 다만 다른 학생들과 다른 독특한 성격, 독특한 기질의 아이였을 뿐 저능아가 아니었다. 이처럼 우리가 아는 많은 사실이 있는 그대로의 사실 혹은 절대적으로 그러한 것에 대해서는 주관적인 앎에 지나지 않는다. 하나의 사물이나 하나의 사태는 다양한 관점에서 이해되고 묘사될 수 있다. 사람도 마찬가지다. 어떤 사람을 이해하는 데는 다양한 서로 다른 관점이 있을 수 있다. 모두가 무뚝뚝한 사람으로 평가하는 사람이 그 누군가에게는 신중한 사람으로 보일 수도 있고, 수다쟁이로 소문난 사람도 그 어떤 사람에게는 재미있는 사람으로 보일 수 있다. 그래서 성서에서도 '판단하지 않으면, 판단받지 않을 것'이라고 하였다. 이는 다시 말해서 내가 판단하는 그것이 곧 나를 판단하게 한다는 것을 말한다. 보름달이 슬프게 보이는 것은 내 마음이 슬프다고 하는 것과 같다.

인간이 정신을 가진 존재라는 이유로 모든 인간은 정도의 차이를 가지고 '자기세계'라는 것을 가지고 있다. 한 개인이 판단하는 모든 것은 바로 이러한 '자기세계'를 통해서이며, 이것이 곧 주관성인 것이다. 그렇기 때문에 모든 인간의 행위는 그 자신의 세계를 통해서 의미를 가지게 된다. 비록 그것이 부도덕하거나 납득이 가지 않는 행위라고 해도, 행위하는 이의 자기세계 안에서는 충분히 납득이 가고, 의미 있는 행위라는 것이다. 그래서 라캉Jacques Lacan은 우리가 미친 사람이라고 부르는 '정신병자'들도 그 자신의 세계 안에서는 의미 있고 납득할 만한 말과 행위를 하고 있으며, 다만 그가 지닌 그 세계가 일상인들과는 소통할 수 없는 세계일 뿐이라고 한다. 이렇게 모든 사람은 어떤 의미에서 주관성 속에서 행위하고 살아가는 것이다.

프랑스 속담: 번역이라는 것은 마치 여자와 같다. 번역이 아름다울 때, 이는 성실함이 없고, 번역이 성실할 때는 아름답지 않다.

모리스 프로스트Maurice Frost: 만일 언어의 발명이 없었다면, 단어들의 형성이 없었다면, 이념들의 분석이 없었다면, 어쩌면 음악이 유일하게 영혼의 소통의 방식이었을 것이다.

그렇기 때문에 소통한다는 행위는 근본적으로 소통하고 있는 상대방의 자기세계를 먼저 이해하지 않으면 불가능하다. 즉, 그의 주관성에 대한 이해를 전제하여야 한다. 마찬가지로 이와 동일한 원리에 의해서 상대방 역시 나의 주관성에 대해서 이해하지 않는다면 진정한 소통은 있을 수 없을 것이다. 이러한 '상호주관성'이 성립될 때만이 우리는 그가 전달하고자 하는 것을 그의 눈빛이나 그의 미소 그리고 그가 하는 작은 몸짓 하나를 통해서도 이해할 수 있을 것이며, 그가 말하는 것 이상을 그가 도저히 표현할 수 없는 것까지도 이해할 수가 있는 것이다. 어떤 의미에서 소통에 있어서 보다 중요한 일은 말해지지 않은 것을 이해하는 것이다. 왜냐하면 진정 중요한 것을 말로 표현될 수 없는 것이기 때문이다. 사람들은 장시간 서로 토론하고 대화하지만 자주 이러한 대화를 통해서 오히려 '너는 나와 다르다'는 사실만을 확인하고 씁쓸한 감정만을 안고 돌아서는 경우가 있다. 바로 소통에 있어서 필수적인 조건인 상호주관성이 성립되지 않았기 때문이다. 상호주관성이 성립되지 않을 때, 사람들은 상대방을 신뢰하지 못한다. 상대방을 신뢰하지 못하면 그가 하는 말을 있는 그대로 믿을 수가 없고, 그가 말이라는 도구를 사용해서 전달하고자 하는 그것을 이해할 수가 없게 된다. 우리는 오해란 '경청하는 자의 복잡함에서 비롯되는 경우'를 체험하곤 한다. 가끔은 내가 하는 단순한 말들이 경청하는 자의 복잡함 때문에 오히려 왜곡되고, 부풀려지고, 결국 오해하게 되는 것이다. 그래서 내가 하지도 않은 말을 상대방은 퍼뜨리게 되고, 그 말이 돌고 돌아 헛소문이 되어 다시 나에게 되돌아오곤 하는 것이다.

누군가 소통의 궁극적인 목적이 무엇인가 하고 묻는다면, 나는 '소통하는 그 자신'이라고 말하고 싶다. 소통을 위해서 하는 말들, 표현들, 비유들, 몸짓들 이 모든 것은 결국 '나를 알리고자 하는 것'이며, 그것도 가급적 있는 그대로의 왜곡되지 않은 나를 알리고자 하는 것이다. 진정한 소통을 방해한다는 차원에서 나를 치켜세우는 것, 나를 비하하는 것, 어느 것도 환영할 만한 것이 못 된다. 소통이 전시회라고 한다면, 말과 언어는 전시회 포스트에 해당하고, '나 자신'은 곧 '예술작품'에 해당한다. 포스트의 목적이 소통의 도구라고 한다면, 작품들은 그 자체가 목적이다. 즉, 대화는 소통의 도구요, 대화의 목적은 대화하는 사람 그 자체이다. 사람들이 흔히 범하는 오류는 열심히 대화를 하지만 결국 포스터만 구경하고 작품은 구경하지 않고 가버린다는 것이다. 다시 말해 자신의 말은 열심히 경청하지만 결국 말만 이해하고, 말하고 있는 사람, 즉 이해받기를 원하는 그 인격은 외면하고 가버리는 것이다. 모리스 프로스트는 "언어의 발명을 영혼의 소통을 위해서"라고 말하고 있다. 이는 언어

프랑스 유신론적 실존주의자의 대표자로서 현대 가톨릭사상가를 대변하는 철학자이다. 그는 현대사회의 비극을 "깨어진 세계"라 표현하면서 특히 인간과 인간 사이의 단절, 절대자와 인간 사이의 단절을 역설한 철학자이다. 주로 존재라는 개념을 통해서 자신의 사상을 피력하고 있는데, 이 중에서도 '상호주관성'이라는 개념을 중요하게 다루고 있다. 그는 모든 인간관계에 있어서 관계성의 토대는 곧 상호주관성이며, 상호주관성이 상실된 곳에서는 '사랑'은 불가능하다고 역설하고 있다.

「가브리엘 마르셀」

를 통해서만 인간은 자신의 깊은 내면의 상태, 정신적인 것을 표현하고 전달할 수 있다는 말이다. 정신적인 것은 곧 내적인 것이다. 사람들이 어떤 것의 외관에 머물지 않고 더 멀리 나아갈 때, 즉 어떤 것의 본질을 파악할 때, 정신적이라고 한다. 그리고 이는 외관의 이면에 있는 것이라는 측면에서 내적인 것이다. 철학자들은 이를 또한 영혼의 어떤 것이라고 한다. 인간의 언어는 본질적으로 이러한 내면적인 영혼의 무엇을 지칭하기 위해 고안된 것이다. 자유, 평화, 두려움, 정의감, 사랑의 감정 등은 모두 깊은 내면적인 정서를 지칭하는 용어이다. 이러한 것들은 도저히 눈에 보이는 외관으로 표현될 수 없는 것들이다. 그래서 '언어가 없었다면 이러한 영혼의 소통은 오직 음악으로만 가능했을 것'이라는 모리스 프로스트의 말은 과장된 것이 아니다. 그런데 인간은 평등하지만, 개인들은 평등하지 않다. 각자는 고유한 자기만의 세계관을, 즉 자기세계를 가지고 있다는 그 이유만으로 이러한 영혼의 내적인 정서는 모두 다르며, 고유한 자신만의 것이다. 내가 느끼는 평화와 고독은 그가 느끼는 평화와 고독과 동일한 평화, 동일한 고독일 수가 없다. 그래서 '그 자신'을 이해하지 않고는 그가 표현하는 하나의 내적인 감정을 제대로 이해할 수가 없는 것이다. 따라서 '그가 하는 말을 이해한다는 것'과 '그를 이해하는 것'은 다른 것이다. 그가 존재하는 그 지평, 그가 처해 있는 그 상황에 나 자신을 함께 위치시키는 것, 이것이 곧 상호주관성을 회복하는 것이요, 진정한 소통의 토대가 되는 것이다. 어쩌면 진정한 상호주관성이 회복된 지평에서라면 자신을 설명하기 위해서 그토록 많은 설명이 필요 없을 것이다.

✿ 진정한 소통은 자기 자신을 알게 한다

사람들은 흔히 줄리엣이 없었다면 로미오가 없었을 것이며, 춘향이 없었다면 이도령도 없었을 것이라고 말하곤 한다. 이는 인간관계의 어떤 진리를 말해주고 있다. 비록 줄리엣이 없었다 해도 로미오는 다른 여성을 만나 멋진 사랑을 이야기할 수 있겠지만 그럼에도 그 사랑의 이야기는 이미 줄리엣의 연인으로서의 로미오의 사랑은 아니다. 한 사람이 어떠한 사람이 될 것인가는 그가 하는 일, 직업, 그의 문화, 그의 정치적 성향, 그의 종교 등 다양한 것에 영향을 받게 되겠지만 그중에서도 가장 중요한 것은 그가 관계를 맺고 있는 다른 사람과의 관계성임을 누구나 경험으로 알 수 있다. 사람들은 오늘의 나를 있게 한 사건에 대해서 말할 때 대개는 어떤 사람을 이야기한다. 나에게 있어서도 오늘의 나를 있게 한 원인을 꼽는다면, 내 인생에서 잊을 수 없는 몇 사람을 가장 먼저 꼽을 것이다. 이들이 나에게 길을 비춰주었고 나에게 용기를 주었음을 부정할 수 없기 때문이다. 하지만 조금만 더 깊이 진실을 들여다보면 이들은 나에게 길을 비춰준 것이 아니라, 나 자신을 알게 해주었다고 하는 표현이 더 정확할 것이다. 진정한 스승이란 제자로 하여금 자신의 제자가 되게 하는 사람이 아니다. 진정한 스승이란 자기 제자가 어떤 사람이며, 누구인가를 알고 있는 사람이며 이를 깨닫게 해주고 이러한 자기 자신을 실현하도록 혹은 완성하도록 모범을 보여주는 사람이다. 제자와 스승과의 관계에서 제자가 발견하는 것은 스승을 통해서 자신을 발견하게 되는 것이다. 왜냐하면 그는 그의 스승이 통찰하고 발견하는 '자신이 알지 못했던 자기 자신'을 스승 안에서 발견하기 때문이다. 그렇기 때문에 누구도 혼자서는 진정한 자기 자신을 발견할 수가 없다. 우리 속담에 "거지가 셋이 가면 그곳에도 스승은 있다"는 말이 있다. 세 사람 중에 보다 뛰어난 사람이 있다는 말도 되겠지만, 이는 인간관계의 근원적인 진리를 말해주고 있다. 즉, 서로 관계성이 있는 곳에 서로가 서로의 스승이 된다는 말이다. 그리고 여기서 스승이란 바로 내가 알지 못했던 나 자신의 모습을 알게 해주는 사람인 것이다.

가브리엘 마르셀: 나는 너의 존재와의 대면을 통해서만, 나 자신의 존재에 더 잘 진입할 수 있다.

베르나르 아르캉Bernard Arcand: 전화기는 매우 유해한 소통의 도구이다. 전화기 때문에 사람들은 점점 더 자신에 대해 말하는 것을 필요로 하지 않게 되었다.

톰 레러Tom Lehrer: 만일 한 개인이 소통의 문제를 가지고 있다면, 침묵한다는 것은 가장 작은 것을 하는 것이다.

소크라테스의 가장 유명한 말은 바로 '너 자신을 알라'는 말이다. 대개 철학자들은 이 말을 '내가 무지하다는 사실을 알라!'는 의미로 해석하지만, 사실 이러한 해석은 너무 편협한 해석이다. 더 정확한 표현은 '내가 나 자신에 대해서 무지하다는 사실을 알라'는 것이며, 이는 다시 말해서 '너 자신이 어떠한 존재인지 혹은 어떠한 사람인지를 알라'는 말이 될 것이다. 파리의 국립 음악원 원장이자 피아니스트인 모니크 드쇼세Monique Deschaussées는 대학시절 자신의 전공을 바꾸어 피아니스트가 되기로 결심하게 된 동기를 바로 철학 세미나에서 들었던 소크라테스의 이 말, 즉 '너 자신을 알라!'라고 한다. 이 말은 마치 벼락을 맞은 듯, 그녀의 뇌리 깊숙이 박혔고, 그녀는 몇 날 며칠을 '나 자신을 안다는 것'이 무엇인지를 생각하였다. 그리고 그녀는 자신이 가장 행복해한 순간이 언제이며, 무엇을 가장 좋아하는지를 생각해보았고, 그것은 곧 피아노를 치는 순간임을 알았다고 한다. 이렇게 그녀는 사실상 시간과 공간을 넘어 고대의 한 철학자를 만나게 되었고, 그로 인해 자신의 인생이 달라진 것이다. 그녀는 자신의 운명을 겸허하게 수용하며, '자기 자신인 것'을 죽음으로 완성하고자 했던 소크라테스의 인격에 감화를 받았고, 그를 통해 자신도 오직 자기다운 자신이 될 수 있다는 용기를 얻은 것이다. 소크라테스와의 소통은 그녀에게 있어서 곧 자기 자신과의 대화의 기회가 되었다. 자신이 무엇이며, 자신이 어떠한 기질과 재능을 가지고 있는지, 그리고 진정 자신이 무엇을 원하는 것인지를 자기 자신과 깊이 대화한 것이다.

자기 자신과 대화한다는 것은 시간을 요하는 일이다. 그리고 자신과 대화하기 위해서는 혼자됨이 요구된다. 그 누군가와 함께 진실한 대화를 하기 위해서는 세 사람이 함께 대화할 수가 없다는 것은 누구나 경험할 수 있는 일이다. 두 사람이 '인격 대 인격'으로 마주대하지 않는다면 진실한 대화나 소통은 불가능하다. 여기에 단 한 사람만 더 참여한다면 이미 서로 간의 진실한 소통은 기대할 수가 없다. 이는 두 개의 영화를 동시에 진지하게 볼 수 없는 것과 마찬가지다. 왜냐하면 개인적인 진실은 상호주관성의 지반 위에서만 가능한 것인데, 상호주관성은 서로의 실존적 상황에 자신을 위치시킨다는 것을 의미하기 때문이다. 제삼자가 끼어드는 순간, 이러한 실존적 상황은 다시 자기의 주관성으로 물러나게 되며, 세 사람이 대화를 하기 위해서는 주관성에서 물러나 다시 '객관성'의 영역을 확보해야 하기 때문이다. 사람들은 가끔 누구와 대화를 원할 때, 대화의 증거를 위해서 혹은 대화가 왜곡되는 것을 피하기 위해서 제삼자를 데리고 가는 경우가 있다. 이러한 대화는 처음부터 상호주관성의 영역에 있는 것이 아니라, 객관성의 영역에 있는 것이며, 결코 인격 대 인격의 진지한 대화를 할 수가 없다. 도덕적인 차원에서 제삼자를 동반하는 대화는 이미 '믿음'의 상실을 전제하는 것이기에 결코 '진실'이 표면화될 수 없으며, 따라서 진정한 소통을 기대할 수가 없게 된다. 인격 대 인격의 만남이 단 두 사람에게만 허락된 시간과 공간의 확보가 요구되듯이, 나 자신과의 대화 역시도 '나와 나 자신'에게만 허락된 공간과 시간을 요청한다. 이러한 요청은 긍정적인 의미의 '고독'을 요청하는 것이다. 자신과의 대화를 위한 이러한 '고독'은 '자발적인 고독'이다. 고독은 정신에 있어서 육체의 다이어트와 같은 것이다. 사람이 너무 배가 부르면 모든 것이 귀찮아지듯이, 너무 많은 일에 신경을 쓰게 되면 진지하게 사유한다는 것이 불가능하게 된다. 고독은 일상의 잡다한 업무나 무절제한 관계성으로부터 물러나 정신이 고요와 평화를 회복한다는 것을 의미한다. 1시간이 멀다하고 전화나 문자를 하고, 또 10분을 못 견디고 스마트폰으로 무언가를 검색하는 현대인들이 사유하는 능력을 거의 상실해버렸다는 것은 참으로 불행한 일이다. 왜냐하면 이들은 '자기 자신과의 대화'를 위한 시간과 공간을 상실하였기 때문이다. 이들은 스마트폰이라는 만능기계를 통해 끊임없이 무언가 대화하고 있지만, 사실상 이들은 진정한 대화를 하는 것도 아니며, 무엇보다 자기 자신과의 대화를 외면하고 있다. 분주한 정보의 교환 속에서 정작 자기 자신에게는 '침묵'하고 있는 것이다.

지노 다비도프Zino Davidoff: 흡연자의 느리고, 절도 있으며, 잘 어울리는 손놀림에는 잊어버린 리듬을 회복하고, 자기 자신과의 소통을 회복하는 하나의 의식儀式이 있다.

빌프리드 르무안Wilfried Lemoine: 시詩란 한 개인의 자기 자신과의 소통이다.

발자크: 사람들은 스스로를 존중하는 사람들을 존중한다.

지노 다비도프의 위의 말은 담배를 피우는 일이 건강에는 해로울지 모르지만, 일상의 분주함에 매몰된 정신이 잠시 '자기 자신에게로 집중하는 적극적 의미의 고독'을 회복하는 시간이라는 측면에서 매우 유용한 것임을 말해주고 있다. 우리의 영혼이 대화의 부재로 인해 허기가 지고 왜소해질 때, 그리고 마침내 절규를 하고 있을 때, 그 영혼의 절규를 외면하는 것보다 더 비참한 것은 없다. 노르웨이가 낳은 위대한 화가인 뭉크E. Munch가 그린 '절규'에는 이러한 영혼의 절규가 담겨 있다. 산업사회의 피상적이고 왜곡된 인간관계, 오직 사회적 위신과 물질적인 풍요만을 지향하는 환경 속에 영양실조에 걸려 죽어가는 '영혼의 절규'를 보여주고 있는 것이다.

중세의 철학자 토마스 아퀴나스는 '인간의 영혼은 진리에 대한 앎을 양식으로 하여 성장한다'고 말한 바 있다. 그런데 진리에 대한 앎이란 무엇을 말하는가? 그것은 참된 사태에 대한 인식, 그 사태 아래 담겨 있는 의미에 대한 이해, 그리고 그 의미가 말해주고 있는 삶의 진리에 대한 인식일 것이다. 현대인은 사태는 주시하지만 그 사태가 말해주고 있는 의미는 외면하며, 의미에 대해 이해하더라도 그 의미가 반영해주는 삶의 진리는 외면하고 있다. 그토록 많은 물질적인 풍요에도 불구하고 행복하지 못한 이유가 여기에 있다. 대다수 시인이나 소설가는 시나 소설을 우선적으로 '자기 자신을 위해서' 쓴다고 한다. 일견 모순된 것 같은 이러한 진실은 참으로 진실이다. 왜냐하면 나에게 의미가 없는 것이 타인에게 의미가 있을 리 없고, 내가 감동할 수 없는 것이 타인을 감동시킬 수가 없을 것이기 때문이다. 로맹 롤랑Romain Rolland이 쓴 『베토벤 전기』에는 베토벤이 자신의 생명을 소진하면서 작곡한 교향곡들에 대해서 말하며, 그 작곡동기를 '따분한 일상을 벗어나 자신을 감동하게 할 무엇이 필요하였기 때문'이라고 말하고 있다. 베토벤의 영혼은 위대하였다. 왜냐하면 그 영혼은 위대한 무엇에 굶주리고 있었기 때문이다. 자신의 영혼이 감동할 수 있는 그 무엇을 필요로 하였기에 그는 다른 모든 이에게 감동을 선사할 수 있었을 것이다.

참된 자신이 된다는 것, 그것은 자신의 영혼이 진정으로 필요로 하는 것을 실현하는 일이다. 자신을 존중한다는 것, 그것은 곧 자신의 영혼의 절규를 외면하지 않고 이를 진지하게 경청한다는 것을 말한다. 내가 나의 영혼의 절규를 존중할 때, 그때 비로소 세상 모든 사람과는 다른 '고유한 나'가 형성되는 것이고, 이러한 '나'를 사람들도 존중하게 될 것이다. 누구도 자신이 없이, 자신을 존중해달라고 할 수는 없다. 사람들은 아무것도 아닌 것을 존중할 수가 없기 때문이다. 사람들이 왕을 존중하고, 시장을 존중하고, 스승을 존중하고, 부모를 존중한다고 해도, 만일 존중받는 이가 '자기 자신'을 지니고 있지 않다면, 사람들이 존중하는 것은 '그 자신'이 아닐 것이며, 그것은 껍데기에 지나지 않는 공허한 '사회적 직위'일 뿐이다. 어떤 사람이 지닌 '직위'를 존중한다는 것은 사실 진정한 존중이 아니다. '존중尊重'이란 '존엄하고 소중한 것'을 말한다. 나에게 소중한 것, 그것은 나 자신의 존재에 의미를 주고 나 자신을 일깨워주는 그 무엇이다. 이러한 것은 제삼자를 의미하는 '그'일 수 없으며, 오직 나와 진정한 관계를 형성할 수 있는 '너'뿐이기 때문이다. 나에게 있어서 '너' 혹은 '당신'이 아닌 그 어떤 사람한테서도 진정한 '존중'은 형성되지 않는다. 직위에 대한 예를 갖춘다는 것은 다만 사회적 규범이 정해놓은 질서에 대한 존중이지 '그 사람'에 대한 존중이 아니다. 그렇기 때문에 내가 남으로부터 존중받기 위해서는 우선 나 스스로 '나'를 존중하지 않으면 안 된다. 나를 존중한다는 것, 그것의 출발점은 곧 나 자신과 대화하는 시간을 갖는 것이다.

 ## 진정한 소통은 나를 깊게 하고 자유롭게 한다

장 뤽 라가르데르Jean-Luc Lagardère: 소통이란 하나의 힘겨운 침묵이다. 소통은 정확하게 침묵인 것은 아니다. 소통은 스스로 이해하고 스스로 발전하는 것이다.

프레데리크 다드Frédéric Dard: 말을 한다는 것은 소통의 가장 조악한 방법이다. 인간은 그의 침묵을 통해서만 충분하게 자신을 설명할 수 있다.

초등학교 때에 나는 말이 없었고, 조용한 아이였다. 한마디로 내성적인 아이였고 다른 학생들을 칭찬하는 데에도 매우 인색하였고 질문을 하거나 자기표현을 잘하지도 못했다. 하지만 가끔은 올바르지 못한 것, 이해할 수 없는 일을 보면 참다못해 여과 없이 한마디씩 툭 던지곤 하였다. 그래서 초등학교 5학년 때에는 선생님으로부터 '선동자'라는 별명을 얻기도 하였다. 이런 나의 성격이 나도 싫었다. 그런데 6학년 때 학교에서 단체 영화 관람을 갔다. 시각장애인가수 이용복의 일대기를 그린, 클라이맥스에서는 순박한 시골 아이들의 눈에서 눈물을 흘리게 하는 매우 슬프고도 애잔한 영화였다. 많은 학생들이 눈물을 흘렸고, 여학생들은 소리 내면서 울기도 했다. 영화가 끝나고 학교로 돌아오는 길에 반에서 대장 노릇을 하는 한 학생이 다른 학생들을 놀리고 있었다. '누구누구 울었다. 눈이 벌겋다', '계집아이처럼 영화보고 울었다' 이러면서 이 학생 저 학생에게로 가서 놀려 대었다. 그리고 나에게도 왔다. '명곤이도 울었다. 너 운거 맞지?' 그러자 왠지 나는 화가 났다. 나는 "사람이 슬픈 것을 보면 당연히 눈물이 나는데, 너는 안 울었냐? 너는 사람이 아니냐?"라고 쏘아붙였다. 그러자 그 학생이 얼굴이 상기되면서 뭔가 일이 일어날 것 같았다. 그때 담임선생님이 잽싸게 우리 곁으로 와서 "명곤이 아주 철학자 같은 말을 하는데…" 하면서 나의 편을 들어 주었다. 그러자 그 학생은 못 들은 척 다른 곳으로 갔다. 나는 당시 '철학자 같은 말'이라는 담임선생님의 말이 참 듣기가 좋았다. 5학년 때에는 동일한 행동으로 '주동자'라는 별명을 얻었기 때문이었다. 그리고 나는 당시 생전 처음으로 철학자가 무엇인지를 궁금해하였고, 나의 성격이 나쁜 것만은 아니라는 생각을 하게 되었다. 물론 당시 나는 철학자가 무언지는 알 수 없었지만, 내가 철학자 같은 말을 하였다는 것이 매우 과분한 칭찬처럼 들렸는데, 그 이유는 철학자는 아무나 되는 것이 아니라고 생각했기 때문이다. 내가 철학교수가 된 것이 이 일화와 어떤 연관성이 있는지 알 수는 없지만 그 이후 나는 생전 처음으로 '철학자가 무엇이지?' '나의 성격이 진짜로 철학자를 닮았을까?' 이러한 생각을 하게 되었다. 내가 가진 성격에 대한 나의 작은 트라우마가 그날로서 해소되고 나는 '자유'를 맛보게 된 것이다.

누구를 좋아한다는 것은 그 누구에게 매력을 느낀다는 것이다. 그런데 이 매력이라는 것은 보는 사람에 따라서는 장점일 수도 있지만, 어떤 사람에게는 단점일 수 있다. 말을 잘하는 학생에게 어떤 사람은 '남자가 입이 가볍다'고 핀잔을 줄 수도 있지만, 어떤 사람은 '명랑해서 좋다'고 할 것이다. '올바른 소리를 잘하고 정의감이 강한 학생'에게 어떤 선생님은 '믿음직하고 남자답다'고 하겠지만, 어떤 선생님은 '어린 학생이 버릇이 없고, 주제 넘다'고 핀잔을 줄 수도 있을 것이다. 그런데 나에게 매력을 느끼는 사람이란 바로 내가 가진 나만의 특성을 긍정적으로 보아주고 이를 보호하고자 하는 사람이다. 그래서 진정한 인간관계 안에서는 나만의 어떤 것, 나 자신인 것이 빛을 발하게 된다. 나만이 가진 어떤 독특한 점은 그것이 잘 형성되면 좋은 장점이 될 것이며, 나의 장래를 결정지을 중요한 동기가 되겠지만, 그렇지 못할 경우에는 그것이 나의 인생을 망치게 되는 동기가 될 수도 있다. 나만의 독특한 점은 누군가 그 점을 좋아하고 호감을 가지는 사람을 통해서 보다 깊이 생각하게 되고 보다 긍정적이고 좋은 장점으로 승화될 수 있다. 아직 성숙하지 못하고 보다 좋은 장점으로 승화되지 못한 나만의 어떤 것, 이를 깊이 생각한다는 것은 나의 내면으로부터 나를 형성해간다는 것이며, 곧 내가 깊어진다는 것을 의미한다. 단순한 기질을 속성처럼 깊이 하고 마침내는 나의 본질이 될 수 있도록 숙고하고, 교정하고, 다짐하면서 나만의 본질을 형성하게 되는 것이다. 대다수 위대한 예술가는 처음부터 위대한 예술가였던 것은 아니다. 그들의 출발점에는 그의 예술성을 잘 통찰하고 그것을 소중하게 생각해준 스승이 있었다. 자신만의 그 무엇을 잘 이해해주는 사람, 이러한 사람에게 우리는 호감을 느끼고 이러한 사람과는 진정으로 소통하고 있다는 감정을 가질 수가 있다.

흔히 사람들은 친한 사람과는 잘 소통할 것이라고 믿고 있지만, 우리의 경험에 의하면 이와 반대되는 경우가 더 많은 것 같다. 즉, 친할수록 오히려 소통이 어렵다는 것, 이것이 또한 인생의 아이러니이다. 가령 많은 남성이 세상에서 가장 친한 자기 아내와 오히려 남들보다 더 소통하기가 어렵다고 하소연하는 것을 볼 수 있다. 심지어는 "세상 사람을 다 용서하여도 자기 남편만은 용서할 수 없다"는 농담도 있을 정도이다. 그런데 이러한 사실은 단지 농담이 아니라 사실이다. 만일 그렇지 않다면 그토록 많은 사람이 이혼이라는 것을 하지 않았을 것이다. 현재 한국사회에서 세 쌍이 결혼을 하면 그중 한 쌍이 이혼을 한다고 한다. 심지어 어떤 통계에서는 우리나라의 이혼율이 무려 47%에 달하고 있다고 발표하기도 하였다. 두 쌍이 결혼을 하면 한 쌍이 이혼을 한다는 말이다. 이러한 수치는 분명 과장된 면이 있겠지만, 한국사회에서 이혼이 매우 흔한 일임은 분명하다. 그리고 이는 남편과 아내의 소통의 부재를 말해주고 있다. 배우자와 소통이 잘된다면 이렇게 많은 이혼을 하지는 않을 것이기 때문이다.

그렇다면 왜 친할수록 오히려 소통하기가 어려운 상황이 발생하는 것일까? 윌리엄 번벅William Bernbach은 그 이유를 "소통에 있어서 친함은 오히려 소통의 무기력함을 낳기 때문"이라고 한다. 친하다는 것이 왜 소통의 무기력함을 낳는 것일까? 그 이유는 소통이라는 것이 본질적으로 내적인 교류를 의미하는 것이기 때문이다. 외적인 어떤 것은 눈으로 한번 보면 알 수 있지만 내적인 어떤 것은 그것을 이해하기 위해서는 주의를 집중하고 깊이 생각해보아야만 한다. 사람들은 자신이 이미 잘 알고 있다고 생각하는 것에는 주의를 집중하지 않는다. 그래서 친하다고 생각하는 사람이란 잘 아는 사람이며, 그가 무슨 말을 하든지 들었으면 그만인 것으로 생각해버리는 것이다. 그래서 무슨 말을 하든지 으레 하는 말이라고 생각해버리고, 또한 그가 '말하는 것'을 통해서 '표현하고자 하는 그것'에 대해서는 생각조차 하지 않는다. 사실 소통에서 가장 중요한 것은 말하지 않은 것을 듣는 것이다. 그의 말을 통해서 표현되지 않은 것, 그의 말을 통해서 궁극적으로 말하고자 하는 것, 그것을 섬세하게 감지하고 그것을 이해하려고 하는 노력이다. 그가 하는 말을 너무 쉽게 듣고 너무 쉽게 생각하고 너무 쉽게 잊어버리는 것, 이것이 바로 소통에 있어서 사람을 무기력하게 만드는 이유이다. 그리고 그 이유는 바로 친하다는 것이다.

모파상Maupassant은 "인간이 말하는 단어들은 하나의 영혼을 가지고 있다"고 하였다. 단어 하나, 말 한마디가 살아 있는 것이라는 의미이다. 말이 살아 있다는 것은 무엇을 말하는 것일까? 그것은 말은 인간에게 마치 살아 있는 사람처럼 혹은 영양분이 든 음식처럼 실제로 인간에게 영향을 미친다는 것이다. 어려운 사람, 낯선 사람에게 아무렇게나 생각 없이 말하는 사람은 드물다. 하지만 많은 사람은 가까운 사람 친한 사람에게는 친하다고 생각하기 때문에 자주 아무렇게나 생각 없이 말하고, 자신의 감정이 이끄는 대로 여과 없이 말하기도 한다. 즉, 친분이 너무 두터우면 진지함이 결여되고 생명이 없는 가벼운 말들을 너무 쉽게 해버리

는 것이다. 건성으로 하는 말들은 단어들을 빈약하게 한다. 이러한 영혼
이 결여된 말들은 알맹이가 없는 땅콩껍질처럼 말하는 맛을 주지 못한
다. 그래서 자주 부부사이의 대화는 겉돌고 말하고 싶은 생각이 없어지
는 것이다. 그래서 건강한 친분을 유지하기 위해서는 어느 정도의 거리
감을 가질 수 있어야 하는 것이다.

　상담사들은 부부 사이가 나쁜 사람들에게 부부간의 대화를 자주 하라
고 충고하겠지만, 많이 대화한다는 것과 분명하게 대화한다는 것은 다
르며, 나아가 좋은 의식을 가지고 대화한다는 것은 또 다르다. 서로 나
쁜 감정을 가진 직장 동료들은 술자리를 빌리지 않으면 진정한 대화가
불가능한 것 같다. 왜냐하면 맨 정신으로 대화한다는 것은 서로 더욱 감
정만을 상하게 하기 때문이다. 하지만 술의 힘을 빌린다고 소통이 이루
어지는 것은 아니다. 소통은 좋은 의식을 가질 때만 가능하기 때문이다.
오히려 내 마음이 격정에 사로잡혀 있다면, 대화는 싸움으로 번질 확률
이 높다. 그래서 내가 어떤 사람을 경멸하고 있다면, 대화하기보다는 차
라리 기도하는 것이 더 나을 것이다. 진정한 대화는 내 마음이 평정되
고, 내가 긍정적이고 선한 생각을 가질 때 가능하다. 즉, 좋은 의식을 가
질 때만 진정한 대화와 소통이 가능한 것이다. 사실상 내가 어떤 사람에
게 좋은 의식과 선한 의지를 지니고 있다면, 이미 절반의 소통이 된 것이
나 다름이 없을 것이다. 인간에게는 직관이라는 것이 있다. 반드시 그의
말을 들어보아야 그의 마음을 아는 것이 아니다. 그래서 라가르데르는
"소통이란 하나의 힘겨운 침묵"이라고 말하며, 또한 "소통은 스스로 이
해하고 스스로 발전하는 것"이라고 하는 것이다. 진정한 소통을 위한 침
묵의 시간, 이는 내 마음속에서 그를 미워하는 일체의 감정을 정화하는
시간이다. 그가 설명해주어야 그를 이해한다는 것은 사실 그를 매우 불

완전하게 이해하는 것이다. 만일 서로가 서로에 대해서 좋은 의식, 선한 의지를 가지고 있다면 말하지 않아도 '스스로가' 상대방을 이해하게 되고, 소통은 발전하게 될 것이다.

> 괴테Goethe: 말을 한다는 것은 필요하기 때문이며, 듣는다는 것은 하나의 예술이다.
>
> 파울 클레Paul Klee: 예술은 볼 수 있는 것을 재현하는 것이 아니라, 볼 수 없는 것을 보게 한다.
>
> 파스칼: 나는 당신에게 긴 편지를 씁니다. 왜냐하면 저는 간단한 편지를 쓸 시간이 없기 때문입니다.
>
> 이본 리바르Yvonne Ribard: 약속은 일종의 소통의 낡아빠진 형식이다.

자신을 표현한다는 것은 소통의 본질적인 요소이다. 그리고 표현은 언어를 통해서 할 수밖에 없다. 보디랭귀지가 동물의 표현 방식이라면 언어는 인간의 표현 방식이다. 그런데 언어는 소통을 도와주는 도구가 되기도 하지만 또한 소통을 방해하는 도구가 되기도 한다. 언어의 역할은 무엇을 분명하게 한다는 것이다. 외국의 언어기관에서 처음 언어를 테스트할 때, 단순한 하나의 사태를 그들의 언어로 표현하게 한다. 그리고 레벨을 정하기 위해서 그가 사용하는 서로 다른 단어가 몇 단어인지를 헤아리는 경우가 있다. 몇 종류의 단어를 사용한다는 것이 언어의 수준과 무슨 상관이 있는 것일까? 그것은 동일한 사태에 대해서 얼마나 정확하고 분명하게 표현하는가를 알고자 하기 때문이다. 가령 "아파서 수업에 늦었다"는 단순한 사실은 그가 언어를 얼마나 알고 있는가에 따라서 달리 표현될 수밖에 없다. "감기가 걸려서 늦었다", "감기 기운이 좀 있어서, 30분가량 늦었다", "감기 기운이 있어서 약국에 들르는 바람에 30분가량 늦었다" "감기몸살 기운이 있어서 약국에 들르는 바람에 통학버스를 놓쳐서 30분가량 늦었다"는 등으로 다양하게 표현할 수 있다. 그리고 보다 다양한 단어를 사용한다는 것은 보다 정확하고 분명하게 사태를 설명한다는 것을 의미하는 것이다. 일반인은 클래식이 어렵고 철학적 용어들이 어렵다고 하지만, 사실상 음악이 어렵고 용어가 어려운 경우는 하나도 없다. 이 경우 어렵다는 것은 사실 모른다는 것이다. 자연의 오묘함을 노래하는 클래식은 섬세할 수밖에 없고, 심오한 인간의 실존을 설명하는 철학적 용어도 섬세할 수밖에 없다. 섬세하다는 것은 사태를 보다 정확하게 표현하고자 하는 것이다. '소우주'라고 할 만큼 세상에서 가장 섬세한 인간은 가장 섬세한 표현수단인 언어와 예술을 발명할 수밖에 없었다.

하지만 사태를 보다 분명하게 표현하기 위한 언어가 경우에 따라서는 오히려 사태를 모호하게 하기도 한다. 가령 거짓말을 하거나 진실을 말하고 싶지 않을 때 인간은 언어의 힘을 빌려 진실을 가리고자 한다. 흔히 정치가들은 단순하고 쉬운 것을 전문용어를 써가면서 복잡하고 모호하게 설명하곤 한다. 이러한 복잡함은 곧 진실을 언어로 가리고자 하기 때문이다. 이러한 상황에서는 결코 소통이 불가능하다. 사실 대다수의 사람들이 진실하지 못하다는 이유 때문에 사태를 복잡하고 모호하게 설명하기도 한다. 이러한 경향성은 인간이 가진 본성이기도 하다. 심리학자들은 사람들은 하루에도 여러 번 거짓말을 한다고 한다. 다른 사람을 기분 좋게 하는 선의의 거짓말에서부터 단순히 진실을 가리기 위해서 혹은 타인의 시선을 끌기 위해서 등, 우리의 뇌는 본능적으로 거짓을 구성해낸다는 것이다. 하지만 그것이 무엇이든지 거짓말은 결코 소통의 수단이 될 수는 없다. 소통이 가능하기 위해서는 진실해야 하고 거짓이 없어야 한다. 대화의 과정 속에서 대다수 사람들은 진실을 드러내기를 꺼려하고, 있는 그대로의 상황을 전달하고자 하지 않는다. 그렇게 되면 대화는 가능하나 소통은 불가능하게 된다. 인간이 본능적으로 타인에게 진실을 드러내기가 매우 어렵다는 것은 달리 말해서 인간은 본성적으로 '소통하는 데 무기력한 존재'라는 것을 말해주고 있다.

상담이나 담론을 하다 보면 오히려 소통을 교묘하게 피하고자 하는 내적인 움직임을 느낄 수 있다. 그것은 대화하는 사람이 소통할 준비가 되어 있지 않거나 소통할 힘이 없다는 것을 의미한다. 왜 그런 것일까? 그 이유는 두 가지일 것이다. 하나는 진실을 두려워하기 때문이며, 다른 하나는 스스로 자신의 진실에 분명하지 않기 때문이다. 스스로 분명하다는 것은 쉬운 일이 아니며, 자기 자신과의 힘겨운 대화를 통해서만 가질 수 있는 것이다. 문필가들이 '먼저 자기 자신을 위해서 글을 쓴다'고 할 때, '자기 자신을 위한다'는 것의 첫 의미는 스스로 분명해지기 위해서라는 말일 것이다. 그리고 시나 수필에서 상징과 우화 등을 사용한다는 것은 그만큼 있는 그대로의 진실이나 사태를 객관적인 언어로 표현하기가 불가능하다는 것을 의미한다. 그래서 소통을 위해서는 말하는 것으로 충분하지 않으며, 진실을 말해야 한다. 그리고 말하는 것도 중요하지만 듣는 것은 보다 중요하다. 따라서 소통을 원하고 있다면 말하는 이가 말하는 사실이 있는 그대로의 사실이 아닐 수 있다는 것, 말하는 사람도 스스로 분명하지 않을 수 있다는 것을 긍정하여야 한다. 그리고 말해진 사실은 어떤 의미에서 상징이며, 듣는 사람이 이 상징을 통해서 화자가 진정 말하고자 하는 진실을 해석해내어야 한다고 생각할 때, 우리는 너무 손쉽게 판단하는 행위를 멈출 수가 있는 것이다. 그래서 진정한 소통은 말하는 이의 모호함을 보다 분명하게 해주고, 말하고 있는 이의 진실을 찾아주는 시간이 되는 것이다. 이러한 의미에서 듣는다는 것은 하나의 예술이라고 하는 괴테의 말이 과장된 것이 아닌 듯하다.

예술도 하나의 소통이라고 한다면, 이는 예술을 통해서 비로소 진실이 드러나고, 볼 수 없는 것을 분명하게 볼 수 있기 때문이다. 현대의 리얼리스트 미학자인 루카치G. Lukács는 감동을 주는 모든 예술 안에는 하나같이 '리얼한 것', 즉 '실재인 무엇'이 드러나고 있다고 한다. 왜 실재가 드러날 때 감동을 주게 되는 것일까? 그것은 실재가 드러날 때 비로소 소통이 가능하기 때문이다. 감동은 위대한 무엇을 통해서만 받을 수 있는 것이 아니다. 아시시의 성 프란치스코는 작은 하나의 꽃과 공중의 새들 그리고 하늘의 달과 별을 보면서 무한한 감동을 받았다. 그 이유는 이러한 자연을 통해 드러나는 신의 현존을 보았기 때문이다. 자연을 통해서 드러나는 신의 현존 이는 '신비주의자'들이 하나같이 긍정하고 있는 세계의 진면목, 세계의 실재이다. 성 프란치스코는 자연을 통해서 신의 현존과 소통하였던 것이다. 신의 현존과 소통하는 사람이라면 누가 감동하지 않겠는가! 폴 리쾨르는 만일 우리가 총체적으로 소통하게 된다면 그것은 곧 진리가 될 것이라고 하였다. 그가 누구이든 만일 우리가 한 인간과 절대적으로 소통한다면 여기서 우리는 감동하지 않을 수 없을 것이다. 한 인간의 가장 깊은 곳, 가장 심오한 심연이란 바로 신이 거주하는 곳이기 때문이다. 키르케고르는 볼 수도 만질 수도 없는 신의 사랑을 어떻게 알 수 있는가라는 질문에 "그가 누구이든지, 한 인간을 절대적으로 사랑할 수 있다면, 바로 거기서 신의 사랑을 깨달을 수 있다"라고 하였다. 소통이란 이렇게 진정한 실재를 향해 나아가는 여정과도 같다. 모든 인간은 애타게 소통을 갈망하고 있다. 왜냐하면 자신 속에 감추어진 깊은 진실, 신의 형상을 닮을 만큼 깊은 자신의 본질은 오직 소통을 통해서만 드러나고 소통을 통해서 분명해지기 때문이다. 인간이 가진 근원적이고 원초적인 감정인 소통의 갈망에는 '나 자신이 되기를 열망하는 일종의 나르시즘적인 것'이 내포되어 있다. 자기 자신을 이해하고, 자기 자신을 음미하며, 자기 자신을 찬양하고 나아가 자기 자신을 사랑하고자 하는 갈망이다. 자아의 실현 혹은 자아의 완성이란 바로 이러한 것이다. 자기 자신을 음미하고 자기 자신을 사랑하고자 하는 것이다. 이는 진실이다. 왜냐하면 인간을 만든 신의 존재방식이 그러하기 때문이다. 그래서 인간은 자신을 만나기 위해서 '너'에게로 나아가지 않으면 안 되며, 자신을 사랑하기 위해서 '너'를 사랑하지 않을 수가 없는 것이다. 그래서 진정한 소통을 전제하지 않는다면 구원이라는 말도 무의미한 것일 수밖에 없는 것이다.

소통이 부재할 때, 여기에는 항상 이 상황을 구원해줄 도구가 있다. 그것은 곧 언어의 힘이다. 편지라는 것은 행복할 때에는 다만 여분의 장식에 지나지 않겠지만, 불행의 시기에는 매우 큰 위로의 도구가 된다. 왜냐하면 편지란 모호함에 질서와 형식을 부여해주기 때문이다. 질서와 형식이 부재한 대화란 항상 카오스와 같은 것이다. 말은 자주 생각을 드러내기보다는 생각을 감추기 위해서 사용되기 때문에 사람들은 대화에서 종종 '카오스'를 체험하곤 한다. 형식과 질서가 배제된 대화는 사실상 아무것도 드러내어 주는 것이 없다. 이러한 곳에서는 '실재'라고 할 만한 그 무엇을 발견할 수가 없기 때문이다. 그러나 사람들은 편지를 통하여 대화 중에 발견하지 못하고 드러내지 못한 질서와 형식을 갖추게 되며, 이로써 실재를 드러낼 수가 있는 것이다. 언어의 힘은 바로 여기에 있다. 말에는 자주 각성제가 첨가되지만, 글로 표현된 언어에는 방부제가 첨가된다. 우리의 대화를 오염시키는 모든 각성의 요소를 정화하게 되면, 비로소 질서와 형식을 갖춘 진실이 드러나게 된다. 문자나 댓글 같은 짧고 빠른 대화에 길들여진 현대인은 더 이상 편지를 쓰지 않는다. 이러한 현대인의 습관은 소통을 불가능하게 한다. 왜냐하면 여기에는 형식도 질서도 존재하지 않기 때문이다. 언어가 영혼이라면 문장은 영혼의 몸과 같은 것이다. 문장이 사지에 해당한다면 긴 편지는 전체적인 육체이다. 소통은 그의 존재 전체와 하는 것이지, 그의 존재의 어느 한 부분으로서는 가능하지 않다. 파스칼은 "나는 당신에게 긴 편지를 씁니다. 왜냐하면 저는 간단한 편지를 쓸 시간이 없기 때문입니다"라는 역설적인 말을 하였다. 이는 곧 소통을 전제하지 않는 대화는 무의미하며, 자신은 그러한 무의미한 곳에 낭비할 시간이 없다고 하는 것이다.

사람들은 종종 대화나 소통을 약속받고자 한다. 가령, 대화에 임하는 사람은 대화에 앞서 먼저 자신을 이해해줄 것을 요청한다. 나는 이러한 사람이니 이러한 나를 당신이 이해해주어야 한다고 요청하는 것이다. 그리고 이와 유사한 것이 어떤 특정지역의 사람들이 자기 지역의 문화나 관습을 소개하면서 이러한 문화나 관습을 심지어는 심미적인 특성까지도 이해해줄 것을 요청하고 이러한 것과 소통하도록 요구한다. 그런 한에서 자신들의 구성원이 될 수 있다는 것이다. 이러한 행위는 마치 병자가 의사에게 '낫기를 약속한다면 진료를 받을 것'이라고 완치를 약속받고자 하는 사람의 행위와 유사한, 전형적인 미성숙한 사람들의 태도이다. 대화나 소통은 약속될 수 있는 것이 아니다. 약속은 일종의 소유양식이다. 하지만 대화나 소통은 존재양식이다. 소통은 상호적인 것이지 일방적인 것이 아니다. 과거의 봉건사회에서 소통은 일방적으로 이루어졌다. 무엇이건 윗사람이 아랫사람에게 전달하고 아랫사람은 윗사람의 실존 양태에 자신의 실존양식을 맞추어야 했다. 하지만 시민의식이 발달한 현대사회에서 이러한 일은 거의 존재하지 않는다. 군대나, 조폭집단이나 혹은 권위주의가 매우 강한 어떤 관료사회가 아니라면 이러한 양식의 소통은 더 이상 존재하지 않는다. 이러한 일방적인 소통의 요구는 일종의 정신적인 폭력이다. 가령 미국사회에 살게 된 아시아 사람에게 미국인은 '빵과 버터'를 주식으로 하니, 당신도 미국사회에 함께하려면 '빵과 버터'를 좋아해야만 한다는 식으로 요구하거나 혹은 한국에 살러 온 외국인에게 한국에 살려면 '김치와 된장'을 좋아하지 않으면 안된다고 요구하는 경우이다. 이러한 일방적인 소통의 요구는 민족주의와 지연·혈연의 정서가 매우 강한 한국사회에서는 정도를 달리하여 심미적, 윤리적, 종교적 지평에 이르기까지 다양하게 잔존하고 있다. 그래서 이러한 일방적인 요구는 가끔 정치적으로 악용되기도 하고, 집단이기주의의 도구가 되기도 한다. 이러한 사회는 근본적으로 진정한 소통을 위한 토대가 없는 사회이며, 자유로운 소통을 갈망하는 영혼들은 이러한 사회에서 숨을 쉴 수가 없다. 사실 오늘날 유행하는 용어 중 하나인 '톨레랑스'는 이러한 경직된 사회의 경직된 요구로부터 벗어나 자유를 획득하고자 하는 목적을 가진 용어이다. 나와 너의 다름과 차이를 인정하고, 이 차이를 서로 수용하고자 하는 인내를 의미하는 톨레랑스는 세계화된 사회에서는 가장 중요한 덕목으로 인지되고 있다. 사실 세계화라는 그 자체가 나쁜 것은 아니다. 무조건적인 '국수주의'도 '무비판적인 세계화의 찬양'도 유해하긴 마찬가지다. 진정한 세계화란 소통의 범위를 전 인류에게로 확대한다는 정신적인 이념을 반영해주고 있다. 중요한 것은 진정으로 서로 소통한다는 것이다.

진정한 소통은 모든 이를 벗이 되게 한다

키르케고르: 직접적인 소통의 불가능성이 그리스도의 고통의 비밀이다.

사람들 사이의 대화의 부족과 단절이 가져오는 공허감을 해결하기 위해서 현대사회에서는 대화를 보장하는 상업이 등장하기까지 한다. 대화를 위한 유료통신이 그 예이다. 하지만 좀 더 깊이 생각해보면, 점을 보는 철학관이나, 전문 상담가의 상담소 등도 사실상 대화와 소통의 부재를 메워주고자 하는 일종의 직업적인 '대화의 장소', '소통의 장소'라고 할 수 있다. 하지만 의사가 병을 치유해주기는 하지만 근본적으로 건강이란 자신의 삶의 변화로서만 획득할 수 있듯이 대화나 소통도 자신의 삶의 변화를 꾀하지 않는 한, 근본적으로 해결될 수 있는 문제는 아니다.

프랑스의 위대한 문호인 발자크는 "어떠한 사람에게도 어떠한 여자에게도 자신에게조차도 친구로서의 조언을 줄 수 있는 방법을 발견하지 못하였다"라고 말하였다. 이는 진정한 소통이란 곧 '친구'가 된다는 것을 의미한다. 물론 여기서 친구란 오랫동안 서로 함께해온 그러한 친구를 말하는 것이 아니라, 대화하는 자의 자세를 의미하는 정신적인 평등을 의미한다고 할 수 있다. 비록 순간적이고 잠시이지만, 비록 이전까지 한 번도 만난 적이 없던 사람일지라도, 진정 소통하기 위해서는 '친구'가 되어야 한다는 것을 의미한다. '친구' 혹은 '벗'이란 어떤 존재인가? 그는 곧 나와 동일한 지평에서 위아래가 없으며, 위선이나 가식이 전혀 없이 열려 있는 실존을 가진 '너'를 말한다. 참된 대화, 진정한 소통을 위해서는 벗이 되어야 한다. 벗이란 너무 가깝지도 너무 멀지도 않고, 예를 갖추어야 하지만 전혀 장벽이 없는 그러한 사람이다. 친구란 그를 좋아함에 있어서 '벗이기 때문에'라는 한 가지 이유만을 가진 그러한 사람이다. 벗은 나에게 아무것도 바라지 않으며, 어떠한 구속을 강요하지도 않으며, 어떠한 경계도 하지 않는다. 그래서 우리는 친구의 말은 쉽게 믿을수 있고, 친구가 하는 말은 무엇이든 받아들일 수 있다. 그래서 파스칼도 "설득의 기술은 설득하고자 하는 사람에게보다는 호감이 가는 사람에게 있다"라고 한 것이다. 사실상 모든 인간은 그만의 장점이 있고, 그만의 개성이 있다. 그래서 만일 외부적인 방해요소가 전혀 없다고 한다면 모든 사람은 모든 사람에게 어떤 호감을 가질 수가 있는 것이다. 등산을할 때, 사람들은 전혀 모르는 사람과도 쉽게 대화를 할 수 있고, 쉽게 친해질 수 있다. 그 이유는 '산'이라는 곳이 상징하는 '중립성'이다. 산이란도시와 마을을 떠나 있는 중립적인 지대, 즉 세속적인 모든 가치를 떠나있는 순수한 곳이다. 이러한 곳에서는 사람과 사람 사이를 가로막는 모든 관념, 나이, 지방, 빈부, 직업, 사회적 지위 등 모든 것이 사라지게 된다. 이러한 중립적인 곳에서 사람들은 오직 그를 '그로서' 볼 수 있게 되고 호감을 가질 수가 있게 되는 것이다.

성경에서는 "누구든지 어린이처럼 되지 않는다면 천국에 들 수 없다"라고 말하는 것은 바로 이러한 것이다. 즉, 사회적 삶이 인간에게 부여한 모든 인위적인 허울을 벗어버린 상태를 말한다. 5살 어린이에게는 어떠한 행동도 이해될 수가 있다. 왜냐하면 그에게는 이해를 가로막는 모든 사회적 관념이 아직 없기 때문이다. 그래서 어린이는 그 누구와도 벗이 될 수 있는 것이다. 만일 우리가 어린아이와 같은 마음을 가질 수 있다면 우리는 누구와도 벗할 수 있을 것이며, 누구와도 소통이 가능할 것이다. 마찬가지로 만일 우리가 진정 누구와 소통을 하고자 한다면 우리가 가진 모든 마음의 장벽을 치워야 하며 어린아이와 같이 되지 않으면 안 될 것이다. 그래서 만일 우리가 진정 누구와 소통할 수 있다면 우리는 그와 벗할 수 있을 것이다. 소통은 모든 이와 벗이 되게 하지만 그럼에도 누구에게도 '직접적인 소통'이란 것은 있을 수 없다. '너의 깊은 진실'은 결코 나에게 단김에 드러나거나 단숨에 이해되지 않는다. 그래서 진정 소통을 원한다면 소통을 위한 계획이 필요한 것이다. 누구나 쉽게 소통하기를 바라지만 그러나 소통은 결코 수월하게 이루어지지 않는다는 것이 인간성의 진실이기도 하다. 그리스도는 그토록 소통하기를 바랐지만 그가 벗이라고 부른 제자 중 어느 누구도 그 죽음의 순간에 곁에 있지 않았다. 그러나 그가 죽고 부활한 이후에야 그들은 비로소 그리스도와 진정으로 소통할 수 있었다고 말하고 있다. 대다수 위대한 예술가들에게서 그들의 죽음 이후에야 비로소 그들의 예술성이 진정으로 이해되었다는 사실은 하나의 상징적인 사건이다. 슈베르트Schubert, 브루크너Bruckner, 고흐나 고갱이 생존 시에 그들의 참된 면모를 전혀 이해받지 못하였다는 것은 진정으로 소통한다는 것이 얼마나 어려운 일인가를 말해주고 있는 실례이다. 하지만 세월이 흐른 지금은 수많은 사람들이 그들의 작품을 감상하고 그들의 삶을 추억하고 있다. 작품을 통해서 그들은 수많은 사람들의 벗이 된 것이다. 누구든 고흐를 이해할 수 있다면 그와 벗이 될 수 있을 것이며, 그리스도를 이해할 수 있다면 그리스도와 벗할 수 있을 것이다. 내가 누구인가를 진정으로 간직하고 있다면 나 역시 나를 이해하는 그 누군가와 벗할 수 있을 것이다.

8장

인간은
왜
예술을 추구하는가

"사람들은 실제 소나무를 보면서는
감응하지 않지만,
소나무를 그린 화가의 그림을 보고는
감탄을 한다."

– 파스칼 –

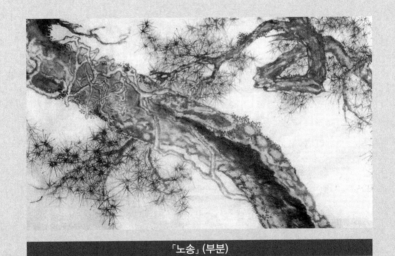

「노송」(부분)

왜 그런 것일까?

예술은 잠들어 있는 세계를 일깨우는 것이다

칼 휴즈만Carl Huseman: 문학의 존재 이유는 오직 한 가지다. 그것은 삶에 환멸을 느끼는 사람들을 구원하는 것이다.

장 라크로와Jean Lacroix: 그것이 어떤 사상이든지, 미와 진리를 배반하고는 인간을 해방시킨다고 주장할 수가 없다.

고흐: 색채와 명암은 얼마나 멋진 것이냐. 그것 앞에서 아무 느낌도 받지 못하는 사람들은 진정한 삶에서 동떨어진 채 지낼 것이다.

가스통 바슐라르Gaston Bachelard: 오늘날 우리에게 일용할 공복을 주옵소서!

키르케고르는 모든 인간행위의 근원적인 동기를 '권태'라고 하였고, 신이 세계를 창조한 이유도 '권태롭기 때문'이라고 하였다. 만일 그렇다면 예술을 하는 행위도 사실은 '권태롭기 때문'이다. 권태롭다는 것도 두가지가 있다. 아무 일도 일어나지 않고 지루한 일상이 반복된다는 것, 심심하고 따분하다는 것, 이것은 일상의 권태이다. 하지만 실존의 권태란 이와는 다르다. 정신없이 바쁘고 끊임없이 일이 발생하지만 그럼에도 무언가 공허하다는 것, 무의미하다는 것이다. 기쁨과 환희, 경탄과 경외의 감정이 사라져버린 일상의 분주함들, 이것이 곧 실존의 권태이다. 더나아가 환멸을 느끼게 하거나, 구토를 느끼게 하는 모든 현실이 곧 실존의 권태이다. 만일 예술이 권태를 극복하기 위한 한 방편이라고 한다면, 예술은 인간에게 상실된 이 실존적인 충만의 감정을 되찾아주어야 할 것이다. 하지만 허다한 전시회나 허다한 연주회를 다녀도 이러한 실존적인 충만을 되찾을 수 없는 것은 무엇 때문일까?

사실 일반인 중 예술에 관심을 가지고 예술을 즐겨 찾는 사람은 매우 드물다. 전시회를 보러가거나 연주회를 가는 사람은 전체 인구수에 비해서는 극소수라고 해도 과언이 아니다. 하지만 그렇다고 해서 이러한 현상이 일반인은 예술을 추구하지 않는다는 사실을 말해주는 것은 아니다. 사실 어떤 의미에서 전시를 보러 가고 연주를 들으러 가는 것은 예술을 추구하는 것과는 완전히 다른 것이다. 왜냐하면 대다수 사람들은 좋은 시간을 보내기 위해서 전시회를 가고 연주회를 가는 것이지, 예술에 갈증을 느끼기 때문은 아니기 때문이다. '좋은 시간을 보내는 것'과 '예술을 추구하는 것'은 전혀 다른 것이다. 전자가 일상의 권태를 이탈하기 위해서라면 후자는 '실존의 충만한 감정'을 되찾고자 하는 것이다. 그래서 예술은 오직 전문인들에게서만 추구되는 것도 아니며, 전시회나 연주회에서만 존재하는 것은 더욱 아니다. 예술은 우리가 경탄하고 전율하면서 우리의 실존의 갈증을 채우는 곳에는 어디든지 존재하고 있다. 아마도 이러한 예술에 대한 이념에 가장 적합한 사조가 있다면 그것은 '초-현실주의'일 것이다. 초현실주의 시인 앙드레 브르통André Breton은 "예술이란 현실적인 것 자체 속에서 초현실적인 것을 찾아내는 데에 있다"라고 하였다. 현실 안에 있는 현실을 넘어서는 무엇, 이것이 바로 초-현실적인 것이다. 그렇다면 무엇이 이러한 '초현실적인 것'인가? 사람들은 아무런 감동이나 감정이 없는 것보다는 차라리 슬프거나 분노하거나 어떤 진지한 내적인 감정을 원한다. 왜 그런가? 왜냐하면 이러한 감정들이 현실의 무료함으로부터 우리의 감정을 해방시켜주기 때문이다. 즉, 잠자고 있는 현실을 깨워주기 때문이다.

　예술인의 입장에서 보면 느낀다는 것은 가장 분명한 현실이고 가장 분명한 실재이다. 보고 듣는 것은 그것이 전혀 아무런 느낌이 없다면, 최소한의 감동도 선사하지 않는다면 사실상 실재의 껍질에 지나지 않는다. 그래서 전혀 아무것도 느끼지 못할 때는 침묵하는 것이 옳다. 왜냐하면 내가 말하고 있는 모든 것이 전혀 실재와 무관한 소음에 지나지 않을 것이기 때문이다. 이해한다는 것, 철학적 담론들을 통해서 이해한다는 것은 사실상 우리가 느낀 실재에 대해서 지성적인 지평에서 체계화하는 것에 지나지 않는다. 아름다움이 예술에서 중요한 이유도 바로 이 느낀다는 것이 예술에 있어서 소통이며 만남을 의미하기 때문이다. 아름다운 것은 우리의 관심을 유발하고 무언가를 느끼게 해준다. 하지만 단지 아름다운 것이 재현되어 있다는 것만으로는 예술이라고 하기엔 여전히 부족하다. 그렇지 않다면 봄날의 수많은 꽃이 모두 예술이 될 것이며, 미인은 곧 걸어 다니는 예술작품이 될 것이다. 입체파 화가인 조르주 브라크Georges Braque는 "학문은 안심하게 하지만, 예술은 동요하게 한다"라고 말하고 있는데, 이는 예술이란 우리의 마음속에 파문을 던지는 그 무엇이라는 말이다. 내 가슴속에 파고들면서, 무언가 전율을 느끼게 하거나, 깊은 평화를 일깨우거나 혹은 세계의 전혀 다른 모습, 전혀 다른 의미를 느끼게 해줄 때 나는 감동하게 된다. 한마디로 말해서 예술작품이란 잠들어 있는 세계를 일깨우는 그 무엇이다. 그것이 사물이든 자연이든 혹은 사람이나 도시의 모습이거나 예술은 잠들어 있는 그 무엇을 일깨워서 우리의 실존과 소통하게 하는 그 무엇이다. 진정한 만남, 사물의 외관이 아니라, 사물이 지니고 있는 깊은 본질, 즉 사물의 존재와 대면하도록 하는 것이 곧 예술작품이다. 진정한 실재와의 만남, 여기에 감동이 있고 심오함이 있다. 그래서 페르디낭 알키에는 "우리의 일반적인 사유나 가장 일상적인 고뇌 속에서 나타나는 세계는 존재가 아니라 존재의 표징signe에 지나지 않는 것"이라고 말하고 있다. TV 속의 드라마는 그것이 아무리 생의 고뇌를 잘 보여준다고 해도, 여전히 예술이라고 하기는 어렵다. 왜냐하면 그것은 실재의 표피만을 보여줄 뿐이기 때문이다. 진정한 실재, 그것은 우리의 영혼에 말을 건네고 우리의 마음에 떨림을 제공하는 현실 안의 또 다른 현실, 가장 깊숙이 파악된 현실을 의미한다. 예술가가 작품 속에서 제시하거나 담고 있는 것이 바로 이것이다.

하지만 무엇으로 이러한 현실 이면의 또 다른 현실을 발견할 수 있는 것인가? 그것은 곧 예술가들의 실존을 통해서이다. 고흐는 아무것도 아닌 '색채와 명암' 앞에서 굉장한 느낌을 받았고, 이러한 느낌이 없는 사람들은 '진정한 삶'과 동떨어져 사는 사람들이라고 하였다. 일반인이 무감각한 것에서 예술가의 실존은 환희와 전율을 느낀다. 왜 그런가? 여기서 우리는 잠들어 있는 세계란 사실 잠들어 있는 인간의 실존에 나타나는 세계임을 말해주고 있다. 만일 잠들어 있는 우리의 실존이 깨어난다면 세계는 곧 살아 있고, 말을 건네고, 무언가 신비로운 빛을 방산하는 '존재의 모습'으로 다가올 것이다. 예술이 가진 가장 숭고한 무엇, 그것은 무감각한 것들에게 의미와 열정을 부여한다는 것에 있다. 가끔 시인들의 시의 세계 안에서는 아무것도 아닌 것들이 빛을 발하고 있는 것을 볼 수 있다. '낡아빠진 고무신', '길가에 버려진 라면봉지', '구겨진 세금영수증', '도로가의 들풀' 등 모든 것이 마치 삶의 의미와 빛을 발하고 있는 것처럼 그렇게 느껴진다. 바로 잠들어 있는 세계를 시 속에서 살아 있는 세계로 바꾸어 놓았기 때문이다.

알프레드 히치콕Alfred Hitchcock은 "최소한 권태의 순간들에 있어서 극장은 삶이다"라고 하였다. 왜냐하면 무료하고 권태로운 현실, 혹은 환멸을 야기하는 현실은 사실상 진정한 삶이 아니기 때문이다. 그래서 때로는 현실이 곧 비-현실이고, 극장 안의 비-현실이 곧 현실처럼 느껴지는 것이다. 어떤 의미로 인간은 항상 현실과 비현실, 실재와 비실재의 중간에 살고 있으며, 이 두 세계를 오락가락하는 존재이다. 그리고 상황에 따라서는 현실이 비-현실로 여겨지고 비-현실이 현실로 여겨지는 역전을 체험하곤 한다. 학자들은 가끔 학회라는 것에 참석한다. 논문을 발표하고 열띤 논쟁이 벌어지기도 하지만, 공허한 탁상공론이 벌어질 때는 대다수가 그 시간이 매우 무료하고 무의하다는 것을 알고 있다. 그리고 그 시간들이 너무나 비-현실적으로 느껴지는 것이다. 이는 무슨 세미나를 하거나 동기들의 모임에서도 마찬가지다. 이러한 경우에는 차라리 영화관 속에서 벌어지는 '고뇌'와 '열정'을 감상하는 시간이 훨씬 더 현실처럼 느껴지는 것이다.

가스통 바슐라르는 "과학에 열중하는 낮의 인간과 시에 심취하는 밤의 인간이 있을 수 있다"라고 하면서 그럼에도 "사실은 이 두 인간이 동일한 하나의 인간에 속하는 것이다"라고 말하고 있다. 낮이란 모든 것이 분명한 시간이고 모든 것이 익숙한 공간이다. 하지만 밤은 이와 다르다. 밤은 모호하고 신비로운 시간이다. 낮에 보았던 익숙한 모습들이 사라지고 희미한 가로등 아래 들꽃들과 나무들이 전혀 다른 모습으로 다가온다. 밤은 시인에게 있어서 하나의 상징이다. 모든 사물이 새로운 모습으로 깨어나는 순간의 상징이다. 과학자들은 우리가 일상으로 마시고 있는 아무것도 아닌 물에서 산소를 추출하여 죽어가는 사람에게 공급해주고, 한의사는 아무것도 아닌 들풀의 뿌리에서 암을 치유하는 놀라운 신약을 개발해낸다. 마찬가지로 화가나 시인은 아무것도 아닌 일상의 풍경들 안에서 놀라운 생명력을 창조해내고, 우리의 마음에 파문을 던지며, 전혀 알지 못하고 느끼지 못한 것을 알게 하고 느끼게 한다. 그래서 장-기 렌스Jean-Guy Rens는 "그림이란 사람들이 모든 사물에 대해 가지는 꿈"이라고 말하고 있다. 일반인이 그냥 사물이라고 하는 것, 바위나 나무들 그리고 그냥 사람이라고 하는 존재들이 예술가들의 세계에서는 놀라운 생명력을 가지고 재탄생한다. 그림 속에 창조된 사물은 사물이 아니며, 사람은 그냥 사람이 아니다. 그것은 화가의 마음을 기쁘게 하고 영혼을 감동케 하는 '실재', 현실 안에 있는 현실을 넘어서는 그 무엇이다. 바로 이 때문에 사람들은 실제 소나무를 보면서는 감흥이 없지만, 화가의 그림 속의 소나무를 보면서는 감탄하게 되는 것이다.

어떤 의미에서 가장 위대한 작품이란 가장 현실과 동떨어진 것인지도 모른다. 그 그림은 아무도 볼 수 없고, 아무도 느끼지 못하는 가장 심오한 무엇을 일깨워놓은 것이기 때문이다. 그래서 이러한 예술가를 사람들은 '광인'이라고 부른 것이다. 이러한 관점에서 보면 "이 세상의 위대한 작품들은 항상 광인들에 의해서 창조되었다"라고 말하는 아나톨 프랑스Anatole France의 말은 과장된 것이 아닐지도 모른다. 고흐가 그러했고, 뭉크가 그러했고 또 단테가 그러하였다. 하지만 이러한 광인들의 눈에는 자신들이 창조해놓은 작품들은 가장 현실적이고 가장 실제적인 것이었다. 명나라가 청나라로 넘어가던 격동기의 중국에서 가장 위대한 화가였던 석도石濤 화상은 그림이란 "천지만물의 혼을 빼어내어 묘사함으로써 스스로 도취되어 자기의 심령을 기쁘게 하는 것"이라고 말한 바 있다. 사실 혼이란 볼 수도 만질 수도 없는 것이다. 그럼에도 자신을 도취케 하고 자신의 마음과 영혼을 기쁘게 하는 그 무엇, 이것보다 더 실제적인 것은 세상에 어디에도 없는 것이다. 그래서 만일 우리의 실존이 충분히 일상의 권태로부터 벗어나 있다면, 우리는 이 위대한 작품들 앞에서 가장 현실적이고 가장 실제적인 그 무엇, 우리의 마음속 깊숙이 다가오면서 우리의 마음과 영혼에게 말을 건네고 감동하게 하는 그 무엇을 맞이할 수 있을 것이다. 그것이 그림이든 시이든 소설이든 '진정한 예술작품'은 하나의 새로운 세계, 매혹적이고 의미심장한 '현실 안의 또 다른 현실의 세계'로 향하는 문인 것이다. 하지만 가장 값진 보석을 사기 위해서는 가장 비싼 값을 지불하지 않으면 안 된다. 그것은 우리가 보석처럼 소중히 하는 현실 혹은 실재라고 하는 모든 것에서 한 발짝 물러날 수 있어야 한다. 즉, 권태와 환멸을 야기하는 모든 일상의 세계에서 벗어날 준비가 되어 있어야 하고, 그렇게 되어야 한다. 그렇지 않다면 가장 위대한 작품들이 우리의 눈에는 광인의 광기의 산물에 지나지 않는 것처럼 보일 뿐이다. 영국이 낳은 비운의 천재 문호인 오스카 와일드는 "대중은 놀라울 만큼 인내성이 있다. 그들은 천재성을 제외한 모든 것을 용서한다"라는 역설적인 말을 한 적이 있다. 그렇다! 만일 대중이 대중으로 남아 있는 한, 이들의 실존은 결코 위대한 작품을 '현실적인 것'으로 수용할 수는 없을 것이다. 일상 속에 매몰되어 있는 권태로운 실존을 일깨울 수 있는 유일의 것, 그것은 권태로운 삶으로부터 우리를 탈출하게 할 진정한 삶에 대한 갈증이며, '진정한 실재'에 대한 갈증이다. 그래서 "오늘날 우리에게 일용할 공복을 주옵소서!"라고 기도하였던 가스통 바슐라르의 기도가 항상 의미심장한 영혼의 고백처럼 들리는 것이다.

 ## 예술은 삶의 감동에 대한 배움이다

베토벤: 내가 음악을 작곡하는 이유는 내 영혼이 감동하는 무엇을 필요로 했기 때문이다.

제임스 설터James Salter: 쓰이지 않은 모든 것은 사라지고 만다.

빅토르 위고: 감동한다는 것은 배운다는 것이다.

사람들은 누구나 감동하거나 감동받는 순간들을 좋아한다. 그런데 감동한다는 것은 무엇을 말하는가? 사람들은 어떤 때에 감동을 하는 것일까?

'감동感動'이란 어떤 것을 느끼고 마음이 움직이는 것을 말한다. 사람들은 누구나 인생을 살아가면서 최소한 몇 가지 감동적인 기억을 가지고 있다. 생전 처음으로 광활한 바다를 본 순간이라든가, 부모님의 헌신을 깨달았을 때나 첫 아이가 탄생하였을 때, 전혀 기대하지 않은 순간에 위대한 예술작품 보았을 때, 인간승리를 보여주는 불굴의 의지를 보았을 때 혹은 위대한 영웅이나 성인들의 삶을 읽었을 때 등등. 어떤 것에 감동을 한다는 것은 두 가지 측면에서 좋은 것이다. 우선 우리에게 감동을 주는 것이 그 자체로 '좋은 것'이기 때문이다. 무언가 우리의 마음을 건드리고 마음을 움직이게 할 만큼 탁월한 것이거나, 우리에게 큰 행복을 안겨줄 만큼 소중한 것이거나 혹은 평범한 범인인 우리에게는 도저히 불가능한 위대한 행위이거나 하는 것들은 그 자체로 매우 고상하고 가치 있는 것이다. 그다음으로는 감동한다는 행위 자체가 우리에게 매우 유익한 것이기 때문이다. 무엇에 감동한다는 것은 이 '무엇'과의 '내적인 교감'을 가진다는 것을 말하며, 교감한다는 것은 소통을 의미하며, 소통을 통해서 우리는 내적으로 성숙하고 새로운 가치를 유발할 수 있기 때문이다. 인간학의 창시자인 셸러는 "교감이 수동성을 극복하고 의지의 자발적인 행위로 이루어진다면 이것이 곧 사랑의 행위"라고 말하였다. 그리고 이 사랑의 행위는 사랑하는 대상에 대해 가치를 창조하게 된다. 나의 사랑의 행위를 통해서 내가 어떤 것에 아직 존재하지 않는 가치를 산출한다는 것, 이것이 인생에 있어서 가장 행복한 순간이 아닐까! 즉, 어떤 것에 대해서 감동한다는 것은 가치를 창조하는 윤리적 행위와 행복감이라는 존재론적 충만이 일체를 이루는 가장 이상적인 인간행위의 절정이다. 우리는 감동하는 순간보다 더 나은 어떤 순간을 상상할 수가 없다. 공자는 "아침에 도(진리)를 들으면 저녁에 죽어도 좋다!"고 하였다. 매일같이 일상으로 하는 일이 도(진리)에 대해서 논하는 사람이 왜 이러한 말을 하였을까? 그것은 단순히 도에 대해 논하는 것이 아니라, 도를 체험하고 그것에 감동하고 싶다는 말이 아닐까!

한 예술가가 작품을 산출하는 궁극적인 목적은 감동하고 감동을 주기 위해서이다. 전혀 감동이 없는 작품, 즉 전혀 아무 느낌이 없는 작품은 이미 예술작품이 아니다. 왜냐하면 진정으로 무엇을 느낀다는 것은 곧 최소한의 감동을 말하기 때문이다. 베토벤이 위대한 교향곡들을 작곡하였을 때, 누군가가 물었다. "당신은 어떻게 이렇게 감동을 주는 음악들을 작곡할 수 있었습니까?" 베토벤은 "그것은 내 영혼이 감동하는 무엇을 필요로 하였기 때문"이라고 답변하였다. 예술가에 따라서 자신의 예술행위가 가지는 목표는 다양하겠지만 가장 순수한 의미에서 모든 예술가는 자신이 감동할 수 있는 무엇을 산출하고자 한다. 왜냐하면 감동한다는 것이 바로 그들의 일상의 양식이기 때문이다. 석도 화상도 그림을 그리는 이유를 "스스로 도취되고 심령을 기쁘게 하기 위해서"라고 하였고, 고흐가 그림을 그린 이유는 '감동한 순간의 감정을 왜곡 없이 옮겨 놓기 위해서'였다. 예술행위의 가장 순수한 본질은 자신의 진정한 느낌을 작품을 통해서 구현하는 일이다. 감동하는 순간은 매우 짧겠지만, 이것이 작품으로 구현되었을 때, 이 감동은 영원하다. 그래서 그 형식이 어떠하든지 '진정한 감정', 즉 '감동'이 구현되어 있는 작품이야말로 훌륭한 작품인 것이다. 우리가 다른 예술가들의 작품을 보고 감동한다는 것은 인생의 진실을 깨닫는 순간이다. 왜냐하면 우리가 아무렇지 않게 보고 지나친 그 무엇의 가치를 생생하게 체험하게 되는 순간이기 때문이다. 그래서 빅토르 위고는 "감동한다는 것은 배운다는 것"이라고 한 것이다. 만일 우리가 존재하는 모든 것에 대해서 감동할 수 있다면 우리는 왜 창세기에서 신이 세상을 한 단계 창조할 때마다 "보기에 좋더라!"라고 하였는지 이해할 수 있을 것이다. 맹자는 '성선설'을 주장하였지만, 사실상 진정한 예술가라면 이러한 맹자의 사상에 불만을 품을 것이다. 왜 인간만이 선하단 말인가? 존재하는 모든 것의 본성이 선한 것이 아닌가? 우리에게 감동을 주는 그 무엇은 그 자체로 선한 것이 아닌가? 예술가는 사람들이 보지 못하는 이 세계의 선함을 보여주는 사람이며, 추하고 보잘것없는 것들이 가지는 무한한 가치를 증명하고 되살려주는 사람이다.

고흐가 가장 존경했던 화가는 밀레였다. 그는 후기에 밀레의 그림을 소재로 하여 많은 그림을 그렸다. 고흐가 밀레를 존경한 것은 밀레가 농촌과 농부들을 그리면서 밀레 자신도 농촌에서 직접 농사를 짓기도 하였기 때문이었다. 고흐는 "농부를 그리려면 자신이 농부인 것처럼 그려야 한다. 농부가 느끼고 생각하는 것을 똑같이 느끼고 생각하며 그려야 할 것이다"라고 하였다. 농부를 그릴 때는 농부가 되고, 소나무를 그릴 때에는 소나무가 되고, 나비를 그릴 때에는 나비가 된다. 이는 소위 '몰아일체'를 말하는 것이다. 대상과 인식주체의 이러한 완전한 일치는 과장된 것이겠지만 그럼에도 무엇을 그리는 화가라면 자신과 대상 사이의 교감과 소통을 통한 일치의 추구가 필연적인 것이다. 이러한 것이 화가와 그림 사이에 존재하는 '동일성'이다. 그래서 우리는 비록 고흐가 이 세상에 존재하지 않지만, 고흐의 그림들이 전시된 방을 소개하며 '고흐가 여기 있다!'라고 말할 수가 있는 것이다. 화가가 무엇을 그리든지 그림은 일종의 화가 자신의 모습을 반영하며, 화가 자신의 초상을 담고 있다. 들라크루아Delacroix는 풍경 화가들은 '산과 나무'를 그리는 것이 아니라, 산의 초상화, 나무의 초상화를 그린다고 하였는데, 이는 마치 인격과 인격 사이의 소통처럼 교감된 산과 나무를 그린다는 것이며, 나아가 산과 나무를 통해 자신의 어떤 것을 구현한다는 것을 말해주고 있다. 대상과 화가 사이의 일치가 직관과 교감을 통해서 이루어진다는 차원에서 걸작이란 보다 시간이 많이 걸리거나 보다 정성을 많이 들인 그림을 의미하지는 않는다. 걸작이란 때로는 많은 인내를 요할 수도 있고, 때로는 순간의 집중을 요할 수도 있다. 그것이 무엇이건 작가의 내면 깊숙이 체험된 그 무엇이 구현된 것이라면, 그래서 그 작품을 보는 이의 마음속에 무엇인가 말을 건네고, 파문을 던지고, 깊이 생각에 잠기게 하는 것이라면, 그것은 곧 감동을 주는 작품, 즉 걸작인 것이다. 만일 진정한 예술가라면 작품이 완성되는 순간에 이러한 자기 자신의 능력에 대해 스스로 감탄하고 감동할 수 있어야 할 것이다.

기계기술 문명이 고도로 발달된 오늘날의 현대인은 많은 것을 잃어버렸다. 그중 하나가 감동하는 방법이다. 아니 감동을 하는 방법이라기보다는 감동할 수 있는 실존의 토양을 잃어버렸다고 하는 것이 옳을 것이다. 기계기술 문명이란 본질적으로 신경과 감각을 자극하는 것으로 마음과 교감을 외면한다. 이러한 기술의 매체를 통해서는 '교감'이 불가능하다. 감동이 실재와의 깊은 교감에서 주어지는 데에 반해 첨단 기술들은 실재 대신에 가상의 실재를 제시하고 우리의 실존을 참된 실재들로부터 분리시킨다. 그래서 우리의 정신을 홀딱 빼놓는 놀라운 영화들은 있을지언정 '감동'을 주는 영화는 극히 드물다. 제라르 기에강Gérard Guégan은 "죽음은 우리로 하여금 살아가는 것을 배우게 한다. 그리고 모든 영화, 모든 소설, 모든 예술작품은 죽음에 참여하고 있다"고 하였다.

무엇이 죽음이며, 왜 모든 예술작품이 이 죽음에 참여하고 있다는 것일까? 사실 죽음이란 삶에 대비되는 개념이다. 죽음을 이야기하는 저작들은 사실상 삶을 이야기하기 위해서 죽음이라는 테마를 등장시킨다. 죽음은 상징적인 용어이다. 죽음이 상징하는 것은 곧 '상실'이다. 어떤 의미에서 과거의 잊힌 모든 것은 일종의 상실된 것이다. 왜냐하면 존재하는 것은 지금 현재의 것뿐이기 때문이다. 제임스 설터는 "쓰이지 않은 모든 것은 사라지고 만다"라고 하였다. 과거의 모든 것은 그것이 일기나 시나 소설로서 쓰이지 않는다면 결국 사라지고 말 것들이다. 즉, 작품으로 구현되지 않는 모든 과거는 일종의 상실이며, 또한 죽음인 것이다. 그러기에 상실될 과거를 작품으로 구현해놓은 모든 예술작품은 사실상 죽음에 참여하고 있는 것이기도 하다. 죽음에 참여함으로써 죽음을 삶으로 데려오는 것이다. 보다 문학적으로 말해 모든 진정한 예술작품은 '부활'을 얘기하고 있다. 우리의 기억 깊은 곳에서 상실되어가고 있는 과거를 부활시키는 것이다. 그리고 작품을 통해서 다시 생명을 가지게 된 과거는 새로운 현재가 된다. 사실상 죽은 자가 되살아나는 기적을 본다는 것보다 더 큰 감동은 없을 것이다. 이와 마찬가지로 잊힌 과거의 삶들이 작품으로 부활되고 있는 것을 본다는 것은 큰 감동을 유발한다.

🌿 예술은 탁월한 소통의 방식이다

셰익스피어: 작품이 거기에 있기 위해서는 작가가 정신을 지니고 있어야 한다.
톨스토이: 가장 위대한 예술작품들이란 모든 이에게 접근할 수 있고 이해할 수 있기 때문에만 위대한 것이다.

앙드레 말로André Malraux: 예술의 세계는 불멸성의 세계가 아니라 다만 변모의 세계이다.

들라크루아: 풍경 화가들은 나무, 산, 땅 등의 초상화를 그린다.

예술의 역할 중 하나가 소통이라는 사실은 너무나 상식적인 일이다. 하지만 예술은 단순한 소통이라기보다는 탁월한 소통의 방식이라고 해야 할 것이다. 인간의 언어가 본질적으로 소통을 위한 것이라고 한다면, 문학은 '소통'이라는 예술의 기능에 가장 가까운 예술이다. '글을 쓰는 행위'가 전문적으로 된다는 것은 곧 타인을 위한 글쓰기라는 것이며 이는 이미 하나의 예술적 행위이고 또한 하나의 소통을 위한 것이다.

그런데 소통이 탁월하다는 것은 무엇을 말하는 것인가? 소통에도 다양한 등급이 있을 수 있다. 단순한 정보의 교환을 의미하는 소통과 자신의 생각을 전달하는 소통 그리고 '자신인 것', 즉 자신의 깊은 본질을 전달하고자 하는 소통 나아가 개인과 개인 간의 소통, 개인과 특정 집단이나 계층과의 소통, 나아가 개인과 만인과의 소통 등이 있다. 소통은 소통하는 내용이 보다 내적이고 자기 자신의 본질적인 것일 때, 그리고 보다 보편적인 차원에서 이루어질 때 탁월하다고 할 수 있다. 셰익스피어는 "작품이 거기에 있기 위해서는 작가가 정신을 지니고 있어야 한다"라고 하였는데, 이는 글쓰기가 예술적이라는 것은 소통의 행위가 정신적인 차원에서 이루어진다는 것을 말하고 있다. 그리고 톨스토이는 "가장 위대한 예술작품들이란 모든 이에게 접근할 수 있고 이해할 수 있기 때문에만 위대한 것이다"라고 하였는데, 이는 작가의 정신이 모든 이와 소통 가능한 보편적인 차원에서 나타나고 있는 것을 의미한다. 그래서 오늘날 사람들이 예술작품에서 '작가정신'이라고 할 때, 이것은 정신적인 면에서 모든 이와 소통이 가능한 어떤 것을 의미한다. 물론 여기서 '모든 이'란 '한 사람도 예외 없이 모두'라기보다는 시간과 장소를 초월한 '인류 적인 것'을 의미한다고 할 수 있다. 즉, 글을 쓰는 행위가 예술적 지평에 있다는 것은 본질적으로 내가 알 수 없는 사람들, 나에게 전혀 알려지지 않은 얼굴들과 마주하고 있는 것을 전제한다. 이러한 의미에서 위대한 작품은 곧 만인을 염두에 둔 보편적인 것이라고 할 수 있다.

영화의 경우, 우리는 이를 두 종류로 분류할 수 있을 것인데, 하나는 시간을 보내기 위한 영화이며, 다른 하나는 삶을 이해하기 위한 영화이 다. 전자가 오락의 차원에 있다면 후자는 소통의 차원에 있다. 그리고 영화가 예술적이게 되기 위해서는 후자가 되어야 한다. 왜냐하면 이해 란 곧 소통을 의미하기 때문이다. 문학작품의 경우는 이해하도록 도와 주는 것과 잊어버리도록 도와주는 것이 있을 수 있다. 전자는 일반적인 문학의 경우라면 후자는 보다 탁월한 걸작이라고 할 수 있다. 사실 이해 하게 한다는 것과 잊어버리게 한다는 것은 동일한 맥락에 있는 것이지 만, 전자는 일반적인 소통이라고 한다면 후자는 보다 탁월한 소통이라 고 할 수 있다. 잘 산다는 것에는 여러 의미가 있을 수 있지만 그중 하나 로 '잊어버리는 것'을 들 수 있다. 삶을 고달프게 하고 힘겹게 만드는 여 러 요인 중 하나가 '무엇을 잊어버리지 못하는 것'이다. 가령 인간관계 에 있어서 우리가 잊어버리지 못하는 것은 '이해할 수 없는 것'이다. 어 떤 이가 나에게 무례함을 범했을 때, 내가 어떤 실수를 하였을 때, 어떤 갈등이나 오해가 남아 있을 때, 우리는 이러한 사실들을 잊어버리지 못 하고 정신이나 마음에 담아두면서 괴로워한다. 이러한 고통은 사실상 소통의 단절을 의미한다. 그리고 이는 우리가 흔히 '문제'라고 하는 것이 다. 어떤 의미에서 삶의 연속은 문제들의 연속과 같고, 인간적인 삶이란 문제를 유발하고 문제를 해결해가는 연속적인 과정이다. 그런데 우리가 어떤 이해할 수 없는 사태를 분명하게 이해하고 납득하는 순간에 이르면 이미 그것은 문제로서는 해소되고 만다. 문제가 소멸된다는 것은 곧 정신의 해방과 마음의 평화를 의미한다. 우리의 정신적인 고통을 해결해주고 마음의 평화를 되찾아주는 작품들이야말로 진정한 작품이며, 이미 예술적인 것이다.

루이즈 포르탈Louise Portal은 탁월한 글의 특성을 3가지로 요약하고 있는데, ① 글을 쓴다는 것은 자기 자신과 다른 사물들, 모든 순간들 그리고 다른 사람들을 사랑으로 연결하는 순간이며, ② 매일의 삶에 있어서 평행하는 다른 하나의 삶을 산다는 것이며, ③ 영혼과 영혼의 움직임을 정화하는 항아리와 같은 것이라고 말하고 있다. 이러한 글쓰기는 사실상 글쓰기의 예술적 특성을 말해주고 있는 것이다. 부조리를 말하는 철학자들은 인생이란 본질적으로 '부조리한 것'이라고 생각하는데, 이러한 삶의 부조리는 우리로 하여금 수많은 정신적인 문제를 마음의 고통으로 안고 살아가게 하는 장본인이라고 할 수 있다. 하지만 인생이 그 자체로 부조리라고 하더라도, 예술은 이러한 부조리한 인생에 하나의 질서를 부여해주고, 최소한 나의 정신적인 삶을 보다 조리 있고, 납득 가능한 삶으로 만들어 준다. 인생이란 문제들의 연속이라고 할 때, 평범한 사람들의 하루는 많은 문제들을 가지고 사는 삶이라고 할 수 있다. 그리고 일기를 써본 사람은 이러한 문제들이 글을 쓰는 행위와 함께 소멸됨을 알 수 있다. 일기를 쓰는 동안 우리는 하루 동안의 삶을 정리하는 시간과 납득할 수 없는 일들을 납득하는 시간과 복잡한 정신적인 문제들을 정리하는 시간을 가질 수 있다. 즉, 일기는 매우 불완전하게 살아온 하루에 새로운 질서를 부여하고, 납득할 수 없는 일들이 자신의 내면세계에서 납득가능한 일로 변모해가는 현실과 평행하는 또 하나의 새로운 삶을 경험하게 하고, 보다 완전하게 살도록 해준다. 그래서 제대로 된 글쓰기는 우리의 정신과 마음에 평화를 주며, 환멸과 불쾌감을 느끼는 세상에 대해 이해와 연민을 낳게 하면서, 우리의 영혼을 정화하는 시간이 되는 것이다. 어떤 의미에서 문학의 세계란 새로운 세계를 창조하는 것이 아니라 주어진 세계, 체험된 세계를 보다 완전한 세계로 변모시키는 세계이다. 그래서 앙드레 말로는 "예술의 세계는 불멸성의 세계가 아니라 다만 변모의 세계이다"라고 한 것이다. 그래서 진정한 문학작품을 읽고 있는 사람은 이미 혼자가 아니다. 왜냐하면 이는 고독한 작가의 세계가 아니라, 체험된 세계 모두가 함께 경험한 공감할 수 있는 세계이기 때문이다.

그런데 회화의 세계에 있어서 소통은 문학의 세계와는 다른 방식으로 이루어진다. 피카소는 "하나의 그림은 오직 자신을 포용하는 시선들이 있을 때만 생명을 가질 수 있다"고 하였고 들라크루아는 "풍경 화가들은 나무, 산, 땅 등의 초상화를 그린다"라고 하였다. 이러한 진술들은 모두 회화란 그 자체로 하나의 살아 있는 인격과 같다는 말이며, 본질적으로 소통 중에 있는 무엇을 의미하는 것이다. 사실상 회화는 이해하는 것이 아니라 느끼는 것이며, 감탄하는 무엇이다. 좋은 그림이란 바라보는 사람에게 말을 건네고, 마음에 파문을 일으키고, 무언가를 느끼게 해주고 이를 통해 우리의 내면에 어떤 열정이나 평화나 환희의 감정을 불러일으키는 것이다. 이는 마치 그리운 벗, 애타게 만나고 싶은 사람을 만난 순간에 비유할 수 있다. 진정 그리운 사람을 만난 순간, 우리는 말이 소용이 없음을 알게 된다. 왜냐하면 바라보는 것만으로 충분하기 때문이다. 가장 친근한 사람, 가장 만나고 싶은 사람들 앞에서는 말이 필요가 없으며, '침묵'이 가장 많은 것을 말해준다는 것은 자주 체험할 수 있는 일이다. 그를 바라보고, 그를 느끼며, 그를 음미하는 것이 말을 하는 것보다 훨씬 더 중요하기 때문이다. 우리가 바라보고 느끼는 그 무엇, 그것은 곧 그의 '실존'이며 그의 '생명'이다. 그래서 회화에서 무엇보다 소중한 것은 생명이다. 회화에서 중요한 것은 회화를 살아 있게 한다는 것이며 생명을 불어넣는 일이다. 그림이 생명을 가지고 있다는 것, 이는 이를 통해서 그림이 마치 하나의 인격체와도 같이 직접적인 소통을 가능하게 한다는 것이다. 문학이 체험된 삶을 이해하게 한다면, 회화는 그 자체로 하나의 체험의 장을 형성한다. 이러한 직접적인 소통은 특히 '초상화'의 경우에 보다 분명하게 부각되는 것인데, 미학자 르네 위그René Hugues는 "초상화란 삶에 대한 체험의 직접적인 흔적"이라고 하였다. 증명사진이 한 사람의 외관을 제시한다면, 그림은 한 사람의 본질을 재현해주고 있다. 즉, 초상화는 그의 삶을 가늠하게 해주며, 그의 고뇌나 그의 환희, 그의 열정을 느끼게 해준다. 그리고 이러한 초상화가 화가 자신일 경우에, 즉 '자화상'일 경우에는 더욱 분명하게 드러난다.

일반적으로 화가들이 자신의 초상화를 그리는 경우는 자신의 삶을 매듭짓고자 할 때이다. 마치 대나무가 성장하기 위해서 마디가 필요하듯이 화가는 자신의 한 시기를 지나고 새로운 형식의 삶을 시작할 때, 초상화를 통해서 자신의 삶을 요약하는 것이다. 이는 마치 문학자가 자신의 자전소설을 통해서 한 시기를 마감하는 것과 유사하다고 하겠다. 고흐는 자화상을 가장 많이 남긴 화가로 인정되고 있다. 그는 자신의 자화상을 무려 50여 점 이상을 남겼다. 그만큼 그의 삶이 파란만장하고 굴곡이 심했으며, 그는 자신의 삶을 끊임없이 새롭게 시작하려고 노력했다. 많은 사람이 고흐의 그림들에 찬탄하지만 또 많은 사람이 그의 그림을 외

「렘브란트의 두 얼굴」, '렘브란트'로부터

네덜란드가 낳은 빛의 마술사라고 불리는 렘브란트Rembrandt는 많은 초상화를 그린 화가이다. 초기에 그는 유망한 젊은 화가로 인정받았고 귀족들은 그에게 자신의 초상화를 의뢰하였다. 하지만 「야경」이라는 그림을 그린 이후 세간의 혹평과 비판이 뒤따랐고 이후 그는 세간에서 잊힌 화가로 힘거운 길을 걷게 된다. 그의 초기 자화상은 안정되고 영감에 찬 모습을 보여주고 있으나, 후기의 자화상은 불안하고 현실에 쫓기는 듯한 격동기의 모습을 잘 보여주고 있다. 이 그림은 초기와 후기의 두 초상화의 특징을 하나의 작품으로 보여주고 있다.

면하기도 한다. 이러한 현상은 지극히 당연한 것이라고 할 수 있다. 왜냐하면 그의 그림들은 그의 분신과도 같은 것이기 때문이다. 이 세상에 누구나 좋아하는 인물이 없는 만큼 고흐라는 특정한 인격을 좋아하는 사람이 있는가 하면, 싫어하는 사람도 반드시 있기 마련이다. 하지만 그렇다고 해서 회화를 단지 한 개인의 좋고 싫은 심미적인 특성에 따라서 판단해서는 안 된다. 이는 마치 한 개인의 인격이 다른 한 개인의 기호에 따라서 그 가치가 판단되어질 수 없는 것과 동일한 이치이다. 안톤 체호프Anton Chekhov는 "예술작품들은 두 가지 종류로 분류되는데, 내 마음에 드는 것과 들지 않는 것이다. 나는 이것 외 어떤 다른 기준도 알지 못하겠다"라고 하였는데, 이러한 진술은 '미적 판단이란 한 개인의 주관적인 기호에 달린 것'이라는 칸트식의 견해를 대변하는 입장이다. 하지만 단순한 심미적인 판단과 예술작품에 대한 판단은 구별되어야 한다. 회화를 단순히 한 개인의 심미적인 판단에 의해서 평가한다는 것은 '회화의 인격성'에 대한 무지를 드러내는 것이다. 최소한 그것을 예술작품이라고 볼 수 있는 회화는 단순히 심미적인 것을 묘사해놓은 것이 아니다. 그것은 화가의 인격성이 그리는 대상에 투영해놓은 것이며, 따라서 일종의 초상화이다. 그러기에 위대한 작품이라고 하여 반드시 내가 감탄하고 사랑할 수 있는 것은 아니다. 어떤 작품들은 감탄하지만 사랑하지 않을 수 있으며, 또 어떤 작품들은 사랑하지만 감탄하지 않을 수 있다.

예술에서의 소통은 다른 하나의 지평을 가지고 있다. 그것은 '진실한 것', '참된 것'을 추구하고 전달하는 예언자적인 메시지의 소통이다. 이브 나바르Yves Navarre는 "예술의 신비는 모든 것이 거짓일 때, 정확하게 경고음을 울린다는 것이다"라고 말한 바 있다. 한 사회가 심각하게 타락하거나 왜곡되어 있을 때, 시인이나 화가들은 그들만의 방식으로 사회의 타락성과 불의를 고발하는 것을 볼 수 있다. 특히 회화의 경우 이러한 사회고발은 화가들의 직접성과 내적 자발성을 통해서 표출되는데, 대다수의 표현주의 회화들은 이러한 내적인 자발성을 표출하는 것으로 사회고발적인 작품을 산출하게 된다. 가끔 우리는 신문의 칼럼이나 사설에서 상식적으로 납득이 가지 않는 사회적 현상을 교묘하게 미화하거나 정당화하는 모습을 보곤 하는데, 회화는 그럴 수가 없다. 언어나 글은 거짓말을 할 수가 있겠지만, 그림은 거짓말을 할 수가 없기 때문이다. 화가들의 내적인 자발성은 자신들이 보고 느낀 대로, 직접적인 체험을 그리는 것이며, 그렇게밖에 그릴 수 없는 방식으로 그림을 그리게 된다. 특히 인상주의 회화에서 두드러지는 이러한 화가의 '내적인 자발성'은 작품과 화가의 내면 사이의 동일성을 말하는 것으로 고흐에게 이러한 '동일성'은 생명과 같은 것이었다. 고흐는 "내 그림에는 내 심장에서 바로 튀어나온 무엇이 들어 있다"라고 하였다. 이러한 화가와 작품 사이에 있는 동일성 때문에, 고흐의 작품들이 바로 고흐 자신이라고 말할 수 있는 근거가 되는 것이다. 표현주의에 이르면 이러한 내적 자발성이 극에 달한 모습으로 나타난다. 표현주의에서 작품은 화가 자신이라기보다는 화가의 순간적인 감정이나 격정을 여과 없이 표출해준다. 뭉크의 그림들은 대개가 이러한 내적 감정의 여과 없는 표출처럼 나타나고 있는데, 작품들이 가끔은 매우 괴이하고 바라보기에 힘겨운 형상으로 나타나고 있다. 사실상 이러한 그림들은 미학적 차원에서 '아름다움의 요소'를 거의 배제한 모습으로 나타나기에 당대에는 대중들의 호응을 얻기가 매우 어렵다. 하지만 시간의 흐름과 함께 대중들은 이러한 '괴이한 형상'에 숨겨져 있는 화가의 의중을 알게 되고, 이러한 그림들을 긍정적인 시선으로 바라보기 시작하게 된다. 즉, 자신들의 사회가 지닌 '거짓과 위선', '불의와 허

뭉크의 절규

2012년 5월 3일 뉴욕의 〈소더비 경매장〉에서 1억 1992달러(1355억 원)라는 엄청난 액수에 낙찰된 뭉크의 절규는 표현주의 작품이다. 그런데 뭉크의 절규는 무엇을 절규하고 있는 것일까? 어떤 사람은 뭉크 자신의 비극적인 삶을 표현한다고 하고, 어떤 사람은 낙태당한 태아들의 절규를 말한다고 하고, 또 어떤 사람은 산업혁명 이후 위선과 타락으로 가득 찬 현대사회의 비인간적인 모습을 절규하는 영혼의 모습을 그리고 있다고 평가하기도 한다. 그 해석이 어떠하든 거짓과 위선 혹은 허상과 가식으로 포장된 현실을 고발하는 작품임은 분명한 것이다.

「뭉크의 절규로부터」

상'들을 동감하고 자각하기 시작하는 것이다. 그렇기 때문에 가끔 사회가 매우 왜곡된 모습으로 나타날 때, 오히려 '영화가 실제의 장소요, 진정한 삶의 장'처럼 보이는 것이다.

문학의 경우 현실을 고발하고 진정한 삶에 대해 각성을 촉구하는 작품들은 대개가 처녀작이라고 일컫는 첫 작품에서 나타나곤 한다. 에릭 네호프Éric Neuhoff는 "사람들은 자주 자신의 첫 작품을 마치 하나의 유서처럼 쓰게 된다"라고 말하고 있다. 죽음을 앞둔 사람이 거짓을 말할 리가 없다. 그래서 누군가의 유서는 진실처럼 받아들이게 된다. 그래서 이러한 작품들을 읽고 있노라면 자신으로부터 떠나고 싶고, 여행을 하고 싶은 느낌을 받게 된다. 왜냐하면 작품을 통해서 나 자신이 처한 부조리한 세계 그리고 그 속에 얽혀 있는 내 영혼의 추한 모습을 비로소 자각하게 되기 때문이다. 이는 또한 우리가 처한 현실도 작품 속에서 작가가 말하고 있는 현실과 다르지 않다는 것을 인정하게 된다는 것이다. 우리가 이러한 진실을 말하고 있는 작품에 감탄할 수 있는 것은 바로 나 자신의 현실, 나의 삶에 대한 평가가 작품을 읽으면서 동시에 이루어지기 때문에 가능한 것이다. 작품을 통한 나 자신의 현실에 대한 공감, 이것이 또한 진실을 통한 소통인 것이다. 그래서 '진정한 작품들에는 벌꿀을 첨가하는 것이 아니라, 소금을 첨가해야 한다'는 옛 금언이 항상 진실로 와 닿는 것이다.

예술은 영혼들을 쉬게 하는 피난처이다

프랑수아 지루Françoise Giroud: 완성된 작품 안에는 항상 심오하게 마음을 움직이는 무엇이 있다. 여기서 우리의 마음이 휴식을 취하게 된다.

옛 금언: 성자聖者는 황야로 도망가고 예술가는 이상 속에 숨는다.

곰브리치Gombrich: 예술가란 양 떼들과 분리된 한 마리 양과 같다.

인간의 삶을 구성하고 있는 두 가지 요소는 일과 휴식이다. 늘 일만하고 살 수도 없고 늘 휴식만을 취하면서 살 수도 없다. 휴식 없는 삶도, 일 없는 삶도 진정으로 사는 것이 아니다. 잘 산다는 것은 일과 휴식이 조화를 이루는 삶을 말한다. 그런데 인간에게 휴식이 필요한 것은 육체만이 아니다. 정신 혹은 영혼도 휴식이 필요하다. 사실상 현대인의 가장 심각한 문제는 정신적인 휴식 혹은 영적인 휴식을 가질 능력이 없다는 데 있다. 현대인에게 있어서 휴식은 또 다른 노동이며, 정신의 끊임없는 혹사는 스트레스의 주범이며, 스트레스는 또한 온갖 종류의 병의 원인이 된다. 특히 한국인은 암 사망률과 중년의 돌연사가 OECD 국가 중 1위를 기록하고 있다. 그만큼 스트레스가 많은 사회임을 말해주고 있으며, 이는 결국 한국인이 정신적인 휴식을 취하지 못하고 있다는 것을 암시하고 있다. 그런데 이러한 사회적 상황이 꼭 현대사회의 모습인 것만은 아닌 듯하다. "성자聖者는 황야로 도망가고 예술가는 이상 속에 숨는다"라는 옛 금언은 이러한 상황을 잘 대변해주고 있는 것이라 하겠다. 상식적인 시각으로 보면 휴식이란 새로운 행위를 위한 '재충전'의 시간으로 보이겠지만, 어떤 관점에서 보면 오히려 행위의 목적이 곧 휴식이라고 할 수 있다. 즉, 사람들은 휴식을 위해서 일을 한다는 것이다. 이는 일을 하지 않으면 휴식도 없다는 것이며, 진정 잘 살지 못한다면 결코 진정한 휴식이 주어질 수 없다는 것과 같다. 서양 영성의 아버지라 일컫는 아우구스티누스는 "내 영혼이 신의 품에 안기기 전까지는 진정한 휴식이란 없다"고 하였다. 즉, 인생의 마지막 목적이 곧 신의 품 안에서 휴식하는 것이라는 말이다.

종교의 목적이 세파에 찌든 영혼을 쉬게 하고, 궁극적으로 영혼을 신의 품 안에서 혹은 해탈의 장소에서 완전한 휴식을 취하게 하는 것이라면, 예술 또한 영혼에게 휴식처를 제공하는 것이라고 할 수 있다. 종교가 궁극적인 휴식을 지향한다면 예술은 삶 안에서, 여정의 과정 안에서 잠정적인 휴식을 주는 것이라고 할 수 있다. 예술이 휴식을 제공하는 것이라는 생각은 쉽게 접할 수 있는데, 롤랑 바르트Roland Barthes는 『비판이란 무엇인가』에서 "문학은 걸음걸이를 도와주는 것이 아니라, 숨을 쉴 수 있도록 도와주는 것"이라고 말하였고, 프랑수아 지루는 『세상의 소문』에서 "완성된 작품 안에는 항상 심오하게 마음을 움직이는 무엇이 있다.

여기서 우리의 마음이 휴식을 취하게 된다"라고 하였다. 마음을 쉬게 한다는 것은 무엇일까? 그리고 왜 마음은 마음을 움직이는 것에서 휴식을 취할 수 있는 것인가? 마음을 움직인다는 것은 감동을 준다는 것이다. 감동할 때 사람들의 마음은 휴식을 취한다. 마음의 휴식은 육체의 휴식과는 다르다. 육체의 휴식은 아무것도 하지 않는 것을 의미하지만 마음의 휴식은 '안식처'에 거한다는 의미를 지니고 있다. 그런데 '안식처'란 무엇인가? 안식처란 그곳에서 안정과 의미를 가지고 정착할 수 있는 곳이라는 의미이며, 이는 또한 방황을 멈춘다는 말이다. 고향을 떠나 세상을 떠돌아다니는 것을 '방황'이라고 한다면 마음의 방황이란 '마음의 고향'을 떠나 여기저기로 기웃거린다는 것을 말한다. 그것을 통해서 인생 전체가 의미와 목적을 가지게 되는 그러한 자기세계를 가지지 못한 사람들의 마음은 한 곳에 정착할 수 있는 무엇이 없다. 그래서 모든 사람은 어느 정도 마음의 방황을 경험하고 있다. 특히 마음의 고향을 상실해 버린 것 같은 현대인에게 이러한 마음의 방황, 정신적인 방황은 매우 심각하다. 스트레스가 많고, 중년의 돌연사가 유달리 많은 한국의 현대사회는 그만큼 정신적인 방황, 마음의 방황이 심하다는 것을 의미한다. 하지만 이러한 마음의 방황은 진정 자신이 감동할 수 있는 무엇이 주어질 때 휴식을 취할 수 있다. 감동한다는 것은 무의식중에나마 우리가 애타게 바라는 그 무엇을 발견하였음을 의미한다. 감동이란 꼭 위대한 무엇, 거대한 무엇을 전제하는 것이 아니다. 아주 작은 풀꽃 하나가 우리에게 감동을 주기도 한다. 오래된 한국 영화에서 꼽추가 된 어린 소녀가 빨리 죽어서 삶의 고통으로부터 벗어나고 싶다고 선생님에게 고백을 하는 장면을 본 적이 있다. 그러자 선생님은 길가의 큼지막한 돌을 들어낸다. 돌 밑에는 몸이 구부러진 노란 새싹들이 보인다. 선생님은 그 새싹들을 소녀에게 보여주면서 이렇게 말하였다. "보아라, 생명이란 이러한 것이다. 자신이 어떠한 모습, 어떠한 상황에 처하든지 최선을 다해서 살아가고자 하는 것이다. 생명의 의무, 그것은 주어진 생명을 최선을 다해서 살아가는 것이란다." 그러자 아이는 눈물을 흘린다. 바윗돌에 짓눌려 몸이 구부러지고, 태양빛을 받을 수가 없어서 노랗고 연약하게 된 몸으로 최선을 다해 살아가는 그 풀꽃에서 자신의 모습을 본 것이다. 그 장면에서 나 역시 마음이 뭉클하며 감동을 느낄 수 있었다. 왜냐하면 삶의 진실을 보았기 때문이었다. 내 마음은 그 장면에서 떠날 수가 없었고, 영화가 끝나도 오랫동안 내 마음속에 여운으로 남아 있었다. 사실은 내 마음이 그 장면에서 떠나기가 싫었다. 왜냐하면 그 장면이 내 마음에 깊은 휴식을 제공하고 있었기 때문이었다.

몽테스키외Montesquieu는 "한 시간의 독서는 삶의 환멸에 있어서 가장 최상의 약이다"라고 말하였는데, 사실상 이는 사실도 거짓도 아니다. 만일 우리가 우리의 마음에 휴식을 제공하는 무엇을 독서를 통해 발견하였다면 이 말은 진실이 되겠지만, 그렇지 못하다면 10시간의 독서를 통해서도 우리의 마음을 치유할 수 있는 묘약을 발견할 수는 없을 것이다. 하지만 만일 그것이 무엇이든 우리에게 감동을 주고 우리의 마음에 안식처를 제공하는 그 무엇을 지니고 있다면 그것은 이미 예술작품이다. 진실로 '참된 것', '올바른 것', '진실 된 것'을 추구해본 사람이라면 우리가 살고 있는 이 현실은 결코 이러한 우리의 갈망에 충분히 응답하지 못하고 있음을 체험할 수 있다. 그래서 플라톤은 이 세계란 진정한 세계의 '복사물'에 지나지 않는다고 생각한 것이다. 예술이 우리에게 휴식처를 제공한다면 예술은 우리가 세상의 환멸을 잊을 수 있을 만큼, 나아가 우리가 환멸을 가지는 세상을 다시 사랑할 수 있을 만큼 강력한 무엇이어야 한다. 이는 세상이 줄 수 있는 것과는 분명 다른 무엇이며, 현실 안에서 현실 이상의 것을 체험할 수 있는 무엇이어야 한다. 슈만Schumann은 "음악은 우리로 하여금 저편세계와 담화하도록 허락하는 것"이라고 하였고, 피에르 모나르Pierre Bonnard는 "예술작품이라는 것은 일종의 시간의 정류소"라고 하였다. 이러한 진술들은 모두 예술이 현실보다 탁월한 것, 혹은 현실 이상이라는 것을 의미한다. 진정한 예술작품을 앞에 두었을 때, 우리는 세상을 잠시 잊을 수 있다. 왜냐하면 그곳에는 세상이 우리에게 보여주고 우리에게 말하고 있는 것보다 더 참된 것, 더 진실 된 것, 더 심오한 것, 더 의미심장한 것이 있기 때문이다. 비록 잠정적이기는 하지만 이러한 작품 앞에서 우리는 깊은 마음의 휴식을 취할 수 있다. 종교가 진리를 확약하는 것이라면, 예술은 진리를 표상하는 상징이다. '확약'이 희망과 기다림을 의미한다면, '표상'은 음미를 의미한다. 예술이 지금, 현재에 무엇인가 휴식을 제공한다는 의미에서 진정한 예술은 종교보다 유용한 것이다. 만일 지금, 현재 영혼의 휴식을 제공하는 종교적인 무엇이 있다면, 이는 이미 종교적인 예술이다. 진정한 의미의 상징이란 잠들어 있는 우리의 실존을 깨우게 하고, 우리의 마음을 움직이며, 우리에게 영적인 휴식을 제공하는 무엇이다. 그러기에 폴 리쾨르는 "상징이 살려면 우상은 죽지 않으면 안 된다"라고 한 것이다. 종교적인 의미의 '우상'이란 '거짓 신'을 신으로 표상한 일체의 것을 말한다. 반면 예술에서 우상이란 전혀 마음을 움직이지 않는 '상징', 즉 내면성이 부재하는 '거짓 추상'을 말한다. 심오한 무언가를 지닌 것같이 보이기 위해서, 의도적으로 외형을 왜곡하는 현대의 추상화들은 모두 일종의 우상들이다. 추상화의 선구자인 칸딘스키Kandinsky는 추상화에서 중요한 오직 한 가지는 화가의 '내적인 진정성'뿐이라고 하였다. 왜냐하면 이러한 내적인 진정성만이 사람의 마음을 움직이게 하고 정신적인 휴식을 제공할 수 있는 무엇이기 때문이다.

진정한 작품이 '피안'을 제공한다는 의미에서 진정한 예술가들의 영혼은 늙지 않는다. 이들은 자신의 영혼을 늙고 병들게 하는 세속으로부터 물러나 자신의 작품세계에 거주하고 있기 때문이다. 헨리 존슨은 "화가는 자신의 그림들만큼의 나이를 가지고 있으며, 시인은 자신의 시들만큼의 나이를 가지고 있고, 영화 예술가는 자신의 영화만큼의 나이를 가지고 있다. 오직 어리석은 자들만이 그들의 동맥의 나이를 가지고 있다"라는 멋진 말을 하였다. 굳이 '시간의 상대성 원리'를 언급하지 않아도, 정신이나 마음 혹은 영혼은 물리적인 시간의 지배를 받는 것이 아니라, 자신의 세계, 내면적이고 정신적인 세계의 지배를 받는다는 것은 부정할 수가 없다. 그래서 세상과는 다른 자신들의 내면세계를 가지고 있는 예술가들에게 있어서 젊음은 육체적인 나이에 달려 있지 않다. 항상 새로운 것에 호기심을 가지고, 항상 보는 일상의 사물과 자연 안에서 새로운 의미와 아름다움을 통찰하고, 자신의 마음에 감동을 선사할 새로운 작품을 구상하며, 권태로운 현실을 초월할 수 있는 현실 이상의 지평을 갈망하는 예술가의 영혼은 언제나 젊음을 간직한 영혼인 것이다.

작품이란 것은 결코 기술이나 기교만으로 산출되지는 않는다. 보이는 것의 이면에서 보이지 않는 의미를 통찰하고 느낄 수 있는 예술가의 실존이 없다면 기술만으로는 결코 진정한 작품을 산출할 수가 없다. 이브 테리올트Yves Thériault은 "시인들은 영혼을 통해서 시인인 것이지 앎을 통해서가 아니다. 박학함은 거의 시인을 탄생시키지 못한다"라고 하였다. 이는 감동은 영혼을 통해서만 야기할 수 있는 것이기 때문이다. 즉, 내가 감동할 수 없는 것은 남도 감동할 수가 없다. 그렇기 때문에 진정한 예술가이고자 하는 사람은 대중 혹은 벗들로부터 분리되는 고독을 감수하지 않으면 안 된다. 『멋진 신세계』의 저자인 헉슬리Huxley는 "너는 고독할 것이다. 왜냐하면 문화라는 것 역시 하나의 감옥이기 때문이다"라고 하였고, 중세 미학의 대가인 곰브리치는 "예술가란 양 떼들과 분리된 한 마리 양과 같다"라고 하였다. 이러한 진술들은 진정한 예술가가 되기 위해서 혹은 참된 작품을 산출하기 위해서는 대중으로부터 분리되는 고독이 필연적으로 요청된다는 것을 말해주고 있다. 하지만 조금만 더 깊이 생각해본다면, 고독은 오직 예술가들의 몫은 아니다. 사실상 무리로부터 분리되든지 무리와 함께하든지 고독하다는 것은 마찬가지다. 왜냐하면 고독이란 진정한 소통과 교감의 부재에서 발생하는 인간존재의 근원적인 문제이지 무리와 함께한다고 해결될 수 있는 것은 아니기 때문이다. 그런데 군중 속의 고독과 예술가들의 고독은 차원이 다른 것이다. 군중들의 '함께함'이 고독을 잊기 위한 '무리짓기'라고 한다면, 예술가의 고독은 고독을 극복하기 위해 스스로 선택한 '자발적인 고독'이라고 할 수 있다. 즉, 예술가들은 끝내 닥쳐올 고독을 피하기 위해서 무리로부터 이탈하는 고독을 스스로 선택한 것이다. 즉, 피안으로서의 예술은 문화라는 구속을 벗어나기 위한 몸짓에서 탄생하며, 지속적인 투쟁을 통하여 생명력을 얻으며, 결국 자기세계라는 완성을 통하여 휴식을 취하는 것이라고 할 수 있다. 이러한 휴식은 비록 잠정적이긴 하지만 깊은 영혼의 휴식이라는 차원에서 진정한 평화를 맛볼 수 있게 하는 것이며, 그래서 키르케고르는 모든 진정한 작품에는 특정한 종류의 영원성이 있다고 한 것이다.

예술은 자기 존재를 증명해주는 것이다

에두아르 바에르Edouard Baer: 예술가들의 역설, 그것은 전혀 기술이 없다고 믿으면서도 자기 자신의 최고의 것을 제시한다는 것이다.

들라크루와: 글 쓰는 예술이란 무엇보다 먼저, 자기 스스로를 이해하고자 하는 것이다.

알베르 듀폰텔Albert Dupontel: 감독의 목적은 영화를 만드는 것이 아니라, 자신의 영화를 만드는 것이다.

사람들은 흔히 예술을 하는 사람들을 두 부류로 나눈다. 하나는 전문적인 예술가이며 다른 하나는 아마추어 예술가들이다. 전자는 예술을 직업으로 하는 사람들이며 후자는 단순히 예술이 좋아서 취미활동으로 하는 사람들을 말한다. 전자는 예술을 사명으로 하는 사람들이며, 후자는 단순히 보다 질 높은 삶 혹은 가치 있는 삶을 위해 취미로 선택한 사람들이다. 하지만 이러한 이원적인 구분은 현실적으로 만족스런 구분이 아닌 것 같다. 왜냐하면 예술을 직업적으로 하기 시작하면 예술 활동이 작가의 생존 문제와 직결되어버리기 때문에 예술가는 대중의 기호나 시대적 유행에 민감해질 수밖에 없으며, 이는 곧 예술인으로서의 생명인 '자유'의 상실로 이어지는 이유가 되기 때문이다. 존 버거는 피카소의 성공은 대중으로부터의 인정에 있으며, 또한 예술가로서의 그의 실패도 바로 이러한 사회적 성공에 있었다고 생각한다. 이는 정확한 분석일 것이다. 왜냐하면 모든 사람이 피카소라는 이름은 기억하고 있지만, 평범한 대중 사이에서 피카소의 작품을 2점 이상 알고 있는 사람은 거의 없기 때문이다. 작품에 대해서는 전혀 알지 못하지만 이름은 알고 있다는 것은 곧 사회적으로 성공하였으되, 작가로서는 실패하였음을 의미한다. 반면 '만종', '이삭 줍는 사람들'은 누구나 기억하는 작품이지만, 그 작가가 '밀레'라는 것을 알고 있는 사람은 생각보다 많지 않은데, 이는 밀레라는 화가가 작가로서는 성공하였지만 사회적인 성공을 하지는 못했음을 말해주고 있다. 이러한 일화는 예술가가 대중의 기호나 유행에 민감하게 될 때 그의 작품은 예술적인 깊이를 상실하게 되며, 반면 예술적인 것을 순수하게 추구하다 보면 사회적으로, 즉 직업적으로는 실패할 수 있다는 것을 말해주고 있다. 고흐의 경우 너무나 예술가적 순수성에 집착하였기 때문에 당대 대중으로부터 완전히 외면당하고 직업적으로는 파산한 삶을 살았다고 할 수밖에 없다.

예술가를 직업적으로 하는 사람이 반드시 예술적 활동을 사명감으로 하는 사람이거나, 사명감으로 예술 활동을 하는 사람이라고 해서 반드시 직업적인 예술인이라고 할 수도 없다. 예술 활동의 성공이 대중의 기호나 시대적 흐름에 직접 맞닿아 있는 현대에 있어서는 오히려 순수하게 예술이 좋아서 예술을 하는 아마추어들에게서 어쩌면 보다 순수한 사명감을 발견할 수도 있을 것이다. 그런데 어떤 일을 사명감으로 한다는 것은 무엇을 의미하는 것일까? 유명한 영화배우인 레오나르도 디카프리오Leonardo Di Caprio는 "스타가 된다는 것은 나의 관심사가 아니다. 나의 목적은 배우가 된다는 것이다"라고 말하였다. 이 말은 다시 말해서 자신이 영화배우가 되는 목적은 사회적인 성공을 바라는 것이 아니라, 자신의 삶의 의미로서, 즉 사명감에 의해서 배우가 되고자 한다는 것을 말하고 있다. 여기서 사명감에 의한 직업의식은 자신이 가장 잘할 수 있고, 자신이 그것을 할 때만이 자기다운 무엇이 될 수 있으며, 어떤 의미에서는 자신은 그것을 하기 위해서 존재한다고 하는 것과 같다. 에두아르 바에르는 『내가 보는 방문객』에서 "예술가들의 역설, 그것은 전혀 기술이 없다고 믿으면서도 자기 자신의 최고의 것을 제시한다는 것이다"라고 말하고 있는데, 이는 진정한 예술가들은 가장 자기다운 어떤 것을 탁월한 방식으로 제시하는 사람들이라고 하는 것이다. 뛰어난 연주가들은 단순히 주어진 악보를 음으로 재현하는 것이 아니라, '그 자신인 것'을 통해서 해석하며, 작품을 연주하면서 그의 참된 존재를 사람들에게 전달하는 이들이다. 예술을 통해서 자기 자신의 존재를 실현하고 이를 타인들에게 전달할 수 있는 바로 이러한 사람들이 곧 예술을 '사명'으로 사는 사람들이다. 보다 쉬운 말로는 진정한 예술가들은 예술을 통해서 자아를 실현하는 사람들이며, 그런 한에서 사회적 성공의 유무와 무관하게 예술을 사명으로 받아들이는 자들이다. 물론 예외적인 경우가 아니라면, 이러한 사명감을 통해서 예술 활동을 하는 이들은 이들의 전 존재를 투신한다는 의미에서 '직업적인 일'로 받아들이지 않을 수 없을 것이다. 고갱이 성공한 금융가로서의 삶을 버리고 화가로서의 길을 걷게된 것이 대표적인 경우일 것이다. 들라크루와는 "글 쓰는 예술이란 무엇보다 먼저, 자기 스스로를 이해하고자 하는 것이다"라고 말하였는데, 사실상 이는 회화에서도 마찬가지일 것이다. 왜냐하면 그림이 완성됨으로써 곧 잠정적으로 자신의 자아가 완성됨을 맛보기 때문이다.

프랑스의 유미주의 문호인 보들레르Baudelaire 역시도 "예술가, 진짜 예술가, 진정한 시인은 오직 그가 보고 그가 느낀 대로만 그려야 한다. 그는 그의 고유한 본성에 실제로 열정적이어야 한다"라고 말하고 있으며, 영화감독인 알베르 듀폰텔 역시도 "감독의 목적은 영화를 만드는 것이 아니라, 자신의 영화를 만드는 것이다"라고 말하고 있다. 이러한 진술들은 예술가의 본질적인 사명이 곧 자신의 그 무엇을 작품으로 구현해야 한다는 것을 말해주고 있다. 그렇기 때문에 가끔 작가들은 자기 자신이 부재할 때 글을 쓰는 것에서도, 그림을 그리는 것에서도 매우 어려움을 느끼면서, 이러한 어려움으로 인해 마치 자기가 자기 자신으로부터 추방된 것처럼 느끼는 것이다. 예술가가 자기 자신을 지니고 있다는 것은 이것을 통해서 대상이 예술가에게 말을 건네고 대상의 고유한 모습을 보여주게 하는 무엇이다. 이러한 대상의 고유한 모습은 예술가의 영혼에게 강렬한 인상이나 느낌을 주는 그 무엇이며, 예술가들은 이러한 강렬한 느낌을 어떤 식으로든지 표현하고자 하는 것이다. 이것이 성공적으로 구현되었을 때, 바로 예술작품이 탄생하는 것이다. 예술작품에서 중요한 것은 (드러나는) 대상과 (인지하고 느끼는) 주체 사이의 상호성이다. 베르그송의 말을 빌리면 대상과 영혼의 교감이다. 바로 이 교감의 역동적인 특성(인상), 느껴진 순간의 아름다움이 구현된 것이 작품이라고 하는 것이다. 작가들이 가진 그만의 고유한 문체 혹은 그만의 고유한 화풍이라는 것은 어떤 의미에서 작가 자신의 초상화로부터 획득되는 것이다. 사실 예술가의 재능이란 이러한 대상의 본질적인 모습을 직관할 수 있고 느낄 수 있는 내적인 특성 외에 다른 것이 아닐 것이다. 이외 일체의 표현의 방법은 기술적인 면이며, 이는 노력을 통해서 누구나 어느 정도 도달할 수 있는 것이다. 예술가가 느끼는 대상에 대한 강렬한 느낌은 대상이 예술가에게 자신을 드러내는 어떤 본질적인 것이라고 한다면, 사실 모든 사람이 이러한 대상의 본질을 매우 제한적인 방식이긴 하지만, 어느 정도는 느낄 수 있을 것이다. 다만 일반인에게 있어서 이러한 통찰과 느낌은 매우 모호하고 불확실한 방식으로만 이루어질 뿐이다. 이러한 의미에서 예술가란 대중에게 자신의 모습을 비춰볼 수 있는 하나의 거울을 제공하는 임대자라고 할 수 있다. 드가Edgar Degas는 "사람들이 어떻게 그림을 그리는지 모를 때는 그림을 그리는 것은 매우 쉬운 것이지만, 사람들이 그림을 그리는 방법을 알 때는 그림을 그린다는 것은 매우 어려운 것이다"라는 매우 역설적인 말을 하였다. 이러한 진술은 두 가지의 상반된 의미를 담고 있다. 즉, 한편으로는 그림을 그리는 방법을 알고 제대로 그림을 그리고자 한다면 그림을 그리는 일이 매우 전문적이고 어려운 일임을 알 수 있다는 것을 말하며, 다른 한편으로는 그림을 그리는 방법이라는 것은 오히려 자신의 그림을 그리는 데 방해되는 요소라는 말이다. 바둑에서도 '정석을 배운 뒤에는 정석을 잊어버려야 한다'는 금언이 있다. 마찬가지로 그림을 그리는 방법을 배운 뒤에는 이 '그리는 방법'을 잊어버려야 한다. 왜냐하면 그렇게 해야만 자기 자신의 그림을 그릴 수가 있기 때문이다. 흔히 대가들의 그림들에서는 만년으로 올수록 모든 그리는 방법이나 공식들이 무시되고 초월되고 있는 것을 볼 수 있다. 왜냐하면 그들은 그림에서 오직 자기 자신인 것을 드러내고자 하였기 때문이다. 그래서 예술가들에게 있어서 일반적인 혹은 보편적인 진리나 공식들은 일종의 반쪽짜리 진리에 지나지 않는다.

자신에게 예술적인 재능이 있다고 믿는 사람들은 행복하다. 왜냐하면 모든 종류의 재능에는 행복이 깃들어 있기 때문이다. 하지만 예술가들이 가지는 행복은 기술자들이 가지는 행복과는 다른 것이다. 그것은 오직 그 자신만이 말할 수 있고, 그 자신만이 표현할 수 있는 것을 말하고 표현하는 것에서 주어지는 것이기 때문이다. 이러한 '유일함', 이러한 '개별성'이 곧 예술가들이 존재하는 이유이며, 그들의 삶에 대해 무어라 말할 수 없는 '특권 받은 자', '선택된 자'라는 느낌을 가지게 하는 것이다. 이들에게 있어서 오직 자기 자신에게만 가능한 어떤 일을 부여받았다는 느낌은 곧 '사명의식'으로 나타난다. 그렇기 때문에 가끔은 보통사람들이 결코 흉내 낼 수 없는 그 어떤 대가를 치르고서라도 자신의 사명을 완수해가는 예술가들을 보게 되는 것이다. 사실 진실로 예술에 헌신한 사람이라고 한다면 이러한 사람들은 '우선적으로 일반 사람들에게서는 잊힌 사람'이라고 해야 할 것이다. 이들이 일반인들에게 알려지는 것은 오직 그들의 작품이 대중의 감동을 자아낼 그 순간뿐이다. 이들이 오직 자신의 작품을 통해서만 대중에게 알려지기를 원하는 이유는 바로 예술가로서의 '자유' 때문이다. 사실 진정한 예술가들에게 있어서 '민족문화'나 '대중문화' 같은 것은 일종의 감옥과도 같은 것이다. 그들에게 있어서 자신만의 예술을 구현한다는 것은 곧 이러한 감옥으로부터 탈출하는 것과 같다. 그래서 이들은 살아생전에는 많은 이들로부터 외면당하고 적대감을 받는 것이다. 고흐나 고갱이 그러했고, 밀레나 뭉크도 그러하였다. 브루크너나 슈베르트 같은 음악가들에게서도 예외는 아니었다. 솔제니친Solzhenitsyn은 "어떠한 곳에서도, 어떠한 체제도 위대한 저술가들을 사랑하지 않았다. 다만 평범한 저술가들을 사랑했을 뿐이다"라고 하였는데, 이는 진정한 예술가들의 특징이 곧 이러한 시대를 넘어서는 '개별성'에 있음을 말해주고 있다. 진정한 예술가들은 자신과 자신의 작품에 대한 모든 종류의 적대감에 대해서 거부하며, 자신의 자유를 위해 수행자와 같은 고행을 마다하지 않았다. 그래서 이들의 작품 속에는 진실을 암시해주고 있는 마르지 않는 샘이 있다. 고흐도 동생에게 보낸 편지에서 '위대한 대가들이 자기 자신의 작품에서 결코 포기하지 않는 그 무엇을 눈여겨보아야 하는데, 그 이유는 이를 통해서 신이 사람들에게 말씀하시기 때문'이라고 하였다. 그래서 진정한 예술가들에게는 보통 사람들에게서는 잘 볼 수 없는 놀라운 소명의식이 드러나 있으며, 바로 이러한 이유로 그들은 온갖 역경을 이겨내고 위대한 것을 창조하는 모델처럼 보인다. 아무도 더 이상 그들을 사랑하지 않을 때조차, 그 누구라도 그들을 기억하지 않고 어느 누구에게도 그들이 존재하지 않을 때조차, 여전히 그들의 존재, 그들의 하나밖에 없는 유일한 존재를 증명해주고 있는 것이 바로 그들의 작품이다. 그래서 예술을 긍정한다는 것은 한 개인의 존재의 권리에 대한 가장 강력한 긍정이 된다.

❧ 예술은 존재의 생명이다

마리엔느 벨란쿠르Madeleine Vaillancourt: 박물관이란 예술작품들이 영원히 감금된 감옥이다. 여기서 작품들의 영광과 보존이 보장되겠지만 그들의 삶은 끝난 것이다.

마르크 히메네스Marc Jimenez: 자연이 예술을 모방한다.

고흐: 한마디로 우리가 숲에서 숨 쉬고, 걸어 다니고, 나무 냄새를 맡고 있는 느낌이 들도록 그리기가 어려웠다.

앙드레 말로는 "박물관은 작품을 하나의 대상으로 변질시킨다"라고 말하고 있다. 여기서 작품과 대상은 어떤 차이가 있을까? 그리고 왜 박물관이 작품을 대상으로 변질시키는 것일까? 이러한 질문에 앙드레 수아레즈André Suarès는 다음과 같이 답하고 있다. "생명은 예술가의 고유한 선물이다. 오직 생명만이 예술의 흔적이다. 살아 있는 사람이 있는 곳에 하나의 예술작품이 있다." 이러한 답변은 곧 대상과 작품 사이의 구별은 '생명'의 유무의 차이라고 말하는 것이다. 그것이 무엇이든지 '대상'이 되는 순간 생명을 상실하고 만다. 생각해보자. 과학자에게 있어서 '나비'

가 대상이 되면 더 이상 '생명을 가진 나비'가 아니다. 나비를 아무리 잘 분석하고 그들의 신경 하나하나를 설명해준다 해도 과학자들의 나비에 대한 설명은 결국 '추상된 무엇'이며 더 이상 살아 있는 구체적인 나비가 아닌 것이다. 역사가나 예술사학자에게 있어서 '작품'이란 설명의 대상이고 분석의 대상이다. 그림의 기법이나 그림이 탄생한 배경이나 화풍이나 그 어떤 것을 설명한다고 해도 이러한 설명은 그림이 가진 고유한 무엇, 즉 그림의 생명을 말해주지는 않는다. 마리엔느 벨란쿠르는 "박물관이란 예술작품들이 영원히 감금된 감옥이다. 여기서 작품들의 영광과 보존이 보장되겠지만 그들의 삶은 끝난 것이다"라고 말하고 있다. 박물관에서 사람들이 보고 느끼는 것은 무엇인가? 그것은 마치 곤충학자가 설명하는 나비에 대한 것뿐이다. 비록 사람들이 그림을 찬미하고 감탄한다고 해도 여전히 그림의 생명은 그곳에 존재하지 않는다. 이는 한 인간에 대한 사람들의 분석과 평이 아무리 훌륭한 것이라고 해도, 이러한 분석과 평이 그에게 삶을 부여하고 생명을 주지는 않는 것과 같은 이치이다.

삶이란 교감이다. 내밀하고 은밀한 개별적인 소통을 통해 '존재함의 의미'나 '살아 있음의 신비'를 체험하는 그러한 삶이 진정한 삶이다. 진정한 화가에게 있어서 그림이란 한 어머니가 자기 자식에게 가지는 그리고 한 벗이 자기 벗에게 대해서 가지는 그러한 것이다. 예술가에게 있어서 가장 친한 벗은 자기 작품이다. 그래서 진정한 예술작품을 소유할 수 있는 자격은 그 작품을 마치 자기 자식이나 자기 애인처럼 그렇게 아끼고 사랑해줄 사람이다. 이러한 관심과 교감과 사랑을 통해서 예술작품은 자신의 삶을 가지게 되고 가치를 유발하며 빛나게 되는 것이다. 그래서 예술작품이 삶을 가지려면 그 작품의 진가를 알아보는 누군가가 매일같이 작품을 음미하고, 말을 건네며, 마치 친한 벗과 사귀듯이 그렇게 개별적이고 내밀한 관계성을 가져야만 하는 것이다.

　제주도가 낳은 세계적인 화가인 변시지 화백은 자신이 그린 새로운 그림들이 대중에게 외면당하자 전혀 그림을 팔 수가 없었다고 한다. 그래서 그는 오직 자신의 그림을 알아보는 사람에게만 무상으로 그 그림들을 주었다고 한다. 여기서 그림을 알아본다는 것은 무엇을 말하는 것일까? 폴 세잔은 「인상, 해돋이」로 인상주의의 선구자가 된 모네의 그림들을 보면서 "모네가 가진 건 눈밖에 없다. 그러나 얼마나 위대한 눈인가!"라고 감탄하였다고 한다. 무엇이 모네가 가진 위대한 눈이었던가? 그것은 대상에게 생명을 통찰하는 눈이었다. 사실 예술가의 눈에서 지반과 형식은 불가분한 것이다. 사람들은 산행을 하면서 많은 것을 보게 된다. 아름다운 꽃들, 나무들, 단풍들, 계곡의 둥글고 모난 돌들, 이것들은 매우 아름답고 감탄할 만하다. 하지만 사람들이 이것들을 보며 감탄할지라도 여전히 이것들은 지나쳐가는 것들이며, 이것들이 사람들 각자의 삶 속으로 들어오지는 않는다. 이러한 풍경들이 감탄하는 자들에게 아드레날린을 분비하게 하고 순간적인 희열을 맛보게 하겠지만, 그럼에도 이러한 희열은 아주 짧은 순간으로 끝나고 만다. 단풍놀이에서 돌아온 사람들에게 무엇을 보았는지를 물으면, 단지 '아름다웠다', '산이 불타는 것 같았다'는 등으로 말한다. 구체적으로 어떤 단풍나무나, 어떤 바위나, 어떤 인상 깊은 구체적인 색의 조화 등에 대해서 말하지는 않는다. 이러한 것은 사실상 산과 보는 자, 단풍과 느끼는 자 사이에 진정한 관계성이 성립하지 않았음을 말해주고 있다. 반면 예술가의 시선은 이와 다르다. 그들은 자연 속에 있는 어떤 본질적인 것을 보려고 하고 이를 통찰한다. 이들은 자연 속에 매우 미미하게만 나타나고 있는 어떤 본질적이고 특징적인 것들을 통찰한다. 본질적인 특징을 감추고 있는 것들을 제거시키고 특성을 드러내는 것들을 부각시키며, 때로는 수정하고 교정하면서 변모시킨다. 그래서 작품 속에서 드러나는 것은 자연에서 볼 수 있는 것과는 매우 다른 것이 되기도 한다. 하지만 이 작품 속에 드러난 것은 대상에게 있는 가장 독특한 것이며, 특징적인 것이며, 작품이 다른 모든 대상과 구분되게 하는 존재의 생명이다. 그리스의 예술에서는 모든 여인이 거의 완벽한 몸매를 유지하고 있으며, 라파엘의 그림 속에서도 현실과는 다른 매우 이상적인 여인의 모습들이 나타나고 있다. 그 이유를 라파엘은 '진정 아름다운 여인이 매우 드물기 때문에 자신의 생각에 따라서 그렸다'고 하였다. 즉, 여인이 가진 '여성상'의 미미한 모습을 매우 과장하거나 부각되게 그렸다는 것이다. 반면 고흐의 그림 속에 나타나는 나무나 잎사귀들 태양 빛과 구름들 그리고 사람들은 변형되어 있고, 뒤틀려 있고, 구부러져 있으며, 색이 완전히 변모되어 있다. 하지만 이러한 변모, 이러한 간결성을 통해서 드러나는 것은 곧 전체로부터 구분되어지는 대상의 본질적인 성격이다. 이렇게 구분되어진 대상, 두드러진 특징을 통해서 구현된 작품 속의 대상은 실제로 자연 속에 존재하는 대상보다 훨씬 개성적이고, 훨씬 분명하며, 보다 완전한 것이다. 그래서 고전주의에서나 인상주의에서나 모두 "자연이 예술을 모방한다"는 말이 의미를 가지게 되는 것이다. 이는 하이데거Heidegger의 말을 빌리면 '예술을 통해 존재를 드러내는 것'을 의미한다. 그들의 색과 형식 아래 숨겨져 있는 그 보이지 않는 근원, 그들의 색과 형식을 가능하게 하고 그들의 살아 있도록 가능하게 하는 그 지반, 이것을 철학자들은 '그들의 존재'라고 말하고 있다. 아마도 문학자라면 '그들의 생명'이라고 말할 것이다. 바로 이러한 존재와의 교감이 도저히 상상할 수 없는 놀라운 작품을 창조하게 하는 것이다. 베르그송은 이러한 존재의 나타남을 '실재realité' 라고 말하면서, "만일 우리의 영혼이 매 순간 사물들이 가진 실재와 대면 하게 된다면 우리의 영혼은 끊임없이 진동하게 될 것이며, 더 이상 예술 이 필요하지 않게 될 것이다"라고 말하였다. 여기서 '영혼의 진동'은 깊 은 내적인 감화를 말하는 것으로 '아드레날린의 분비를 통해 신경을 자 극하는 것'과는 확연히 다르다. 이는 곧 '내적인 감동을 통해 피안을 체 험하는 내면적 사건'을 말하는 것이다. 예술작품이란 순간적인 자극을 위해서 존재하는 것이 아니라, 대상에게 지속적으로 삶을 부여하고, 교 감과 감동을 통해 깊은 내적인 평온을 맛보게 하는 무엇이다.

예술가들이 통찰하는 이러한 대상의 특징들 혹은 대상의 실재들은 일 반인의 시선에서는 숨겨져 있는 것과 같은 것이다. 일반인의 시선에 보 이는 것은 숲이고 나무들이고 어우러져 있는 단풍들뿐이며, 어느 하나 도 마치 인격체처럼 그렇게 관계성으로 다가오지 않는다. 하지만 예술 가들의 시선은 보이지 않는 깊은 곳까지 침투한다. 나무와 나무의 관계 들, 그것들의 어울림 속에 존재하는 미묘한 색체와 명암들을 통찰하고, 음악가라면 극도로 미세한 그것들의 소리까지 간파한다. 그리고 이것들 을 구분하고 재구성하여 다양한 개성을 창조한다. 새나 나무의 소리, 바 람과 물소리 등을 마치 개개 존재자들이 내는 음성이나 노래 소리처럼 재창조하는 것이다. 한마디로 예술가들이 자연 속에서 보고 듣는 것은 개개의 대상들의 삶의 소리이다. 이러한 존재와의 교감은 직접적인 것 이며, 자발적인 것이기에 인위적인 개입의 여지가 없다. 그래서 발튀스 Balthus는 "그림은 인위적으로 되는 순간부터 나쁘게 된다"라고 하였다. 인위적인 것의 반대는 '무위無爲'이다. '무위'는 도교가 가진 최고의 가치 이기도 하다. 하지만 '무위'가 반드시 기술적인 측면을 무시하는 것이거나 기교를 없이하는 것을 의미하지는 않는다. 사실 일반인에게는 자연을 자연스럽게 표현하기 위해서도 수많은 기술과 노력과 연습이 필요하다. 문제는 작가가 느낀 대로 본 대로 교감한 그 자체를 재현한다는 데에 있다. 여기서 기술적인 문제나 기교란 단지 표현방식의 수단에 불과한 것이며, 중요한 것은 '무엇을' 표현하는가이다. 오직 자신이 교감하고, 깊이 느낀 그 무엇만을 구현한다는 것이다. 바로 여기에 사물들과 자연이 가진 진정한 그것들의 특성이 있고, 작가들의 개성과 삶이 있기 때문이다. 이러한 것이 잘 구현되기만 한다면, 작품은 참으로 훌륭한 것이될 것이다. 사람들은 이러한 작품들을 통해서 무엇인가 살아 있음을 느낄 수 있으며, 자신들의 시선에서는 포착되지 않았던 그 깊은 존재의 향기를 간파할 수가 있을 것이다. 이러한 작품들은 마치 잠들어 있는 우리의 영혼을 일깨워주는 '감로수' 같은 것이다. 진정한 풍경화는 그것을 통해서 우리가 숲과 나무들이 지니고 있는 삶을 교감하게 하는 것과 같다. 그래서 고흐도 "한마디로 우리가 숲에서 숨 쉬고, 걸어 다니고, 나무 냄새를 맡고 있는 느낌이 들도록 그리기가 어려웠다"라고 고백하고 있다.

그림을 그려본 사람이라면 그것을 아무리 잘 그렸더라도, 무엇인가 2% 부족한 것 같은 느낌, 무엇인가 의도한 것이 제대로 구현되고 있지 않다는 느낌을 받은 적이 있을 것이다. 외적으로 거의 완벽한 것 같은 그림임에도 왜 무언가 부족한 것처럼 느껴지고, 무엇인가 의도한 것이 제대로 구현되지 않은 것처럼 보이는 것일까? 그것은 바로 화가가 애초에 느낀 그 깊은 인상, 그 놀라운 교감이 그림에서는 잘 나타나지 않거나 잘 느껴지지 않기 때문이다. 한마디로 고흐가 고백한 것과 동일한 어려움을 체험하고 있기 때문이다. 왜냐하면 누구도 순간적으로 체험한 존재의 깊은 교감과 느낌을 오래도록 왜곡없이 간직할 수가 없기 때문이다. 사람들은 가끔 차를 몰고 가다가 바위의 이끼나, 석양에 조화된 포플러 나무의 모습을 보곤 한다. 그리고 이를 사진에 담기 위해서 차를 세우고 그 장소로 왔을 때, 그때는 이미 이전에 받은 그 강렬한 느낌의 풍경은 어디에도 없다는 것을 체험하곤 한다. 또 어떤 때는 참으로 아름답고 신비로운 자연의 풍경을 발견하고 그림 도구를 챙겨 그 장소로 다시 돌아왔을 때, 자신이 그리고자 한 그 풍경을 더 이상 발견하지 못하는 경우도 있다. 왜 그런 것일까? 그것은 어떠한 경우에도 동일한 삶을 두 번 체험할 수가 없기 때문이다. 희랍의 철학자 헤라클레이토스는 '동일한 강물에 두 번 들어갈 수 없다'는 유명한 말을 하였는데, 사실 이는 인생의 법칙을 말하고 있는 것이다. 삶이란 끊임없이 생동하는 것이기에 결코 어떤 특정한 시간, 특정한 장소에서, 특정한 내적인 분위기 속에서 체험한 것을 다시 체험할 수는 없기 때문이다.

예술가들이 체험한 강력한 그 무엇, 놀랍도록 아름다운 그 무엇, 눈부시게 빛나는 그 무엇은 찰나적인 것이며, 순간적인 것이다. 시적인 표현을 빌리면 부끄러워 숨긴 자신의 내밀한 실재를, 자신의 존재의 모습을 잠시 열어젖히는 자연의 관용 혹은 선물과도 같은 것이다. 이러한 실재는 외관의 심미적인 아름다움을 넘어서는 생명적인 무엇이다. 그래서 헤겔은 "예술이 단순한 모방을 넘어서지 못할 때, 이러한 예술은 살아 있는 실재 혹은 실제적인 삶에 대한 인상을 우리에게 제공하지 못한다. 예술이 우리에게 제공할 수 있는 모든 것은 생명의 모방이다"라고 하였고, 오스카 와일드는 "시에서와 마찬가지로 조각이나 그림에 있어서도 걸작들은 그 자체로 소중한 생명을 가지고 있다"라고 하였다. 고흐의 경우에는 생명의 모방이라는 것도 넘어서고자 했다. 그는 생명을 모방한 것이 아니라, 생명을 그대로 화폭에 옮기고자 하였다. 생명을 재현하기 위해서 자신의 그 체험을 있는 그대로 화폭에 옮기고자 하였고, 체험한 그 장소에서 생각하거나 기획함이 없이 빠르고 단김에 그려내는 자신만의 화풍을 창조한 것이다. 쓰이지 않은 것, 그려지지 않은 것, 작곡되지 않은 것, 조각되지 않은 것은 사라지고 만다는 말은 최소한 예술가들에게 있어서는 삶의 진리이다.

이러한 생명의 구현은 문학에 있어서는 덧없이 소멸해가는 인생에 일종의 불멸성을 부여하는 창조적 작업으로 나타나고 있다. 프란츠 리스트는 "왜 당신은 당신의 삶을 쓰지 않는 것인가요? 이는 이미 충분히 당신의 삶을 사는 것입니다"라고 하였다. 자신의 삶을 쓴다는 것, 가령 일기를 쓴다는 것, 이것은 내일은 결코 다시 체험할 수 없는 오늘의 유일한 삶, 인생에 단 한 번 주어지는 유일한 생의 체험을 구현하는 것이다. 모호하고 불확실하며, 막연한 감정의 다발에 질서와 의미를 부여하며, 내일 혹은 모레, 미래 언젠가는 사라져버릴 삶에 불멸성을 부여한다는 것이다. 나의 삶을 쓴다는 것, 이는 단순히 하루의 일상이나 한평생의 일화들을 글로써 기록한다는 의미가 아니다. 이는 사람들의 시선에는 숨겨져 있는 나의 내면의 느낌들, 환희와 감동, 고뇌와 열정들, 보이는 나의 삶이 아닌 숨겨져 있는 진정한 나의 삶에 몸체를 부여하고 생명을 부여하는 일이다. 그래서 진정으로 체험되지 않은 것은 무엇이건 진정한 작품이 아닌 것이며, 본질적으로 허구인 소설도 체험을 바탕할 때, 더 이상 허구인 것은 아니다. 자신의 깊은 삶의 체험으로부터 형성된 모든 것은 그것이 자신의 삶의 변모이며, 문학이라는 형식을 통해서 새롭게 삶을 되사는 것과 같다. 이러한 의미에서 진정한 문학이란 곧 '진실 된 것', '생명을 가진 것'의 의미를 담고 있는 것이다. 스탕달은 『파르므의 수도원』에서 "문학작품 속에서의 정치적인 것은 마치 콘서트의 한가운데에서 나는 권총소리와 같다"라고 하였는데, 그 이유는 '정치적인 것'이란 본질적으로 인위적인 것이며, 나 자신의 진실을 감추어버리는 것이기 때문이다. 진정한 예술작품이 가지는 유일하고 보편적인 가치, 그것은 곧 '생명을 부여하는 것', '진실 된 삶의 구현'이다. 알베르 윌레메츠Albert Willemetz는 "현대의 미학은 가치들의 장학금으로 변해버렸다. 이 장학금을 통해서 사람들은 모든 그림에 대해서 가치를 부여하는 것이다"라고 현대미술을 비꼬고 있다. 생명과 실재가 진정한 예술작품의 가치이며, 미학이란 이러한 예술작품이 가진 가치를 통찰하고 설명해주는 것임에도, '생명'도 '실재'도 담고 있지 않은 무수한 현대미술이 '미학'의 권위를 통해서 의미와 가치를 가지게 되는 아이러니한 상황을 비꼬고 있는 것이다.

 ## 예술은 존재의 심오함을 표상한다

레오나르도 다빈치는 "자연의 작품은 한 시인의 책보다 훨씬 더 이해하기 어렵다"라는 역설적인 말을 하였다. 사실 자연의 작품을 이해하고자 하는 사람은 없다. 우리는 붉은 단풍이나, 기암괴석을 보고 감탄하고 음미할 뿐 이를 이해하고자 하지 않는다. 그럼에도 자연을 이해한다는 것은 무엇을 의미하는 것일까? 사실 인간의 모든 문명이 자연을 통해서 형성되었다는 것은 부정할 수가 없다. 고대 희랍의 철학자들은 예술이란 곧 자연의 모방이라고 하였고, 대다수 발명도 자연 속의 어떤 것들을 모방하여 발전시킨 것이다. 기하학과 건축학도 사실은 자연 속의 비례와 균형 등에서 영감을 얻은 것이며, 비행기도 새의 날개를 모방한 것이다. 아름다운 비단의 색깔도 사실은 자연에서 그 염료를 추출한 것이며, 음악가들의 놀라운 교향곡도 자연의 소리를 모방한 것이다. 그뿐만 아니라 동양 철학의 지혜는 대개가 자연의 이치를 통해서 깨달은 것들이다. 그렇기 때문에 만일 우리가 자연에서 무엇인가를 이해한다면 우리는 삶의 거의 모든 것을 배울 수 있을 것이다. '아직 성인이 되지 않은 청소년까지는 공교육보다는 자연 속에서 배우는 것이 훨씬 낫다'는 교육에 관한 루소의 말은 과장된 것이 아니다. 그런데 자연을 이해한다는 예술가들의 말은 다른 의미를 포함한다. 그것은 실존주의자들의 말을 빌리면 '존재의 신비'이다.

그런데 존재란 무엇인가? 존재라는 말은 매우 다양한 것을 함의하고 있다. 고대 희랍의 철학자들은 존재를 참된 것, 이데아적인 것이라고 보았다. 중세에 존재라는 용어는 신적 현존을 지칭하였고, 근대철학에서는 존재를 마치 '있는 그 자체' 혹은 '존재자의 총체적인 국면'으로 지칭하였다. 하이데거는 존재를 모든 것이 존재하도록 하는 근원적인 지반처럼 생각하였다. 그것이 무엇이든 존재는 가장 심오하고 가장 최상의 것을 지칭하는 용어임이 분명하다. 이러한 존재는 체험될 수 있을지언정 말해지거나 분석되거나 기술될 수 없는 그 무엇이다. 사실 모든 학문은 이 존재의 어느 한 부분을 대상으로 하고 있다. 가령 인간에 대해 다루는 생물학, 의학, 심리학, 정신분석학 등 모든 학문은 '인간존재'의 어느 한 부분을 다루고 있는 것이다. 따라서 존재 그 자체는 오직 체험할 수 있을 뿐 객관화할 수 있는 것이 아니다. 그러한 의미에서 본질적으로 체험한 어떤 것을 재현하는 예술가들은 존재에 가장 가까운 것을 제시하는 사람들이라고 할 수 있다. 앙드레 모루아André Maurois가 "하나의 예술작품은 이미 존재하는 진리를 제시하지 않는다. 예술작품은 체험된 진리를 제시한다"라고 말할 때 이 체험된 진리는 곧 존재의 진리라고 할 수 있다. 존재에 대한 체험이 객관화될 수 없다는 차원에서 존재에 대한 체험은 항상 새로운 방식으로, 항상 보다 더 나은 방식으로 체험될 수 있고 또 재현될 수 있다. 그래서 가브리엘 마르셀은 '존재에 대한 체험은 곧 신비에 대한 체험'이라고 한다. 신비하다는 것은 전혀 알 수 없는 것을 지칭하지 않는다. 일면 분명하지만 그 전모를 알 수 없을 때, 현상의 원인이나 그 깊이를 알 수 없을 때, 신비롭다고 하는 것이다. 예술가들이 항상 동일한 자연을 그리지만 항상 새롭게 보이고 항상 다르게 느껴지는 것도 자연이 존재의 신비를 간직하고 있기 때문이다. 그래서 헨리 무어Henry Moore는 "모든 예술은 그의 뿌리를 근원적인 것에 두고 있다. 그렇지 않다면 예술은 타락하고 만다"라고 한 것이다. 예술의 타락, 그것은 곧 존재의 신비를 전혀 보여주지 않는 매너리즘에 기초한 예술이라고 해야 할 것이다. 존재의 신비를 지칭하는 이 근원적인 것은 사실 신비주의에서 가장 부각되는 것이다. 우리는 이를 동서양의 신비가들의 시詩에서 공히 발견할 수 있다.

힐데가르트Hildegard: 신성한 영靈, 생동하는 생명, 이는 모든 것의 동인動因이며, 모든 피조물의 뿌리로다!

지공 스님: 들어가도 집 안이 없고 나와도 밖이 없다. 세계마다 티끌마다 선불장인 걸!

성수선사: 흐르는 물 쉬지 않고, 오는 바람 멈추지 않네, 천태만상은 그대로 관음이요, 모든 소리마다 묘음이로다. 자연환경들이 진여眞如를 보였는데, 염화시중은 꿈 가운데 이야기다.

존재하는 모든 것의 뿌리가 신성한 영이라거나 모든 것이 선불장이라 거나 혹은 천태만상이 그대로 관음이라거나, 자연환경이 진여를 보여준 다는 것은 모두 자연 그 자체에 현존하는 존재의 신비를 일컫는 말이다. 이러한 존재의 신비는 오직 체험될 수 있을 뿐이며, 감탄하고 음미할 수 있을 뿐이다. 그리고 이러한 체험은 결코 인위적이거나 기술을 통해서 야기할 수 있는 것이 아니다. 그래서 어떠한 장인들의 기술도 체험이 없 이는 이러한 존재의 신비를 재현해보일 수가 없다. 단지 예술가의 체험 이 작품 속에 묻어나는 것일 뿐이다. 그래서 프랜시스 베이컨은 "그림은 화가가 어떻게 신비함을 취할지 알 수 없을 때에만, 실재의 신비를 간직 할 수 있다"라고 한 것이다. 마찬가지로 진정한 예술작품은 항상 새롭게 해석하고 새롭게 이해할 수 있는 무엇을 담고 있다. 그래서 진정한 화가 라면 자신의 그림에 대해 사람들이 어떠한 평을 내리든지 "그림이 잘못 이해되었다"라고 말할 수 있는 권리가 있는 것이다. 프랑스의 현대 소설 가이자 미학자인 샹포르Nicolas Sébastien de Chamfort는 "화가는 외관에 하나 의 영혼을 준다"라고 하였는데, 그림이 살아 있다는 것, 그림이 생동감을 가진다는 것은 바로 이 영혼에 의해서이며, 이는 곧 존재의 신비가 그림 을 통해서 나타나고 있음을 말하는 것이다. 그러기에 화가에게서 자연 을 이해하는 것 혹은 이해되어져야 하는 것으로 상정한다는 것은 이미 자연을 단순한 '대상'으로 고찰하는 것이 아니라, 신성한 그 무엇을 관조 하는 명상의 매개체로 바라본다는 것이다.

　사실 모든 예술은 그것이 진정한 예술인 한 내적인 것이다. 내적이라 는 것은 곧 깊이가 있다는 것을 말한다. 단지 외형의 묘사에 멈추지 않 고 더 멀리 나아갈 때, 내적인 것이 나타나게 된다. 프랑스의 문호 모파 상은 "하나의 예술작품은 하나의 상징이면서 동시에 진정한 실재의 표

「톨레도의 풍경」, '엘 그레코'로부터

엘 그레코El Greco는 '신비주의 화가'로서 알려진 사람이다. 그는 가톨릭의 역사에서 유일하게 화가로서 '성인'이라고 알려졌다. 그의 그림들은 대개 성서적인 내용을 수직의 배치를 통해서, 하단부는 지상의 모습을 상단부는 천국의 모습을 담은 '서양적 법열'의 전형적인 모습을 보여주고 있다. 「톨레도의 풍경」은 그의 드문 풍경화 중 하나이다. 마치 도시 전체에 어떤 신비한 기운이 감도는 듯한 모습의 그림을 여기에서는 한국화로 재현하였다.

상일 때에만 탁월한 것이다"라고 하였다. 여기서 진정한 실재란 존재 신비를 동반하고 있는 모든 것이다. 그렇기 때문에 예술은 인간의 정신을 무한으로 끌어당길 만큼 충분히 심오한 것이라 말할 수 있다. 진정한 그림이라면 그 자체로 항상 신비로운 어떤 것을 동반하고 있어야 할 것이며, 여기서 사람들은 결코 완전하게 그 밑바닥을 볼 수가 없을 것이다. 피카소는 "그림에 있어서 연구한다는 것은 무의미하다. 중요한 것은 발견하는 것이다"라고 했는데, 사람들이 그림에서 발견해야 할 것은 곧 바로 이 존재의 신비이다. 정보는 앎보다 못하며, 앎은 지혜보다 못하다. 그리고 지혜는 아름다운 것을 동반하고 있지는 않으며, 아름다운 것이라고 반드시 사랑받는 것은 아니다. 하지만 진정한 예술은 사람들의 사랑을 유발한다. 왜냐하면 사람들은 심오하고 신비로운 것을 대면할 때, 그것을 사랑하지 않을 수가 없기 때문이다. 그래서 예술가들이 보다 연륜이 있고 보다 나이가 들수록 그들의 작품은 보다 흥미롭고 의미심장한 것이 된다.

단지 그림이나 음악에 있어만 그러한 것이 아니다. 프랑스의 시네 아티스트 장 뤽 고다르Jean-Luc Godard는 "보이는 것과 보이지 않는 것이 있다. 만일 당신이 보이는 것만을 촬영한다면, 당신이 촬영하는 것은 텔레비전 드라마에 지나지 않을 것이다"라고 하였다. 영화를 단순한 드라마와 구별하는 것은 바로 사람들이 보지 못하는 것, 스쳐 지나가 버리는 그 어떤 것을 화면에 담는 일이다. 이는 또한 영화에 있어서 내적인 것이 될 것이다. 빅토르 위고는 '시란 모든 것 안에서 내밀한 모든 것'이라고 하였고, 프랑수아 르네François-René도 '시란 내면을 노래하는 것'이라고 하였다. 그렇기 때문에 일상의 하찮은 것들도 시인의 손에서는 찬미받을 만한 놀라운 대상으로 변모하는 것이다. 고흐는 동생 테오에게 보낸 편지에서 "그림을 그리는 동안, 그 속의 가을 저녁의 느낌, 신비롭고 소중한 분위기가 스며들기 전에는 떠나지 말자고 다짐했다"라고 고백하고 있다. 자연이 우리에게 보여주는 신비롭고 소중한 분위기는 사람에 따라서 매우 다르게 느껴지고 매우 다른 차원의 존재로 비춰진다. 장 라크르와는 자연이 보여주는 신비롭고 소중한 이러한 분위기를 '현실 안에서 현실을 넘어서는 초-현실'이라고 하였고, 유신론적 실존주의자인 루이 라벨은 '신이 자연을 통해서 자신의 얼굴을 비춰주는 것'으로 이해하고 있다.

장 라크르와: 초현실주의의 반항은 세계의 내부 자체에서 세계를 초극하는 하나의 초-현실sur-réalité을 긍정하는 데서 비롯된다.
루이 라벨: 모든 사물들은 이 순수함을 통해서 그들의 무죄함을 가식 없이 보여주고, 마치 신神이, 자신의 고유한 얼굴을 드러내지는 않지만, 이 순수함을 통해서 자신을 드러내는 것처럼 보이는 것이다.

❈ 예술은 세계를 창조한다

예술에 대한 가장 최고의 찬사는 '예술이란 창조적인 행위'라는 것이다. 창조, 그것은 곧 인간으로 하여금 창조주와 유사하다고 하는 말이다. 현대 표현주의의 거장인 파울 클레는 "예술은 창조의 이미지이다. 지상의 세계가 우주의 상징인 것처럼 예술 역시 하나의 상징이다"라고 말하고 있다. 우주에서 인간이 특수한 존재라는 것은 다시 언급할 필요도 없을 만큼 많은 철학자가 언급하였으며 우리는 이 사실을 너무나 잘 알고 있다. 물론 오늘날 환경을 걱정하고 동물의 권리를 생각하는 일군의 사람들은 인간과 동물 그리고 인간과 자연을 구별하는 것을 도구적 이성의 이기주의처럼 생각하고 있기도 하지만 어떠한 측면에서 보더라도 인간은 특별한 존재이며, 우주 안에서 인간이 차지하는 위치가 특별하다는 것은 부정할 수가 없다. 그중에서도 창조행위를 감행하는 인간의 모습은 가장 놀라운 것이며, 마치 우주를 창조한 신을 모방하는 것 같기도 하다. 프랑스의 한 토미스트인 프랑수아 제니트는 "인간 영혼의 실존은 그의 창조성으로부터 드러난다"라고 하였는데, 이는 인간의 창조행위는 인간이 영혼을 가지고 있다는 명백한 증거이며, 또한 다른 모든 영혼과 차별되는 독특한 영혼을 가지고 있음을 증명하는 행위라는 것이다. 그렇다면 예술을 통해서 감행하는 창조란 어떤 것을 말하는 것일까? 우리는 예술가들이 실현하는 창조행위를 '새로움'과 '독창성' 그리고 '희망'이라는 세 가지 차원에서 이해할 수 있다.

초현실주의자 아소린Azorín은 "새로움이라는 것은 예술가의 감각이다"라고 하였고, 영국의 소설가이자 언어학자인 앤서니 부르주Anthony Bourges는 "저술가는 발명가이다. 그는 그 자신 안에서 세계를 전체적으로 새롭게 창조해야 한다"라고 말하고 있다. 여기서 새롭다는 것은 무엇을 말하는 것일까? 사람들은 어떤 경우에 새로움을 느끼는 것일까? 새롭다는 것은 이전과는 다르다 혹은 다른 모든 이와 다르다는 것을 의미한다. 시인이자 언론가인 피에르 에마뉘엘Pierre Emmanuel는 "각각의 위대한 시인들은 세계를 그 자신의 유일한 방식으로 통합한다"라고 말하고 있으며, 유고 출신의 시네 아티스트인 쿠스트리차Emir Kusturica는 "각각의 영화는 실재에 대한 개별적인 비전의 분출이다"라고 말하고 있다. 세계를 자신만의 방식으로 통합한다거나, 실재에 대한 개별적인 비전la vision

을 산출한다는 것은 그 자체가 모호하고 혼란스러운 것에 어떤 외형을 부여한다는 것이며, 그것도 전체를 하나의 유기적인 통일체가 되게 한다는 것이다. 다시 말해서 카오스 같은 현실을 하나의 중심과 질서를 부여하면서 '세계'로 창출한다는 것이다. 그래서 예술가들의 시선에서 세계는 그들의 눈과 귀와 손을 거쳐서 비로소 의미 있는 실재가 되고 자기 동일성이라는 내용을 가진 그 무엇essentia이 되는 것이다. 과학자에게 물이란 단지 H$_2$O, 즉 '두 개의 수소와 하나의 산소'의 결합에 지나지 않겠지만 시인에게 있어서 물이란 '생명의 근원', '순수함', '자유로움' 등 다양한 의미를 가진다. 이는 시인의 정신에서 전체세계와의 관계성 중에 있는 물을 의미하며, 또한 시인의 특수한 실존에 특별하게 감지된 물의 이미지를 말해주고 있다. 그렇게 때문에 한 작가의 독창성은 그의 문체나 스타일보다는 그의 사유하는 방식이나 사유 내용에 더 달려 있는 것이며, 그것을 통해서 그의 작품의 창조성이 드러나는 것이다. 예술가의 예술작품에는 일반인이 일반적으로 이해하는 것보다 항상 더 많은 것이 함축되어 나타나는 것은 바로 이 때문이다. 그래서 그림은 가끔 일반인이 이해 불가능한 방식으로 나타나기도 한다. 레오나르도 다빈치는 "그림을 비난하는 사람은 자연을 비난하는 사람이다"라고 하였는데, 이는 그림의 창조적 특성을 말해주는 것이다. 신이 창조한 자연을 보고 '왜 이렇게 창조했는가?'라고 질책할 수 없듯이 화가의 그림을 보고 '왜 이렇게 그렸는가?'라고 질책할 수는 없다. 동일한 자연을 보고 다양한 해석, 다양한 의미산출이 가능하듯이 사람들은 동일한 그림을 보고 다양한 의미, 다양한 해석을 할 수가 있다. 예술작품이 예술가의 창조적인 행위의 결과물이라는 것은 예술가는 '자신인 것'을 스스로 창조해가는 사람이라는 것을 말해주고 있다. 그래서 아리스토텔레스는 영혼을 '실현'이라고 규정하는가 하면, 프랑스의 현대철학자 아메데 폰소Amédée Ponceau는 "영혼이 된다는 것은 자기 자신으로서 있는 것이 아니라, 자기 자신을 낳고 세계를 낳는 일에 진력하는 것이다"라고 말하고 있다. 예술가의 영혼은 스스로 실현한 그 무엇이기에 세상에서 유일한 것이다. 마찬가지로 이러한 예술가의 영혼이 외관을 취한 예술작품 역시도 세계에서 유일한 어떤 것이다. 사람들은 이것을 예술작품의 독창성이라고 부르고 있다.

무엇을 창조한다는 것은 단지 이전에 없던 무엇을 새로 산출한다는 것을 의미하지는 않는다. 창조란 불완전한 세계를 보다 완전한 모습으로 혹은 보다 이상적인 것으로 제시한다는 의미를 담고 있다. 이상과 현실 사이의 괴리, 그 메울 수 없는 공백을 채우며, 보다 이상적인 세계로 접근할 수 있는 하나의 새로운 비전을 제시하는 것이 또한 예술작품이라는 것이다. 어떤 의미에서 예술가들의 기능이란 '그에게 다가오는 세계의 조각들로써 세계를 수선하는 것'이라고 말할 수 있다. 세계를 수선한다는 것은 무엇을 말하는 것인가? 이는 상상력을 통하여 '불순한 세계', '전복된 세계', '불완전한 세계'를 보다 순수한 세계, 전복된 세계를 되-전복시킨 세계, 그리고 보다 완전한 세계를 구현해낸다는 것이다. 소설은 허구이지만, 허구를 통해서 현실에서 왜곡되어 있는 인간적인 삶의 실재를 되찾고자 하는 노력의 결실이다. 이러한 이유로 아리스토텔레스는 "예술품의 산출이란 예술품 그 자체에 그들의 가치를 지니고 있다"라고 말하고 있다. 왜냐하면 예술품은 현실에 그렇게 존재했어야만 했던 참된 세계를 구현해놓은 것이기 때문이며, 이러한 의미에서 현실세계가 지향해야 할 지향점을 제시해주기 때문이다. 이러한 지향점은 단순히 이상이거나 가능성으로서의 실재가 아니라, 이미 작품이라는 현실을 통해서 존재하고 있다는 의미에서 '진리의 구현'이라고 할 수 있다. 가스통 바슐라르가 "정신이 진리에 도달하는 것은 관조에 의해서가 아니라, 구성하거나 창조하는 행위에 의해서이다"라고 말할 때의 진리란 바로 이러한 것이다. 장 라크르와는 "한편에서는 개념의 나라, 학자들의 사회, 과학의 국제주의가 있는가 하면, 다른 한편에는 상상력을 통해서 세계의 드라마를 다시 살아가는 예술가의 고독이 있다. 그리고 가장 위대한 창조자는 예술가이다"라고 하였다. 개념도 이론도 삶의 본질적인 어떤 것을 추상한 것에 지나지 않지만, 예술은 이 삶을 다시 살아간다. 그러기에 예술가는 학자나 과학자들보다 더 위대한 것이다. 철학자나 역사학자는 한 개인이나 한 민족의 미래를 암시해줄 수 있다. 하지만 소설가는 한 개인이나 민족의 미래를 구체적인 모습으로 보여줄 수 있다. 그래서 소설가나 시인은 항상 희망을 비춰주는 교사가 되어야 하는 것이다. 사실 어떤 의미에서 우리는 오직 예술을 통해서만 현실로부터, 우리 자신으로부터 뛰쳐나갈 수 있다. 왜냐하면 다른 모든 것은 과거와 현실의 사물들과 사건들을 대상으로 삼고 있지만 오직 예술만이 창조적 행위를 통해서 아직 존재하지 않는 것을 구현해주기 때문이다.

9장

진실과
진리

아래의 신념은
누구에게나 진실일 수 있을까?

「꽃동네의 기도」

진실은 삶의 제일원칙이 되어야 한다

　사람들은 누구나 진실한 사람을 좋아한다. 특히 두 사람의 관계가 매우 돈독할수록 진실하다는 것은 매우 중요하다. 실수나 잘못은 쉽게 용서할 수 있지만, 진실하지 못한 사람을 용서하기란 매우 어렵다. 인생에 성공하려면 무엇보다 매사에 진실해야만 한다는 것은 자주 들어온 금언이기도 하다. 영미 속담에 "진실이 최선의 정책이다"는 말이 있으며, 미국의 가장 존경받는 대통령인 링컨도 "누구도 거짓으로 성공할 수 있을 만큼 그렇게 기억력이 좋을 수 없다"고 하면서 거짓을 경계하고 있다. 진실한 것이 좋은 것이고, 거짓은 나쁜 것이며, 진실은 언젠가 거짓에 승리한다는 것을 일반적인 삶의 법칙으로 믿고 있다. 그럼에도 현대사회에서 진실보다 거짓이 만연하고 날이 갈수록 진실한 것보다 거짓된 것이 늘어나는 이유는 무엇일까?

　오늘날 한국사회를 병들게 하는 수많은 것 중에서 진실보다는 '거짓'이 자꾸만 늘어간다는 점이 있다. 이정현의 『심리학, 열일곱 살을 부탁해』에서는 한국청소년의 96%가 부모에게 거짓말을 한다고 하며, 대검찰청이 발간하는 「검찰연보」에서는 2000년도 한국의 "거짓말사범"이 일본에 비해 무려 1,500배에 달했다는 놀라운 통계가 발표되었다. 이 중에 위증범행이 671배이며, 무고범행이 4,151배이며, 사기범행은 17배라고 한다. 인터넷 쇼핑몰 사기 사건은 특히 심각한데 2011년 8월 21일자 중앙일보 보도에는 연간 무려 8,300건이 발생하였으며, 총 피해규모는 자그마치 20조에 달한다고 한다. 이 모든 것이 거짓말 혹은 거짓과 관련되어 있다. 왜 한국 사람들은 이렇게 거짓말을 많이 하는 것일까? 왜 우리 사회는 이렇게 진실보다는 거짓에 너무나 무감각하고 습관이 되어버린

2000년도 한·일 간의 '거짓말 사범'의 통계현황

죄목 ＼ 국가	한국	일본
위증죄	1,198명 (인구대비 일본의 671배)	5명
무고죄	2,965명 (인구대비 일본의 4,151배)	2명
사기죄	50,386명 (인구대비 일본의 17배)	8,269명

※ 위 통계의 내용은 대검찰청 발간 『檢察年鑑』, 『犯罪分析』, 대법원발간 『司法年鑑』, 일본 법무성
발간 『檢察統計年報』을 참조한 통계임.

것일까? 거짓이 사회를 가득 채우고 있다는 것은 그만큼 진실이 사라져 버렸다는 것을 말한다. 진실이 거의 없는 사회란 어떠한 사회를 말하는 것일까? 이러한 사회는 어떠한 부작용이 발생하는 것일까? 무엇이 우리로 하여금 진실을 외면하게 하고 있으며, 어떻게 사라져가는 진실을 되살릴 수 있는 것일까?

아마도 한국사회가 높은 경제적 경쟁력을 지니고 있지만, 항상 행복지수가 낮은 가장 큰 이유는 이렇게 진실이 사라지고 거짓이 대신하는 사회이기 때문이 아닌가 싶다. 프랑스에는 "하나의 거짓말을 하는 사람은 100개의 거짓말을 하게 된다"라는 속담이 있다. 프랑스뿐 아니라 대부분의 서구유럽 사회에서 소중히 여기는 가치는 '진실' 혹은 '진리'이다. 이들이 말하는 진실이란 우선적으로는 '나인 것' 혹은 '내가 의식하고 있는 것'과 '내가 말하거나 표현하는 것'이 일치하는 것이며, 다음으로 '당연히 그렇게 되어야 할 것' '지향해야 할 무엇'을 말한다. 전자가 솔직한 것을 의미한다면, 후자는 자신의 결함, 자신의 실수 등에 대해서 인정하는 것을 말한다. 내가 프랑스 사회에 8년 반을 살면서 가장 듣기 좋았던 용어는 "오네뜨망honnêtement"이었다. 사람들 사이에 무엇인가 불합리하고, 진실하지 못한 것, 허식이나 가식 혹은 위선이 끼어들 때 이들은 주

저 없이 "오네뜨망하게 하자!"라고 말하는 것을 볼 수 있었다. 이 용어는 'honnête'라는 형용사에서 파생된 부사형인데, '오네뜨'는 우리말로 '깨끗한', '정당한', '명예로운', '당당한', '진실한' 등의 의미를 담은 용어이다. 즉, '오네뜨망하게 하자!'라는 말은 '정당하게 하자', '깨끗하게 하자' 혹은 '명예롭게 하자'는 등의 말일 것이다. 이 말을 들을 때마다 나는 기분이 좋았고, 이들의 삶의 형식에 믿음과 신뢰가 갔다. 사람들이 '명예롭고 떳떳하게 살아가자'고 하는 말을 한국에서는 거의 들을 수가 없었기 때문이었다. 어쩌면 한국사회에서 '스포츠정신'이라고 말하는 것을 이들은 일상으로 살아가고 있는 듯했다. 그렇기 때문에 많은 프랑스 사람들은 자신의 사회에 대해서 환멸이나 경멸보다 '자부심'을 가지고 있었다. 하지만 한국사회에서 너무나 많은 사람들이 우리 사회에 대해서 자부심을 가지고 살기보다는 오히려 '여건이 허락한다면 이민을 가서 살고 싶다'는 말을 한다. 참으로 부끄러운 일이 아닐 수 없다. 프랑스의 사회 철학자인 루박Lou Bac은 『역설』이라는 책에서 "우리의 진정성이 남긴 첫 번째 흔적은 우리의 거짓에 대한 고백이다"라고 말하고 있다. 아마도 거짓 중에도 가장 위험한 거짓은 더 이상 거짓이 거짓으로 보이지 않고 오히려 진실처럼 보이는 것이 아닐까 싶다. 자기 자신의 진실과 거짓을 냉정하게 바라볼 수 있다는 것, 그리하여 거짓을 몰아내고 진실로 가득 채우는 삶을 추구한다는 것, 이것이 한 사회의 진정한 행복과 공동선을 위한 첫걸음이라는 것을 부정할 수는 없다. 그 어떤 사회도 거짓 위에서는 번영을 상상할 수가 없기 때문이다.

유학 당시 나는 가끔 "왜 한국 사람들은 이러한 '오네뜨망'에 대한 신념을 가지고 있지 않을까?" 하는 생각을 해본 적이 있다. 당시 나름대로 내린 결론에는 여러 가지 이유가 있었다.

첫 번째는 지정학적 세계사적인 영향이다. 애초에 강대국들의 틈바구니 속에서 생존하려다 보니 자신만의 신념이나 삶의 원칙을 가지고 살 수 없었고, 항상 이 나라 저 나라 눈치를 보며 살았을 것이다. 명나라, 청나라, 당나라 그리고 몽고족의 비위를 맞추어야 했고, 근대화 이후에는 미국이나 다른 열강들의 틈바구니 속에서 생존하려다 보니 그럴 수밖에 없었을 것이다. 그리고 현대사회에서는 여전히 이념의 대립과 갈등 속에서 희생당하지 않으려고 끊임없이 권력의 눈치를 보면서 자신의 생각을 숨겨야 했을 것이다. 이러한 역사적인 상황들이 국민으로 하여금 가급적 자신의 생각을 숨기고 권력자나 힘 있는 자의 비위를 맞추려는 다분히 '가식적'이거나 '거짓말하는' 생활을 습관으로 만들었을 것이다. '목에 칼이 들어와도 진실은 말한다'는 어쩌면 무시무시한 '선비정신'이라는 것도 이러한 거짓이 만연하는 사회적 상황과 무관하지 않았을 것이다.

두 번째는 한국사회의 문화적 지반이 유교적 이념에 뿌리를 두기 때문일 것이다. 유교는 그 자체로 나쁜 것은 아니며, 유교정신이 거짓을 추구하는 것은 결코 아니지만, 상하와 선후의 수직적인 윤리적 체계를 지니고 있는 유교적 풍토 속에서는 아랫사람이 상사의 말이나 정신에 대항하거나 손아래 사람이 손위 사람에게 대립한다는 것은 있을 수가 없다. 나 역시 어린 시절과 청소년 시절을 통틀어 아버지나 어른들의 말에 그리고 형님의 말에 대항해본 적이 거의 없다. 이러한 문화적 풍토는 자연히 진실과 진리보다는 '위계질서'에 초점이 맞추어져 '좋은 것이 좋다'는 두리뭉실하고 애매모호한 삶을 살아가는 데 습관이 되도록 해버린다. 이러한 사회에서 '오네뜨망하게' 살고자 하는 사람은 자연히 공공의 적으로 간주되기가 십상이다. 어쩌면 바로 이러한 이유 때문에 『공자가 죽어야 나라가 산다」라는 다소 엽기적인 제목을 가진 책이 출간되었을 것이다.

세 번째로는 '자유경쟁이라는 시장의 원리'와 '자본주의의 이념'이 지나치게 팽배해 있기 때문일 것이다. 한국전쟁 이후 완전히 부서져버린 사회를 일으키기 위해서 한국정부는 '자유경쟁'의 시장경제체제를 극도로 발전시켰다. 우리도 한번 잘살아보자며 온 국민이 허리띠를 졸라매고 경제성장을 위해 모든 것을 헌신하였다. 한국사회는 '한강의 기적'이라는 신용어를 탄생시켰고, 세계경제의 선두주자로 떠오르게 되었다. 많은 후발 국가들이 한국의 성공신화를 배우기 위해서 모여들기도 하였다. 하지만 이러한 단기간의 경제적 성공 뒤에는 너무나 많은 것을 희생하여야 했다. 효율성을 올리기 위해 도입한 '경쟁구도'는 많은 부작용을 낳았다. 학생들은 장래의 꿈과 희망을 생각할 틈이 없고 무조건 성적에 목매야 했고, 그 결과 청소년 자살률이 OECD국가 중 최고를 달리고 있다. 2010도 통계청의 자료에서 연간 초등학생의 자살 수가 61명, 중고등학생은 292명이라는 놀라운 수치가 나왔다. 그리고 빈익빈 부익부 현상이 가중되어 중산층의 몰락이 급증하고, 스트레스로 인한 중년들의 '돌연사'도 역시 OECD국 중 최고수준을 기록하고 있다. 사실 높은 자살률 그 자체가 우리 사회의 모든 비극을 집약적으로 보여주고 있다. 그리고 이러한 '경제 제일주의'에서는 오직 돈만을 가장 가치 있는 것으로 여기게 된다. 중고등학교 학생들 중에 '10억'을 주면 감옥에 가겠다는 학생들이 60%나 되었다는 여론조사는 참으로 한숨을 나오게 한다.

한 해의 인터넷 사기 사건의 피해액이 무려 20조에 달하는 것이나, '거짓말사범'이 이웃국가인 일본의 '1,500배' 이상 된다는 사실은 차마 입에 담기 어려운 우리 사회의 비극이 아닐 수 없다. 그리고 IT사회, 디지털

강국을 외치는 현대 한국사회의 이면에서 '인터넷 중독', '게임중독', '댓글의 폭력' 등 많은 부작용을 낳고 있다. 이 외에도 우리 사회가 가진 불행한 국면은 'OECD 국가들 중 부끄러운 1위들의 통계'를 보면 너무나도 분명해진다.

모든 불행의 이면에 도사리고 있는 가장 고질적인 병, 그것은 진실이 소멸하고 그 자리를 거짓이 메우고 있다는 것이다. 요즘은 하루에도 평균 한 번꼴로 이상한 문자를 받는다. 어떤 때는 전혀 알지도 못하는 '대출금이 허락되었다'거나 '신청한 카드가 발급되었다'거나 또는 '전화요금이 미납되어 전화가 끊기게 될 것'이라거나 가지가지의 알 수 없는 이유로 문자가 온다. 처음에는 놀라서 은행에 전화를 하니, 아무렇지도 않은 듯 "그것은 모두 사기입니다! 대답할 필요가 없습니다"라고 하였다. 그래서 요즘은 내가 알 수 없는 이러한 문자들은 모두 바로 삭제를 해버린다. 거짓말이 아무런 양심의 가책이 없이 사람들의 입에서 매일같이 흘러나온다는 것은 참으로 가슴 아픈 일이다. 마치 우리 사회를 병들게 하는 '바이러스'가 아무런 여과장치 없이 매일 활개를 치고 다니는 것 같아서 마음이 아픈 것이다. 이렇게 거짓말을 하는 사람들의 심리는 한 가지뿐이다. 남이야 죽든지 말든지 나만 살면 그만이다는 생각을 가지고 있는 것이다. 이러한 정신적인 풍토는 단지 범죄자들에게만 해당하지 않는다. 범죄는 그 사회의 단면을 보여주는 증상과 같은 것이다. 모든 사람이 오직 나만 잘살면 되고 나만 성공하면 그만이며, 상대방을 존중하고 사랑해야 할 이웃으로 보지 않고, 경쟁의 상대, 내가 이겨야만 하는 상대라고 생각할 때 사회는 무서운 생존경쟁의 장으로 변하고, 서로가 서로를 경계하고 불신하며, 오직 자신의 이익을 위해서 진실과 진리를 헌신짝처럼 던져버리게 된다. 서로 뭉쳐 있는 사람들도 오직 그들의 집단적인 이익에 도움이 된다는 한에서만 뭉쳐 있을 뿐이다. 자신들의 집단이익에 도움이 되지 않는 '개인의 소신'을 말하는 사람은 가차 없이 외면해버리는 무서운 사회가 오늘날 한국사회의 모습인 것 같다.

사람들이 '오네뜨망'하게 산다는 것은 인간으로서의 품위를 지니고 산다는 것이다. 지나친 경쟁사회 그것은 '정글의 법칙'만이 남아서 모든 윤리·도덕적인 관습과 진실을 헌신짝처럼 던져버리게 한다. 진실은 도덕적인 인간이 숨 쉴 수 있는 '공기'와도 같다. 담배를 피우는 사람에게 공기오염과 간접흡연의 폐해에 대해서 목소리를 높이는 사람도 이러한 '허위'와 '거짓'이 사회문화와 정신문화를 오염시키고 진실을 질식시킨다고 한탄하지는 않는다. 그만큼 눈에 보이는 것에만 정신이 팔려 있고 또 자신도 동일하게 지니고 있는 오류나 결함에는 관심이 없다.

조르주 브라크는 "진실은 존재하는 것이며, 사람들은 오직 거짓말을 고안할 뿐이다"라고 하였다. 존재하는 것, 있는 그대로의 모든 것, 그것은 곧 진실이다. 토마스 아퀴나스도 "존재하는 것은 존재하는 것만큼 선하다"라고 하였다. 그것이 모자라든 넘치든, 좋은 것이건 나쁜 것이건, 잘했든 잘못하였든, 완전하든 불완전하든, 잘생겼든 못생겼든, 성적이 좋건 나쁘건 있는 그대로의 것을 있는 그대로 말하거나 제시할 때, 진실이라고 하며, 진실한 것은 곧 선한 것이다. 잘된 것은 잘된 것이어서 좋은 것이며, 잘못된 것은 또한 잘될 수 있는 여지가 있기에 좋은 것이다. 잘생긴 사람은 잘생겨서 좋은 것이며, 못생긴 사람은 그로 하여금 잘생긴 사람이 있을 수 있기에, 그리고 외모보다 마음이 좋은 것이기에 좋은 것이다. 모든 것은 어떻게 바라보고 어떻게 생각하는가에 따라서 다 좋은 것이고, 선한 것일 수 있다. 문제는 인식의 출발점에서 항상 있는 그대로 진실, 있는 그대로의 사태를 긍정하는 것에 있다. 있는 그대로를 부정할 때, 여기에 거짓이 생긴다. 스페인의 철학자 우나무노Miguel de Unamuno는 "비굴하다는 것은 거짓과 타협한다는 것이다"라고 하였다. 비굴하다는 것은 있는 것을 있는 그대로 인정하지 않는다는 것에 있다. 완전한 거짓은 아니겠지만, 있는 그대로의 실재를 왜곡할 때, 이미 거짓이 끼어들고 있다. 사실상 어떤 관점에서 보면 '반쪽의 진실'이란 '완전한 거짓말'과 같은 것이다. 그런데 왜 사람들은 '있는 그대로의 사실'을 인정하려고 하지 않는 것일까? 그것은 남의 눈을 의식한다는 것이며, 이는 곧 잘못된 사회문화적 풍토 위에 있다는 말이다. 남의 눈을 의식하는 이유는 무엇일까? 그것은 우리 사회가 어떠한 사람, 어떠한 행동, 어떠한 말을 하도록 강요한다는 것이다. 있는 그대로의 자신의 진실을 말하면 교만하다고 하거나 어리석다고 하거나 무식하다고 하거나, 온갖 수식어가 붙게 되고 마치 문제 있는 사람처럼 취급하기 때문에 진실을 말할 수가 없는 것이다.

어쩌면 이렇게 사람들이 거짓을 말하게 되는 것은 단지 한국사회의 잘못된 문화적 풍토 때문만은 아닐 것이다. 사실상 인간은 본성상 거짓말을 하지 않을 수 없는 존재이며, 경우에 따라서 선의의 거짓말이라는 것도 해야 하기 때문이다. 심리학자 줄리앙 푸사르Julien Foussard는 "정당화하기, 이는 거짓말의 시초이다"라고 하였는데, 자신의 행위에 대해서 정당화한다는 것은 사실 모든 인간이 본능적으로 가지고 있는 것이다. '핑계 없는 무덤이 없다'나 '처녀가 아이를 낳아도 할 말은 있다'나 하는 속담들은 모두 이러한 사실을 말해준다. '정당화하기'란 일종의 '자비의 원리'를 말한다. 어떤 행위에 대해서 그 진위나 의미를 분명하게 알 수 없을 때, 그 행위에 대한 이유를 가장 긍정적으로 제시하는 것이 곧 정당화하기이다. 하지만 이러한 정당화하기가 명백한 결함이나 잘못이 있을 때에도 어떤 다른 이유로 정당화하려 한다면 이것은 곧 '거짓'이 된다.

마찬가지로 하나의 중립적인 사태를 가급적 긍정적으로 해석하고자 하는 것은 자유이지만, 어떤 나쁜 의도로 '부정적으로 해석'하게 된다면 이를 또한 거짓이라고 한다. 그렇기 때문에 사실상 어떤 것이 거짓인가 진실인가 하는 것은 다분히 내면적인 의도나 내적인 상황에 달리게 된다. 이를테면 거짓이나 진실을 말하는 사람의 진위는 말하고 있는 자신만이 가장 분명하게 알 수 있는 것이다. 따라서 거짓말의 시초는 곧 자기 자신을 속이는 것이다. 즉, 스스로 자신의 양심에 비추어 거짓인 줄을 알지만, 이를 정당화하고 합리화하면서 '진실'이라고 생각하게 될 때 완전한 거짓말이 되는 것이다. 그래서 마르크 레비는 "가장 나쁜 거짓말은 자기 자신을 속이는 것이다"라고 말하고 있다.

물론 심리학자들에 의하면 거짓말은 필요악과 같은 것이다. 이 세계가 완전하지 않기 때문에 완전히 진실만으로는 살 수 없는 것이 인간적인 삶의 현실이다. 모리스 샤플랑Maurice Chapelan은 "거짓말은 사회적 호흡에 있어서 산소와 같다"라고 하였다. 즉, 세속을 떠나 관상적 삶을 사는 수도자가 아닌 한 사회적 삶을 살아가는 모든 사람에게 있어서 거짓말은 일종의 숨을 쉴 수 있는 안전장치와도 같은 것이다. 러시아 속담에도 "쓰디쓴 진리보다는 부드러운 거짓말이 낫다"라고 하였고, 페르시아 속담에는 "선을 낳는 거짓말은 악을 낳는 진실보다 낫다"라고 하였다. 조제프 드 메스트르Joseph de Maistre는 "과장은 고상한 사람들의 거짓말이다"라고 하였고, 알퐁스 카Alphonse Karr는 "진리들 중 가장 확실한 것은 거짓말이 우리의 마음에 든다는 것이다"라고 하였다. 이 모든 진술은 거짓말이 사회적 삶을 살아가는 데 '긍정적인 기능' 혹은 '효용성'을 가지고 있음을 말해주고 있다. 이러한 거짓말을 사람들은 '선의의 거짓말'이라고 한다. 사실 선의善意의 거짓말은 완전한 거짓말이 아니다. 이는 분명히 남을 속이는 것이지만 최소한 나 자신을 속이지는 않기 때문이다. 예를 들어 이상한 복장을 한 사장에게 부하 직원이 '옷이 참 잘 어울린다!'라고 했을 때, 이는 분명 사장을 속이는 거짓말이지만 그래야만 사장이 기분이 좋아서 다른 직원들이 평안할 수 있다고 생각하여 그렇게 하였다면, 부하 직원은 자신에게 거짓말을 한 것은 아니다. 이는 '반쪽짜리 거짓말' 혹은 '불완전한 거짓말'이다. 반면에 다른 한 예를 박완서의 『자전거 도둑』에서 찾아볼 수 있다. 이 소설에는 배달을 갔다가 부잣집 외제차에 손상을 입히는 점원 수남의 이야기가 나온다. 차 주인은 혹시 도망을 갈까봐 자전거를 묶어두고, 가서 사장에게 차 수리비를 받아 오면 자전거를 주겠다고 한다. 수남은 갈등하고 망설인다. 야단을 치는 사장의 얼굴이 떠오르고, 부잣집이니까 이 정도 수리비는 떼어먹어도 상관이 없을 것이라는 생각이 든 것이다. 하지만 "서울로 가더라도 도둑질만은 하지 마라!"는 시골 아버지의 얼굴도 동시에 떠오른다. 갈등하던 수남은 결국 자전거를 풀어 머리에 이고 도망을 간다. 자전거점에 도착한 수남이 사장에게 자초지정을 말하자 사장은 "참 잘했다. 세상이 다 그런 것이야. 다들 그렇게 살고 있고, 또 그렇게 살아야 이 험한 세상에서 살아남을 수 있는 거야!"라고 한다. 수남은 그날 밤 아버지를 생각하며 잠을 이루지 못한다. 그리고 그 다음 날 짐을 싸서 고향으로 내려간다. 이 단순한 이야기에는 진실이 거짓이 되고 거짓이 진실이 되는 '가치 전도'의 상황을 아주 잘 보여주고 있다. 수남이 자전거를 머리에 이고 도망을 간 것은 거짓이다. 하지만 그는 자기 나름의 논리로 자신의 행동을 정당화하면서 갈등하였다. 즉, 자신의 행위가 나쁜 것인 줄은 알지만 상황을 고려해서 최선의 선택을 한 것이라고 생각했다. 반면 "도둑질만은 하지

마라!"는 수남의 아버지는 어떤 절대적인 진실 혹은 형식적인 진실을 말해주고 있다. '사람은 남의 물건을 훔쳐서는 안 된다'는 일반적인 진실을 말하는 것이다. 그런데 '자전거점 사장'은 '남의 물건을 훔치는 것이 잘한 것'이라고 말한다. 왜냐하면 세상 사람들이 모두 그렇게 살고 있기에 그것이 곧 진실이라고 말하는 것이다. 하지만 수남은 결국 아버지의 말을 따른다. 물론 수남이 형식적인 진실, 절대적인 진실을 선택하였다는 것은 아니다. 다만 그는 '진실이 거짓이 되고 거짓이 진실'이 되는 세상에서 살 수는 없었던 것이다. 수남이 견딜 수 있었던 것은 '불완전한 거짓말'이었다. 잘못인 줄 알지만 상황상 그것이 최선이며, 어쩔 수 없는 선택은 인간적인 것이라고 본 것이다. 하지만 '완전한 거짓말'은 견딜 수가 없었다. '완전한 거짓말'은 어쩔 수 없는 선택이 아니라, 상황에 따라서 거짓말도 있을 수 있다는 것이 아니라, 오히려 거짓말을 잘하는 사람이 잘 사는 사람이라는 이 가치의 전도, 뒤집힌 세상을 살아갈 용기가 없었기 때문이었다. 자전거점 사장이 가진 거짓은 곧 자기 자신의 양심을 속이는 '완전한 거짓말'이었다. 즉, 세상에서 진실의 척도는 오직 '승리하는 것', '성공하는 것', '살아남는 것'이라는 생각을 가진 것이 그 사장의 진실이었다.

남을 속이는 것을 불완전한 거짓말이라고 한다면, 자기 자신을 속이는 것은 완전한 거짓말이다. 만일 누군가가 거짓말을 하면서도 전혀 양심의 가책을 느끼지 않고 "다들 그렇게 하지 않는가"라고 반문할 때, 이는 곧 대다수 사람들이 거짓말을 하고 사는데 무엇이 나쁜가라고 반문하는 것이다. 그것이 거짓말일지라도, 일반적으로 그렇게 살고 있고, 또 그러한 삶이 인간적인 삶, 즉 '인간의 진리'라고 생각해버린다는 것은 곧 '자기 자신을 완전히 속여버리는 것'이다. 이러한 생각들이 사회적 삶에 적용된다면 매일같이 거짓말로 살아가는 범죄 집단들이 '이것도 일종의 직업'이라고, 즉 삶의 한 방법이라고 생각해버리는 것과 같다. 이렇게 된다면 더 이상 거짓과 진실은 구분이 불가능하고 그 어떤 교육의 힘이나 사회 정치적인 힘도 거짓과 대항할 수가 없게 된다. 이러한 사회는 무서운 사회이다. 사실 중세 신학자들은 '거짓말'은 곧 '악마의 언어'라고 생각하였다. 거짓이 진실처럼 존재하는 사회는 마치 악마가 지배하는 사회와 같다. 이러한 사회에서는 인간적인 정이나, 의로움이나, 양심적인 행동이나, 진정한 자비나, 용서나 사랑 등 일체의 도덕적 행위를 기대할 수 없게 된다.

러시아의 문호 막심 고리키Maksim Gorkii는 "거짓말은 노예들과 주인들의 종교이다"라고 한 바 있다. 거짓말이 일상화된 사회에서 남는 것은 곧 힘의 원리밖에 없다. 사람들은 생존하기 위해서 오직 힘 있는 자들의 편에 서서 거짓을 진실처럼 말하면서 거짓을 양산한다. 무엇이건 남을 이기고, 살아남는 것이 진실이라고 여기게 되면 못 할 일이 없고, 자신의 입장이나 견해와 다른 사람들은 제거해야 할 대상처럼 생각해버린다. 이것이 곧 막심 고리키가 본 당시 러시아의 공산사회였다. 철학적으로 이러한 사회는 '정신적인 전체주의 사회'이며, 일체의 다양성과 진실이 묵살당하는 잔인한 사회이다. 하지만 러시아의 공산사회는 몰락하였고, 역사는 거짓이 끝까지 갈 수는 없다는 교훈을 우리에게 보여주었다. 유대의 속담에는 "거짓말을 통해서 사람들은 매우 멀리 갈 수 있지만, 되돌아올 희망은 없다"는 말이 있다. 거짓에 기반을 둔 사회는 '허상'에 기반을 둔 사회와 같다. 아무리 물질주의가 번영하여도 허상에 기초한 사회는 결국 행복한 사회로 나아갈 수는 없다. 왜냐하면 행복이란 곧 내면에 충만한 진실들로 가득 채워진 사회를 말하기 때문이다. 진정 한국사회가 행복한 사회, 사람들이 살고 싶어 하는 사회가 되기를 바라는 사람은 우리 사회의 기초를 '진실'로 다져야 한다. 아무리 불행한 사회라고 하더라도 진실에 기초한 사회는 희망이 있는 사회이다. 진실은 그것만으로도 온갖 역경을 이겨갈 수 있는 힘이기 때문이다.

🌱 학문의 진리와 생의 진실

일반인에게는 진리라는 말보다는 진실이라는 말이 보다 더 자연스럽고 참된 것처럼 보인다. 특수하게 종교적인 논쟁을 하지 않는 한 일반인은 진리라는 말은 잘 사용하지 않는다. 일반적으로 사람들이 진리라고 말할 수 있는 것은 학문의 영역에서이다. 가령 중력의 법칙이나 삼투압의 원리 등은 '자연의 법칙' 혹은 '자연의 진리'라고 하지 '자연의 진실'이라고 하지는 않기 때문이다. 만일 진리가 불변하는 그 무엇이라고 한다면 이러한 원리는 수학적 진리이다. 수학적이고 기하학적인 진리는 항상 불변하는 것이기 때문이다. 철학자 데카르트가 모든 다른 진리의 근원이 되는 두 가지 기본 법칙을 '기하학적인 법칙'들과 '사유하는 주체인 정신이 존재한다'는 두 가지 사실로 선택한 것은 이러한 사실이 결코 의심할 수 없는 명백한 진리이기 때문이다. 그런데 철학에서 진리라고 말할 때, 이 진리의 의미는 매우 다양한 양상을 띠게 된다. 사실 진리를 의미하는 서구의 용어는 한국어의 '진리'와 '진실'을 동시에 의미하고 있다. 라틴어의 'veritas'나 불어의 'vérité' 그리고 독어의 'wahrheit'나 영어의 'truth'는 모두 진리와 진실을 동시에 지칭하는 용어이다. 하지만 한국어의 진리와 진실은 유사하지만 다른 의미와 다른 뉘앙스를 가진 용어이다. 진리眞理가 말 그대로 '참된 이치'를 말하는 것이라면, 진실眞實은 '참된 사실' 혹은 '참된 내용'을 의미한다. 가끔 현대적 사유에 깊이 심취해 있는 패기만만한 대학의 초년생들이 "진리라는 것은 없다. 왜냐하면 모두가 자신의 처지와 입장에서 바라보고 있을 뿐이기 때문이다"라고 강하게 주장하는 모습을 볼 수 있다. 사실 이러한 주장은 진실은 있어도 진리는 없다는 것이며 어느 정도 일리는 있는 말이다. 그런데 이러한 주장을 하는 학생은 '진리'라는 말을 하면서 자신도 모르게 '절대적으로 변치 않고, 모든 사람에 공통되는 어떤 형이상학적인 혹은 종교적인 진리'를 염두에 두고 있는 셈이다. 그런데 이러한 진리가 존재하지 않는다면 왜 이 학생은 이러한 의미의 진리를 가정하였던 것일까? 그리고 이러한 의미의 진리가 존재하지 않는다는 근거는 어디에 있을까?

과학자들에게 있어서 진실이라는 말은 마치 비-학문적인 용어처럼 들리며, 이는 오직 심리학자나 문학자들이 예외적으로 사용하는 것처럼 보인다. 왜냐하면 과학은 어떤 개별적인 사람의 특수한 상황에서의 사태를 추구하는 것이 아니라, 보편적인 인간의 지성 혹은 이성에 있어서 타당한 어떤 법칙을 추구하기 때문이다. 다양하고 복잡한 현상을 설명해줄 어떤 하나의 법칙을 탐구하는 것이 과학이다. 그리고 이 설명의 기준은 정상적이고 상식적인 사람들의 지성에 있어서 납득할 만한 것이어야 한다. 물론 과학자들이 발견한 이러한 법칙이나 이론을 '진리'라는 말로 표현하지 않겠지만, 그럼에도 학문적인 진리라고 한다면 현상을 설명해주는 법칙이나 이론을 의미한다.

반면 철학자들은 진리의 의미를 다양한 차원에서 논하고 있다. 진리라는 용어를 가장 소박한 차원에서 말하고 있는 것은 경험적 인식의 차원인데, 이 경우 인식되어진 것과 인식대상이 일치할 때 진리라고 한다.

보쉬에J. B. Bossuet는 『신에 대한 앎』에서 "오류를 범할 수 있는 것은 이해력뿐이다. 엄밀하게 말해서 감각 안에는 어떤 오류도 없다. 왜냐하면 감각은 항상 그렇게 되어야 하는 것만을 행하기 때문이다"라고 말하고 있다. 이는 감각은 어떤 것을 의도적으로 왜곡할 의지가 없다는 것을 말한다. 가령 붉은 것을 보면서 푸른색을 인지하지는 않는다는 것이다. 그러기에 감각적 차원에서 '보이는 것'과 '보는 것'은 항상 일치하는 것이며, 그런 한 진리(참)라는 것이다. 가령 내가 본 것이 사과요, 보이는 실재 대상도 사과라고 한다면 이는 진리(참)이다. 아마도 '진리'라는 용어가 보다 심오한 무엇이라고 한다면, '참된 것'이라는 표현이 정확할 것이다. 홉스는 『리바이어던』에서 "참이거나 거짓이거나 이는 언어의 특성이지 사물들의 특성이 아니다. 언어가 없는 곳에는 참도 거짓도 없다"라고 하였다. 이 경우 참된 것이란 '대상' 그 자체이며, 우리가 언어로 표현한 것이 이 대상과 일치할 때 참되며, 만일 일치하지 않는다면 참되지 않은 것이라는 말이다. 즉, '표현된 것'과 '실재 대상'이 일치하지 않는다면 그것은 거짓이라는 말이다. 그리고 이보다 좀 더 확대된 진리의 개념은 '지성적 인식'의 차원이다. 토마스 아퀴나스는 『신학대전』에서 "하나의 진술이 참되다고 하는 것은 … '그것이 무엇인 것'에 대한 지성의 적합성을 의미하는 '지성의 진리'에 따라 그 자신에게 고유한 방식을 역시 참되다고 말한다"라고 하는데, 여기서 '그것이 무엇인 것'이란 라틴어로 'quid'인데, 이는 영어의 'what'에 해당하는 용어로 사물의 본질을 의미한다. 인간의 지성이 사물들을 경험할 때, 궁극적인 목적은 바로 이 사물들의 본질을 이해하고자 하는 것이다. 토마스 아퀴나스는 이러한 사물들의 본질을 '지성적인 실재'라고 하면서 이러한 실재에 도달하는 것을 곧 '지성의 진리'에 도달하는 것이라고 말하고 있다. 이와 유사하게 스피노자 같은 근대철학자들은 사물의 본질이라는 말을 잘 사용하지 않고 대신에 관념이라는 용어를 사용한다. 그는 『형이상학적 사유』에서 "철학자들은 하나의 관념idée이 그의 대상과 일치하거나 불일치하는 것을 지칭하기 위해서 하나의 단어를 사용하였다. 대상 그 자체에 있어서 하나의 사물을 나타내는 것을 참된 관념이라고 불렀고, 실재에 있어서와 다른 사물을 나타내는 것을 거짓 관념이라고 불렀다"라고 하였다. 여기서 실재 그 자체와 일치하는 '참된 관념'과 일치하지 않는 '거짓 관념'의 기준이 무엇인지는 모호하지만 우리는 이 관념을 '사물에 대한 총체적인 이미지'라고 생각해볼 수 있을 것이다. '본질'이라는 용어가 감각적인 차원을 넘어서는 '지성적인 것'이라고 한다면, '관념'은 지성적인 것과 감각적인 것을 포함한 '포괄적인 것'이라고 할 수 있다. 이러한 관념에 대한 개념은 버클리Berkeley의 경우 보다 강하게 부각되는데 그는 "나의 영혼은 세계 안에 존재하는 것이 아니다. 오히려 나의 영혼 속에 존재하는 것, 그것이 세계이다"는 유명한 말을 남겼다. 즉, 우리가 세계라고 말할 수 있는 '통일된 유기체적인 전체'라는 것은 오직 지성의 사유를 통해서만 주어질 수 있는 것이며, 세계 그 자체는 일종의 '카오스' 혹은 '알 수 없는 것'이라고 하는 것과 같다. 그래서 칸트도 "물자체는 알 수 없다"는 말을 한 것이다.

철학자들이 말하는 진리의 개념은 경험적인 대상과의 일치에서 보다 지성적인 대상으로 이동하고 급기야 '참된 것'이란 지성에 의해서 포착된 그 무엇이라는 개념을 형성하게 된다. 그리고 이는 진리는 눈에 보이는 것이 아니라 오히려 감각에 있어서는 숨겨져 있는 '내재적인 것'이라는 의미가 성립하는 것이다. 이러한 '내재적인 진리'의 개념은 '예술적 활동'에 커다란 의미와 근거를 부여하고 있는데, 페르디낭 알키에는 『정서적인 앎』에서 '내재적인 진리'에 대해서 다음과 같이 말하고 있다.

시詩가 표명하는 것은 논리와 물리학자들의 모든 법칙을 벗어난 하나의 실재이다. 시는 우리에게 이 실재를 계시하면서 우리를 내적으로 움직이게 하고, '내재적인 진리la vérité intérieure'에 대한 인상과 불가분하게 나타난다. 이 내재적인 진리에 대한 인상을 우리는 '정서적인 앎un savoir affectif'이라고 불러야 할 것이다.

일반 사람들이 보는 것이 사물의 외형이고 감각적인 실재라고 한다면, 시인들은 감각을 넘어서는 사물들의 내적인 그 무엇을 통찰하고 그것을 언어로 표현하는 사람들이다. 그래서 L. 그라텔루프는 "진리는 분명한 세계의 건조한 복사물이 아니다"라고 한 것이다. 만일 예술가들의 작품이 매일 보아도 질리지 않는 어떤 신선함을 제시하는 것이라고 한다면, 그것은 그 작품이 대상들이 숨기고 있는 그 내면의 실재를 계시하고 있기 때문일 것이다.

만일 진리가 어떤 것의 '내면의 실재'를 지칭하게 된다면 여기에서 우리는 다른 하나의 사유로 거슬러 올라갈 수가 있을 것인데, 그것은 플라톤의 '이데아'의 개념이다. 이데아란 무엇인가? 그것은 모든 개별자가 그것을 향해 나아가는 어떤 이상적인 것이다. 이데아는 사실상 실제로 존재하는 것이라고 하기는 어렵겠지만 그럼에도 우리가 '이상적인 것' 혹은 '완성'이라는 말을 사용하기 위해서는 필연적으로 요청되는 것이다. 모든 것이 개별적이고 상대적이라면 이상적이라거나 완전함이라는 말들도 모두 상대적인 것이 되어버리고, 개인마다 달라질 것이며, 그렇게 된다면 이상적인 것이나 완전한 것은 사실 상대적인 이상적인 것, 상대적인 완전한 것이 되어버림으로써 그 자체로 모순된 말이 되거나 무의미한 말이 되어버린다. 마찬가지로 도달해야 할 최종적인 목적지를 가정하지 않는다면 엄밀한 의미에서 '진보'라는 말도 무의미한 말이 되어 버리고 상대적인 것이 되어버린다. 그래서 토마스 아퀴나스는 플라톤의 '이데아'를 신이 세계를 창조할 때, 신의 지성 속에 있는 '창조적 모델'로서의 '형상들'이라고 본 것이다. 그리고 이러한 궁극적인 목적지로서의 '이데아'나 '창조적 형상들'이 곧 상대적이고 불완전한 존재들에 있어서 진리가 되는 것이다. 한 존재가 가능한 한 최상의 완성에 도달한다면 그때, 우리는 이 존재의 이데아와 유사한 것을 발견하게 될 것이다. 그리고 이 완성이라는 말은 또한 각각의 존재에는 그 자체로 완성할 만한 것을 내면에 지니고 있다는 것을 말해준다. 이것을 아리스토텔레스나 중세 철학자들은 '본성'이라고 하였다. 어떤 것의 본성이란 이 어떤 것의 완성을 잠정적으로 지니고 있는 것을 말한다. 따라서 본성이 성장과 진보의 출발점이라면 이데아는 진보의 종국점이다. 여기서 참된 것의 의미는 본성에 적합한 것과 종국점으로 잘 방향 잡혀져 있는 어떤 것을 말하게 된다. 아리스토텔레스는 이러한 종국점을 '우주의 제일원인'이라고 보았고, 플로티누스Plotinus는 '일자一者'로 그리고 중세철학자들은 이를 '신神'이라고 명명하였다. 헤겔은 이러한 최상의 존재를 '절대이성'이라는 표현하였는데, 사실 헤겔에 있어서 '절대이성'은 모든 것의 출발점이자 동시에 모든 것의 종국점이다. 진리가 가장 최상의 의미로 취해질 때는 바로 이 최고의 존재들은 '우주의 제일원인', '일자', '신' 혹은 '절대정신'을 지칭하는 용어가 될 것이다. 일부 근·현대철학자는 이러한 형이상학적인 사유를 신화적인 생각으로 치부할 수도 있겠지만, 어쨌건 철학자들이 최상의 의미로서의 진리를 말할 수 있다면 이러한 절대적인 존재를 지칭한다고 할 수밖에 없다. 이러한 절대적인 존재를 가정하지 않는다면, 사실 모든 진리라고 하는 말은 사실상 무의미해진다. 왜냐하면 이러한 절대적인 존재를 가정하지 않는다면 더 이상 불변하거나, 영원한 어떤 법칙이나 원리를 긍정할 수가 없기 때문이며, 이 경우 모든 것이 상대적으로 변해버릴 것이기 때문이다. 따라서 진리는 없고 오직 진실만이 남을 것인데, 이는 절대적인 기준이 없는 그 어떤 진실도 사실상 상대적인 것에 불과하기 때문이다. 모든 것이 상대적이라고 하게 되면 결국 모든 사실은 상대적 차원에서의 진실이 될 것이며, 이 경우 진실과 거짓의 구분은 사라지게 될 것이다. 왜냐하면 사람들이 거짓이라고 하는 것도 어떤 특정한 관점에서는, 즉 상대적인 관점에서는 진실이기 때문이다. 예를 들어 '훔치는 일'도 '도둑의 진실'이 되어버릴 것이기 때문이다.

우리가 '진실' 혹은 '거짓'이라고 말하기 위해서는 이를 구분해주는 어떤 상위적인 기준이 있어야 한다. 가령 참된 교사나 거짓 교사, 참된 예술가나 거짓 예술가를 말하기 위해서는 이 둘을 구분해주는 척도가 되는 어떤 이상적인 교사나 이상적인 예술가를 가정하지 않을 수 없다. 보다 이상적인 교사의 이미지에 근접한 사람이 참된 교사일 것이며, 보다 이상적인 예술가의 이미지에 근접한 사람이 참된 예술가일 것이다. 물론 플라톤과 같은 철학자는 엄밀한 의미에서 '참된 교사'란 교사의 이데아에만 적용되는 것이며, 아직 도상에 있는 교사들 중에 참된 교사는 없다고 말할 수도 있을 것이다. 성경에서도 "의인은 없다. 하나도 없다"(로마, 3: 10)라고 말하는데, 사실 여기서도 모든 인간은 어느 정도 의로울 뿐 단적으로 의로운 인간은 없다고 말하는 것이다. 이러한 관점에서 보면 이 세계 자체가 참된 세계(이데아의 세계)와 유사할 뿐 참된 세계가 아니다. 하지만 이러한 관념론적인 사유는 현실에서 진리를 추구하는 우리로 하여금 용기를 잃게 하고 맥 빠지게 한다. 어차피 아무리 노력하여도, 그 무엇이 되더라도 여전히 우리는 진리와 저만치 떨어져 있고, 참된 존재는 아닐 것이기 때문이다. 그렇기 때문에 현실의 삶에 보다 활력을 주기 위해서는 좀 더 '실재론적인 사유'가 필요하다. 그것은 곧 '진리로 향하는 길, 그것이 곧 진리이다'는 사고방식이다. 즉, 참된 것이 아니기에 거짓된 것이 아니라, 참된 것을 지향하기에 참된 것이라는 사고의 방향전환이다. 우리가 비록 의롭지 못하더라도 의롭고자 지향하고, 그렇게 살고자 노력한다면 우리는 '의로운 사람'으로 불릴 수 있어야 한다. 문제는 삶에 있어서 우리의 '의지의 방향성'에 있다. 성경에서는 "의인 99명보다는 회개하는 죄인 하나를 하늘에서는 더 기뻐할 것이다"(루가, 15: 7)라고 말하고 있는데, 이는 곧 의지의 방향설정의 중요성을 말해주고 있다. 그리고 이러한 방향설정을 하기 위해서는 기준이 되는 어떤 궁극적인 목적 혹은 이상적인 것을 가정하지 않을 수가 없다.

흔히 사람들은 정치가들을 두고 '그놈이 그놈이고 또 그놈이 그놈이다'는 상투적인 말을 사용하곤 한다. 즉, 누가 되더라도 인간은 모두가 진리로부터 저만치 떨어져 있기에 엇비슷하다는 말이다. 그리고 이러한 말을 하는 사람들의 심리 속에는 '모두가 불의하지 않는가, 그러니 누가 누구를 비난할 것인가, 모든 사람은 다 똑같지 않는가!' 하는 정신적인 게으름이 도사리고 있다. 이러한 사고방식은 진실과 진리를 추구해야만 하는 힘겨운 의무에서 면제받고자 하는 안일함과 자신의 불의함을 정당화하고자 하는 심리적인 도피가 자리 잡고 있다. 그런데 우리의 의지가 지향해야만 할 진실과 진리의 기준이 될 이상적인 것은 어떻게 마련하는 것인가? 근대합리론의 선구자로 불리고 있는 데카르트는 '참되다'는 것 혹은 '진리'를 '인간적 차원'과 '절대적 차원'으로 모두 사용할 수 있다고 말하고 있다.

우리는 진리라는 이 단어를 그의 고유한 의미에 있어서 사유와 사유의 대상 사이의 적합성을 드러내는 것이라고 말할 수 있다. 그러나 사고의 바깥에 있는 이 사물들에게 사유한 것을 속성으로 부여할 때, 이는 이 사물들이 참된 사유를 위해서 사용되어진다는 것을 의미한다. 이 참된 사유란 우리 자신의 것이거나 신의 것이다.

— 메르센Mersenne에게 보낸 편지(1939. 10. 16) 중에서

내가 사유한 것이 사유되어진 것에 적합하다는 것이 '진리'를 말하는 것이며, 또한 사유되어진 대상에게 '진리'라는 말을 사용하기 위해서 부여한 사물들의 속성 혹은 본성이 인간의 사유에 의해서 포착된 것이라는 차원에서 '사물 그 자체의 것'이라고 할 수는 없다. 따라서 사물들이 인간의 지성에게 어떤 '본질'을 보여주는 것은 사실상 이러한 본질을 사유할 수 있도록 사물들이 도구적으로 사용되었다는 것을 말한다. 그렇다고 해서 인간의 지성이 통찰한 사물의 '본질'이나 '관념'이 허상인 것은 아니다. 왜냐하면 이러한 '본질'이나 '관념'이 사물과의 어떤 적합성을 가지고 있기 때문이다. 지성의 바깥에 있는 모든 대상은 지성에 대해서 '참된 것' 혹은 '진리'를 파악하기 위한 수단으로 사용된다는 것이 데카르트의 관점이다. 그리고 이 진리라는 것은 곧 '인간의 지성'에 있어서 진리이거나, '신의 진리'이다. 이는 신의 정신 안에 있는 '창조적 모델'들도 참된 것, 즉 진리이지만 동시에 인간의 지성이 통찰한 것 역시도 진리라는 말이다. 왜냐하면 인간의 지성이 통찰한 이러한 이상적인 것은 곧 신의 지성 속의 창조적 모델(형상)들과 가장 유사하기 때문이다. 인간의 지성이 구체적인 교사들의 삶을 보면서 이상적인(참된) 교사에 대해서 생각할 수 있고, 구체적인 정치가들을 보면서 이상적인 정치가를 생각할 수 있

다는 것, 그리고 이 이상적인 교사나 이상적인 정치가를 '교사의 진리', '정치가의 진리'라고 말할 수 있다는 것, 이것을 우리는 실재론적인 진리관이라 칭해야 한다. 만일 이마저도 부정한다면, 이 세상에는―최소한 우리가 일상을 살아가는 이 세상에는― 단 한 명의 참된 교사나 참된 정치인을 생각할 수도 없을 것이며, 다만 개별적인 교사, 개별적인 정치가만이 있을 것이다. 만일 우리가 '진실'이라는 것을 말하고자 한다면, 이 진실의 척도가 되는 것은 우리의 지성이 통찰한 이상적인 것을 기준으로 삼아야 할 것이다. 내가 보다 이상적인 교사로 접근해가고, 그렇게 노력한다는 한에서 나는 '진실한 교사'가 될 수 있을 것이다. 누구나 자신이 선택한 것들에 대해서 진실하다는 것, 이것이 곧 삶의 제일 법칙이 되어야 하는 것이다. 맹자는 자신의 나라를 평화롭게 만들 수 있는 방법을 묻는 양혜왕에게 "왕이 왕답고, 신하가 신하답고, 상인이 상인답고, 농부가 농부답고, 부모가 부모답고, 자녀가 자녀답다면 나라가 평안할 것"이라고 말하였다. 여기서 "~답다"라는 것은 곧 '진실하다'는 것을 말한다. 그리고 진실이기에 또한 '진리'라고 말할 수 있는 것이다. 모든 사람이 진실하게 사는 나라는 참으로 평화로운 나라일 것이다. 왜냐하면 이러한 나라는 보다 이상적인 국가로 접근하고 있기 때문이다.

오늘날 한국사회에 가장 필요한 것이 있다면 이러한 '진실'이다. 진실한 정치가, 진실한 법관, 진실한 기업인, 진실한 교사, 진실한 학생, 진실한 부모이다. 현상 그 자체만 보면 마치 '거짓말 공화국' 같아 보이는 우리 사회는 구조적으로 '진실'이 숨을 쉴 수가 없는 것처럼 보인다. 왜냐하면 비-정상이 판을 치는 세상에서는 정상이 오히려 비-정상으로 취급당하기 때문이다. 진실이나 진리는 거창한 것에 존재하는 것이 아니다. 빗물이 바위에 구멍을 내듯이 아주 작은 것들이 모여 큰 것을 이루어낸다. 사회 부조리에 목소리를 높이기 이전에, 세상 저편의 불의를 규탄하기 이전에 우선 내가 살고 있는 일상의 작은 것들에서부터 진실을 추구하고 진실한 삶을 살아야 한다. 이것이 곧 '진리를 사는 것'이다. 윗물이 맑아야 아랫물이 맑다는 속담이 있듯이 한국사회에서 가장 필요한 것이 '노블레스 오블리주'이다. 우선 사회를 이끌어가는 사람들, 즉 '갑'의 위치에 있는 사람들이 솔선하여 '진실한 삶'을 살아간다면, 이 사회가 조금씩 진실한 사회, 보다 이상적인 사회로 나아갈 수 있을 것이다. 그리고 철학자들은 끊임없이 보다 '이상적인 인간', 보다 '이상적인 사회의 비전'을 제시해주어야 한다. 왜냐하면 목적지가 불분명하면 아무리 노력한다고 해도 공허한 몸짓에 불과할 것이기 때문이다.

 ## 진실은 진리에 뿌리를 내려야 한다

'진실'이라는 말은 '진리'라는 말과 달리 이중적인 의미 혹은 다중적인 의미를 가지고 있는 용어이다. 자신을 숨겨준 사제의 은촛대를 훔친 장발장의 '진실'은 무엇일까? 여기서 진실이란 이 상황을 바라보는 자의 관점에 따라서 달라질 것이다. 오직 사회규범이나 실정법을 염두에 두고 있는 자라면 그의 진실을 '물건을 훔친 것'이며, 따라서 장발장은 도둑이다. 하지만 휴머니즘의 입장에서 보면 장발장은 자신이 살기 위해서, 당시로서는 유일하게 자신이 할 수 있는 일을 하였고, '자신의 삶에 최선을 다한 것'이 곧 진실일 수가 있다. 아마도 경찰에게 잡혀온 장발장을 용서해준 사제의 입장에서 보면 '모든 인간은 죄인'이며, 장발장 역시도 그중한 사람일 뿐이며, 장발장의 진실은 '방황하는 가엾은 한 인간'이었을 것이다. 동일한 한 사람에 대해서 어떤 사람에게는 '범법자'이며, 어떤 사람에게는 '자신에게 성실한 자'이며 또 어떤 이에게는 '가엾은 인간'이 되는 것이다. 이처럼 인간적인 행위의 진실을 말하기 위해서는 먼저 진실을 가늠할 수 있는 척도가 무엇인가가 선행되어야 한다. 만일 그렇지 않다면 진실이란 그 자체로 상대적이며, 항상 다의적인 의미를 내포하고 있기 때문에 모든 진실은 개별적인 특수한 진실이 되어버린다. 이 경우에는 '진실'이라는 말이 거의 아무런 의미를 가지지 못하게 된다. 그렇기 때문에 인간적인 행위들에 있어서 특히 윤리도덕적인 행위에 있어서 나와 다른 사람들의 행위의 진실을 밝혀줄 가치관이나 세계관을 가진다는 것은 매우 중요하다. 단 하나의 가치관이나 단 하나의 세계관만을 허용하는 사회는 이미 도덕적으로 전체주의에 지나지 않는다. 상식적이고 건전한 이성에 있어서 납득할 만한 다양한 가치관, 다양한 세계관을 인정하고 허용할 때, 우리는 진실 혹은 진리에 대해서 말할 수 있을 것이다.

'꽃동네'라고 불리는 한 복지마을의 입구에는 "얻어먹을 힘만 있어도 그것은 주님의 은총입니다"라는 '좌우명'이 새겨져 있다. 과연 이 말은 이를 보는 모든 사람에게 '진실'일 수 있을까? 그렇지 않을 것이다. 그럼에도 불구하고 이 말이 '위선'이라거나 '거짓'이라고 말할 수는 없을 것이다. 나와 같은 대학교수가 이러한 말을 사용한다면 이는 최소한 '반은 거짓이거나 위선인 말'이 되겠지만, 그곳에 살고 있는 많은 이들에게는 이것이 진실일 수가 있다. 세계가 존재하는 것이 곧 신의 자비함에 있고, 자신의 탄생이 곧 신의 섭리에 의한 것이며, 생명은 그 자체가 소중한 것이며, 모든 작은 일상에도 큰 가치가 있다고 확신하는 사람 그리고 이를 체험하는 사람에게는 살아 있다는 것을, 구걸하는 상황에도 여전히 크고 소중한 매일의 일상으로 맞이할 수가 있을 것이기 때문이다. 그

러기에 '얻어먹을 수 있는 힘과 생명'을 가지고 있다는 것은 그들에게 참
으로 은총일 수가 있다. 물론 이러한 사유가 어떤 이들에게는 지금 현실
의 진실이 아니라, 그렇게 되기를 바라는 하나의 소망일 수 있다. 그리
고 이들의 소망이 실현되는 것은 그들에게 주어진 외적인 조건이 바꾸
어진다고 이루어지는 것이 아니다. 어떤 말이 '진실'일 수 있게 하는 것
은 그들의 상황이 아니라, 그들의 가치관과 세계관에 의해서이다. 종교
인에게 그 말을 진실하게 만드는 것은 곧 그들의 '신앙'이다. 우리는 여
기서 어떤 사실을 '진실'이 되게 하는 것이 곧 '진리'임을 알 수가 있다.
다시 말해서 인간이 고안하고, 만들어낸 율법이나 관습에 의해서 그들
의 말이 진실이 되는 것이 아니라, 인간의 모든 율법이나 관습을 넘어서
는 어떤 절대적인 진리, 그것이 종교이든, 세계관이든, 철학적 신념이든
끊임없이 변하는 상황이나 인간적인 운명의 변화에 상관없이 자신이 진
리라고 확신하고 있는 그 어떤 진리가 자신의 '진실'을 '진실'로 긍정하게
하는 것이다.

『참을 수 없는 존재의 가벼움』으로 널리 알려진 밀란 쿤데라Milan Kundera는 『소설의 기술』에서 "철학과 학문들이 인간의 존재를 망각한 것이 사실이라고 한다면, 세르반테스Cervantes와 함께 하나의 위대한 유럽의 예술이 형성되었다는 것은 그만큼 더욱 분명하다. 이 예술은 이 잊어버린 존재에 대한 탐구 외에 다른 것이 아니다"라고 말하고 있다. 세르반테스는 『돈키호테』의 저자이다. 그런데 왜 세르반테스가 잊어버린 존재에 대한 탐구를 계속한 것이며, 왜 이것이 위대한 유럽의 예술을 형성하였다는 말인가? 그것은 돈키호테라는 소설 속의 주인공의 모습이 곧 유럽예술을 상징하고 있다고 보기 때문이다. 돈키호테에서 나오는 유명한 한 구절은 이러한 유럽예술의 정수를 잘 보여주고 있다. "이룰 수 없는 꿈을 꾸고, 이루어질 수 없는 사랑을 하고, 이길 수 없는 적과 싸우고, 견딜 수 없는 고통을 견디며, 잡을 수 없는 저 하늘의 별을 잡자." 사실 이 구절은 '낭만주의'의 정신을 잘 보여준다. '낭만주의'는 현실이 줄 수 없는, 현실적으로 불가능한 어떤 이상을 꿈꾸고 추구하는 것을 말한다. 그것이 비록 불가능한 것이라고 해도 '좋은 것'이며 '선한 것'이고 '가치 있는 것'이기에 포기하지 않고 추구하는 것, 이것이 낭만주의의 정신이다. 이는 단순히 허황된 것을 꿈꾸거나, 무의미한 것을 추구한다는 것과는 근본적으로 다르다. 낭만주의에는 어떤 의미에서 현실보다 더 현실적이고, 실제보다 더 실제적인 것이 내포되어 있다. 그것은 지금 현실이 아무리 좋은 것이라도, 아무리 가치 있는 것이라도 이것에 만족할 수 없다는 도덕적 결단이 숨어 있다. 이는 또한 진정으로 참된 것, 이상적인 것은 현실에 있을 수 없다는 현실에 대한 자각에서 주어지는 것이다. 그러기에 매너리즘이라 불리는 모든 '현실 안주'의 해독제가 곧 낭만주의이다. 따라서 낭만주의는 모든 종류의 회의주의에 대립하는 것이다. 사람들이 "오늘날의 대학생들에게는 낭만이 없다"고 푸념하는 소리를 가끔 듣는다. 이는 사실이다. 왜냐하면 현대사회는 더 이상 이루어질 수 없는 꿈을 꾸지 말라고 충고하고, 물질적 풍요와 사회적 안정이 최상의 가치라고 설교하고 있기 때문이다. 장켈레비치는 『아이러니』에서 이러한 현대인의 정신에 대해 다음과 같이 말하고 있다.

진리는 환영들이지만, 사람들이 이를 잊어버렸다. 진리는 사람들이 사용했던 은유이지만 이제 그 힘을 상실해버렸다. 이제 진리들은 마치 닳아버린 동전의 문양처럼 우리가 이를 고려하자마자 더 이상 동전이 아니라 금속조각처럼 되어버렸다.

동전의 표면이 닳아버리면 더 이상 동전일 수 없으며, 그것은 금속조각에 지나지 않는다. 마찬가지로 우리가 꿈꾸는 이상적인 삶, 이상적인 인간, 이상적인 교사, 이상적인 예술가는 마치 인생에 있어서 동전의 문양과 같은 것이다. 이러한 이상이 닳아버리면 인생은 더 이상 인생이 아니다. 그것은 단지 화학작용과 생물학적 반응만이 남는 생물학적 덩어리에 불과하다. 이러한 세상에서는 진리도 진실도 논할 수 없는 건조한 세상이 되어버린다.

가끔 세계역사를 공부하는 사람들을 만나면 다들 진리에 관한 한 회의적인 태도를 보이곤 한다. 왜냐하면 역사 속의 수많은 종교와 철학들이 결국 각자 진리라고 말하지만 어느 것이 진정한 진리인지 말할 수도 없으며, 나아가 진리를 외친 수많은 종교와 문명이 오류의 길을 갔다는 사실을 발견하기 때문이다. 하지만 그렇다고 해서 역사적 사실들이 우리에게 회의주의를 낳게 한다는 말은 진실이 아니다. 알랭은 『관념들과 시대들』에서 "실제적인 진리들은 교정된 오류들 외 다른 것이 아니다"라고 하였고, 장 발Jean Wahl은 『형이상학에 대한 고찰』에서 "우리가 진리에 관한 긍정적인 생각을 가지는 것은 오류의 체험을 통해서이다. 진리는 앞서는 오류에 대립하는 것을 통해서 나타난다"라고 하였다. 인류의 역사는 어떤 의미에서 오류의 역사이다. 하지만 오류를 범하고 있다는 이 사실 역시도 진리를 가정한다는 한에서 의미 있는 말이다. 인류 역사의 진리란 가장 절대적인 세계의 것이다. 그 누구도 나의 국가의 진리, 나의 학교의 진리, 나의 가족의 진리라는 말을 사용하지는 않는다. 우리가 인류역사 앞에서 진리라는 말을 하기 위해서는 모든 편견과 정념과 편협함에서 벗어나, 모든 사람이 생각하는 것처럼 그렇게 생각해야 한다. 다시 말해서 '인간성의 진리'처럼 그렇게 생각해야 하는 것이다. 물론 이는 단지 '보편성'이나 '일반성'을 의미하는 것이 아니다. 여기서 인간성의 진리란 우리의 지성이 결코 부정할 수 없는 기본적인 진리들로부터 형성된 이상적인 우리 자신에 대한 진리를 말한다. 이는 곧 인간이 꿈꿀 수 있는 아름다운 인간상이며, 우리가 상상할 수 있는 참으로 행복한 인간 사회의 모습이다. 우리가 결코 부정할 수 없는 기본적인 진리들에 대해서 중세의 철학자 토마스 아퀴나스는 『신학대전』에서 다음과 같이 말하고 있다.

우리의 지성은 모든 것을 개별적인 어떤 진리에 따라서 판단하지 않으며, 마치 거울 안에서처럼 이들에게서 비추는 것으로부터 생기는 첫 번째 지성적인 형상으로 드러나는 첫 번째 진리에 따라서 판단한다.

우리가 진리라고 할 만한 것은 거울에 비치듯이 직접적으로 드러나는 '첫 번째 지성적인 형상'이다. 그 어떤 논리적인 추론도 합리적인 사변, 경험적인 추론도 소용치 않는 가장 직접적으로 드러나는 인간지성의 진리, 이를 철학자들은 '직관'이라고 말한다. 이러한 직관의 능력을 가진 것은 이성과 양심이다. 가령 생명은 소중하다는 것, 선善은 추구할 만한 것이고, 악은 피해야만 하는 것, 전쟁보다는 평화를 추구해야 한다는 것 등 이러한 것이 부정할 수 없는 '첫 번째 지성의 형상'으로 드러나는 것들이다. 루이 라벨은 이러한 근본적인 진리들에 긍정하고 동의하는 것을 "빛에 대한 동의"라고 하면서 이를 "진지함"이라고 말하고 있다. 이 제일 첫 번째의 진리들은 모든 정당화나 사변적인 증명이 무용한 것이다. 그래서 파스칼은 "우리는 진리를 다만 이성이 아니라 가슴을 통해서 알 수가 있다. 우리가 제일원리들을 알 수 있는 것은 바로 가슴을 통해서이다"라고 말하고 있다. 이러한 가장 기초적인 진리들을 토대로 우리는 우리의 진실을 쌓아가야 한다. 사실 진리는 우리가 형성할 수 있는 것이 아니며, 진실이야말로 오직 우리가 형성해가야만 하는 것이라고 말할 수 있다. 루이 라벨은 『나르시스의 오류』에서 "진리란 나 자신이 무엇이라는 것에 대한 진리이며, 이는 나 자신을 관조한다고 충분하지 않으며, 우선 나를 산출하여야 한다"라고 말하고 있다. 여기서 나를 산출한다는 것은 곧 나의 자아, 즉 나의 가치관, 나의 세계관 그리고 나의 인생관을 형성한다는 말이다. 그리고 이러한 나의 자아는 곧 나의 모든 행위에서 진실의 척도가 된다. 그래서 나의 진실은 항상 나의 진리에서 발생하고 나의 진리에 뿌리를 두고 있는 것이다. 어떠한 것도 진리를 전제하지 않는 진실은 이미 진실이 아니다.

자신의 신념을 지키기 위해서 독배를 마신 소크라테스의 교훈은 자신의 진실이 진리에 뿌리를 내리고 있다는 것이다. 그것은 어떠한 대가를 치르고라도 자신의 진실을 진실로 주장하고자 하는 것이며, 이는 또한 이를 통해서 진리에 대해 말하여야 한다는 한 철학자의 사명감이었다. 그것은 진리만이 이후 우리의 모든 진실에 대해서 그 진정성을 보장할 수 있는 유일의 것이기 때문이다.

❌ 실용주의 진실의 허와 실

철학자들이 아무리 '진실'과 '진리'에 대해서 역설을 한다고 해도 이러한 논의들을 무의미하게 만들어버리는 하나의 질문이 있다. 그것은 "진실과 진리가 무슨 소용이 있는가?"라는 것이다. "진리가 빵을 주는가? 진실이 자동차를 만들고 아파트를 주는가?" 이러한 질문들은 '유용성의 진실'을 말하고 있는 질문들이며, 이렇게 유용성을 말하는 사람들을 흔히 '실용주의자'라고 부른다. 물론 이러한 생각은 실용주의에 대해서 매우 편협한 생각인 것이 분명하지만 그럼에도 오늘날의 많은 현대인이 이러한 단순한 실용주의적 사유를 실용주의라고 생각하고 이러한 실용주의적 사유로 일상을 살아가고 있다. 인문학이 살아남기 위해서는 인문학을 여타의 학문과 연계하여 구체적으로 상품화할 수 있어야 한다고 주장하는가 하면, 실제로 연구계획을 수립할 때에도 경제적인 효과를 극대화할 때 선정될 확률이 더 높다는 사실이 이러한 국면을 잘 대변하고 있다. 철학자들이 의료철학이니, 철학치유니 하는 것을 통해서 보다 철학이 실용적이 될 수 있도록 하는 움직임도 사실 이러한 실용주의적인 경향에 영향을 받은 것이라는 사실을 부정할 수는 없다. 그런데 실용주의라는 것이 구체적인 경제적 효과를 겨냥하는 이러한 사유를 말하는 것일까? 그렇지 않다. 만일 그렇다고 생각한다면 이는 실용주의의 진정한 의도를 매우 왜곡하는 것이다. 윌리엄 제임스는 『실용주의』에서 '실용주의'에 관해 다음과 같이 말하고 있다.

진리란 이루어지고 있는 어떤 것이다. 정의로운 것이란 단순히 우리의 진보를 위해서 유리한 그것에 있는 것과 마찬가지로 참된 것은 단순히 우리의 사유를 위해 유리한 그것에 존재한다.

위에서 말하고 있는 제임스의 사유는 우리가 진리라고 말할 수 있는 것은 상황에 적합하고 유리한 것이라는 점이다. 이는 어떤 절대적인 진리, 불변하는 진리를 가정하기보다는 현 상황에 '보다 유리한 것'을 진리로 간주하는 입장을 말한다. 여기서 중요한 두 가지는 '시대와 상황을 초월하는 절대적인 진리'를 인정하지 않는 것과 '보다 더 유리한 것'을 진리로 삼는 것을 말한다. 이러한 태도는 '쓰디쓴 진실보다는 부드러운 거짓이 낫다'는 속담에 일치하는 사고방식이라고 할 수 있다. 그래서 제임스는 "실용주의가 보여주고 있는 태도는 이미 오래전부터 잘 알려진 하나의 태도이다. 왜냐하면 이는 경험주의자들의 태도이기 때문이다"라고 말하고 있다. 사실 경험주의는 경험을 통해서 확인할 수 있는 것만을 진리로 간주하는 정신적인 태도여서 결코 절대적인 진리나, 경험을 넘어서는 확신이나 신념을 추구하지 않는다. 그래서 P. 엔젤Pierre Angel은 『진리』에서 "진정한 실용주의자들의 이론은 '참된 것이란 유용한 것'이라는 방정식과는 거리가 멀다"라고 말하고 있다. 이는 사실이다. 실용주의는 단지 유용한 것을 진리로 삼는 그러한 사상은 아니다. 다만 '상황을 고려하여 가장 최선의 것'을 진리로 하는 그러한 사상이다. 그럼에도 실용주의는 '경험주의'와는 다른 하나의 사상이다. 엄밀히 말해 경험주의가 진리를 추구하는 하나의 방법론을 일컫는 것이라면 실용주의는 무엇을 '진리' 혹은 '참된 것'으로 볼 것인가 하는 '진리관' 혹은 '세계관'의 태도문제라고 할 수 있다. 그런데 실용주의의 문제는 '보다 유리한 것' 혹은 '최선의 것'이라는 말이 무엇을 의미하는가 하는 점에 있어서 모호하다는 것에 있다. '보다 유리한 것'이라는 말은 다양한 의미를 함축하고 있는 다의적인 것이기 때문이다. '보다 유리한 것'이 보다 많은 경제적인 이익을 창출하는 것이 될 수도 있고, 또 보다 사람들을 잘 화합하게 하는 것일 수도 있고, 보다 세상을 평화롭게 하는 것일 수도 있기 때문이다. 그렇기 때문에 실용주의는 상황이 어떻게 바뀌든 '가장 최선의 것'을 산출할 수 있는 것을 진리로 삼자는 말만 되풀이하는 정신이다.

　이런 면에서 실용주의는 자주 힘과 권력을 가진 자들의 요구로 이용될 확률이 높다. 구체적인 내용을 전혀 규명하지 않고 마냥 '유용한 것', '최선의 것'만을 말한다는 것은 무엇이 보다 '유용하고 최선의 것인가' 하는 것을 결정하는 힘 있는 사람을 위해서 보류된 진리라고 하는 것과 같기 때문이다. 그래서 실용주의는 경험이 분명하게 말해주는 것일지라도 만일 그것이 현실적으로 도움이 되지 않거나 최선의 것을 산출할 수 있는 것이 아니라면 진리 혹은 참된 것으로 받아들이지 않는 것이다. 비록 경험적 사실과 다를지라도 보다 나은 것을 산출하고 보다 최선의 것을 낳는 것이라 생각되면 그것을 참된 것으로 수용하는 것이 실용주의적인 정신이다. 그래서 '실용주의'를 가장 긍정적으로 해석한다면, 그것은 미래의 가장 나은 상태를 위해서 우리의 행위를 준비하게 해준다는 것이다. 즉, 실용주의는 '가장 유리한 것'이라고 말하면서 과거나 현재의 어떤 진리를 긍정하거나 그것들과의 적합성에서 참된 것의 의미를 산출하는 것이 아니라, 보다 유리한 것을 생각하는 그러한 사상이다.

언뜻 보기에 실용주의는 합리적인 사유인 것처럼 보이기도 한다. 하지만 구체적인 내용을 말해주지 않는다는 차원에서 실용주의적인 정신에는 무엇인가 공허한 점이 있는 것을 발견할 수 있다. 가령 대학의 한 동아리에 일정 금액의 기부가 들어오고 이것으로 무엇을 할 것인가를 생각할 때, 실용주의자는 '가장 유리한 것' 혹은 '가장 최선의 것'을 해야 한다고 주장할 것이다. 하지만 가장 최선의 것이 구체적으로 무엇인가를 말해주지는 않는다. '실질적으로 도움을 주는 것'이라고 해도, 무엇이 '실질적인 것인가'라는 물음에는 또 답할 수가 없다. 결국 실용주의자는 가장 일반적인 원칙만을 말하는 것이지 구체적인 사실에 대해서는 말해 주는 것이 없다. 그렇기 때문에 실용주의는 항상 시류에 편승하는 경향성을 가질 수밖에 없다. 현재 우리 사회가 혹은 세상 사람들이 가장 많이 추구하고 가장 선호하는 것을 추구할 수밖에 없는 것이다. 즉, 보다 효용성이 있는 것을 진리라고 간주하더라도 '무엇이 보다 효용성이 있는 것인가' 하는 문제에 대해서 모호한 것이다. 그래서 가브리엘 마르셀은 "실용주의는 진리와 효용성을 모호하게 함으로써만 형성될 수가 있다"라고 비판한 것이다. '보다 더 나은 것을 진리로 삼자'라는 모토는 일견 참으로 지당한 견해 같지만, '무엇을 보다 나은 것'으로 볼 것인가는 여전히 그것을 판단하는 사람의 가치관이나 인생관 혹은 세계관에 달려 있다. 그래서 현대와 같이 물질만능주의를, 가치 있는 삶보다 생존을 우선시하는 이러한 사회에서 실용주의는 진리나 진실을 추구하는 데 매우 취약하다. 왜냐하면 본질적으로 경험적인 방법을 진리추구의 원리로 삼고 있는 이러한 실용주의는 잘못된 사회, 불의한 사회, 인간성이 왜곡되는 사회에서 그 원래의 모습을 찾아가는 데 너무나 허약하기 때문이다.

저술가이자 생물학자인 J. 로스탕Jean Rostand은 "정치에 있어서 어제의 거짓말은 오직 오늘의 거짓말을 위해서만 던져버린다"라고 현대의 정치적인 세태를 풍자하고 있는데, 이러한 정치적인 세태는 분명 실용주의에서 그 정당성을 구하고자 할 것이다. 즉, '비록 정의롭지 않은 줄은 알지만 이것이 국익을 위해서 최선이다'라고 말하는 것이다. 이러한 실용주의적인 사고방식이 습관화되면 더 이상 진실과 거짓을 구분할 수 없게된다. 그리고 '과정이 어떠하든지 결과만 좋으면 된다' 혹은 '억울하면 출세하라'는 천박한 성공주의를 낳게 되는 것이다. 벨기에의 시인인 폴 누제Paul Nougé는 "거짓말이 성공을 하게 되면 더 이상 거짓말이 아닌 것이된다. 더 무서운 것은 거짓말쟁이에게도 더 이상 거짓말이 아닌 것이 된다"라는 섬뜩한 말을 한다. 이러한 것이 바로 오늘날 한국사회를 '거짓말공화국'처럼 보이게 하는 원인이 아닐까! 일본의 1,500배나 되는 거짓말사범들, 하루가 멀다 하고 오는 스팸 문자, 무슨 '보이스 피싱'이니, '스피어 피싱'이니 혹은 '스미싱'이니 하는 것 그리고 툭하면 자신의 소신이나 공략을 바꾸는 정치가들…. 이 모든 것이 '진리는 하나의 색깔만 지니고있는 것이 아니라, 상황에 따라 여러 가지 색깔을 가지고 있다'는 실용주의 정신 때문이 아닐까?

철학자 러셀Russell은 『진리의 의미』에서 "거짓은 결코 사람들이 진리에 머무르는 만큼이나 그렇게 오랫동안 추구된 효과를 지속할 수가 없다"라고 하였다. 즉, 그것이 무엇이든지 거짓 위에서 추구한 모든 것은 언젠가 소멸하고 말 것이라는 것이다. 실용주의는 어느 시기, 어느 순간의 사회적 상황에 의해서 요청될 수 있는 것이기는 하나 결코 이것이 인생의 진리가 될 수는 없다. 왜냐하면 진리와 진실이라는 빛에 대한 진지함을 진정성이라고 한다면 실용주의는 결코 이러한 진정성을 가질 수가 없기 때문이다. 어떤 종류의 진정성이든 진정성이 결여된 곳에서는 진리와 진실을 말할 수가 없고, 이는 강하게 말해서 성실하고 참된 삶에 대해서 죄를 짓는 것이다. 철학적으로 말해서 죄란 진실과 진리의 빛을 외면하는 진정성의 결여를 말하기 때문이다.

10장

일상의
진리들:
가정, 교육, 직업

결혼은 왜 하는 것이며,
이혼은 왜 하는 것일까?

「악몽」

결혼생활과 사랑의 성장

클로델: 결혼이란 기쁨이 아니다. 결혼은 기쁨의 희생이다. 결혼이란 그때부터 죽을 때까지 한 사람이 다른 한 사람으로부터 만족하는 것을 배우는 두 영혼의 공부이다.

인생에 있어서 가장 중요하다고 생각하는 몇 가지 일이 있다. 사람마다 중요한 사건들이 다르겠지만 한국사회의 경우, 대학입학, 취업, 첫사랑, 결혼, 자녀탄생 등일 것이다. 이 중에서도 가장 중요한 사건은 어쩌면 결혼이 아닐까 싶다. 왜냐하면 결혼 외에 다른 모든 것은 인생의 행복을 좌우는 결정적인 이유는 아니기 때문이다. 반드시 좋은 대학을 나와야 행복한 삶을 보장받는 것은 아니며, 직장도 나의 선택에 따라 얼마든지 바꾸거나 새로운 일을 찾을 수도 있기 때문이다. 사랑이라는 것도 반드시 한 번만 주어져야 한다는 법이 없다. 그런데 결혼이라는 것은 다르다. 결혼은 특별한 경우가 아니라면 일생에 한 번밖에 할 수 없는 것이며, 한 번 하게 되면 좋든 싫든 자신의 배우자와 서로 하나가 되는 일치된 삶을 살아가야 하기 때문이다. 태어나서 나의 존재가 다른 한 존재와 하나가 되는 사건은 오직 결혼뿐이다. 한 인간이 다른 한 인간을 만나서 모든 것을 공유하고 실존적으로 하나가 되어 인생의 나머지 반평생을 보내야 한다는 것은 어마어마한 일이다. 그러기에 결혼생활만큼 중요한 사건은 아마도 없을 것이다.

하지만 이렇게 소중하고 중요한 결혼이 행복하고 의미 있는 '결혼생활'로 이어지기란 참으로 어렵다. 특히 한국사회는 결혼생활의 행복이나 소중함이 가장 부족한 나라 중 하나일 것이다. 그 단적인 증거는 한국사회의 높은 이혼율이다. 일반적으로 알려진 이혼율이 가장 높은 나라는 미국이며, 그다음이 한국이다. 비록 통계상의 작은 오류는 있겠지만, 어느 정도의 오류를 감안하더라도 통계청이 발표하는 한국의 이혼율은 경악할 만하다. 하루에 세 쌍이 결혼을 하면 한 쌍 이상이 이혼을 하는 것이 현재 한국의 실정이다. 그렇다면 무엇이 부부로 하여금 서로 외면하고 갈라서게 하는 것일까? 이혼을 하게 만드는 요인들은 다양하다. 가족 간의 불화, 배우자의 부정, 경제문제, 성격차이 등이 일반적으로 이혼의 이유이다. 그런데 이 중 압도적으로 높은 비중을 차지하는 것이 '성격차이'이다. 그런데 이 이유는 참으로 납득할 수 없는 것 같다. 인간이란 모두 다른 성격을 가지고 있는 것이 아닌가? 성격이 차이난다는 것은 모든 사람이 모든 일에서 경험할 수 있는 문제이며, 어쩌면 가장 당연한 인간성의 진리일 것인데, 왜 이러한 당연한 사실이 이혼의 사유가 된다는 말인가? 사실 성격이 차이가 난다는 것은 사회적 차원에서 보면 어떤 단체를 혹은 어떤 그룹을 가장 최선의 단체, 가장 효율적인 그룹으로 만들어 주는 요인이다. 학생들의 그룹작업을 보면 구성원끼리 서로 유사한 성격을 가진 그룹보다는 다양한 성격을 가진 그룹이 훨씬 나은 결과를 도출한다. 그런데 왜 유독 부부만이 성격차이를 이유로 이혼하게 되는 것일까? 성격이 차이가 난다는 사유의 진정한 이유는 무엇일까?

사실상 성격이 차이난다는 이유는 단지 성격이 다르다는 것을 말하지 않는다. 왜냐하면 결혼생활을 모범적으로 살고 있는 부부들도 서로가 성격이 다르다는 것은 일상적으로 체험하기 때문이다. 이는 달리 말해서 성격차이라는 것은 다른 어떤 사실을 지칭하기 위해서 사용하는 상징적인 용어라는 말이다. 그렇다면 성격차이라는 것을 통해서 말하고자 하는 것은 무엇인가? 이것은 다양한 사실을 말하고 있다. 결혼과 부부에 대한 이해의 부족, 서로의 인간적인 이해부족, 인간관계에서 발생하는 충돌과 마찰에 대한 해결방법에 대한 무지, 모든 건전한 인간관계에서 반드시 요청되는 상호존중의 부재 등 수많은 사실이 '성격차이'라는 한마디로 압축하여 말해지는 것이다. 상식적인 견지에서 부부간의 관계는 친구나 이웃과의 관계보다 열 배는 어려운 것이다. 왜냐하면 좋든 싫든 매일 하루의 절반 정도를 함께 부딪치며 살아가야 하며, 수많은 일을 함께 의견을 공유하며 결정해야 하기 때문이다. 이러한 '함께하기'는 그에 따른 책임성이 뒤따르고 이러한 책임성의 뒤편에는 인내와 양보, 용서와 화해라는 매우 어려운 인간적인 성찰이 동반되어야 하기 때문이다. 즉, 결혼이 다른 어떤 인간관계보다 중대한 일이기 때문에 이러한 일을 성공적으로 이루어가기 위해서는 가장 많은 것이 요청되는 것이다. 이러한 어려운 일들을 감수해야 하는 것이기 때문에 결혼에 있어서 중요한 첫 번째 조건은 '서로 사랑한다'이다. 사랑하지 않는 사람과 매일같이 상의하고, 이해하고, 용서하고, 인내하고, 화해한다는 것은 사실상 수도자가 아닌 일반인에게 있어서는 불가능한 일이다. 하지만 현재 한국 사회의 결혼 풍습은 사랑을 전제하지 않는다. 결혼정보회사를 통해서 배우자를 한 달 남짓 만난 뒤에, 그냥 '싫지 않으면 결혼을 한다'는 것은 참으로 위험천만한 일이다. 어떻게 평생을 하나의 정신과 하나의 몸으로 동반하게 될 배우자를 단지 싫지만 않으면, 그리고 외적 조건이 적당하면 선택할 수 있다는 말인가. 물론 많은 부부가 단지 싫지 않기 때문이 아니라, 진정으로 서로가 서로에게 호감을 가지고 좋아했을 수도 있다. 하지만 좋아한다는 것과 사랑한다는 것은 엄연히 다른 것이다. '좋아한다는 것'은 순전히 정서적인 문제이지만, 사랑한다는 것은 존재 전체의 문제이다. 흔히 결혼 초기를 말하는 '신혼시기'를 서구사회에서는 '허니문'이라고 한다. 심리학자들은 실제적인 신혼기간을 6개월 정도로 보는데, 그 이유는 이러한 '허니문' 기간 동안에는 남성과 여성은 성적 호르몬의 영향으로 서로 바라보고만 있어도 충만하고 행복한 감정을 가질 수 있기 때문이라고 한다. 이러한 심미적인 변화의 영향으로 이 기간 동안에는 모든 것을 인내할 수 있고, 모든 것을 용서할 수 있고, 모든 것을 양보할 수 있기에 마냥 행복한 것이다. 하지만 일정 기간의 허니문이 지나고 나면 부부는 다시 일상의 개인적인 삶으로 복귀하고, 거의 회사동료와 같은 처지에서 서로가 서로를 보게 된다고 한다. 만일 이러한 상황에서 인간관계의 규범이나 서로 간의 인격적인 신뢰나 사랑을 성장시키기 위한 토대가 마련되어 있지 않다면, 그 이후는 부부싸움의 연속이 될 수밖에 없을 것이다.

사실 부부싸움이라는 것도 피해갈 수는 없는 일이다. 아무리 금실이 좋은 부부라도 부부싸움은 있기 마련이다. 세속적인 모든 것에서 해탈한 두 승려가 아니라면, 혹은 인격이 완성된 두 성자聖者가 아니라면, 모든 인간관계에는 갈등과 대립이 없을 수가 없다. 그렇기 때문에 어떤 의미에서 부부싸움이라는 것도 사실은 마침내 서로 싸우지 않을 수 있기 위해서, 지금 현재 싸우지 않으면 안 되는 것이다. 서로 자신과의 다름과 차이에 괴로워하며, 서로의 부족함과 결함에 대해서 화를 내고 또 이해하고 화해하며, 상대방이 가진 인간적인 나약함이나 오류들을 용서하고 그러면서 자신의 인격이 성숙하고 완성되어가는 것이다. 이는 마치 모난 돌이 세찬 강물을 따라 바닷가에 도착했을 때, 둥글둥글하고 원만한 '몽돌'이 되는 것과 같은 이치이다. 그래서 결혼 생활도 잘만 한다면 수도자들이 도를 닦는 삶과 진배없는 삶이 될 수 있다. 우리는 소크라테스를 위대한 철학자로 만든 것이 그의 악처인 '크산티페' 때문이라는 것을 잘 알고 있다. 물론 소크라테스가 악처를 만났기 때문에 위대한 인물이 되었다는 것은 아닐 것이다. 하지만 소크라테스의 고결한 덕의 형성에는 분명 그가 그의 아내를 이해하고 용서하고 인내했던 과정이 큰 몫을 차지했을 것이다. 어떤 사제가 고백성사를 주면서 고백하는 사람에게 자신의 '남편을 용서하라!'는 보속을 주자, 고백하던 여성이 "세상 모든 사람을 용서할 수 있어도, 나의 남편만은 용서할 수 없다!"라고 말했다고 한다. 이는 그만큼 남편과 아내라는 사이가 얼마나 어렵고 힘겨운 사이인가를 말해주는 상징적이 사건일 것이다. 만일 그 여성의 입장에서 말을 바꾸어보면 "만일 내 남편을 용서할 수 있다면, 세상 모두를 용서할 수 있다"는 것이 된다.

상식적인 차원에서 결혼의 가장 본질적인 요인은 '사랑'이다. 하지만 그렇게 생각하는 사람들도 자주 오류에 빠지는데, 결혼을 마치 사랑의 골인처럼 생각하는 것이다. 사실 결혼은 사랑의 시작이지 끝이 아니다. 이는 인간관계가 맺어지는 것이 관계성의 시작이지 관계성의 끝이 아닌 것과 같다. 인간관계가 성장하는 원리나 원칙이 있듯이 결혼생활에서 부부관계가 성장하는 데에도 원리나 원칙이 있다. 키르케고르에 의하면 인간관계란 '단순한 관계 - 사회적 관계 - 인격적 관계'의 3단계로 성장한다고 한다. 이러한 관계를 다른 말로 표현하면 '단순한 관계 - 중재적 관계 - 내면적 관계'로 말해질 수 있다. 이러한 관계에 대한 분류는 사실 인간행위의 발달과정에서 유추한 것인데, 인간의 행위는 '단순한 행위 - 중재적 행위 - 내면적(절대적) 행위'라는 세 가지 차원으로 성장을 한다.

단순한 행위란 내가 어떤 것을 추구하는 데 오직 하나의 목적과 의미를 가진 일체의 행위이다. 가령 내가 식당에 가는 목적이나 의미는 오직 식사를 하기 위해서이다. 나의 정신과 마음이 '밥을 먹는 것' 외에 다른 목적이나 의미가 없다면 이는 단순한 행위이다. 이러한 단순한 행위는 징검다리를 건널 때나, 전쟁터에서 잘 드러나는 것인데, 물에 빠지지 않기 위해서 그리고 생존을 하기 위해서 사람들의 마음과 정신이 오직 '다리를 건너는 것' 혹은 '생존하는 것'에 집중하게 되고 그 이상의 의미나 생각이 전혀 없게 된다. 이러한 단순한 행위는 대다수 단순 노동자의 노동을 특징짓는 것이다.

반면 중재적 행위란 하나의 행위를 하면서 행위의 원래 목적 이외에 다른 목적이나 의미가 덧붙여지는 행위를 말한다. 가령 건강을 위해 산행을 하는 '모임'이 있을 때, 모임에 나가서 산을 오르는 행위의 원래 목적은 '건강'이다. 그렇지만 내가 예술가라면 산행을 할 때마다, 사진을 찍거나 스케치를 하게 될 것이다. 내가 지질학자이거나 산림학자라면 산을 오르면서 지질을 관찰하고 나무들의 분포를 살피게 될 것이다. 아마 시인이라면 산의 풍광을 보면서 시상을 떠올리고자 노력할 것이다. 이처럼 원래 목적이 '건강'이었지만, 스케치를 하고, 지질구조를 살피고, 시상을 떠올리는 행위들은 중재적인 행위이다. 즉, 건강을 위한 산행이라는 것을 중재로 하여 다른 하나의 목적을 추구하는 것을 말한다. 이러한 중재적인 목적은 일반적으로 원래 목적보다 더 고상하고 더 의미 있는 것으로 인간행위의 특징이 바로 이러한 것에 있다. 대다수 동물에게는 이러한 중재적인 행위가 발생하지 않지만 거의 대부분의 인간행위는 이러한 중재적인 행위로 나아가고자 하는 일반적인 경향성을 가지게 된다. 이는 사람과 사람의 관계에서도 마찬가지다. 내가 어떤 사람을 만나는 것이 단순히 회사의 어떤 문제를 상의하기 위해서라도, 만일 만나는 사람이 시인이거나 화가라고 한다면, 나는 그 만남을 통해서 시에 대해 알고자 하고 그림에 대해서 좀 더 깊이 알고자 할 것이다. 만일 그가 의사라고 한다면 건강에 대해 조언을 구할 수도 있고, 그가 정치가라면 현재 한국사회의 정치적인 문제에 대해서 질문할 수도 있을 것이다. 이처럼 인간관계는 단순한 관계에서 항상 중재적인 관계로 나아가고자 하며, 우리가 어떤 사람과 개인적인 친분을 쌓을 수 있는 것은 바로 이러한 중재적인 관계의 발전을 통해서이다.

어떤 한 사람과 내밀한 개인적인 친분이 형성되면, 만남의 의미는 이러한 중재적인 의미를 넘어서게 된다. 즉, 더 이상 시나 그림이 중요한 것이 아니며, 더 이상 건강이나 정치가 중요한 것이 아니다. 그를 만난다는 자체가 보다 더 중요하고 보다 더 큰 의미를 가지게 되는 것이다. 이러한 것이 아리스토텔레스가 말하는 '우정'이라는 것이다. 우정이란 인격적인 너와 인격적인 나의 관계를 의미하며, 이러한 인격적인 관계 그 자체가 목적이 되며, 가장 소중하고 의미 있는 것이 될 때 존재하게 된다. 이러한 것이 곧 '내면적인 관계'요, 그것 외 일체의 것을 초월한다는 차원에서 '절대적인 관계'이기도 하다. 일반적으로 서구 유럽사회에서는 이러한 우정의 관계가 나이를 초월하여 남자와 여자 사이에도 별 무리 없이 이루어질 수 있다고 믿고 있지만, 유교적 정신이 지배하는 동양사회에서는 성인의 경우 이러한 '남녀 사이에 이루어지는 우정'은 매우 드물고 특별한 경우가 아니라면 불가능하다. 특히 결혼을 한 사람에게 있어서 이러한 남과 여 사이의 우정은 자주 '불륜'이라는 이름으로 치부되기도 한다.

사실상 사랑의 관계도 우정의 관계와 원칙적으로 다르지 않다. 철학자 키르케고르는 사랑의 발전 단계를 '심미적 단계 – 윤리적 단계 – 종교적 단계'로 성장한다고 보고 있다.

심미적 단계의 사랑이란 자연적인 현상으로 '감성적으로 끌리는 것', '나의 마음에 드는 것' 등으로 나타난다. 이유는 알 수 없지만 어떤 한 사람에게 끌리고 그와 함께 있다면 너무 좋은 정서를 느낄 수 있을 때 사람들은 이를 '사랑'이라고 한다. 이러한 사랑은 남녀 간의 사랑의 일반적인 특징이며, 흔히 이러한 사랑을 '에로스'라고 부르기도 한다.

하지만 이러한 에로스적 사랑은 영원히 지속될 수가 없다. 아무리 마음에 드는 사람이더라도 시간과 더불어 좋아하는 감정이 변화할 수 있기 때문이다. 그리고 특별한 경우가 아니라면 이러한 에로스적 사랑은 결혼의 기간에 비례하여 소멸되어 가는 것이 일반적이다. 그렇기 때문에 결혼생활을 에로스적 사랑에 기초한다는 것은 위험천만한 일이다. 보다 안정되고 건강한 결혼생활을 위해서는 에로스적 사랑에서 다른 사랑의 형식으로 성장하여야 한다. 그것이 곧 윤리적 사랑이다. 윤리적 단계의 사랑이란 '책임성'에 기초한 사랑을 말한다. 사실 우리가 '우정'이라는 인간관계에서 볼 수 있는 가장 큰 특징은 '책임성'이라는 것이다. 예를 들어보자. 내일이 중간고사 시험이지만 나의 친구가 교통사고를 당해서 입원을 했다고 한다면, 다른 모든 학생이 우선 시험을 끝내고 병문안을 가고자 하여도 나는 그럴 수가 없을 것이다. 왜냐하면 그가 나의 친구이기 때문이다. 그가 나의 친구인데 왜 내가 그를 위해서 작은 희생을 해야만 하는가? 그것이 곧 '책임성'이다. '그와 나' 사이에 우정이 있다는 것은 곧 그와 내가 정신적으로 혹은 실존적으로 하나의 존재 혹은 공동의 존재를 지니고 있다는 것을 말하며, 이는 그의 삶이 곧 나의 삶의 일부가 되었다는 것을 의미한다. 그래서 그의 모든 일은 어느 정도 나의 일이기도 한 것이다. 이러한 책임성은 우정의 관계가 보다 돈독할수록 더 커지는 것이겠지만, 가끔 사람들은 어려움이나 위기에 처하면 이러한 우정의 관계를 저버릴 수도 있다. 그래서 윤리적인 책임성은 자발적으로 이루어지는 것이 아니라, 지성적인 노력과 의지적인 노력을 통해서만 충분히 다할 수 있는 것이다. 그래서 성경에서도 "선한 목자는 자기 양 떼를 위해서 목숨을 바친다"라고 하였다. 모든 목자가 다 자기 양 떼를 위해서 목숨을 바치지 않는다. 오직 '선善한 목자'만이 그렇게 할 수 있다. 여기서 선한 목자란 곧 윤리적인 책임을 다하는 도덕적 인격을 가진 자를 말하는 것이다. 결혼생활에서도 마찬가지다. 에로스적 사랑 소멸해버린 부부에게 있어서 이 에로스적 사랑을 대신할 수 있는 것은 '윤리적 단계'의 사랑이다. 서로가 서로에게 책임지고 비록 그나 그녀로 인하여 내가 고통당하고 괴로워할지라도 책임성을 저버리지 않는 것이다. 그리고 모든 부부는 이러한 언약을 결혼식 때에 서약한다. 주례자가 "아플 때나 슬플 때나, 서로 사랑하고…"라고 물을 때, 두 사람은 '예'라고 대답을 했기 때문이다. 그래서 보다 결혼생활을 오래한 사람일수록 서로 사랑하는 관계는 연인의 관계가 아니라, 우정의 관계처럼 나타나는 것이다.

하지만 완전한 부부생활은 윤리적 단계의 사랑만으로는 부족하다. 서로가 진정 하나가 된다는 것은 '윤리적 책임성'만으로는 부족하다. 왜냐하면 '책임성'이란 말 그 자체가 어떤 의무감정에 기초한 것이며, 이는 내적인 자발성에 의한 것은 아니기 때문이다. 서로 일치한다는 것, 그것은 나의 생각과 그의 생각이, 나의 가치와 그의 가치가 완전히 하나를 이룬다는 것이다. 이는 내적으로 정신적으로 일치를 이루어 삶의 원리나 가치관·인생관의 차원에서 일치하고 있음을 의미한다. 이러한 관계 안에서만 서로는 서로에 대한 거의 절대적인 신뢰와 믿음을 가질 수 있다. 키르케고르에게 이러한 단계의 사랑은 이미 '종교적 차원의 사랑'이며, '절대적인 사랑'이다. 사실 키르케고르에게 이러한 인간과 인간 사이의 절대적인 일치는 오직 신앙의 삶 안에서만 가능한 것으로 두 개인이 서로 절대자 앞에 단독자로 나설 때에만 가능한 일이다. 즉, 이들의 관계성의 한 중심에는 '절대자'로서의 '신의 존재'가 매개가 되어 있기에 이러한 일치는 모든 한계상황을 초월하여 하나를 이루는 것이다. 아마도 '아프거나 슬프거나 어떠한 상황 속에서도 죽을 때까지 서로 사랑할 것을 맹세하는 결혼 서약'이 진정으로 이루어지는 단계가 바로 이 절대적 차원의 사랑일 것이다.

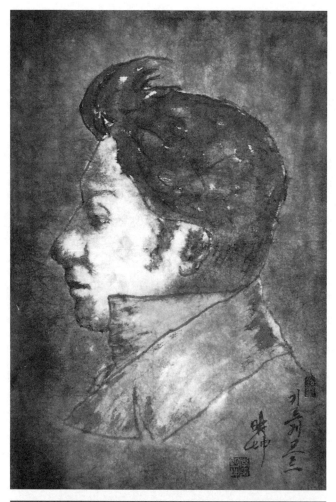

「키르케고르」

실존주의의 선구자 키르케고르

철학자로서는 드물게 사랑을 주제로 한 단행본 『사랑의 역사役事』를 쓴 철학자이다. 그는 사랑이 형성되고 성장하기 위해서는 사랑하는 사람들의 사랑의 단계가 유사하여야 한다고 보았는데, 이 러한 신념과 그의 철학적 사명감 때문에 약혼한 지 1년 만에 약혼을 파기하였다. 그는 파혼에 대한 이유를 설명하는 글을 『유혹자의 일기』라는 책에서 저술하기도 하였는데, 자신은 이미 종교적 단 계의 실존에서 살고 있지만 약혼녀는 심미적 단계에서 살고 있으며, 결코 윤리적 단계로까지도 끌 어올릴 자신이 없었다고 해명하고 있다. 실존주의의 선구자답게 그는 사상과 삶이 철저하게 일치 를 이룬 사상가였다.

학교교육과 전인교육

허버트 스펜스Herbert Spencer: 학교에서 가장 무시되고 있는 것은 삶 안에서 우리가 가장 필요로 하는 그것이다.

빅토르 위고: 학교의 문을 여는 사람은 감옥의 문을 닫는 사람이다.

코키 로버츠Cokie Roberts: 교실에서 수학을 가르치는 만큼의 시간을, 학생들을 위해 기도하는 시간으로 보낸다면 최고의 교사가 될 것이다.

오늘날 한국사회의 온갖 문제들이 '교육의 문제'로부터 출발한다는 것은 의심할 수 없는 사실이다. 왜냐하면 어떤 의미에서 한국의 어린이, 청소년에게는 수업이라는 것은 있지만 교육이라는 것이 존재하지 않기 때문이다. 오늘날 한국사회에서 학교교육이란 무엇을 의미하는가? 학교에서 수학문제를 풀고, 영어단어를 외우고, 이름이나 연도를 암기하는 … 모든 것이 지식을 습득하는 것과 연관되어 있으나 엄밀한 의미에서 '교육'은 존재하지 않는다. 라틴어에서 교육을 의미하는 '에두카시오educatio'는 '에두코educo'라는 동사에서 파생된 것인데, '에두코'는 '기르다', '양육하다', '모양을 구성하다', '(인격, 자아 등을) 형성하다'는 등의 의미를 가지고 있다. '교육敎育'의 한자도 '배우고 자라다'는 뜻이다. 즉, 교육이란 배움을 통해서 몸과 마음과 정신이 자라고 인격이 형성되며 구체적인 자아가 구성되어 가는 것을 의미한다. 이러한 것을 공적으로 하는 것을 '공교육', 즉 '학교교육'이라고 한다. 하지만 오늘날 한국사회에서 '공교육' 혹은 '학교교육'이란 거의 대부분 암기력이나 계산력 혹은 기술을 익히는 것이 전부이다. 그리고 이러한 지식과 기술의 습득은 대개 '대학입시'라는 하나의 목적에 초점이 맞추어진다. 이러한 상황 속에서 마음과 정신이 성장하며 인격을 형성하게 하는 진정한 의미의 교육은 발을 디딜 틈이 없게 된다. 더욱이 시험을 위한 학교교육이 학원이나 개인교습 등 학교 바깥으로까지 확장되면서 청소년은 하루의 대부분을 이러한 지식습득을 위한 시간에 할애하게 되며, 가족이나 친구들과 함께 생활하며 어울릴 시간마저 가질 수가 없게 된다. 가정교육이나 놀이를 통한 인간관계나 공동체적 정신을 배울 수 있는 기회마저 박탈당하는 것이다. 이러한 청소년들이 사회의 일선에 나서게 될 때 그 사회가 어떠한 모습을 하게 될 것인가는 불을 보듯이 뻔하다.

하지만 이러한 문제가 비단 한국사회뿐만은 아닌 듯하다. 비록 정도의 차이는 있지만 대다수 현대사회가 안고 있는 공통의 문제이다. 허버트 스펜스는 "학교에서 가장 무시되고 있는 것은 삶 안에서 우리가 가장 필요로 하는 그것이다"라고 하였다. 삶 안에서 가장 필요로 하는 것, 이는 무엇을 말하는 것일까? 헤르만 헤세는 이를 '인간에 대해서 아는 것'이라고 말하고 있다.

> 학교에서 학생들은 아무런 쓸모도 없는 무수한 전쟁의 연도를 암기하고, 역시 아무짝에도 쓸모없는 옛 왕들의 이름을 암기한다. 하지만 … 학생들은 인간에 대해서는 아무것도 알지 못한다.
>
> —「클레인과 와그너klein et wagner / 원제: Die narmorsäge」중에서(Livre de poche n°4932)

자라나는 청소년들이 가장 먼저 배워야 할 것이 무엇인가 하는 문제는 사실상 교육학자들마다 다를 수 있다. 그렇지만 부정할 수 없는 한 가지 사실은 청소년들이 '참된 인간이 된다는 것'에 대해서 배워야 한다는 것이다. 그 어떤 지식도, 아무리 훌륭한 기술도 만일 이것을 소유한 사람이 사람답지 못하면 무슨 소용일까? 오히려 지식이나 기술이 나쁜 마음을 가진 사람들의 손에 있다면 사회와 국가에 위험한 것이 아닌가? 아인슈타인은 "학교는 학생들에게 항상 조화로운 인격형성을 도모하여야 하는 것이지, 전문가들의 형식을 형성하는 것이 아니다"라고 하였다. 인격형성이 전문적인 지식형성에 우선한다는 것은 거의 대부분의 위인들이나 교육자들이 긍정하는 점이다. 교육 제도적 차원에서 보면 중·고등학교에서는 인격적인 측면을 그리고 대학교육에서는 보다 더 큰 전문성을 지향해야 정상적이다. 하지만 지나치게 경쟁사회가 되어버린 한국에서는 학교란 오직 보다 더 전문적인 지식을 습득하는 곳이다. 폴 모랑 Paul Morand은 "오늘날 학교에서 아이들에게 요청하는 것을 보면서, 얼마나 많은 부모들이 어린이가 될 능력을 가지고 있을까라고 나는 스스로에게 묻게 된다"라는 역설적인 말을 하였다. 사실이 그러하다. 만일 오늘날 어린이들이나 청소년들이 소위 선행학습이라는 것을 통해서 학교교육이나 사교육에서 배우는 것들을 보노라면, 대다수 한국의 부모들은 어린이나 청소년이 될 능력도 없을 것이다. 부모들이 어린이가 될 수 없고, 청소년이 될 수도 없다면, 부모들은 무엇으로 어린이들을 청소년들을 가르칠 수 있을 것인가? '우리가 가지고 있지 않은 것을 아이들에게 가르칠 수 없다'는 것은 하나의 일반적인 교육의 원칙이다. 만일 교육을 오직 학교에게만 맡겨두어야 한다면, 더 이상 교육이 없는 것과 같다. 세네카는 "우리에게 배움을 주는 것은 삶이지 학교가 아니다"라고 하였다. 오늘날의 청소년들에게 '배움을 주는 삶'이란 무엇일까? 청소년에게 삶이란 것이 있기는 하는 것일까?

허버트 스펜스는 "우리의 학교에서 항상 거의 전적으로 무시하고 있는 것은 오히려 가장 관심을 가져야 하는 것, 즉 삶에 대한 질문"이라고 하였는데, 이것이 사실이라면 학교가 거의 전부인 오늘날 청소년에게는 삶이란 것이 없다고 하는 것과 같다. 한때 한국사회에서는 '전인교육'이라는 말이 사회적 화두가 되던 시절이 있었다. 그리고 이에 대한 답변처럼 '대안교육'이니, '참교육'이니 하는 말들이 유행처럼 번지던 시절이 있었다. 하지만 언제부턴가 이러한 말들이 슬그머니 사라져 버리고 지금은 이러한 말들을 입에 담는 이들이 매우 적다. 이 역시 한국사회의 '냄비근성' 때문일까? 꼭 그렇지만은 아닐 것이다. 한 사회의 전체적인 분위기가 너무나 고질적으로 굳어져 있을 때는 그것이 아무리 좋은 것이라고 하더라도 극소수의 이러한 외침은 결코 정상적인 문화로 정착할 수가 없기 때문이다. 사실 교육이라는 말에는 이미 '전인교육'이라는 말이 포함되어 있다. '전인교육', '참교육', '대안교육'이라는 말들은 '교육'이 잘못되었다는 것을 전제하는 말이다. 몸과 마음과 정신을 기르고 함양하며, 나아가 각자의 자아가 교육을 통해서 형성되는 이러한 교육의 의미가 퇴색되었기 때문에 잘못된 교육을 정상화하자는 외침이 이러한 말들을 만들어 낸 것이다.

그런데 '전인교육'이란 무엇을 말하는 것일까? 전인교육全人敎育이란 말 그대로 '전 인격적인 교육'을 말하는 것이다. 어린이의 발달단계에 맞추어 모든 것이 골고루 발달할 수 있도록 제도적으로 뒷받침해주는 것이 '공교육'이란 것이다. 상식적인 사람이라면 누구나 인정할 수 있는 어린이의 발달 과정은 '육체적 발달', '정서적 발달' 그리고 '지성적인 발달'일 것이다. 그렇기 때문에 아직 어린 학생들에게 있어서 최상의 교육은 '놀이'이다. 놀이를 통해서 육체와 정서가 발달하기 때문이다. 미국의 인류학자인 호텐스 파우더메이커Hortense Powdermaker는 "모든 오락은 학교보다 더 효과적인 교육이다. 왜냐하면 교육을 위해서는 정서에 호소해야지 지성에 호소해서는 안 되기 때문이다"라고 말하고 있다. 이는 사실이다. 아직 어린 학생들이라면 충분히 지성이 성숙하지 못하였기 때문에, 어떤 행위를 유발하는 데 있어서 감성과 정서에 호소해야 하는 것이지, 합리적인 이유를 설명해줄 수는 없다. 즉, 아이에게 왜 생태계를 보호해야 하는지에 대한 10시간 강의보다 어른들이 직접 나무를 심고, 숲을 가꾸는 모습을 한번 보여주는 것이 더욱 효과적이다. 마찬가지로 청소년들에게 가난한 이들을 위한 기부가 왜 정당한가를 역설하기보다는 어른들이 자주 사회적 약자들을 위해서 기부를 하고 도움을 주는 모습을 보여주는 것이 훨씬 효과적이다. 학교폭력을 방지하고 친구들과 협력하고 서로 사랑하는 행위를 유발하기 위해서 법을 만들어 규제를 하는 것보다는 교사들 사이에서 온유하고 정의롭고 자비롭게 행위하는 모습을 보여주는 것이 가장 빠른 교육의 방법이다. 그렇기 때문에 저술가이자 문헌학자인 에르네스트 르낭Ernest Renan은 "교사들이 법을 만드는 학교는 참으로 슬픈 학교일 것이다"라고 한 것이다. 어린 시절부터 법과 질서를 준수하게 한다는 것도 좋은 일이나, 그보다 중요한 것은 학생들이 자유롭게 성장하는 것을 배우는 일이다. 어린이가 어린이답다는 것은 자연스럽게 성장하는 데에서 주어진다. 프랑스의 언론가인 조세 아르투르José Artur는 "유일한 자유로운 학교는 숲 속의 학교이다"라고 하였는데, 숲 속의 나무과 풀은 자유롭게 성장하기 위해서 법이나 규율이 필요치 않다. 그것들은 그냥 그것들의 본성대로 주어진 자연법칙에 따라서 자라지만 최상의 것을 만들어내고 꽃피워낸다. 어린이도 마찬가지다. 만일 사회가 정상적이라면 그 속에 사는 어린이들은 자신에게 주어진 본성에 따라서 사회적 환경에 최상으로 적응하고 자신의 최고의 것을 꽃피워낼 것이다.

우리가 어린 시절에 손꼽아 기다린 날들은 명절, 성탄절, 생일 등이었다. 하지만 오늘날 대다수 학생들이 가장 기다리는 것이 생일이나 성탄절이나 명절날이 아니다. 그들이 유일하게 기다리는 날은 '공휴일'이나 '방학'이다. 왜냐하면 이날은 학교에 가지 않아도 되기 때문이다. 빅토르 위고는 "학교의 문을 여는 사람은 감옥의 문을 닫는 사람이다"라고 하였는데, 오늘날 이 말은 역전이 된 듯하다. 왜냐하면 학생들에게 있어서 학교란 마치 감옥과 같은 것이기 때문이다. 오직 의무만 있고 자유가 전혀 없이, 하루 동안 10시간 이상 공부라는 중노동을 해야 하는 곳이 학교이다. 그뿐만 아니라 학교에서는 오직 한 가지의 모델을 정해놓고 모든 학생이 이러한 모델을 닮아가기를 원한다. 이 모델이라는 것은 공부를 잘하는 학생, 성적이 높은 학생이다. 그렇기 때문에 학교교육에 보다 몰두할수록 '나', 즉 다른 모든 학생과 다른 '개별자'로서의 '자아'는 상실되고 마는 것이다. 대다수 학부모는 '대학에 가면 모든 것이 해결되는 것'처럼 이야기하면서 이러한 힘겨운 현실을 외면하고 만다. 하지만 대다수 대학 초년생들이 공통적으로 경험하는 입학 이후 가장 힘겨운 일은 '주어진 자유 시간을 어떻게 활용하여야 할지 알지 못한다'는 것이다. 그들은 삶이 무엇인지를 알지 못하기에, 주어진 자유로운 삶을 의미 있고 가치 있게 영위할 능력이 없는 것이다. 프랑스 속담에 "삶의 학교에서는 방학이 전혀 없다"는 말이 있다. 만일 학생들이 학생으로서의 삶을 잘 영위하고 있다면, 방학을 손꼽아 기다릴 필요가 없을 것이다. 중요한 것을 삶을 배우는 것이다. 사실 학교의 선생이나 교수는 개별자의 자아를 형성할 수 없다. 그것이 무엇이든 나의 가장 내적인 갈망을 통해서 선택된 것만이 나의 자유롭고 개별적인 자아를 형성한다. 이 개별자의 자아는 스스로 성장하고 자기 자신의 내적인 원리에 의해서 형성되고 성장하는 것이기 때문에, 이를 위해서는 오직 학생들이 자유롭고, 자율적이어야 한다. 막스 자코브Max Jacob는 "나는 내적인 삶의 학교를 열 것이다. 그리고 문에 '예술의 학교'라는 팻말을 달 것이다"라고 한 바 있다. 그렇다. 진정한 학교는 '기술교습소'가 되어서는 안 된다. 진정한 학교교육이란 학생들 각자가 지니고 있는 자기만의 장점과 재능을 꽃피우게 하고, 학생들이 가진 무한한 잠재능력을 사회에서 실현할 수 있는 비전을 제공하는 예술가의 아틀리에 같은 곳이 되어야 한다. 그렇기 때문에 감옥과 같은 학교를 삶의 학교로 바꾸는 일이 무엇보다 중요한 일이다.

빌 워터슨Bill Watterson은 "사람들은 학교에서 자신들이 가지고 가는 것만을 배울 뿐이다"라고 하였고, 조지 산타야나George Santayana는 "오직 학교에서만 배우는 학생은 전혀 교육받지 않은 학생이다"라고 하였다. 이들이 강조하고 있는 것은 학교교육 이전에 있어야 할 '삶에 대한 교육'이다. 한국사회에서는 이를 '가정교육'이라고 하겠지만, 사실 가정교육이 아니다. 교육은 오직 가정에서만 이루어지는 것이 아니기 때문이다. 살아 있는 자연, 숲과 강에서 그리고 친구들과 마을 공동체를 통해서 그리고 가족과 친지, 모든 것을 통해서 삶을 배우는 것이다. 모든 것을 통해서 삶을 배운 학생들은 이제 학교에서 세계를 이해하고자 할 것이다. 한나 아렌트Hannah Arend는 "학교의 역할은 아이들에게 세계가 무엇인지를 배우게 하는 것이지, 살아가는 기술을 암기하게 하는 것이 아님을 이해해야 한다"라고 말하고 있다. 삶이 무엇인지, 인간이 무엇인지 그리고 세계가 무엇인지를 이해하게 하는 장소, 이것이 곧 공교육을 의미하는 학교교육이다.

공교육의 다른 한 역할은 시민의 한 사람이 될 수 있는 덕목들을 가르치는 것이다. 알제리 출신의 저술가인 파이자 겐Faïza Guène은 "학교는 최소한의 평등을 유지할 수 있는 유일한 수평의 형식이다. 이 평등 안에서 사람들은 자신이 시민의 한 사람임을 느낄 수 있다"라고 하였다. 사실 현대사회뿐 아니라, 어느 사회든지 사회라는 말 그 자체는 구조화되고 계층화된 집단을 말한다. 하지만 오래전에는 이러한 사회의 계층을 초월한 평등한 사회가 있었는데, 그것이 바로 '동네친구'라는 개념이었다. '동네친구'는 모두가 평등하였다. 여기서 잘사는 아이와 못사는 아이, 잘생긴 아이와 못생긴 아이, 공부 잘하는 학생과 공부를 못하는 학생들 간의 구별이나 구분은 없었다. 모두가 그냥 동네친구로서 서로 어울리고 서로 동등하게 함께하였다. 그리고 이러한 동네친구는 학교에 다니면서 '학교친구'라는 말로 대신하였다. 하지만 현대사회에서는 이러한 평등한 동네친구의 개념이 없다. 만일 우리가 유일하게 평등한 사회를 생각할 수 있다면 그것은 학교라는 곳이 아닐까? 중학 시절 가난하지도 부유하지도 않았던 나의 어머니는 매우 합리적인 사람이었다. 어머니는 당시 교복을 매우 중시하였는데, 친지들에게 인사를 드리러 갈 때면 항상 교복을 입게 하셨다. "학생들에게는 교복이 제일이야!" 이것이 어머니의 평소지론이셨는데, 그 이유는 교복이라는 것이 모든 학생을 평등하게 한다는 것이었다. 물론 어머니는 당시의 교복이 '일제시대의 유물'이라는 것을 전혀 생각하지 못하신 분이었다. "교복이 없어봐라, 가난한 학생들이 값비싼 옷을 사달라고 조른다면 그 일을 어쩌겠노!" 늘 입버릇처럼 하신 말씀이셨다. 사실 일리 있는 말씀이셨다. 요즘 학생들이 마치 교복처럼 입고 다니는 값비싼 파카나, 점퍼들은 어른들의 양복 한 벌 값보다 비싸며, 메이커 있는 운동화 한 켤레는 보통의 어른 구두보다 훨씬 비싸다. 그리고 교복은 유행을 타지 않기 때문에 가난한 부모들에게 교복보다 더 좋은 옷은 없다. 교복이라는 것이 획일화하고 규율을 잡기 위한 것이 되면, 권위주의의 소산물이 될 것이지만, 학생들의 평등개념의 상징이 된다면 참으로 좋은 것이다. 아마도 오늘날 유일하게 이러한 평등한 개념을 배울 수 있는 곳은 학교뿐일 것이다. 이러한 평등의 개념 위에서만이 "누구나 자신이 원하는 사람이 될 수 있고, 누구나 자신이 원하는 교육을 자유롭게 받을 수 있으며, 누구나 자신의 있는 그대로의 모습으로 존중되어야 한다"는 자크 마리탱의 휴머니즘이 현실이 될 수 있을 것이다. 이러한 교육적 토대 위에서만이 너와 내가 모두 동일한 사회공동체의 일원이라는 것을 깨닫게 되고, '시민사회'의 한 동등한 일원으로서 자부심을 가지게 될 것인데, 이러한 것이 바로 공교육이라는 것이다.

한국사회에서도 언제부턴가 학생들의 자율과 인권이 강조되는 학생인권조례라는 것을 선언하기도 하였다. 하지만 이에 비례하여 교권이 땅에 떨어져 제대로 된 교육이 어렵게 되었다는 불만의 목소리가 터져 나오기도 한다. 이러한 교사들의 불만의 목소리가 단순히 푸념인 것만은 아니다. 사실상 그것이 어떠한 형식의 교육이든 교육에는 최소한의 권위가 필요하다. 독일의 교육학자인 이반 일리치Ivan Illich는 "만일 학교들이 의무적인 곳이 되기를 멈춰버린다면, 권위에 의해서 가르침이 이루어지는 교사들의 곁에 어떤 학생들이 남아 있을 것인가?"라고 말하고 있다. 사실 교육 분야만큼 권위가 필요한 곳도 없다. 기술 분야는 '기술력' 그 자체가 권위가 되고, 예술 분야는 예술작품이 곧 권위가 된다. 정치 분야에서 권위는 국민의 지지에서 주어진다. 하지만 교사에게 있어서 권위는 이러한 눈에 보이는 객관적인 무엇이 존재하지 않는다. 아무도 학생들의 선호나 지지가 교사의 권위를 부여한다고는 하지 않을 것이다. 오늘날의 한국사회에서는 학급의 성적이 교사의 권위를 좌우한다고 할지도 모르겠지만, 진정한 교사는 성적을 올리는 기술자가 아니다. 진정한 교사는 학생들의 교육자이기 때문이다. 그렇기 때문에 교사들의 권위는 질서와 규율 혹은 교칙에 의해서 주어지는 것도 아니다. 프랑수아 드 클로세François de Closets는 "좋은 교사는 완고하고 다루기 힘든 학급을 휘어잡을 수 있다. 그리고 그는 가장 잘못 이해된 교육들을 살아 있는 것으로 바꾼다. 이것이 바로 학교의 기적이다. 그 교사는 모든 것을 구원할 수 있다"라고 하였다. 진정한 교사의 권위는 잘못된 교육을 바로잡는 진정한 교육의 힘에서 주어진다. 진정한 교사의 권위는 바로 교사 자신의 내면에 있는 교육자로서의 자질과 열정에서 주어진다. 미국의 저널리스트 코키 로버츠는 "교실에서 수학을 가르치는 만큼의 시간을, 학생들을 위해 기도하는 시간으로 보낸다면 최고의 교사가 될 것이다"라는 의미심장한 말을 하였다. 자신의 전문분야의 지식도 중요하고, 이러한 지식을 잘 전달할 수 있는 교수법도 중요하다. 하지만 교사에게 있어서 보다 중요한 것은 진정 학생들이 훌륭한 인격자가 되고, 정의롭고 성실한 시민의 한 사람으로 성장해주기를 바라는 그 마음을 잊어버리지 않는 것이다. 학생들은 바보가 아니다. 학생들은 교사들이 어떤 마음을 가지고 있고, 무엇을 바라고 있는지 누구보다도 잘 알고 있는 교사들의 가장 가까운 벗이다. 『레미제라블』의 저자인 빅토르 위고는 '어떤 교사가 되어야 하는가?'라는 질문에 "당신들이 가지고 싶었고, 가지기를 바라는 그러한 스승이 되시오"라고 답변하였다. 아마도 이것이 모든 교사에게 던지는 만고불변의 메시지가 아닌가 싶다.

직업관과 노동의 가치

니체: 기쁨 없이 일하는 것에 비하면 차라리 죽고자 하는 사람은 매우 드물다. 이러한 사람들은 일 그 자체가 가장 큰 이득이 아니라고 한다면, 결코 큰 이윤에 만족하지 않는다.

앙드레 지드: 행복의 첫 조건은 사람들이 그의 기쁨을 자신의 일에서 발견할 수 있다는 것이다.

R. 카르티에Raymond Cartier: 지난 세기에 있어서 가장 큰 혁명은 1917년의 볼셰비키 혁명이 아니었다. 그것은 대중 안에 여가시간이 발생하였다는 것이다.

대학의 교양 수업에서 "만일 당신에게 10억이 주어진다면 그럼에도 취업을 할 것인가?"라는 질문에 던진 적이 있었다. 대다수 학생이 "그래도 취업을 할 것이다"라고 답변하였다. 그런데 그 이유를 묻자 가장 많은 수의 학생들이 "10억으로는 평생 살기에 부족하다"는 답변을 하였다. 물론 이 중에는 "돈이 아무리 있어도 백수는 별로 좋은 것이 아니다", "직업이 없이는 행복한 삶이 어렵다", "직업이 자아를 실현한다"는 등의 보다 그럴듯한 답변들도 많았다. 어쨌건 대다수 학생이 직업이란 마치 "생존을 하기 위한 수단"처럼 생각하고 있었고, 또한 '직업'이 곧 '취업'이라고 생각하고 있었다. '직업을 가지는 것'이 곧 '취업을 하는 것'이라는 한국학생들의 생각은 내가 유럽사회에서 본 유럽의 학생들과는 매우 다른 관점이었다. 가령 스웨덴에서는 대학을 졸업하고 '취업을 원하는 학생'의 수가 전체 학생 수의 약 70%에 불과하다고 한다. 나머지 30%는 '취업을 생각하지 않고 있다'는 말인데, 그렇다면 이러한 학생들은 무엇을 생각하는 것일까? 아마도 한국의 어른들이라면 취업을 않겠다는 이러한 스웨덴 학생들의 사고방식이 '나약하고 썩어빠진 정신'이라고 생각할 수도 있을 것이다. 물론 사회복지가 너무 잘 되어 있어서, '굳이 취업을 하지 않아도 살아가는 데는 지장이 없다'고 생각하는 그들이 정신적인 나태함이 한몫을 하고 있기는 하겠지만, 그럼에도 이들의 사고방식은 결코 '정신적인 나태함'의 결과가 아니다. 이러한 오해는 '취업'과 '직업'의 차이를 오해하고 있기 때문에 발생하는 것이다. 취업을 생각하지 않는 스웨덴의 30%의 학생들이 생각하는 것은 두 가지다. 하나는 무엇을 할 것인가를 좀 더 생각해볼 기회를 가진다는 것이며, 다른 하나는 취업보다는 보다 의미가 있고 자신의 적성에 맞는 길을 선택하겠다는 것이다. 이 후자는 가령 '전업화가'가 되거나, '그린피스와 같은 환경운동가'가 되거나, '사회단체의 활동'을 전문적으로 하거나, 혹은 프리랜서로 일할 수 있는 상담가나 번역가가 되기를 희망하고 있다. 취업을 하지 않고도 자신의 길을 모색하는 이러한 선택은 한국사회에서는 매우 어려운 것이겠지만, 복지제도가 잘 갖추어지고 삶에 대한 가치관이 다른 유럽의 사회에서는 충분히 있을 수 있는 일이다. 앙드레 모루아는 "사회적인 일은 실제적인 노동과 견줄 수 있는 목적"이라고 하였는데, 이는 환경운동을 하거나 사회원동을 하는 비-경제적 활동 역시도 직장에서 열심히 경제활동을 하는 것만큼이나 가치가 있고 소중한 것이라는 말이다. 이는 프랑스의 경우도 비슷한데, 프랑스의 대학생들은 대학졸업 후 '곧바로 취업'은 필수가 아니라 선택사항처럼 생각하고 있다. 즉, 졸업을 하고 1~2년의 시간을 가지면서 무엇을 해야 자신이 행복하고 의미 있는 삶을 살 수 있을 것인지, 그리고 어떠한 업종에 취업을 할 것인지를 고민하는 시간을 가지고자 하는 학생들이 매우 많은 것이다. 물론 이러한 여유는 취업을 하지 않아도 일정기간 국가에서 '실업수당'이라는 것을 제공하는 복지사회이기에 가능하기도 하다. 하지만 이러한 이들의 여유는 그들의 직업관이 우리와는 다르다는 것에 그 근본적인 원인이 있다.

　직업을 가진다는 것은 자신이 일상의 삶으로 하는 일, 그것을 통해서 자신의 생업으로 살아가는 그러한 일을 가진다는 것이다. 반면 취업한다는 것은 일반적으로 어떤 회사의 직원으로, 어떤 기관의 공무원으로 입사한다는 것을 말한다. 예를 들면 대학의 미대를 졸업하고 '전업화가'로 나서거나, 국문학과를 졸업하고 '소설가'나 '시인'을 전업으로 하는 사람들에게 '취업'하였다고는 하지 않는다. 하지만 이들은 자신들의 직업을 가지고 있다. 한국의 학생들에게 좋은 직업이란 안정된 월급을 받는 취업을 의미하는 것이 일반적이다. 공무원 시험에서의 경악할 만한 경쟁률이 이를 대변해준다고 할 수 있다. 하지만 직업을 가진다는 것은 취업을 한다는 것과는 다른 것이다. 사르트르는 "한 인간은 그의 삶에서 하나의 일을 선택하고, 자신을 그려나간다. 이 모습 이외에는 아무것도 없다"라고 하였다. 즉, 직업은 생계의 수단이 아니라, 그것을 통해서 자신을 형성해가는 '일'이라고 말하는 것이다. 니체 역시 "기쁨 없이 일하는 것에 비하면 차라리 죽고자 하는 사람은 매우 드물다. 이러한 사람들은 일 그 자체가 가장 큰 이득이 아니라고 한다면, 결코 큰 이윤에 만족하지 않는다"라고 하였다. 내가 하고 있는 일이, 나의 가장 큰 기쁨이요 가장 큰 보람인 것, 이것이 곧 직업이라고 하는 것이다. 그래서 풍자가인 피에르 데프로제Pierre Desproges는 "직업은 누구나 가지는 것이나, 취업이란 재능이 없는 사람들을 위한 것이다"라는 역설적인 말을 하였다. 물론 오늘날 한국적 상황은 이러한 이상적이고 일반론적이 직업관이 들어설 틈이 없을 만큼 각박한 사회가 되었지만, 그렇다고 해서 진리가 바뀌는 것은 아니며, 자신의 평생을 좌우할 직업적인 문제를 사회적 상황에 핑계될 수만은 없을 것이다. 스티브 잡스Steve Jobs는 "직업이란 인간실존의 큰 부분을 차지하고 있으며, 충분하게 만족할 수 있는 유일한 방법은 자신이 하고 있는 일을 좋아하는 것이다"라고 말하였고, 앙드레 지드도 "행복의 첫 조건은 사람들이 그의 기쁨을 자신의 일에서 발견할 수 있다는 것이다"라고 하였다. 직업이란 성인이 되어 사회적 자아를 선택하는 유일한 방법이라고 본다면, 이는 자신의 나머지 인생을 결정짓는 중요한 것이다. 내가 좋아할 수 있는 일을 한다는 것, 자신의 직업적인 일에서 만족하고 행복을 발견할 수 있다는 것은 참으로 축복받은 사람이며, 사람이면 누구나 이러한 축복을 선택할 권리가 있다.

역사가이자 베네딕도 수도자였던 장 마비용Jean Mabillon은 "직업이란 우리의 마음과 생각의 망설임을 멈추는 마치 움직이지 않는 버팀목과 같다"라고 하였는데, 이는 직업의 중요성을 말해주고 있다. 험한 세상에서 고통을 당하고, 사람들에게 상처를 입고, 살아가는 데 회의가 들지라도 나의 마음을 잡아주고 나의 삶에 대한 긍정을 굳건하게 해주는 것이 나의 일이다. 세상 모든 것이 변하고 나를 실망하게 할지라도 내가 하고 있는 일은 나를 배신하지 않고, 나를 실망하게 하지 않는다. 자신이 만족하는 직업을 가지고 있다는 것은 삶의 회의에 대해 나를 보호해주는 가장 든든한 버팀목이 될 수 있다. 앙드레 모루아André Maurois는 "일의 즐거움은 다른 모든 것을 채울 수 있을 만큼 매우 완전한 것이 될 수 있다"라고 하였는데, 이러한 즐거움을 가지기 위해서도 직업을 가지는 가장 우선적인 기준은 내가 좋아하고, 내가 그것을 행복하게 할 수 있는 것이어야 한다. 사실상 직업적인 일에 대한 '경제적인 보상'은 진정한 보상이 아니다. 경제적인 실재는 실재가 아니기 때문이다. 경제적인 실재는 살아 있는 한 개인의 실재도 아니며, 물리적인 세계의 실재도 아니다. 경제적인 실재는 오직 '가능성으로서의 실재'일 뿐이다. 가능성이기에 이는 '참다운 실재'가 될 수도 있고, '허무한 실재'가 될 수도 있다. 가장 분명한 실재는 내가 나의 일을 하면서 느끼는 기쁨과 만족감 그리고 행복감이다. 혹자는 현대사회에서 이러한 직업을 가진다는 것은 곧 모두가 선호하는 '고상한 직업'이거나 '상위계층의 직업'을 의미하는 것이지, 소위말해서 3D 직업 같은 것에서는 있을 수 없는 일이라고 반박할 수도 있을 것이다. 하지만 이러한 반박이 당연하거나 정당한 것은 아니다. 미학자 곰브리치는 "영광이란 거짓 동전이며, 이에 대항하여 우리는 우리의 고유한 행복을 다른 사람들을 위해 희생하는 것에서 추구한다"고 하였다. 자신의 행복이 어디에 있는가는 지극히 주관적인 것이다. 비록 단순한 노동을 하더라도 그것이 사회와 이웃에 기여하는 중요한 일이라고 생각하는 마음은 행복감을 준다. 사실 '천한 일' 혹은 '천한 직업'이라는 생각만큼 잘못된 생각이 없다. 모든 직업은 그 자체로 소중하고 고상하며 존중받을 만한 것이다.

전통적으로 유교적이고 관료화된 한국사회에서는 일반적으로 '정신노동'을 고상한 것으로 '단순한 육체적 노동'을 천한 것으로 생각하는 경향이 있다. 우리는 이러한 생각을 버려야 한다. 역사적으로 '육체적 노동'에 대해 찬미하는 사상가들도 적지 않다. 엥겔스Engels는 "모든 가치를 유발하는 것은 오직 노동자 계급이다. 왜냐하면 가치라는 단어는 노동이라는 표현 외 다른 것이 아니기 때문이다"라고 하였고, 애덤 스미스Adam Smith는 "가정의 일과 마찬가지로 가장 상위계층의 직업 역시 어떠한 가치도 유발하지 않는다. 이들의 일은 노동의 끝에 산출되는 팔 수 있는 어떠한 제품도 산출하지 않는다"라고 하였다. 이들의 진술들은 가장 기본 되는 가치란 '노동을 통하여 발생하는 생산품'에 있으며, 그러기에 육체적인 단순노동이 가장 고상한 가치라고 보는 시각이다. 이러한 시각은 다소 편협하고 과장된 측면이 있지만 충분히 일리 있는 말이다. 마르크스 역시 노동을 최고의 가치로 본 사상가인데, 그는 "노동의 힘을 판매하는 이는 다른 모든 상인과 마찬가지로 노동에서 교환의 가치를 실현한다. 그리고 사용의 가치를 타락시킨다"라고 하고 있다. 마르크스의 생각에는 '노동의 산물'만이 사용의 가치이며, 그 외 일체의 것은 교환가치라고 보고 있다. 이는 충분히 납득할 만한 분석이다. 왜냐하면 농부가 수확한 한 섬의 쌀에는 무한한 가치가 포함되어 있다. 그 쌀을 경작하면서 농부라 가졌던 기쁨과 환희, 그 쌀을 먹는 가족들의 화목함, 쌀이 떡이 되어 제사상이나 잔칫상에 놓일 때의 그 숭고한 가치들…. 이 모든 것이 상인의 손에서는 오직 '3만 원'이라는 상품으로 가치 환원되어버리기 때문이다. 현대사회에서 거의 모든 것은 교환가치로 환원되고 교환의 수단은 '화폐 단위'이다. 화폐 단위, 즉 '가격'으로 환원되는 순간 모든 가치는 평준화되고 모든 사용가치는 무의미하게 된다. 그래서 교환의 가치가 사용의 가치를 변질시킨다는 마르크스의 말은 참으로 일리가 있는 말이다. 어떻게 농부가 1년 동안 땀과 정성으로 생산한 쌀이 콩알만 한 다이아몬드보다 못한 가치를 지닐 수 있는가? 이는 오직 '교환의 가치'만을 문제 삼기 때문이다. 그래서 애덤 스미스는 "노동이 가치의 실제적인 척도"라고 한 것이다. 왜냐하면 노동만이 오직 교환의 가치로 변질되기 이전의 유일한 가치이기 때문이다. 우리는 노동을 신성한 것으로 여겨야 한다. 그것이 어떤 노동이든지 노동은 모든 가치가 발생하는 기본이요, 척도이기 때문이다. 노동을 직업으로 삼고 있는 사람들이야 말로 우리 사회의 가장 기본되는 가치를 산출하는 사람이요, 이들이 건강하고 안정된 삶을 보장받을 때만이 우리 사회가 장기적으로 건강하고 행복한 삶을 영위할 수 있는 토대가 되는 것이다.

　그런데 노동이 단지 육체적인 노동만을 의미해서는 안 된다. 오늘날 '정신노동'이라는 말은 하나의 일반명사가 되었다. 칸트는 "나의 경우에 매일같이 나의 작업실에 가는데, 그것은 곧 나의 연구실이다"라고 하였다. 농부에게 있어서 '논과 밭'이 노동의 장소인 것처럼 학자에게 있어서 '연구실'은 곧 노동의 장소이다. 인간의 '육체적 행위'와 '정신적 행위' 사이에 존재하는 차이란 오직 근육을 사용하는가, 혹은 신경을 사용하는가 하는 차이에 지나지 않는다. 이 둘은 동일하게 힘과 시간과 에너지를 소비하는 일이다. 하버마스Habermas는 "하나의 목적에 있어서 노동이나 혹은 정신적 행위라는 것은 하나의 도구적인 행위이거나 혹은 합리적인 선택이거나 혹은 이 둘의 연결이다"라고 하고 있는데, 이는 육체노동과 정신노동은 어떤 의미에서 하나의 목적을 이루기 위한 두 가지 다른 방법이라는 것이며, 각자가 합리적으로 자신의 방법을 선택하는 것을 말한다. 각자 자신의 처지나 환경 그리고 능력과 재능을 통해서 가장 유리한 방식으로 선택할 수밖에 없는 것이다. 아마도 육체와 정신의 중간에 있는 것이 있다면 이는 감성을 사용하는 노동일 것인데 우리는 이를 '예술가의 일'이라고 말할 수 있을 것이다. 즉, 저술가나 학자들이 정신노동을 하는 사람들이며, 노동자가 육체적 노동을 하는 사람이라면, 예술가들은 '감성노동'을 하는 사람들이다. 어느 것이나 모두 하나의 동일한 목적, 즉 개인적으로는 자아의 실현이요, 사회적으로는 사회의 행복을 위한 공동의 선을 지향하고 있다. 그러기에 더 중요하고 덜 중요한 것은 없다. 그것이 어떤 것이든 '노동'은 모두 동일한 원칙과 동등한 가치를 가지고 있으며, 다 같이 존중받아야 한다.

그런데 노동이 신성한 일이라고 존중한다는 것은 구체적으로 무엇을 어떻게 한다는 것인가? 아마도 혹자는 노동자들의 월급을 올려주는 일이라고 할 것이며, 어떤 사람들은 노동자들의 복지시설을 확충해주는 것이라고 할 것이며 또 어떤 사람들은 노동시간을 줄여주는 것이라고 할 것이다. 이 모든 것이 노동자들의 노동을 존중하는 한 방편이 될 수 있을 것이다. 아마도 이 중에서 가장 우선적으로 중요한 것은 '노동시간을 줄이는 것'일 것이다. 왜냐하면 노동자들이 진정 자신들의 삶을 소중하게 가꾸어 갈 수 있는 것은 존엄성의 기본이기 때문이다. 노동자 스스로가 그들의 삶을 소중하고 감사하게 살아가는 마음이 없다면 사람들이 그들을 아무리 존중한다고 해도 이러한 존중은 무의미해진다. 노동자들이 자유로운 시간을 가지는 것, 이것이 노동자의 자유를 위한 기본적인 조건이라는 것이 노동자를 누구보다도 소중히 한 마르크스의 생각이었다. 그는 "자유의 여신은 필요성에 의해서 명령된 일을 멈추는 순간에 시작된다. 하루의 노동량을 줄여나가는 것은 이러한 자유의 근원적인 조건이다"라고 말하고 있다. 자유로운 시간이란 곧 여가시간을 말한다. 한국사회는 OECD국가 중 평균노동시간이 가장 많은 나라이다. 그리고 선진국들은 이러한 한국사회를 '일중독'에 걸린 사회라고 핀잔 주기도 한다. 학생들의 공부시간이 가장 많은 나라도 한국이며, 어른들의 노동시간이 가장 많은 것도 한국이다. 분명 우리 사회는 도를 넘은 지나친 일에 대한 열정을 가지고 있는 사회임이 분명하다. 일하는 시간이 아무리 많아도 그 일이 자신에게 기쁨을 주고, 무엇인가 자아를 완성하는 것이라고 한다면 문제가 없겠지만, 단순노동과 같이 기계적으로 반복되는 노동시간은 인간성을 피폐하게 하고 사람을 물화物化시킨다. R. 카르티에는 『현대인의 삶에 대한 찬사』에서 "지난 세기에 있어서 가장 큰 혁명은 1917년의 볼셰비키 혁명이 아니었다. 그것은 대중 안에 여가시간이 발생하였다는 것이다"라고 하였다. 이처럼 노동에 있어서 여가시간은 매우 중요한 것이다. 여가는 단순히 내일의 노동을 위한 재충전의 시간을 의미하는 것이 아니다. 여가는 일에 창조적 기능을 하는 것이다. 왜냐하면 영감이나 발명은 결코 일을 하는 중에서 발생하는 것이 아니기 때문이다. 그래서 P. M. 쉴Pierre-Maxime Schuhl은 "여가는 일에 반대되지 않는다. 여가는 일을 완성시킨다"라고 하였고, 장 뤽 도메나크Jean-Luc Domenach는 "여가는 일을 넘어서며 인간에게 다른 어떤 것에서도 발견할 수 없는 가능성을 부여한다"라고 하였다. 여가시간이 일을 완성하고, 일에 창조적 능력을 부여하는 것이라고 한다면 여가는 단순한 오락이나 휴식의 시간을 의미하지는 않는다. 여가가 진정한 휴식이 되기 위해서는 '기쁨'을 동반하는 시간이 되어야 한다.

정신분석학자인 마리 보나파르트Marie Bonaparte는 "각자는 '자기 자신인 것'으로부터 그의 여가시간을 채운다"라고 하였는데, 이는 보다 가치 있고 보다 나은 여가시간은 보다 나은 자신을 형성하는 데서 가능하다는 말이다. 그래서 여가시간을 어떻게 보내는지를 알면 그 사람을 알 수 있다는 말도 있고, 한 사람을 고용하는 데 있어서 그의 여가시간을 통해서도 그를 충분히 판단할 수 있다고 말하기도 한다. 정신노동이든 육체적인 노동이든, 모든 노동에는 반드시 충분한 여가시간을 허락하여야 하고, 이 시간을 잘 보낼 수 있는 자아가 형성되어야 한다. 그래서 현대 사회에서는 단순히 노동자들의 노동시간을 줄여주는 것이 아니라, 노동자들의 내적 소양과 다양한 재능을 개발할 수 있는 사회적 여건을 마련하기 위해서 많은 투자를 하고 있는 것이다. 이것이 멀리 볼 때 한 사회의 건강하고 풍요로운 발전을 위한 최선의 길이기 때문이다. 어떤 관점에서는 여가시간이 노동을 위해 존재하기보다는 오히려 노동이 여가시간을 위해서 존재한다고 할 수 있다. 왜냐하면 아리스토텔레스에 의하면 전쟁을 하는 것은 평화롭게 살기 위해서이지 평화로운 삶이 전쟁을 위해서 있는 것은 아니기 때문이다. 물론 앙드레 지드 같은 문호는 "모든 여가란, 여가시간이 지난 뒤에 더 좋은 삶(일)이 있다는 한에서만 진정한 휴식이 될 수 있다"라고 반박할 것이다. 여가와 일은 사실 동전의 앞면과 뒷면과 같은 것이다. 어느 하나가 다른 하나를 위해서 있는 것이 아니라, 일을 위해서 여가가 있고, 여가를 위해서 일이 있다고 해야 할 것이다.

11장

종교적 진리와
종교적 다원주의

종교는 현 세상을 찬미하는가?
혐오하는가?
아니면 관심이 없는가?

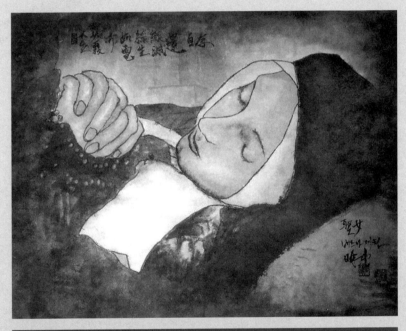

「성녀 베르나데타의 유해」

종교는 왜 존재하는가?

아인슈타인: 종교 없는 과학은 절름발이이며, 과학 없는 종교는 장님이다.

간디: 종교 없는 삶은 원리 없는 삶이며, 원리 없는 삶은 선장 없는 배와 같다.

르네 드 샤토브리앙: 종교는 사람들이 그 앞에서 자신의 품위를 떨어뜨리지 않고 몸을 굽힐 수 있는 유일한 것이다.

종교는 인간이 이 지상에서 존재하기 시작하면서 가졌던 가장 오래된 문화이며 동시에 가장 지속적이고 가장 큰 영향을 끼친 것임을 부정할 수는 없다. 종교가 왜 존재하는가에 대한 물음은 마치 인간은 왜 존재하는가 하는 물음만큼이나 막연한 질문이며, 여기에 대한 무수한 답변에서 정답이라고 할 만한 것은 없을 것이다. 종교에 대한 우호적인 철학자와 문호들은 종교가 존재하는 이유를 다양한 방식으로 말해주고 있는 반면 종교를 백해무익하다고 생각하는 사상가들도 있다.

종교를 긍정하는 사람들이 종교가 필요한 이유를 설명하는 데는 다양한 차원이 있다. 우선 우리는 종교가 인생을 살아가는 데 유익하다는 실용적인 차원에서 그 답을 찾아볼 수 있다. 그 첫 번째가 인생의 궁극적인 목적이나 인간이 가야 할 길에 대한 물음에 종교가 답을 줄 수 있다는 것이다. 아인슈타인은 "종교 없는 과학은 절름발이이며, 과학 없는 종교는 장님이다"라고 말하였는데, 왜 종교가 없는 과학이 절름발이일까? 그것은 과학은 사태를 분석해주고 현상을 설명해주지만 인간이 나아가야 할 길을 말해주지는 않기 때문이다. 가령 사회학자는 한 특정 국가나 특정 사회에서 어떤 현상이 인구수 상승과 어떤 관계를 가지고 있는지를 정확하게 분석할 수 있을 것이며, 또한 인구수의 증가가 사회에 어떤 문제들을 산출할 것인지를 정확하게 예측할 수도 있을 것이다. 그렇다고 해서 사회학자는 그렇기 때문에 '낙태를 합법화해야 한다'거나 '사형 제도를 부활해야 한다'는 결론을 내릴 수가 없다. 왜냐하면 낙태나 사형 제도는 인간성의 가치에 대한 문제로서 보다 고차적인 고민이 필요하기 때문이다. 그래서 장 바실Jean Basile은 "종교는 불편한 것이 아니라, 편안한 것이다. 사람들이 어디로 가는 것인지 알고자 할 때, 종교에서 안심할 수가 있다"라고 하였다. 인간이 어디로 가야 하는 것인지 하는 것은 인생의 근본적인 삶의 방향을 의미한다. 간디는 "종교 없는 삶은 원리 없는 삶이며, 원리 없는 삶은 선장 없는 배와 같다"라고 하였는데, 종교란 한 문화 안에서 그 문화의 모든 삶의 척도가 되는 가장 근본적인 것이며, 또한 가장 궁극적인 것을 말해주는 어떤 것이다. 사실 '종교宗敎'의 언어적인 의미도 '근본적인 것'을 의미하는 '宗'과 배움을 의미하는 '敎'의 합성이다. 이 근본적인 문제는 '인간이란 무엇이며, 어디서 왔고, 어디로 가야 하는가?' 하는 물음과 인간이 인간답게 산다는 것은 무엇이며, 이 세상을 살아가는 가장 가치 있는 것은 무엇인가 하는 등의 물음이다. 그것도 어느 특정한 문화적 구조 속에서가 아니라, 인간성의 차원, 모든 인간에게 공통되는 보편적인 문제로서 다루고 있다. 그래서 종교는 다른 모든 문화보다 더욱 근본적인 것이며, 또한 문화 이상이다. 그래서 샤토브리앙도 "종교는 사람들이 그 앞에서 자신의 품위를 떨어뜨리지 않고 몸을 굽힐 수 있는 유일한 것이다"라고 한 것이다.

사샤 기트리Sacha Guitry: 신을 부정한다는 것은 죽음이 제시하는 유일한 관심사를 스스로 제거해버리는 것이다.

장 클로드 바로Jean-Claude Barreau: 종교는 현재의 삶을 아주 밀도 있게 살 수 있도록 도와주는 것이다.

궁극적인 것에 대해서 관심을 가진다는 측면에서 사실 인간의 죽음에 대해서 말할 수 있는 유일한 것이 곧 종교이다. 과학자도 문학자도 철학자도 진정으로 죽음의 의미를 말해주지는 못한다. 이들은 다만 죽음의 생물학적 현상이나, 죽음이 가지는 상징적인 의미, 즉 죽음을 통하여 현재의 삶을 말하고 있을 뿐이다. 하지만 진정한 종교라면 죽음에 대한 실제적인 의미를 말해주어야 한다. 사샤 기트리는 "신을 부정한다는 것은 죽음이 제시하는 유일한 관심사를 스스로 제거해버리는 것이다"라고 하였는데, 서구의 종교에서는 신의 문제가 곧 종교의 핵심이다. 그리스도교를 지칭하는 가톨릭과 개신교 그리고 동방정교회와 유대교 나아가 이슬람교는 비록 그들이 지칭하고 있는 신의 이름은 각기 다를지라도 '구약성경'이라는 하나의 동일한 성경에 뿌리를 두고 있으며, 이들의 신은 세상을 창조한 동일한 신을 의미한다. 이들의 종교는 하나같이 인간의 죽음은 존재의 절대적인 마침이 아니라고 말하고 있다. 이들 종교는 인간의 기원을 신의 창조에 두고 있으며, 현세를 살아가는 삶을 곧 죽음 이후의 새로운 삶을 준비하는 것처럼 고려하고 있다.

죽음의 문제는 어느 한 개인이나 어느 특정 문화에 속하는 문제가 아니라, 인간이면 누구나 지니고 있는 가장 보편적인 문제이다. 죽음은 어떤 의미에 있어서 '인간은 평등하다'고 하는 이러한 진리를 가장 극명하게 보여주는 사건이다. 죽음에 앞서 인간은 현세의 모든 것, 직위, 재산, 명성이나 명예 등을 내려놓아야 한다. 그리고 오직 '그가 어떠한 사람이었는가', '그는 어떤 사람인가'라는 존재론적인 자아를 가지고 저편세계로 나아가야 한다. 그렇기 때문에 죽음은 비로소 모든 인간을 평등하게 하는 것이다. 죽음에 대해서 말해준다는 것은 인간의 삶에 있어서 다른 하나의 이점이 있다. 하이데거가 말하고 있듯이 "인간은 죽음을 마주할 때 가장 인간적인 된다." 왜냐하면 더 이상 삶이 지속되지 않는다고 할 때, 인간은 나머지 시간을 가장 의미 있고 가치 있는 시간으로 살고자 하기 때문이다. 그래서 진정 종교적인 사람들은 현세를 부정하기보다는 누구보다 현재를 밀도 있게 산다. 왜냐하면 그들은 지금의 이 현세의 삶이 삶의 전부는 아니며, 항상 또 다른 삶을 생각할 줄 아는 사람들이기 때문이다. 프랑스의 저명한 수필가인 장 클로드 바로가 "종교는 현재의 삶을 아주 밀도 있게 살 수 있도록 도와주는 것이다"라고 하는 것은 정확히 이러한 의미이다. 어떤 의미에서 불교의 '무소유'라는 것도 이러한 진리, 즉 인간은 죽음의 순간에 아무것도 소유할 수 없다는 진리를 말해주는 것이라 할 수 있다. 역사가이자 저술가인 앙드레 모루아는 "진정한 종교는 우리로 하여금 소유욕으로부터 해방될 수 있다는 것을 믿게 하는 데서 성립한다"라고 하였는데, 정확히 말해서 '소유욕으로부터의 해방'은 종교의 조건이라기보다는 모든 진정한 종교가 가지고 있는 하나의 '공통되는 효과'라고 할 수 있을 것이다.

종교가 가진 다른 하나의 유용성은 종교는 '도덕적인 것'을 산출한다는 것이다. 스펠먼 추기경은 "도덕성이 없는 종교는 열매를 맺지 않은 나무이며, 종교 없는 도덕은 뿌리 없는 나무이다"라고 말하고 있다. 왜 도덕성이 종교의 열매가 되며, 왜 종교가 도덕의 뿌리가 되는가? 왜냐하면 진정한 도덕은 스스로의 내적인 양심이나 의지를 통해서 실행되는 '선의 실천'을 말하고 있기 때문이다. 종교가 없는 사회라고 하여 도덕성을 가질 수 없는 것은 아니겠지만, 이러한 도덕은 불완전하며 나약하다. 인간이 본성적으로 이기적인 존재라는 그 사실만으로도 이러한 본성의 이기적인 경향성을 극복하는 도덕성은 단순히 문화적 힘만으로는 부족하다. 보다 강력하고 깊은 어떤 신념이나 확신이 없다면 확고하고 진정한 도덕성을 발견하기란 매우 어려운 것이다. 인도의 현대 성녀인 마더 테레사는 "그리스도로 옷을 갈아입으면서, 우리는 가장 큰 사랑을 타인에게 가져갈 수가 있다"라고 하였다. 그리스도로 옷을 갈아입는다는 것은 자신의 생각과 가치관, 인생관과 세계관 모든 것이 그리스도적으로 된다는 것이다. 이것이 바로 진정한 종교인의 모습이다. 그리스도가 믿고 있었던 것, 그리스도가 갈망하였던 것, 그리스도가 희망하였던 것, 그리스도가 행하였던 것을 믿고 갈망하고 희망하며 행하는 것이 곧 그리스도로 옷을 갈아입는다는 것이다. 마찬가지로 불교 신자라면 부처가 믿고, 갈망하고, 희망하고 행한 것들을 그대로 나의 것으로 가질 때 진정한 불교신자라고 할 수가 있을 것이다. 이러한 사람은 결코 세파의 유행에 흔들리거나 삶의 어려움에 자신의 신념이나 믿음을 잃어버리지 않을 것이다. 그래서 샤토브리앙은 "종교의 바깥에서 나는 어떠한 믿음도 가질 수 없다"라고 하였다. 인생을 살아가는 절대적인 확신, 그리고 이를 통해서 실천을 감행할 수 있게 하는 것이 곧 종교이다.

우리가 어떤 것을 믿는다는 것은 다양한 의미를 가지고 있다. 단순히 뉴스의 어떤 정보를 믿는 것도 믿는 것이요, 어떤 사람이 어떤 직업이나 종교를 가지고 있다고 믿는 것도 믿는 것이며, 또 어떤 친구가 나를 좋아하는 것을 믿는 것도 믿는 것이다. 하지만 어떤 것을 부분적으로 믿는 것이 아니라 '단적으로' 혹은 '전체적으로 믿는 것'도 믿는 것이다. 이 전체적으로 믿는다는 것이 사람일 경우에는 '그의 말', '그의 행동', '그의 신념', '그의 인생관' 등 일체를 믿는 것이다. 그가 항상 올바르다는 것을 믿고, 그가 정의로운 사람인 것을 믿고, 그가 남을 시기하지 않는다는 것을

믿고, 그가 진정 나의 행복을 바란다는 것을 믿는 것이 곧 그를 믿는 것
이다. 그렇기 때문에 만일 내가 어떤 사람에게 믿음을 가지고 있다면 나
는 그가 무슨 말을 하든지 그가 어떤 행동을 하든지 그를 신뢰할 수 있고
그를 지지할 수 있으며, 그를 뒤따를 수 있다. 하지만 이 세상에서 이러
한 사람을 만난다는 것은 거의 불가능하다는 것을 우리는 경험을 통해
서 알고 있다. 어떤 정치가도, 어떤 친구도, 어떤 선생님도 심지어 우리
의 부모도 이렇게 전적으로 믿을 수 있는 존재는 아님을 우리는 알고 있
다. 그래서 '세상에는 믿을 자가 하나도 없다'는 세간의 말이 있는 것이
다. 이러한 경험은 우리로 하여금 인간이란 문제적인 존재요, 나약한 존
재라는 것을 깨닫게 해준다. 그런데 세상에 믿을 수 없는 것이 인간뿐이
겠는가? 그러한 인간이 만들어낸 학문이나, 교육이나, 언론이나 그 무엇
도 전적으로 믿을 수 없기는 마찬가지다. 하지만 진정한 종교라면 이러
한 전적인 신뢰 혹은 전적인 믿음이 가능할 것이다. 왜냐하면 진정한 신
앙이란 어떤 절대적인 것이기 때문이다. 물론 우리가 전적으로 신뢰할
수 있는 것은 종교인이 아니라, 종교 그 자체를 말하는 것이다.

　몽테스키외는 "신앙인과 무신론자는 항상 종교에 대해서 말하고 있
다. 전자는 사랑에 대해서 말하고 후자는 그가 두려워하는 것에 대해 말
하는 것이다"라고 말하였다. 왜 신앙인은 사랑을 말하면서 항상 종교
에 대해서 말하는 것이며, 왜 무신론자는 두려워하는 것을 말하면서 또
한 종교를 말하는 것인가? 이것은 신앙인이 말하는 사랑은 곧 그들의 삶
의 지반, 삶의 의미, 그들의 모든 것에 있어서 삶의 원리가 되는 근본적
인 것이며, 무신론자가 가장 두려워하는 것은 곧 신앙을 가진 자들의 신
앙이기 때문이다. 마르크스는 "종교는 인민의 아편이다"라고 하였고, 사
회학자인 뒤르켐은 "종교는 단지 하나의 이념들의 체계가 아니며, 무엇

보다 먼저 권력의 체계이기도 하다"라고 하였다. 마르크스에게 있어서 가장 두려운 것은 '정신적인 아편'을 의미하는 종교였다. 왜냐하면 아편은 역사의 주인인 인민의 정신을 마비시키기 때문이다. 그리고 뒤르켐에게 있어서 종교는 권력의 체계이기 때문에 두려운 대상이다. 종교는 권력의 구조이며, 그것도 가장 강력한 권력 구조 중 하나이기에 종교의 타락은 가장 큰 인간성의 비극을 산출하기 때문이다. 실제로 서구 역사에서 종교가 타락하였을 때 끼친 해악은 경악할 만한 것이다. 십자군 전쟁이나, 중세 말기와 르네상스 초기에 있었던 마녀사냥 그리고 현대에 와서 종교 간의 갈등으로 인한 테러 등은 가장 심각한 사회악 중 하나이다. 하지만 그렇다고 해서 종교를 민중의 적이라거나 백해무익하다고 간주하는 것은 올바른 판단이 아니다. 종교는 인류를 위해서 사랑과 헌신을 아끼지 않는 유일한 단체이기도 하다. 아무도 돌보지 않는 가장 심각한 장애인들, 나병환자들, 갈 곳 없는 노숙인들, 치매환자들을 돌보는 대다수의 복지 단체들이 종교 단체에 의해 운영되고 있다는 것이 이를 증명해주고 있다. 링컨 대통령의 노예해방도, 마더 테레사의 위대한 사랑도, 슈바이처 박사의 헌신도 종교적 믿음과 신념에 기인한 것이었다. 따라서 종교가 가진 부정적인 일면을 보고 종교를 '인민의 아편'으로 규정한다는 것은 매우 편협한 관점이며, 종교에 대한 '일반화의 오류'라고 볼 수 있다. 종교가 아편인 이유는 종교가 인간의 정신을 혼란스럽게 하고 비이성적이게 하며, 또한 중독되게 하기 때문이라는 것인데, 이는 비단 종교뿐 아니라, 인간의 만든 모든 문화나 문명이 가진 일종의 부작용에 지나지 않는다. 레비스트로스는 신석기 시대 이후로 사회가 있는 곳에는 반드시 '사회악'이 존재하였다고 말하고 있다. 모든 사회는 빛과 어둠을 동시에 가지고 있으며, 한 사회가 얼마나 빛을 산출하고 어둠을 산출하는가 하는 것은 사회구성원들의 도덕적 의식에 달려 있다. 즉, 그것이 아무리 좋은 것이라 하더라도 그것을 수용하는 사람의 내적인 터전이 잘못 되었을 때, 그것은 곧 아편이 되고 부정한 권력이 되어버린다.

푸코는 오늘날 공공기관이, 언론이, 정당이, 병원이, 기업이 일종의 권력의 구조가 되고 있다는 것을 누구보다도 잘 간파한 철학자이다. 그에 의하면 사회적 구조를 갖추고 있는 모든 집단은 그 구성원들이 올바른 정신과 올바른 도덕을 지니고 있지 않을 때 무시무시한 폭력을 행사하게 된다고 한다. 이는 비단 종교단체라고 예외는 아닐 것이다. 그래서 몽테를랑Henry de Montherlant은 "만일 종교가 인간성의 부끄러운 병이라면, 정치는 여기서 암이다"라고 한 것이다. 이러한 말은 그것이 무엇이건 권력의 구조를 가진 단체가 타락하게 되면 인간을 위협하는 무서운 병이 된다는 것이다. 따라서 중요한 것은 종교나 신앙인이 아니라, 진정한 종교, 진정한 신앙인이 된다는 것이다.

세상에서 종교가 필요한 다른 한 이유는 종교가 문화의 모체가 된다는 점이다. 베니스의 사제인 포스콜로Ugo Foscolo는 "종교가 스며들지 않는 한 민족의 법과 관습들 그리고 찬미의 예배들은 단지 문화의 상점들에 지나지 않는다"라고 하였다. 종교가 배제된 문화가 상점에 불과하다는 이러한 표현은 분명 지나친 표현이지만, 어느 정도 공감이 가는 점이 없는 것도 아니다. 어느 중등학교 사회 시험에 "정당의 목적은 무엇인가?"라는 문제에 "정당의 목적은 정권획득에 있다"는 답 대신에 "돈을 버는 것"이란 답안이 나와서 웃음을 자아내게 하였다는 유머가 있다. 사실상 학생의 답안이 오늘날 현대사회에 비추어 보면 오히려 정답 같다는 것은 누구나 인정할 수 있다. 자본주의 사회에서 자본의 획득과 무관한 직업이나 권력구조는 어디에도 없다. 거의 예외 없이 모든 단체가 회원들을 모으고 회원들은 적은 액수라도 매월 후원금을 내고 있다는 사실이 이를 증명해주고 있다. 이유야 어찌되었던 경제적인 힘이 뒷받침해주지 않는 단체는 그 생명을 지속할 수가 없는 것이 현실이다. 그리고 이러한 현실은 종교단체라고 해서 예외는 아닐 것이다. 아마도 오늘날 "목사님이 교회를 세우는 이유는?"이라는 문제를 낸다면, 다수의 학생들은 "돈을 벌기 위해서"라고 답할 것이다. 하지만 진정한 종교라면 그것이 어떠한 종교이든지 결코 경제적인 것에 집착하거나 좌우되어서는 안 될 것이다. 자본주의가 발달한 사회에서 경제적인 조건을 넘어서서 번성할 수 있는 유일한 단체가 있다면 그것은 종교일 것이다. 성 프란치스코는 '가난'을 최고의 가치로 삼았고, 불교에서도 진정한 스님이라면 '무소유'를 원칙으로 삼지 않을 수 없다. 마더 테레사는 세계에서 가장 알려진 봉사단체를 운영하고 있었지만 단 한 번도 인터넷이나 은행계좌를 통한 제도적인 후원을 받은 일이 없었다. 왜냐하면 그녀의 봉사정신은 철저하게 종교적인 신념의 표현이었기 때문이었다. 그렇기 때문에 진정한 종교는 결코 기업적인 구조를 취할 수가 없는 것이다. 그래서 캐나다의 사제이자 시인인 프랑수아 에르텔François Hertel은 "종교는 예술과 같이 모든 것 위에 있는 사심이 없는 하나의 의식"이라고 말하고 있다. 아마도 모든 종교에 공통되는 하나의 지반이 있다면 이는 사적인 이익을 전혀 고려하지 않으며, 본질적으로 세속화되고 이기적인 현대 물질문명의 삶의 형식에 대한 거부라고 할 것이다. 그렇기 때문에 종교가 산출하는 문화는 물질문명에 오염되지 않은 순수한 것이라고 할 수 있으며, 이러한 이유로 종교가 모든 진정한 문화의 모체라고 하는 것도 지나친 말이 아니다. 르네 지라르René Girard는 "종교는 모든 것의 어머니다. 종교는 모든 것의 심장이다. 이러한 사유로부터 관습과 언어 그리고 상징성이

성전 혹은 사찰문화와 세계 3대 종교

각 종교는 자신의 고유한 이름의 성전을 가지고 있다. 가톨릭에서는 '성당'
이라고 하고, 이슬람에서는 '모스크'라 하며, 불교에서는 '사찰(절)'이라고 한
다. 이들 종교는 각기 성전문화와 사찰문화를 낳았는데, 이러한 성전과 사
찰에는 건축, 미술, 조각, 음악 등 오늘날 우리가 예술이라고 하는 것이 종
합적으로 나타나고 있으며, 경전과 법전 그리고 율법을 통해서 사상과 윤
리와 도덕이 나아가 찬미가 등을 통해서 문학과 시가 등장하는 모든 문화
의 모체가 되고 있다.

사유할 만한 것이 된다"라고 하였다. 이는 우리가 각각의 종교가 가지고
있는 종합예술로서의 '성전문화'와 '사찰문화'를 고찰하게 되면 충분히
이해할 만한 진술이다.

　프랑스의 사르코지 대통령도 "나는 종교적인 정신과 종교적 삶이 자
유로운 사회를 진정시키고 질서지우는 데 공헌할 수 있다는 것을 믿는
다"라고 하였는데, 사실 이러한 종합예술로서의 성전문화와 사찰문화는
그 자체로 인생의 축소판처럼 우리에게 삶의 원리와 질서를 가르쳐주고
있다. 수많은 사람들이 성전에서 사찰에서 기도와 명상을 통해서 자신
들의 삶의 질서를 회복하고 방황으로부터 길을 찾을 수 있다는 사실을
부정할 수는 없다. 그리고 그것이 교육이든, 예술이든, 정치이든 문화가
상업적이 되면 곧바로 타락하게 되고 문화의 원래 모습을 상실하게 된
다는 것은 자명한 이치이다. 그렇게 때문에 문화의 모체로서의 종교는
문화가 타락할 때, 항상 자신을 되돌아보게 하는 '예언자적 기능'을 수행
하였던 것이다. 아미엘Frédéric Amiel이 "종교는 삶이 부패하는 것을 방지

해주는 향신료이다"라고 한 것은 참으로 일리 있는 말이다. 그렇기 때문에 종교가 '작은 선을 행하고 이와 비교할 수 없는 큰 악을 행하였다'는 말은 믿을 수가 없다. 사람들은 이러한 예로 중세의 종교전쟁과 현대사회의 테러를 들고 있지만, 사실상 중세나 현대나 종교를 핑계로 하여 전쟁을 일으키고 부를 축적한 사람들은 진정한 신앙인들이 아니었다. 그들은 종교적 외관을 취한 정치가들이었다. 오늘날 서방세계의 테러 문제가 그리스도교 문화와 이슬람 문화의 원한과 대립처럼 등장하고 있지만, 이는 결코 두 종교 간의 대립이 아니다. 종교를 빙자한 정치적 기득권을 가진 사람들의 대립이고 투쟁에 지나지 않는다. 가령 자실폭탄 테러를 부추기는 이슬람의 종교 지도자들이 진정한 신앙인들이라면 결코 이 같은 파렴치한 행동을 할 수가 없을 것이다. 마찬가지로 이스라엘의 자치 구역에 거주하는 '팔레스타인' 민족을 추방하고자 끊임없이 분쟁을 야기하는 이스라엘의 지도자들은 결코 진정한 유대교의 신앙인이라고 할 수 없는 자들이다. 왜냐하면 유대교의 경전인 『탈무드』에는 "번민하는 사람들 곁에 머무르는 것, 이것이 자비이다"라고 언명하고 있기 때문이다.

　따라서 종교가 없다면 종교로 인한 대립과 갈등이 사라질 것이며, 그렇기 때문에 종교가 사라져야 한다고 생각하는 것은 참으로 잘못된 생각이다. 왜냐하면 종교가 사라진다고 해서 본질적으로 이기적이고 소유욕에 사로잡혀 있는 인간의 본성이 사라지지는 않을 것이며, 권력과 부를 추구하는 왜곡된 지성들은 여전히 다른 이름, 다른 핑계로 타민족을 지배하고자 할 것이며, 타문화를 침탈하고자 할 것이기 때문이다. 오늘날 지역감정과 민족감정을 자극하여 집단과 집단, 민족과 민족 간의 대립과 갈등을 조장하고 이를 통해 자신의 기득권을 유지하고자 하는 사

팔레스타인 자치구역인 '가자지구'란?

제2차 세계대전 이전에는 유대민족과 팔레스타인이 함께 거주하였으나, 종전 이후 유대인이 '이스라엘'이라는 정식 국가를 세우면서, 팔레스타인 민족은 국가 없는 민족이 되었다. 이후 팔레스타인 민족은 이스라엘 내의 '가자지구'에서 자치를 하게 되었다. 제주도의 약 5분의 1 정도의 면적에 팔레스타인 120만과 이스라엘인 8천 명 정도가 거주하고 있다. 이스라엘인은 모두 이스라엘 정부가 불법으로 자국민을 위하여 지은 정착촌에서 살고 있다. 이스라엘의 근본적인 입장은 팔레스타인 민족들을 이스라엘로부터 추방하는 것인데, 이를 위해서 가자지구의 모든 국경을 봉쇄하고 타국과의 교류가 불가능하도록 하였다. 이를 풍자한 유럽의 한 신문에는 이스라엘군이 가자지구의 젖줄을 막아놓고 있는 것으로 표현하였다. 동일한 역사적 뿌리를 가지고 있는 두 형제 민족이 서로 원수가 되고, 하나가 다른 하나를 추방하고자 하는 것은 이들의 대립이 결코 종교적인 신념의 차이 때문이 아니라 정치적인 이유라는 것을 극명하게 보여주고 있다.

람들의 행위는 이를 잘 보여주고 있다. 그들은 자신의 이익을 위해 공동체의 구성원들로 하여금 타 공동체의 구원들과 대립하게 하고, 경쟁하게 하며, 결국 증오하게 만드는 것이다. 종교가 없어진다고 해서 집단과 집단, 민족과 민족 사이의 갈등과 분쟁이 없어진다는 것만큼 허구적인 생각은 없을 것이다. 오히려 오늘날 현대사회의 불안한 대립과 전쟁의 징후를 제거하고 다시금 평화로운 사회질서를 회복할 수 있는 유일한 희망은 어쩌면 진정한 종교적 삶에 있다는 것을 부정할 수가 없다.

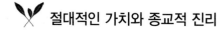

절대적인 가치와 종교적 진리

그레이엄 그린Graham Greene: 신을 애타게 찾는 사람은 이미 신을 발견한 사람이다.

미키 데브Mick Deev: 종교는 신과 사람 사이의 한 교각이다. 하지만 불행히도 어떤 사람들은 헤엄쳐가기를 선호하고 자주 물에 빠지고 만다.

아르센 고예트Arsène Goyette: 신 앞에서, 사랑이 없는 천재가 무슨 가치가 있는 것인가?

　종교는 반드시 신神을 전제하여야 할까? 그렇지는 않을 것이다. 왜냐하면 불교나 도교에는 신이라는 것이 없지만 동양의 가장 대표적인 종교이기 때문이다. 하지만 그렇다고 참된 종교는 결코 신을 가지면 안 되는 것인가? 그렇지도 않을 것이다. 서구의 대다수 종교는 유일신을 가지고 있다. 만일 누군가가 "신이 있다는 것을 어떻게 알 수 있는가?"라고 묻는다면, 우리는 "신을 찾는 사람이 있으니 신은 있다"라고 답할 수 있을 것이다. 영국의 저술가인 그레이엄 그린은 "신을 애타게 찾는 사람은 이미 신을 발견한 사람이다"라고 말하고 있는데, 이는 최소한 논리적으로 긍정할 만한 명제이다. 어떤 사람이 전혀 예술적인 재능을 가지고 있지 않다면, 결코 예술을 애타게 갈망하지는 않는 것과 마찬가지로, 신적인 것이 자신에게 전혀 없다면 이러한 갈망 자체가 성립하지 않을 것이기 때문이다. 그것이 무엇이든지 자신이 전혀 모르거나 자신에게 전혀 없는 것을 애타게 갈망할 수는 결코 없기 때문이다. 인도의 현대 성녀인 마더 테레사는 자신이 진정 신의 사랑을 받고 있는 것인지, 자신이 하는 모든 일이 신의 섭리에 의한 것인지를 자주 의심하고 의혹에 빠졌다고 고백하고 있다. 그녀는 신이 자신을 사랑하고, 자신이 하는 일이 신의 뜻이었기를 유일하게 바랐을 뿐이었다. 하지만 이러한 그녀의 의심과 갈망이 바로 그녀가 신과 함께하였고 신이 그녀를 사랑했다는 것을 증명하는 것이라고 할 수 있다. 왜냐하면 그러한 갈망과 희망은 오직 그녀에게 신적 현존이 존재한다는 한에서만 진정한 것이 될 수 있기 때문이다. 즉, 이 세상에 신적인 존재를 갈망하는 사람들이 있다는 이 사실이 신의 존재를 긍정하는 가장 강력한 증거가 되는 것이다.

일반적으로 유일신을 믿고 있는 서구의 종교들에 있어서 종교는 신과 인간을 이어주는 교량과 같은 것이다. 사실 불어나 영어의 'religion'은 're(다시)'와 'lier(연결하다)'는 의미를 합쳐놓은 것이다. 무엇을 다시 연결한다는 것인가? 그것은 '신'과 '인간'이다. 파스칼은 "한때 인간은 완전한 행복을 지니고 있었지만, 그것을 상실하고 말았다"라고 하는데, 이는 하나의 상징적인 말이다. 인간은 본성적으로 행복을 추구하고 이 추구에는 완성이라는 것이 없다. 최소한 우리가 살고 있는 이 현세에서 완전한 행복이란 주어질 수 없다는 것이 모든 인간이 공통적으로 체험하는 일이다. 그런데 대다수 서구 종교는 이러한 행복이 '신과의 관계성'에서 주어진다고 한다. 그리고 종교라는 것은 바로 이러한 관계성을 확립하는 도구와 같은 것이다. 물론 사람들은 반드시 종교라는 것을 통해서만 신과의 관계를 회복할 수 있는 것인가라고 질문할 수도 있다. 이러한 질문에 대한 답변은 또한 다양할 수 있겠지만, 그러나 반드시 종교라는 형식을 통해야 한다는 것도—최소한 논리적으로는— 정답은 아닐 것이다. 다만 종교가 이러한 신과의 관계성을 회복하는 데 가장 유용하고 효과적인 것임은 부정할 수가 없을 것이다. 미키 데브는 "종교는 신과 사람 사이의 한 교각이다. 하지만 불행히도 어떤 사람들은 헤엄쳐가기를 선호하고 자주 물에 빠지고 만다"라고 하였다. 사실 종교라는 형식을 빌리지 않고도 신을 추구한 사람들은 많을 것이다. 고대의 서사시나, 이슬람의 시인이나 인도의 시인들의 저작을 보면 굳이 종교라는 형식을 빌리지 않고도 신을 추구한 사람들이 많이 있었음을 볼 수 있다. 하지만 많은 사람이 신을 만난다는 것은 곧 종교를 통해서라고 말하고 있다. 나폴레옹도 "종교가 없다면 인간은 지속적으로 어둠 속에서만 걷게 될 것이다"라는 말을 하였고, 슐라이어마허Schleiermacher도 "종교는 무한에 대한 감각과 맛이다"라고 하였다. 터키 출신의 프랑스 시인이자 정치가였던 마리 조셉 쉐니에Marie-Joseph Chénier는 "인류를 사랑하고 비참함을 구원하는 것, 이것이 종교이며, 이것이 믿음의 전부이다"라고 하였다. 이 모든 것은 종교의 역할을 말하고 있으며, 그것은 곧 종교는 어떤 절대적인 것을 확약하는 것, 즉 신과의 관계성을 약속하는 것이다. 따라서 만일 인간이 진정으로 신과의 어떤 관계를 추구한다면 종교라는 도구를 통해서라는 것도 결코 부정할 수가 없다.

그런데 인간이 신을 만나거나 신과의 관계성을 가진다는 것은 무엇을 의미하는 것일까? 카뮈는 "죄인이란 신으로부터 멀어지는 자를 말한다"라고 하였다. 이는 다시 말해서 신과 함께하는 자는 결코 죄인일 수가 없다는 말이다. 즉, 신을 체험하는 사람은 결코 어둠에서 헤매지 않고, 악의 길로 나가지 않을 것이라는 것을 말해주고 있다. 이 세상 그 어떤 법률과 관습이 우리를 빛으로 나아가게 하고, 악에서 해방되는 것을 보증할 수 있을까? 신이라는 존재는 인간에게 있어서 분명 절대적인 가치, 절대적인 진리를 의미하는 유일한 존재가 아닐 수 없다. 캐나다의 저술가인 아르센 고예트는 "신 앞에서, 사랑이 없는 천재가 무슨 가치가 있는 것인가?"라고 묻고 있다. 그리스도교는 신은 곧 사랑이라고 말하고 있다. 인간의 재능이 신의 선물이라고 한다면 이는 또한 사랑의 선물이며, 사랑이 제거된 재능은 그 본래적인 목적을 상실한 것과 같은 것이다. 따라서 사랑이 없는 재능은 아무것도 아닌 것이며, 이는 오히려 위험한 것이다. 아인슈타인의 위대한 재능이 발견한 '원자력의 원리'에서 사랑이 없을 때, 얼마나 큰 재앙으로 나타났는지 역사는 잘 말해주고 있다. 인간의 재능이 거의 무한하다는 이 이유만으로도 인간에게 인간을 초월하는 절대적인 존재가 있다는 것은 참으로 다행한 일이다. 모든 인간이 그 앞에서 인간적인 품위를 잃지 않으면서 머리를 숙일 수 있는 절대자 혹은 초월자 있다는 것, 어쩌면 이 사실만이 유일하게 인간의 재능이 스스로를 멸망으로 이끌어가지 않도록 하는 유일한 해답일 것이다.

어떤 현대의 지성인들은 신적 존재를 긍정하는 것이 오히려 인류에게 가장 큰 해악이 되는 것처럼 고려하기도 한다. 왜냐하면 절대적인 존재가 곧 절대적인 권력의 개념을 낳았고 이것이 절대 권력의 군주제를 낳았고, 나아가 히틀러 같은 전체주의적 사유를 낳았다고 생각하기 때문이다. 하지만 이러한 생각은 잘못된 유비추리이다. 이는 마치 악마의 존재를 긍정하였기에 이 세상에 악이 만년하게 되었다고 추론하는 것과 같은 것이다. 절대자가 있다는 것은 이성적으로 보면 두 가지 다른 논리적인 전개로 이어질 수 있다. 하나는 이러한 생각이 다른 모든 생각을 제거하게 되고 따라서 정신적이 전체주의 사상이 등장하게 된다는 점이며, 다른 하나는 인간의 무제약적인 자유의 남용으로부터 인간을 보호해주는 유일한 안전장치라는 것이다. 절대자를 긍정한다고 해서 인간의 사상이 하나의 사상에 수렴될 것이라는 것은 단순한 사고이다. 왜냐하면 절대자라는 것은 결국 언어의 문제이기 때문이다. 절대자는 신과 같은 인격적인 존재일 수도 있고, 우주의 최고 원리라는 과학적인 언어가

부처와 에크하르트Eckhart

동양의 대표종교인 불교를 창시한 싯다르타는 인간을 초월하는 신적인 존재를 가정하지 않았다. 그는 스스로 인간적인 모든 조건을 초월하는 해탈의 경지에 이르러 '부처'가 되었다. 서구적 관점에서 보면 부처는 일종의 신이 된 인간이라고 할 수가 있다. 반면 이와 가장 유사한 서구의 종교인으로 중세 신비주의자인 에크하르트를 꼽을 수 있을 것이다. 에크하르트는 부처와 마찬가지로 '지금 현재를 절대적으로 살아가기'를 역설하였는데, 그는 신비적이 체험을 한 뒤에 제자들에게 "내가 신이 되었다"는 선언을 하였다. 그 이유는 신의 아들(그리스도)이 자신의 내면에 탄생하였고, 신의 아들과 자신이 완전히 하나가 되었다고 믿었기 때문이다. 그의 이러한 생각은 당시에는 이단적인 생각으로 치부되었다. 부처나 에크하르트는 다 같이 인간을 넘어서는 절대적인 지평에 있었던 사람들이고, 넓은 의미로 신적인 존재가 된 사람들이라고 할 수가 있다.

될 수도 있으며, 나아가 '일자一者'라는 신비주의적인 용어로 표현될 수도 있다. 어떤 의미에서 종교가 성립하기 위해서는 이러한 절대자를 가정하지 않고는 불가능하다. 신을 인정하지 않는 불교도 순수하게 인간적인 종교는 아니다. 불교는 인간적인 지평을 절대적으로 초월하는 '해탈'이나 '니르바나'를 인정하고 있다. 비록 인격적인 신의 개념은 아니지만, 니르바나는 그 자체로 절대적이고 초월적인 지평이다. 우리는 인간적 지평을 초월하는 절대적 지평을 다양한 방식으로 긍정할 수 있다. 즉, 절대자를 가정한다고 해서 반드시 정신적인 전체주의사상으로 나아간다는 것은 올바른 생각이 아니다.

반면 인간 이상의 그 어떤 존재도 인정하지 않는다는 것은 인간의 운명을 생각할 때 가장 큰 위험, 가장 큰 모험이기도 하다. 가장 강력한 권력을 가진 최고 권력이 등장했을 때 이러한 권력의 악행을 저지할 수 있는 그 무엇도 존재하지 않게 될 것이며, 이러한 것은 인류의 운명에 치명적이 될 수 있다. 과학이 극도로 발전한 미래 사회에서 어떠한 일이 발생할지 우리는 상상할 수가 없다. 윤리 도덕의 부재와 상상을 초월하는 과학기술이 함께하는 세상이 온다면 이는 곧 인류의 멸망을 의미하는 것이 될 수가 있다. 이러한 상황에서 우리는 이 세상에 그 어떤 천재나 영웅에게도 인류의 미래를 믿고 맡길 수가 없을 것이다. 인류의 운명을 맡길 만한 인간이란 있을 수 없다는 것은 역사적 경험이 우리에게 말해주는 것이다. 어떤 인간도 그렇게 초인적이 될 수는 없다. 그렇기 때문에 인류의 먼 미래를 생각한다면 모든 인간이 존중하고 경외해야 할 신적인 존재, 절대적인 존재를 긍정한다는 것은 가장 필요한 도덕적 덕목일 것이다. 사실 이러한 단순한 논리는 구약성경에 나오는 수많은 예언자들이 공통적으로 유대민족에게 말해준 것이었다. 하버드 대학의 중세철학 교수인 피네스S. Pinès 교수는 그의 『철학함의 자유』에서 근대 이전의 유대민족은 정치적으로 가장 불행한 역사를 가진 민족이라고 말하고 있는데, 그 이유는 다윗 왕 이후로는 한 번도 변변한 왕도, 제대로 된 정부도, 강력한 군대도 가져본 적이 없던 민족이기 때문이라고 한다. 강력한 정부나 강력한 군대를 가지지 못한 유대민족은 당연히 강력한 정부와 군대를 가진 이웃 민족의 침략을 받게 되고 항상 강대국의 제물이 되곤 하였다. 그런데 이렇게 절대적인 왕이나 강력한 정부나 군대를 가지지 못한 이유는 어디에 있는가? 그것은 곧 예언자들을 통한 신의 명령이었다. 그 어떤 인간도 절대 권력을 손에 쥐면, 교만하게 되고 타락하게 되며 결국 신의 음성을 듣지 않게 되기 때문이다. 이러한 역사적 사례는 인간을 초월하는 절대자나 절대적인 지평을 긍정하지 않는 인간이나 민족은 결코 자신들의 미래의 운명을 올바른 길로 인도할 수 없다는 종교적인 진리를 말해주고 있는 한 예이다.

종교의 정치적 참여는 바람직한 것인가?

신약성경: 이웃을 사랑하지 않으면서 하느님을 사랑한다는 것은 위선이다.
코란: 나그네와 버려진 애완동물을 외면하는 것은 죄이다.
대승불교: 깨달음에 이르렀으나 다른 중생들을 구제하기 위해 성불을 늦추어 보살이 되는 것을 이상으로 삼아야 한다.

현대사회로 올수록 종교의 사회적 기능이 보다 부각되고 있다. 종교단체가 운영하는 학교나 병원 그리고 복지시설들이 무수하게 늘어나고 있는 것이 이러한 사실을 잘 대변해주고 있다. 이와 더불어 종교의 정치적인 참여도 매우 두드러지는 것이 사실이다. 하지만 사제나 목사 혹은 스님과 같은 종교인들이 국가적 차원의 중대한 정치적인 문제에 대해서 자신의 견해를 발표하거나 혹은 시국선언 같은 것을 할 때 이에 대한 대중들의 반응은 첨예하게 대립되고 있다. 한편에서는 일반인이 나서지 못하는 것을 종교인이 대신 해주어서 매우 고맙게 생각하고, 종교인이 비로소 제몫을 다한다고 평가하는 사람들이 있는가 하면, 다른 한편으로는 종교인이 자신의 일에나 신경 쓸 일이지 주제넘게 정치적인 일에 간섭을 한다며, 종교인의 정치적인 중립을 어기고 있다고 판단하는 사람들도 적지 않다. 이러한 평가는 종교인 사이에도 마찬가지다. 한편으로는 참으로 당연한 의무를 했다고 평하는 사람들이 있는가 하면, 다른 한편으로는 이러한 일들은 개인의 자격으로 할 수 있겠지만, 특정 종교의 이름으로 해서는 안 된다고 평가하는 사람들이 있다.

종교인의 정치적 참여 문제를 논하기 위해서는 정치적 참여의 의미와 종교인의 의무는 무엇인가를 고찰하는 것으로 충분할 것이다. 우선 정치적인 참여라는 말이 무엇을 의미하는가를 말하기 이전에 '사회적 참여'와 '정치적 참여'라는 말의 의미를 구분해보자. 사회적인 참여란 사회의 구성원으로서 사회가 어려움을 겪고 있을 때, 실천적으로 다가서는 것을 의미한다. 가령 수해가 나서 한 마을 공동체가 어려움을 겪고 있거나, 국가나 지역사회의 손이 미치지 않는 장애인이나 독거노인 혹은 노숙자 등 '사회적 소수자'들에 대한 온정과 자비의 손길을 보내고 이들이 정상적인 사회구성원으로서 살아갈 수 있도록 실천적인 도움을 주는 것이 곧 종교인의 사회적 참여라고 할 수 있다. 이 외에 종교인의 특별한 삶에 대한 의무를 통해서 학교, 병원, 연구소, 센터 등을 운영하는 하는 것도 사회적인 참여를 의미한다. 이러한 종교인의 사회적인 참여를 부정하는 사람은 없을 것이다. 이러한 참여는 모든 종교가 우선적으로 강조하고 있는 '자비'의 개념 그 자체가 종교인의 사회적인 의무를 말해주기 때문이다. 성경에서는 '이웃을 사랑하지 않으면서 하느님을 사랑한다는 것은 위선'이라고 말하고 있으며, 코란에도 '나그네와 버려진 애완동물을 외면하는 것은 죄'라고 말하고 있다. 그리고 대승불교에서는 깨달음에 이르렀으나 다른 중생들을 구제하기 위해 성불을 늦추어 보살이 되는 것을 이상으로 삼아야 한다고 주장하는가 하면, 도교에서는 '덕'을 사람에게 나누어 주는 시혜라 하고, 재산을 나누어 주는 것을 현賢이라 하여, 자비를 매우 중요하게 여긴다. 이처럼 대부분 종교는 이웃과 사회에 대한 배려와 관심을 매우 중요한 종교적 삶의 덕목처럼 여기고 있다. 따라서 종교인의 사회적인 참여는 선택사항이 아니라 의무라고 해야 할 것이다.

베르나르 베르베르: 종교란 항상 인간실존의 건전한 형식을 추구한다.

아미엘: 종교는 중심되는 사랑이다. 이 사랑이 나머지 모든 것을 규정한다. 종교는 인간적 삶의 영혼이다.

안느 바라틴Anne Barratin: 희망은 모든 종교에 있는 것이다. 왜냐하면 희망은 모든 고통으로부터 발생하기 때문이다.

반면 종교인의 정치적인 참여는 이와는 다른 문제이다. 정치적인 참여라는 말에는 어떤 국가적 차원이 첨예하게 대립하는 정치적인 문제를 가정하고 있다. 가령 전통적으로 여야의 첨예한 대립구도를 이어가고 있는 한국사회의 경우 중대한 '정치적인 이슈'나 '정책결정'에는 찬반의 의견이 대립하는 경우가 많고, 여기에는 보수와 진보의 대립이 극명하게 부각되고 있음을 볼 수 있다. 이 경우 종교인이 어느 한편의 입장에 참여한다는 것은 정치적인 중립성을 어기는 행위라고 볼 수가 있다. 다른 한편으로는 종교인의 정치적인 사안들에 대한 입장표명은 이들이 정치적인 전문적인 이해나 지식을 충분히 지니고 있지 않다고 할 때, 오류를 범할 확률이 높다. 게다가 특정 종교인의 입장은 동일한 종교를 가지고 있는 다수의 신앙인들로 하여금 동일한 입장을 가지게 함으로써 자칫 사안에 대한 공정하고 객관적인 입장을 견지하지 못하고 일방적으로 어느 한편을 지지하게 되는 '선동'의 위험이 있다. 이러한 이유로 많은 사람이 종교인이 섣불리 정치적 사안에 목소리를 내는 것을 경계하고 종교인들의 정치적인 참여를 부정적으로 바라보고 있는 것이다.

　하지만 이러한 원론적인 사유들의 이면에는 이러한 사유들 자체가 기득권을 가진 사람들의 자기중심적인 분석이 배경을 이루고 있음을 발견할 수 있다. 첫째, 정치적인 중립성의 문제에 있어서, 중립성이라는 말 자체가 가진 '모호한 의미'를 지적할 수 있다. 예를 들어 임진왜란 때 창과 칼을 들고 왜군에게 저항한 승려들에 대해서 아무도 정치적인 중립을 문제 삼지 않을 것이며, 또한 자국민족을 억압하는 중국정부에 항의하기 위해서 분신을 한 티베트의 승려들에게 아무도 정치적인 중립을 문제 삼지 않는다. 마찬가지로 국가적 정책이 심각하게 국민의 안위를 해치거나 민주주의를 훼손하는 것이라고 할 때 종교인들이 자신의 견해를 밝힌다고 해서 정치적인 중립을 문제 삼을 수가 없을 것이다. 왜냐하면 종교는 공동체의 건전한 발전을 위한 '예언자적 기능'을 수행할 의무가 있기 때문이다. 사실 정치적인 중립이라는 말은 정의나 불의가 문제되고 있지 않은 공정한 정치적인 사안들, 가령 선거나 투표의 경우에 종교인의 이름으로 특정한 정당이나 특정한 인물을 지지하거나 이러한 사람들의 정책에 가담하거나 지지를 보내는 행위를 할 수가 없음을 말하는 것이다. 마찬가지로 정치인들이 유권자에게 자신의 지지를 호소할 때 지나치게 자신의 종교적인 색깔이나 자격을 내세워 종교인에게 호소하는 것은 종교인의 정치적인 중립을 훼손하는 일이다. 마찬가지로 종교인이 정치적인 일에 참여하고자 할 때 발생하는 '전문성'의 지적에서도, 이 역시 충분한 근거가 되지는 못한다. 왜냐하면 종교인이 정치적 사안에 자신의 입장을 밝히는 경우는 전문적인 정치적인 지식에 의해서가 아니라, 보다 상위적인 법을 의미하는 '자연권'이나 '인권'의 차원에서이기 때문이다. 인정법이 심각하게 자연권을 훼손하거나 파괴할 때, 종교인이 이러한 인정법이 잘못되었음을 지적하는 것이지, 인정법의 세부조항에 대해서 참견하는 종교인은 사실 어디에도 없을 것이다. 어떤 목사나 신부가 혹은 승려가 국회에 입장하여 국회의원들의 개별적인 정책발언에 참견하는 일은 없기 때문이다. 베르나르 베르베르는 "종교란 항상 인간실존의 건전한 형식을 추구한다"라고 하였는데, 만일 정치가들이 인간실존의 건전한 형식을 파괴하는 정책을 실천한다면, 종교인이 이에 대한 '예언자적 목소리'를 낸다는 것은 당연한 종교인의 의무이지 정치적 간섭이라고 볼 수는 없다. 이와 마찬가지로 특정 종교인들의 정치적인 발언이 동일한 종교를 가진 사람들을 선동하는 부정적인 결과를 유발한다는 말도 사실은 '구더기가 무서우니 메주를 담가서는 안 된다'고 하는 것과 같다. 한 종교의 신자들은 신자이기 이전에 건전한 시민이라고 생각한다면, 이들 역시 종교적 지도자가 어떤 견해를 표방하든지 자신의 건전한 상식과 합리적 사유를 통해서 무엇이 옳고 그른지를 충분히 판단할 수가 있다. 이를 부정한다는 것은 모든 종교인은 무지하며 오직 그들의 지도자들을 추종하는 사람들이라는 잘못된 선입견을 가진 것일 수밖에 없다.

결국 우리는 종교인의 정치적인 참여는 그것이 진정한 '예언자적 의무'라고 전제하는 한 당연한 권리이자 의무라고 해야 할 것이다. 여기서도 문제가 되는 것은 '정치적 참여'가 바람직한 것인가 아닌가 하는 것이 아니라, 참된 정치적인 참여인가 거짓된 정치적인 참여인가 하는 것이다. 스위스의 철학교수인 아미엘은 "종교는 중심되는 사랑이다. 이 사랑이 나머지 모든 것을 규정한다. 종교는 인간적 삶의 영혼이다"라고 하였고, 안느 바라틴은 "희망은 모든 종교에 있는 것이다. 왜냐하면 희망은 모든 고통으로부터 발생하기 때문이다"라고 하였다. 한 사회가 인간적인 삶의 면모를 상실하였을 때, 그리고 고통에 신음하고 있을 때, 그것이 사회적인 참여이든 정치적인 참여이든 종교인은 이를 외면할 수가 없다. 종교인은 결코 현재의 삶에 무관심할 수가 없으며, 방관자가 되어서는 안 된다. 왜냐하면 종교는 항상 인간적 삶의 영혼과 같은 것이며, 사회적 고통에 대해 희망이 되어야 하기 때문이다. 하지만 만일 종교인이 이러한 '인간적인 삶'에 대한 원의가 아닌, 한 개인이나 특정한 종파의 이익을 위해서 정치와 결탁한다면 이는 곧 거짓 정치참여가 될 것이다. 또한 그것이 어떤 것이든 종교인의 정치적인 참여가 오히려 사회적 고통을 배가한다면 이 역시 타락한 정치적 참여라고 하지 않을 수가 없을 것이다. 결국 종교인의 정치적인 참여에서도 문제가 되는 것은 사회의 진정한 공동선을 위한 것인지에 달려 있고, 이에 대한 올바른 판단은 참여자의 진지한 자기성찰에 달린 문제라고 해야 할 것이다.

🌱 종교적 다원주의는 가능한가?

현대사회에서 가장 유행하는 용어 중 하나가 '다원주의'이다. '문화적 다원주의', '정치적 다원주의' 혹은 '도덕적 다원주의'라는 말들이 그 대표적인 용어들이다. 그리고 그중 하나가 '종교적 다원주의'이다. '다원주의'라는 용어가 보편적인 용어가 되어 가는 것은 세계화에 따른 자연스러운 현상이라고 할 수 있다. 현대사회는 모든 방면에서 '세계화'가 이루어지고 있다. 지구촌이라는 말이 있듯이 더 이상 국경이나 국가의 개념이 우리의 일상을 제약할 수 없으리만치 소통과 교류가 빈번하고 서로 뒤섞이며, 문화와 민족이 하나가 되어 가고 있다. 가령 유럽의 경우 1994

「유럽연합의 국기」

유럽연합은 다양한 유럽의 국가들이 서로의 문화나 종교를 인정하고 존중하면서 정치·경제적으로 한 국가의 형태를 이루는 것으로 1994년 12개국에서 출발하여 현재 28개국이 가입하였다. 유럽연합의 국기에는 12개의 별이 있는데, 이는 정치적인 의미가 아닌, 완벽한 숫자를 의미하는 완전함을 상징한다. 한해의 12개의 달, 시계의 12시간, 성경의 12사도, 로마법 12조, 그리스 올림피아의 12신 등 유럽의 전통에는 12가 완전함을 상징하고 있다.

년부터 시작된 유럽연합은 2014년 현재 28개국이 가입하고 있으며, 다수 국가가 가입 협상 중에 있다. 이 유럽연합은 이미 정치적, 경제적, 법률적인 통합을 이루었고, 가입국 전체가 존중하는 유럽연합 헌법이 제정되었기에 명실상부한 하나의 거대 연합국가라고 할 수 있다. 이러한 통합과 일치로 인해 유럽의 여러 국가는 문화적으로 정치·경제적으로 서로 수용하고 공존하지 않으면 안 되게 되었다. 이러한 가운데 서로 상이한 문화나 사상 혹은 종교를 가진 사람들이 서로의 다름을 인정하고 수용하는 태도가 곧 '다원주의'인 것이다.

　그런데 다원주의라는 말 자체가 다의적이거나 모호한 측면이 있어서 '다원주의'에 대한 사람들의 입장도 다양하다. 국어사전에서는 다원주의를 "개인이나 여러 집단이 기본으로 삼는 원칙이나 목적이 서로 다를 수 있음을 인정하는 태도"라고 규정하고 있다. 그렇다면 종교적인 다원주의는 무엇을 의미하는 것일까? 아마도 다양한 다원주의 중에서도 가장 말하기 힘겨운 것이 '종교적 다원주의'가 아닐까 한다. 왜냐하면 종교란 그 자체가 절대적이고 궁극적인 목적을 지향하는 것으로서 절대적이거나, 궁극적인 것이 여럿일 수는 없기 때문이다. 종교에서 다원주의를 인정한다는 것은 서로 다른 종교에서도 진리가 있을 수 있다거나, 구원이 있을 수 있다는 것을 의미하는 것으로 많은 보수적인 신앙인들은 이러한 사실을 결코 인정할 수가 없을 것이다. 반면 철학에서는 '다원주의'라는 말 자체가 일종의 철학적 사유의 출발점처럼 고려될 수 있다. 가령 칸트가 "물자체는 알 수 없다"라고 하였을 때, 이는 세계나 사물들의 실체 혹은 진면목은 알 수 없는 것이며, 인간의 지성적인 이해는 한계가 있다는 것을 말하기 때문에 결코 절대적으로 완전한 앎이라거나 절대적인 진리 같은 것을 긍정할 수가 없다. 그렇기 때문에 본질적으로 철학자들이 제시하는 세계관이나 진리관은 다양할 수밖에 없을 것이며, 철학자들은 결코 어느 하나의 사상만을 고집할 수가 없는 것이다. 다만 보다 더 나은 사상, 보다 더 나은 도덕체계를 추구하고 끊임없이 진리로 접근해갈 수 있을 뿐이다. 이는 문화적 다원주의에서도 마찬가지일 것이다. 문화란 원래 문화가 발생한 지정학적인 여건이나 사회적 조건들에 의해서 가장 합리적인 방식으로 정착되고 변화해온 것이기 때문에 어느 한 문화를 '가장 진보된 문화'라거나 '가장 이상적인 문화'라고 선택할 수는 없다. 하지만 종교는 이러한 사상과 문화와는 질적으로 다른 어떤 것이다. 종교는 본질적으로 인생의 궁극적인 것과 절대적인 것에 대한 체험을 바탕으로 이루어지며, 특히 '계시'를 바탕으로 형성된 서구의 종교에서는 이러한 종교적 진리가 표방하는 것에 대한 거의 절대적인 믿음을 가지고 있다. 가령 그리스도교와 이슬람교 그리고 유대교에서는 '유일하고 절대적인 창조주로서의 신'을 인정하지 않는 어떠한 종교도 참된 종교라고 하지 않을 것이다. 사실상 명상을 통해 세계에 대한 깨달음을 얻고 이를 종교적으로 승화시킨 불교의 경우도 사정은 마찬가지다. 불교에서는 일체의 신적인 존재들을 인간이 만든 허상이라고 할 것이기 때문이다. 그래서 종교에 있어서 최종적인 진리가 문제가 될 때, 종교인들은 결코 다원주의를 긍정할 수가 없는 것이다. 하지만 그럼에도 우리는 '종교적 다원주의'라는 것을 다른 차원에서 말할 수는 있다. 그것은 종교가 표방하고 있는 세계관의 차원과 도덕적 차원이다.

슐라이어마허는 "종교는 우주에 대한 직관이다"라고 하였고, 간디도 "만일 한 인간이 그의 고유한 종교의 심장에 도달한다면, 그는 역시 다른 종교들의 심장에 도달할 것이다"라고 하였다. 종교가 가진 세부적인 교의나 도그마의 차원이 아니라, 종교가 무엇을 의미하며 이 현실을 어떻게 이해하며 또 무엇을 지향하는가 하는 점에 있어서 모든 종교는 일치를 이루거나 공유될 수 있을 것이다. 즉, 모든 종교는 동일하게 궁극적인 목적을 향해 나아가며, 인생의 최종적인 진리를 향해서 나아가는 인간성의 가장 탁월하고 심오한 문화라고 볼 수 있는 것이다. 프랑스의 종교철학자 앙리 듀메리Henry Duméry는 "철학자는 체험된 신앙에는 손을 대지 않는다"라고 하였는데, 이는 종교철학이란 체험된 개별적인 신앙을 문제 삼는 것이 아니라, 종교가 가능한 조건, 종교가 지향하는 본질적인 지향성, 종교가 추구하는 삶의 모든 가치 등 일종의 '종교적 세계관이나 인생관'을 다루고 있다고 말하는 것이다. 이러한 종교철학적 지평이라는 하나의 동일한 지평에서 종교를 고려할 때, 서로 다른 다양한 종교를 모두 참된 종교라고 인정할 수 있고 존중할 수가 있을 것이다. 사실이러한 '종교적 다원주의'를 지향하는 태도는 대다수 종교의 내부에서도 발견할 수 있다. 코란에서는 "당신들의 종교를 존중하는 사람에 대해 자비롭고 정의로워야 한다"라고 말하고 신약성경에서도 "우리를 반대하지 않는 사람들은 곧 우리의 벗이다"라고 말하고 있다. 비록 그들이 표방하는 언어적 표현이 다를지라도 각각의 종교가 사람들을 행복으로 인도하는 유일한 길을 인정하고 있는 데 대한 믿음이 곧 종교적 다원주의를 가능하게 하는 것이다.

종교들이 동일한 도덕적 지향성을 가지고 있다는 것은 다양한 종교들에서 발견된다. 가령 힌두의 경전에는 "의무의 명령대로 자기 일을 다하며, 일의 열매를 거들떠보지 않는 사람이 요기(구도자)이다"라고 하고 있는데, 이는 정확히 가톨릭 수도자들의 정신과 일치한다. 그리고 불교나 힌두교 그리고 도교나 그리스도교 그 어떤 종교에서도 이웃을 사랑하라고 가르친다. 그렇기 때문에 종교를 다루는 대다수 사상가들은 종교를 가장 좋은 도덕적인 모델처럼 말하고 있다. 샤토브리앙은 "종교는 그의 이유를 영혼의 감각성, 삶에 대한 부드러운 집착, 형제적 경건함, 부부의 사랑, 부드러운 모성 등에서 취하고 있다"라고 말하였고, 크리슈나무르티Krishnamurti는 "종교는 존재들의 통일성과 모든 피조물에 대해서 선량함과 온화함을 가르친다"라고 말하고 있다. 이렇게 모든 종교는 그것이 진정한 종교인 한 세상을 위해서 빛과 선善을 말하고 전파하고 있다. 바로 이 때문에 우리는 모든 종교가 진리를 추구하고 있으며, 정도의 차이는 있겠지만 모든 종교를 초월적이고 신성한 진리를 비춰주는 거울처럼 인정할 수가 있는 것이다.

종교적 다원주의는 누구나 자신이 원하는 종교를 가질 수 있다는 종교의 자유와 맥을 같이한다. 터키의 속담에는 "두 개의 종교를 가진 사람은 하나의 종교도 가지지 않은 사람이다"는 말이 있다. 이는 사실이다. 이는 마치 한 정치가가 여당이면서 동시에 야당일 수 없고, 자본주의자이면서 동시에 공산주의자가 될 수 없는 것과 마찬가지다. 즉, 종교적 다원주의는 모든 종교가 진리를 말하고 있기에 여러 개의 종교를 가져도 된다는 것이 아니다. 다만 누구나 자유의지에 의해 어떠한 종교라도 가질 수 있음을 의미하고 이러한 '종교의 자유'를 모두에게 긍정한다는 데에 있다. 모든 종교는 진리를 추구하는 것이라는 점을 인정하며, 진리에는 국적이 없으며, 누구도 독점적일 수가 없다는 것을 인정하는 것이 곧 종교적 다원주의를 가능하게 한다. 그렇기 때문에 어떠한 사람도 어떤 특정한 종교를 선택하고자 하는 개인의 자유를 방해해서는 안 된다. 뉴턴은 "그의 종교의 진리가 수학적 증명만큼 분명하고 명백하다고 생각하는 것만큼 신의 섭리에 반대되는 것은 없을 것이다"라고 하였다. 종교의 진리는 근본적으로 인간의 이성을 초월하는 것이며, 인간의 분명한 이해에 휘어잡힐 수 없는 신비로운 것이다. 신이 진리를 분명하게 밝혀주지 않는 이유가 이것이 아닐까? 즉, 서로 자신이 진리를 소유하고 있다고 자랑하지 말며, 싸우지 말자는 뜻은 아닐까? 가브리엘 마르셀은 "그의 실존이 증명될 수 있는 신이라면, 그는 신이 아닐 것이며, 신이 될 수도 없을 것이다"라고 하였다. 인간이 분명하게 신의 실존을 증명할 수 없다는 것, 그리하여 신의 존재를 오직 믿을 수밖에 없다는 것, 이것은 또한 서로 자신만이 참된 신을 가지고 있다고 주장하지 못하도록 한

신의 섭리가 아닐까? "당신을 신의 존재를 믿습니까?"라고 묻는 기자에게 아인슈타인 "도무지 어떤 신을 말하는 것입니까? 당신이 이해하는 신을 말해주면, 내가 그 신을 믿는지 믿지 않는지를 말해주겠소"라고 답하였다고 한다. 어떤 의미에서 신은 인간을 창조하였고, 또 인간이 신을 창조하였다고 할 수가 있다. 신의 모습은 너무나 심오하고 신비로워서 수천의 모습으로 인간에게 그 모습을 나타내 보일 수가 있을 것이다. 그래서 중세의 '부정신학'에서는 '신은 ~이다'라고 진술하지 않고, '신은 ~가 아니다'는 방식으로 진술하였다. 누구라도 자신이 체험한 신, 자신이 믿는 신만이 오직 유일하게 참된 신의 모습이라고 주장할 때, 여기에 '신을 창조하는 인간'이 존재하게 된다. 아일랜드의 문호 조너선 스위프트 Jonathan Swift는 "우리는 우리 자신을 증오할 만한 충분한 종교를 가지고 있지만, 우리 자신을 사랑하기 위한 종교는 충분히 가지고 있지 않다"라고 하였다. 이러한 진술들은 종교도 도덕에서와 마찬가지로 불순한 근원과 오류들을 포함하고 있다고 말하는 것이다. 누구든지 자신의 이익을 위하여 종교를 말할 때, 자신의 이익을 위하여 진실을 가리거나 거짓을 말할 때, 여기에는 이미 종교가 아닌 종교를 빙자한 정치적 놀음이 있는 것이다. 광신도는 종교와 종교들 사이에 하나의 증오를 가져온다.

진정한 종교적인 겸손은 자신의 종교가 아닌 곳에서도 신의 섭리가 이루어질 수 있다는 것을 믿는 것에 있다. 그래서 단테는 『신곡』에서 그리스도가 태어나기 이전에 살았던 그리스도를 전혀 알지 못한 사람들도 동일한 사랑, 동일한 정신으로 살아갔다면 구원된 사람들로 묘사하고 있으며, 독일의 현대 신학자 카를 라너 Karl Rahner도 이러한 사람들을 '익명의 크리스천'이라고 부르고 있다. 앙드레 말로는 "젊음이란 항상 회개함으로 끝나는 하나의 종교이다"라고 말하고 있다. 모든 종교의 특징 그것은 단순한 문화에서는 결코 볼 수 없는 어떤 열정을 지니고 있다는 점이다. 순교를 마다하지 않는 이 열정은 젊음의 특징이다. 젊음은 이 열정 때문에 실수나 오류를 범하기도 하고 방황을 하기도 한다. 그렇기 때문에 모든 종교는 나름대로 오류의 역사를 가지고 있다. 하지만 그것이 진정한 종교라면 언제나 진리의 길로 나아간다. 모든 종교가 진리를 향한 일종의 '굴광성屈光性'을 가지고 있다는 것, 이것을 인정하는 것이 곧 종교적 다원주의의 토대인 것이다.

12장

죽음을
마주하는 인간

왜, 옛 수도자들은 수행을 위해
'죽음'에 대해서 자주 묵상을 한 것일까?

「명상 중의 성녀 카타리나」

시에나의 카타리나 성녀는 이탈리아의 가장 위대한 중세의 성녀로 두 교황이 서로 다투고 있을 때, 이를 중재하여 해결하였고, 오상의 기적을 받은 수도원의 원장이었으며, 많은 신비적인 저술을 남겼다. 문화적, 정치적, 문학적, 종교적으로 당대에 매우 큰 영향력을 끼친 여성이었다. 성녀는 자주 죽음에 대해서 묵상하였다. 위 그림은 죽음을 상징하는 해골을 들고 묵상에 잠겨 있는 성녀의 모습을 한국화로 그린 것이다. "성자는 황야로 도망가고, 예술가는 이상 속에 숨는다"는 옛 금언이 화제로 쓰여 있다.

죽음에 대한 사유는 삶을 말하기 위해서이다

하이데거: 인간은 죽음에 앞서, 가장 인간적이 된다.

카뮈: 사람들이 삶의 이유라고 부르는 것은 동시에 죽음의 가장 탁월한 이유이다.

에르베 바쟁Hervé Bazin: 누구나 자신이 죽을 것이라는 것을 알고 있다. 하지만 아무도 자신이 죽어 있다는 것을 알지 못한다.

일반적으로 사람들은 죽음에 대해서 생각하거나 말하기를 꺼린다. 왜냐하면 상식적인 견지에서 죽음은 인생에 있어서 가장 부정적이고 가장 피하고 싶은 것이기 때문이다. 죽음을 피하고자 하는 것은 사실 모든 살아 있는 것의 보편적인 법칙이다. 의학적으로 죽음은 건강의 완전한 상실을 의미하기 때문에 일반사람들은 누구도 이러한 죽음을 좋아하거나 이를 생각하는 것을 원치 않을 것이다. 그렇기 때문에 철학자나 문학자가 죽음에 대해서 말하는 것은 죽음이라는 주제를 통해서 삶에 대해서 말하고자 하는 것이다. 즉, 죽음이란 삶을 보다 잘 이해하기 위한 하나의 매개체로, 상징적인 용어인 것이다. 조지 베르나노스Georges Bernanos는 "나는 매일 아침 다시 부활하기 위해서 매일 밤 죽음을 체험한다"라고 하였다. 밤에 죽는다는 것은 잠든다는 것이다. 그런데 아침에 부활하기 위해서 밤에 잠든다는 것은 무엇을 의미하는 것일까? 어떻게 잠드는 것이 아침에 부활할 수 있는 방법일까? 부활한다는 것은 새롭게 태어난다는 것이다. 따라서 아침에 부활한다는 것은 어젯밤의 나와 오늘 아침의 내가 완전히 다른 새로운 삶을 시작한다는 것을 의미한다. '어젯밤의 죽음'이란 어제 나의 마음속이나 정신 속에 가졌던 온갖 부정적이고 나쁜 감정이나 생각들을 모두 없애버린다는 뜻이다. 샤를르 드골은 2차 대전 당시 독일에게 협조하는 것이 프랑스가 사는 길이라고 주장하는 정치가들을 향해 혼자 '아니오'라고 말하며 영국으로 건너가 레지스탕스 운동을 벌였던 사람이었다. 그는 당시 프랑스의 정치가들을 향해 "우리가 죽음에 대해 생각한다는 것은 죽음이 우리로 하여금 삶에 대해 생각하게 한다는 한에서 중요한 것이다"라고 하였다. 이 말은 우리로 하여금 삶과 죽음에 대한 어떤 관계성을 생각하게 한다. 산다는 것은 단순히 목숨을 부지하는 것이 아니다. 그것은 의미 있고 가치 있는 삶을 영위한다는 것이며, 그렇지 못하다면 살아도 산 것이 아니라는 말이다. 옛 속담에 "빛이 없다면, 나는 죽은 사람이다"는 말이 있다. 사실 어떤 관점에서 보면 모든 인간은 살고자 몸부림친다. 그리고 이 산다는 것의 의미는 다양하다. 어떤 사람들에게는 산다는 것이 단순히 생명을 부지한다는 것을 말하며, 어떤 사람들에게는 자신의 직위나 명예를 지킨다는 것이며, 또 어떤 사람에게는 정의롭고 떳떳하게 산다는 것을 의미한다.

독일의 문호 괴테는 "무용한 삶은 앞당겨진 죽음이다"라고 하였다. '무용하다는 것'은 사람에 따라서 다를 수 있겠지만, 어쨌든 자신의 삶이 아무런 쓸모없는 것이라는 생각만큼 사람을 무력하게 하고, 삶의 맛을 없애버리는 것은 없을 것이다. 실존주의자 하이데거는 "인간은 죽음에 앞서, 가장 인간적이 된다"라고 하였다. 그럴 수밖에 없을 것이다. 지상에서 자신이 추구하였던 그 모든 것이 무無로 되돌아가는 시점에서 정상적인 사람이라면 더 이상 갈망하는 것이 없을 것이며, 더 이상 거짓이나 허상도 없을 것이다. 그래서 만일 그가 정상적인 사유를 할 수 있는 사람이라면 남은 시간을 어떻게 의미 있고, 보람되게 보낼 것인가를 생각할 수밖에 없을 것이다. 따라서 죽음에 대해서 생각한다는 것은 현재를 되돌아본다는 의미를 담고 있다. 어떤 의미에서 사람들은 과거도 미래도 가지고 있지 않다. 우리의 유일한 선善, 그것은 현재이다. 왜냐하면 지나간 것은 이미 존재하지 않고, 다가올 것은 아직 오지 않았기 때문이다. 그래서 만일 우리가 다가오는 죽음을 예감한다고 하더라도 여전히 존재하는 것, 실재하는 것은 현재이며, 다가오는 미래는 실재가 아니다. '죽음'이라는 다가오는 실재가 진정한 실재인 현재에 의미를 가질 수 있는 것은 오직 내가 진심으로 현재를 의미 있고 가치 있게 살고 있는지를 자각한다는 한에서이다. 만일 어떤 사람이 1년이나 2년 뒤에 자신이 죽는다는 사실을 알고 있다면, 그에게는 하루하루가, 아니 한 시간 한 시간이, 어쩌면 숨 쉬는 매 순간이 죽음으로 다가가고 있는 것이다. 하지만 어차피 1년이나 2년, 10년이나 20년이나 아직 다가오지 않은 현실임은 마찬가지이고 숫자란 심리적인 것에 불과하다. 1년의 삶이 남은 사람이나 10년의 삶이 남은 사람이나, 동일한 오늘 하루를 살고 있으며, 그 하루는 똑같이 소중하고 가치 있는 삶이다. 스피노자가 "내일 지구의 종말이 올지라도, 사과나무 한 그루를 심겠다"고 말한 것은 죽고 사는 것에 상관없이 현재를 가장 의미 있고 소중하게 여기며, 현재 자신이 하고자 하는 것을 여전히 지속하겠다는 말이다. 물론 이러한 스피노자의 진술에는 과장된 면이 없지는 않다. 살날이 하루밖에 없는 사람이 여전히 지금 하는 일을 계속할 것이라는 말은 자신은 완전한 현재를 살고 있다고 하는 것과 같다. 스피노자의 진술은 가장 평범한 일상의 일들에 가장 크고 가치 있는 의미를 부여할 만큼 진리를 살고 있는 수도승들에게 진실이 될 수 있다. 평범한 일반인은 내일 지구의 종말이 온다면, 당장 일상의 일들을 멈추고 자신이 꼭 해야 할 일들, 결코 외면할 수 없는 소중한 일들부터 하지 않으면 안 될 것이다. 그런데 사람들에게 있어서 죽음에 앞서 가장 소중하고 가치 있는 일이란 무엇일까?

　부조리 철학자인 카뮈는 "사람들이 삶의 이유라고 부르는 것은 동시에 죽음의 가장 탁월한 이유이다"라고 하였다. 이는 역설적인 말이지만 우리에게 많은 것을 시사하고 있다. 만일 내가 지금 그 무엇을 위해서 죽어야만 한다면, 무엇을 위해서 죽는 것이 가장 잘 죽는 것일까? 즉, 그 무엇을 위해 내 생명을 내어주는 것이 가장 적절한 것일까? 대다수 사람은 이 세상에서 자신의 생명과 바꿀 만한 것은 없다고 생각한다. 왜냐하면 자신이 죽는다는 것은 그 죽음과 동시에 자신과 관련된 모든 것이 동시에 소멸하는 것과 같기 때문이다. 그 무엇인가를 위해서 생명을 내어줄 수 있는 사람이란 자신이 죽어도 계속 존재할 만한 가치 있는 것을 가지고 있는 사람이며, 이러한 사람의 삶은 참으로 가치 있는 삶이다. 만일 누군가 자신은 자신의 생명을 바칠 만한 그 어떤 것도 가지고 있지 않다면, 그는 불행한 사람이라고 해야 할 것이다. 사실 그 무엇을 위해서 죽을 수 있는 것이 전혀 없다는 것은 이미 죽은 삶과 같다. 그래서 에르베 바쟁은 『삶의 입문서』에서 "누구나 자신이 죽을 것이라는 것을 알고 있다. 하지만 아무도 자신이 죽어 있다는 것을 알지 못한다"라고 한 것이다. 사람들은 '의로운 사람들은 그들의 의로움 때문에 죽으며, 사악한 사람들은 그들의 사악함 때문에 살아남는다'며 세상의 부조리함을 한탄하곤 한다. 하지만 조금만 더 깊이 생각해보면 이는 부조리함이 아니다. 의로운 사람은 자신의 생명보다 더 가치 있다고 생각하는 것이 있기 때문에 죽을 수 있으며, 사악한 자들은 자신의 생명보다 가치 있는 것이 아무것도 없다고 생각하기 때문에 죽을 수가 없는 것이다. 따라서 의인들은 기쁘게 그리고 가치 있게 죽을 수 있겠지만, 사악한 자들은 결코 쉽게 죽을 수가 없으며, 그들에게 죽음은 참으로 두려운 것이다. 그 무엇을 위해서 자신의 생명을 바칠 수 있는 사람에게 그 무엇이란 '그가 사랑하는 것'이다. 내가 진정으로 사랑하는 것보다 더 중요한 것이 있을 수가 없다. 그래서 사실상 죽음을 준비하는 가장 최상의 방법은 '사랑한다는 것'이다. 무엇을 진정으로 사랑하는 사람에게 있어서 죽음은 두려울 것이 못 된다. 그것이 사람이건, 사회이건, 무슨 예술이나 이념이거나 간에 진정으로 사랑하는 것이 있는 사람에게는 사랑하는 것이 자신의 생존보다 더욱 소중한 것이기에 죽음이 두렵지 않다. 이러한 의미에서 내일 죽음이 오더라도 '오늘 사과나무를 심겠다'는 스피노자의 말은 과장된 것이다. 이 세상에는 확실히 사과나무를 심는 것보다 가치 있고 소중한 것이 많을 것이기 때문이다.

생텍쥐페리: 그것을 위해서 당신이 죽을 수 있는 것, 이것이 오직 당신이 살아가는 이유입니다.

죽음이 삶을 말하기 위해서라는 것은 삶이 그만큼 소중하기 때문이다. 따라서 만일 그 누군가를 위해서 죽을 수 있다고 말하는 사람에게 그 누군가를 위해서 살아야 한다는 것은 동일한 이유가 된다. 잘 산다는 것은 그 누군가를 혹은 그 무엇인가를 위해서 죽을 수도 살 수도 있는 것을 가지고 사는 것이다. 사람들은 그 무엇을 위해서 죽을 수도 있는 '그 무엇'을 가진다는 것이 쉬운 일인가라고 반문을 할지 모르겠지만, 그렇지 않다. 대다수 사람은 자신의 생명보다 더 소중히 여기는 것을 많이 가지고 있다. 대학생들에게 '자살'에 관하여 설문조사를 하며, "자살을 하고 싶은데, 차마 자살을 하지 못하게 하는 무엇이 있다면 그것은 무엇인가?"라는 질문을 하였다. 참으로 많은 학생이 "자신이 죽는다는 것에 대한 두려움보다는, 자신의 죽음 앞에서 절망하거나, 오열할 부모님들이나 사랑하는 사람들의 모습"이라고 답하였다. 사실 이 학생들은 자신의 생명보다 더 소중한 무엇을 가지고 있는 사람들이다. 만일 죽음이 목숨을 잃는 것이 아니라, 모든 '상실'에 대한 상징적인 언어라고 한다면, 우리가 용기를 가지고 지켜내어야 할 모든 것이 곧 우리가 살아야 할 이유가 된다. 가치 있고 소중한 것을 위해서 용기를 가진다는 것은 곧 죽음에 저항하는 것이며, 이를 지켜내고자 하는 용기를 상실한다는 것은 곧 '도덕적인 죽음'인 것이다. 마리 르프랑Marie Le Franc은 자살에 대해서 "사람들이 포기하는 하나의 삶은 두 번 죽는 것이다"라고 말하는데, 사실이 그렇다. 자살은 우선 도덕적으로 진정한 삶에 대한 용기를 상실한다는 차원에서 도덕적인 죽음을 말하는 것이며, 또한 실제로 자신의 목숨을 버린다는 의미에서 또 다른 죽음을 의미하는 것이다. 어떤 의미에서 '자살'이라는 것에 인간적인 동정과 애도를 보낼 수는 있지만, 어떤 경우에라도 도덕적인 합리화나 정당성을 부여할 수는 없다. 왜냐하면 내가 그것을 위해서 죽을 수 있는 그 무엇이 있다고 한다면, 다른 관점에서 그 무엇은 또한 그것을 위해서 내가 살아야만 할 이유이기 때문이다. 그래서 생텍쥐페리는 "그것을 위해서 당신이 죽을 수 있는 것, 이것이 오직 당신이 살아가는 이유입니다"라고 하였다. 우리는 자살하는 사람들 앞에 하나의 질문을 던져볼 수 있다. "진정 죽음에서 삶으로 나아가는 것이, 삶에서 죽음으로 나아가는 것보다 더 어려운 것인가?"라고…. 자살을 하고자 마음먹은 사람에게 있어서 삶이란 사실 죽음보다 못한 것이다. 그렇지 않다면 그는 '죽음'을 생각하지 않을 것이다. 그렇다면 죽음보다 못한 삶이란 곧 죽음이 아닌가? 그에게 있어서 진정한 용기는 '죽음'에서 '죽음'으로 나아가는 것이 아니라, 죽음에서 삶으로 나아가는 것이 아닌가?

옛 금언에 "죽음을 갈망한다는 것은 자신의 삶을 고발하는 것이다"라고 하였다. 이는 자살을 시도하는 사람은 자신의 삶이 죽음보다 못하다는 것을 세상 사람들에게 알리고자 한다는 것이다. 이러한 사실은 자살률이 계속 높아져 가는 한국사회에 시사하는 바가 크다. 나라가 보다 부강하게 되고 보다 선진국으로 접근한다는 것은 보다 살기 좋은 세상으로 나아간다는 것인데, 자살률이 높아진다는 것은 그만큼 세상살이가 보다 힘겹고 어렵다는 것을 고발하고 있기 때문이다. 그런데 이러한 '삶에 대한 고발'이 한 개인의 삶을 말하는 것인가, 아니면 사회적 삶을 말하는 것인가 하는 점은 쉽게 말하기 어려운 측면이 있다. 상식적인 견지에서는 개인적인 삶과 사회적인 삶 모두가 여기에 해당할 것이다. 즉, 자살하는 이가 소중한 삶을 포기하는 것은 자신의 개별적인 삶의 문제이기도 하지만 사회적인 삶의 문제이기도 한 것이다. 누구도 죽음이 좋아서 '자살'을 생각하는 사람은 없을 것이다. 살고자 애를 쓰지만 더 이상 살아갈 힘이 없기에 죽음을 선택하고자 하는 것이다. 알렉산드르 뒤마Alexandre Dumas fils는 "스스로 죽음을 선택하는 사람은 그의 형리를 만난 희생자이다"라고 하였는데, 이는 모든 자살자는 사실상 죽임을 당하였다는 말이지, 스스로 죽음을 선택한 사람이 아니라는 것을 말한다. 실제로 누군가 죽음을 강요하거나 협박하지 않았다고 할지라도 그가 속한 상황이 그를 죽음으로 몰고 간 것이 곧 '자살의 진실'이다. 그래서 모든 자살은 사회의 공동적인 책임이 어느 정도 있다는 것을 부정할 수는 없다. 때문에 우리는 자살자가 더 이상 나오지 않을 살기 좋은 세상을 위해서 고민하고 자살을 부추기는 잘못된 사회 환경을 개선하고자 하는 노력을 게을리할 수가 없다.

그런데 일차적으로 사회가 보다 살기 좋은 사회가 된다면 자살하는 사람들이 줄어들 것이 사실이지만, 그럼에도 오직 사회적 삶의 문제에만 책임을 돌릴 수는 없는 일이다. 캐나다 퀘벡의 저술가인 블레Marie-Claire Blais는 "어떤 사람이 변화하기 시작하는 것은 그의 죽음 이후부터이다"라는 역설적인 말을 하였는데, 여기서 말하는 죽음이란 의미의 상실이라고 해야 할 것이다. 자신이 의미를 가지고 있는 모든 것에 대한 죽음은 '무無'만을 남겨 놓을 것이다. 더 이상 집착할 것이 아무것도 없는 사람은 살기 위해서 다른 하나의 가치와 의미를 시작하지 않으면 안 되며, 이는 곧 새로운 변화를 의미한다. 사실 불교에서 승려들이 '출가'한다는 말은 '출세간'의 준말이다. '기존에 살았던 세계'로부터 완전히 떠난다는 이러한 말은 곧 '무소유'를 의미한다. 소유하는 것이 없는 '대자유大自由'의 삶을 사는 사람은 집착할 것이 아무것도 없기에 죽을 이유도 없다. 그래서 진정 자살을 결심한 사람이라면 논리적으로 세상을 포기한 사람이어야 하고, 이들은 '무소유'를 체험하는 사람들이다. 그래서 진지하게 삶과 죽음을 생각하는 사람이라면 죽을 이유는 어디에서도 발견할 수가 없게 된다. 모든 자살은 일종의 '자기 생명에 대한 폭력'일 수밖에 없는 것이다. 물론 우리는 '삶과 죽음'을 진지하게 생각하지 못하도록 하는 이 혼탁하고 폭력적인 현대사회를 개탄하지 않을 수 없지만, 그럼에도 자신의 생명에 폭력을 가하는 사람들을 정당화할 수는 없을 것이다.

누구나 죽을 수밖에 없는 존재가 인간의 운명이지만, 어떻게 죽을 것인가는 방법에 있어서는 사람마다 천차만별이다. 사람들이 삶에 대해서 가장 잘 말하는 것은 죽음 안에서이고, 사람들이 죽음이 다가왔다는 것을 알 때, 삶이 그 모든 중요성을 가지게 된다는 것이 사실이라고 한다면, 어떤 사람은 자신의 죽음을 의식하면서 현재의 삶을 지속적인 축제로 만들 것이며, 또 어떤 사람들은 자신의 죽음을 회피하지 않을 것이며, 또 어떤 사람들은 자신의 삶을 정당화할 수 있는 사랑하는 삶을 추구하게 될 것이다. 앙드레 말로는 "모든 문명은 눈에 보이거나 보이지 않게 사람들이 죽음에 대해 생각하는 그것에 사로잡혀 있다"라고 하였다. 죽음에 대한 두려움에 사로잡혀 있는 것이란 무엇인가? 그것은 상실에 대한 두려움 때문에 현실을 제대로 살지 못한다는 것을 말한다. 상실에 대한 두려움으로 보험을 들고, 상실에 대한 두려움으로 진실을 말하지 못하고, 상실에 대한 두려움으로 정의를 외면한다. 사실상 모든 비-도덕적인 행위의 이면에서 무의식중에서나마 일종의 죽음에 대한 두려움이 도사리고 있다. 하지만 "빛이 없는 삶, 이것이 곧 죽음"이라고 한다면, 죽음에 대한 두려움이 곧 죽음을 가지고 온다는 말이 된다. 그래서 진정 살아 있는 사람이 되기 위해서는 죽음조차도 두렵지 않을 그 무엇을 가지고 있어야 한다. 내일 지구의 종말이 올지라도 오늘 참으로 의미 있고, 가치 있으며, 소중한 삶을 살아야 할 이유가 바로 여기에 있는 것이다.

죽음이란 두려운 것이며, 흥미진진한 것이다

장 얀Jean Yanne: 중요한 것은 삶에 성공한다는 것이 아니라, 그의 죽음을 놓처버린다는 것이다.

키케로Cicero: 철학을 한다는 것, 이는 죽음을 배우는 것이다.

철학자들 중에는 죽음을 진지하게 생각하기보다는, 죽음을 무시하거나 초월하고자 하면서 죽음에 대한 생각을 극복하고자 한 사람들이 많다. 플라톤은 "우리가 전혀 알지 못하는 죽음에 대해서 우리가 무서워할 이유가 어디에 있는가?"라고 하였고, 아리스토텔레스는 "만일 몇 시간 동안 사람의 마음 안에 큰 차이가 발생한다면, 스스로 놀랄 것인가. 삶에서 죽음으로 나아가는 데는 단 1분이 걸릴 뿐이다"라고 하였다. 심리학자들은 인간은 자신이 알지 못하는 것에 대해서는 두려움을 가진다고 한다. 죽음이라는 것은 인간이 알지 못하는 가장 대표적인 것이다. 그래서 죽음은 모든 이에게 두려움을 야기한다. 그런데 플라톤은 이러한 심리적인 두려움은 허상이라고 말한다. 내가 전혀 알지 못하는 것에 대해서 왜 두려움을 느껴야 하는가? 오히려 궁금하고 흥미진진한 것으로 여길 수도 있지 않은가? 물론 플라톤은 이렇게 낙관적이 되어라고 하는 것은 아니다. 다만 우리가 알지 못하는 것에 대해서 미리 앞당겨 두려워할 이유는 없다는 것을 말하고 있다. 반면 아리스토텔레스는 보다 현실적으로 죽음을 두려워하지 말라고 한다. 왜냐하면 우리가 살아가면서 하루 동안이나 이틀 동안에 발생한 나의 내면의 변화에 대해서 별로 놀라지 않는데, 단 1분간 발생하는 변화에 대해서 놀랄 필요는 없다는 것이다. 죽기 전에는 내가 아직 살아 있으며, 단 1분이면 죽음이 끝날 것인데, 이 순간 동안에 무서워할 여유조차 없을 것이기에 죽음은 사실 두려운 것이 못 된다. 그런데 몽테뉴는 다른 한 관점에서 죽음이란 두려워할 것이 못 된다고 한다. 그는 "왜 당신의 마지막 날을 두려워하는가? 여기서 그 누구도 당신의 죽음에 동참할 수 없지 않은가?"라고 말하고 있다. 사실이 그러하다. 만일 내가 무슨 일을 하든지 아무도 보는 이도 없고, 아무도 간섭하는 일이 없고, 아무도 평가하거나 비웃거나 욕할 사람이 없다면, 두려워할 일이 무엇이 있겠는가? 죽음도 마찬가지다. 죽음은 오직 나 개인의 일이며, 아무도 나의 죽음에 동반할 수 없는 것이라면 내가 두려워할 사람은 어디에도 없는 것이다. 그래서 알드레 포사드André Frossard는 "두려운 것은 죽는 것이 아니다. 두려운 것은 죽임을 당하는 것이다"라고 하였다.

하지만 이러한 철학자들의 말들은 한편으로 의미가 없는 것도 아니나, 진정 죽음을 앞둔 사람들에게 위로가 되거나 죽음의 두려움을 해결할 수 있는 해법이 될 수는 없는 것 같다. 플라톤이나 아리스토텔레스의 생각들은 모두 죽음 이후에 어떤 일이 벌어질 것인가에 대해서 알 수 없거나, 상관이 없다는 한에서 의미 있는 것이며, 몽테뉴의 말도 죽음을 마치 이 세상에서 발생하는 여러 일들 중에 하나처럼 고려할 때 가능한 일이다. 하지만 죽음은 이렇게 모든 일 중의 하나로 치부할 만한, 우리의 의식에 있어서 순간적인 일이라고 해서 무시해도 될 만한 그러한 사건이 아니다. 죽음을 삶의 연장으로 보든지 혹은 완전히 하나의 새로운 세계로 나아가는 일로 보든지 이것을 존재의 절대적인 마침이 아니라고 본다면 죽음은 무시해버린다고 해결될 수 있는 것이 아니다. 사실 우리는 죽음 이후에 존재가 지속하는가 아닌가 하는 점을 결코 증명할 수 없다. 파스칼의 말처럼 우리가 전혀 알 수 없는 것에 대해서는 '긍정·부정'의 정확히 50%의 확률을 가지고 있기 때문에 '과연 죽음 이후에 새로운 삶이 있을까'를 의심할 수 있는 것처럼, '과연 죽음 이후에 모든 것이 소멸해버릴까' 하는 의심도 할 수 있어야 한다. 그런데 수많은 철학자나 문호들이 죽음을 하나의 다른 세계로 나아가는 관문처럼 고려하고 이를 준비해야 할 무엇처럼 생각하고 있다. 토마스 아퀴나스는 "모든 인간은 자연적으로 죽음에 저항한다. 이 사실로부터 죽음 이후의 삶은 결코 헛된 것이 아니다"라고 하며, 그 이유로 모든 자연적인 갈망이 헛되다는 것은 세계의 모순을 말하는 것이 될 것이기 때문이라고 한다. 세상이 진정 모순되지 않은 것인지는 알 수 없지만, 최소한 우리는 자연적인 질서에 대한 믿음을 가질 수는 있다. 장 양은 "중요한 것은 삶에 성공한다는 것이 아니라, 그의 죽음을 놓쳐버린다는 것이다"라고 말하고 있는데, 이는 죽음 역시도 준비하고 맞이해야 할 그 무엇이라는 것을 말해주고 있다. 세네카도 "전 생애를 통해서 살아가는 방법을 배워야 한다. 그리고 너를 놀라게 하는 것은, 살아 있는 동안에 죽음을 배운다는 것이다"라고 하고 있다. 살아가는 동안에 죽음을 배운다는 것은 구체적으로 무엇을 의미하는가? 만일 우리가 우리에게 다가오는 것이 정확히 무엇인지 알고 있다면 두려울 것은 없다. 스피노자식으로 말하면, 내가 비행기에서 떨어지고 있을지라도 모든 상황을 정확히 알고 있다면, 이를 두려워할 필요는 없다. 내가 할 수 있는 것이 있다면 내가 하면 그만이고, 내가 할 수 없는 것에 대해서는 받아들일 수밖에 없을 것이기 때문이다. 어떤 필연적인 것에 대해서 내가 두려워할 이유는 전혀 없다는 것이 스피노자식 해결방식이다. 그래서 옛 금언에도 "죽음에 대한 공포는 죽음 그 자체보다 더욱 잔인한 것"이라고 말하고 있다. 따라서 죽음을 배운다는 말은 어떤 식으로든지 '죽음에 대한 공포를 없애는 것'이다. 잘 사는 삶, 의미 있고 가치 있는 삶을 산 사람에게 있어서 죽음은 크게 두려울 것이 못 된다.

루마니아 출신의 현대 철학자인 에밀 미셸 시오랑Emil Michel Cioran은 "만일 죽음에 오직 부정적인 측면만 있다면, 죽는다는 것은 실행불가능한 행위일 것이다"라고 말하고 있다. 즉, 죽음이 단순히 모든 것의 상실을 의미하는 것이라면, 죽음을 준비한다거나 죽음을 맞이한다는 말은 그 자체가 모순된 것이다. 그래서 철학자들은 죽음을 긍정적으로 고려하고 죽음에 대해서 하나의 새로운 가치나 희망의 의미를 부여하고 있는 것이다. 키케로는 "철학을 한다는 것, 이는 죽음을 배운 것이다"라고 하였고, 쇼펜하우어는 "죽음은 철학자에게 영감을 주는 천재이다. 만일 죽음이 없었다면 사람들은 전혀 철학을 하지 않았을 것이다"라고 말하였다. 왜 죽음이 철학을 하게 된 동기가 되며, 죽음을 배우는 것이 철학하는 것이라는 말일까? 왜냐하면 잘 산다는 것이 곧 잘 죽는 것을 의미하기 때문이다. 철학은 사회적인 혹은 직업적인 성공을 보장하는 학문이 아니라, 인생에 성공할 수 있도록 도와주는 학문이다. 죽음을 잘 준비한다는 것, 이는 곧 인생을 성공적으로 이끌어 가는 삶이다. 처칠은 "죽음이란 나의 생명력의 비밀이다"라고 말했는데, 이는 자신의 죽음을 생각할 때, 참으로 생동감 있는 삶을 영위할 수 있다는 말이다. 이는 자신의 삶을 진정으로 사랑하는 사람은 죽음을 진지하게 받아들이고 죽음을 하나의 흥미진진한 사건으로 바라볼 수 있다는 것을 의미한다. 그래서 우리는 '죽음보다 더욱 무서운 것은 사랑 없는 삶'이라고 말할 수가 있다. 어떤 사람이 좋은 죽음을 맞이하였는지, 아닌지를 판단하는 유일한 방법은 그가 좋은 삶을 살았는가, 아닌가를 판단하는 것뿐이다. 아름다운 삶을 산 사람은 아름다운 죽음을 맞이할 것이며, 추한 삶을 산 사람은 추한 죽음을 맞이할 것이다. 죽음은 예외 없이 모든 사람이 도달해야 할 운명이지만, 이것에 이르는 방법은 무수히 많을 것이며, 그 방법은 현재의 삶의 방법이 다양한 것만큼 다양할 것이다. 그래서 우리는 평화로운 삶을 사는 사람은 평화로운 죽음을 맞이할 것이며, 두려운 삶을 사는 사람은 두려운 죽음을 맞이할 것이라고 말할 수 있다. 그리고 최소한 선하고 인간다운 삶을 산 사람들은 결코 죽음을 두려워할 필요가 없다는 확신을 할 수 있다. 만일 토마스 아퀴나스가 말한 '자연적 법칙'이 삶과 죽음에도 그대로 적용되는 것이 사실이라면 '선한 삶을 산 사람에게 있어서는 죽음이란 그 열매를 맺는 시기요, 악한 삶을 산 사람에게 죽음이란 삶의 종국'이라고 말할 수가 있을 것이다. 찰리 채플린Charlie Chaplin은 "죽음으로 나아간다는 것은 두려운 일이다. 하지만 만일 새로 탄생하는 아이가 삶으로 나아간다는 의식을 가지고 있다면, 그 역시 공포에 질려 있을 것이다"라는 재미있는 비유를 말한 적이 있다. 태아가 세상으로 나아가는 것을 두려워할 때, 어른들이 이를 통찰한다면 웃을 것이다. 마찬가지로 저편세상으로 나아가는 어른들의 영혼이 두려움에 차 있는 것을 천사들이 본다면 그들도 웃을 것이다. 하지만 태아가 세상으로 나아가는 것을 두려워한다는 것도 어른들의 마음의 반영에 지나지 않는다. 태아는 분명 두려움도 가지고 있겠지만, 흥미진진한 기대감도 가지고 있을 것이다. 자신이 알 수 없는 것에 대해서 호기심을 가지고 불도 칼도 두려워하지 않고 만지고 맛보는 것이 어린 아기들의 모습이기 때문이다. 마찬가지로 정상적인 인간에게 죽음은 두렵기도 하고 또한 흥미진진한 기대이기도 하다. 왜냐하면 우리는 죽음의 뒤편에 무엇이 기다리고 있을지 아무도 알지 못하기 때문이다.

🌱 죽음은 삶의 완성이다

키케로: 죽은 사람들은 살아 있는 사람들의 정신 안에서 생존한다.
앙토냉 아르토Antonin Artaud: 죽음의 맛을 아는 사람에게만 완전한 죽음이 있다.

프레데릭 베그베데Frédéric Beigbeder는 『새로운 법칙 아래서』라는 책에서 "사람들이 자신의 삶을 망쳤을 때, 최소한 성공적으로 죽음을 맞이하도록 노력해야 한다"라고 말하고 있다. 삶을 망쳐도 성공적으로 죽음을 맞이한다는 것은 무엇을 말하는 것인가? 성공적인 죽음이란 무엇인가? 죽음에도 성공적인 죽음과 실패한 죽음이 있는 것일까? 죽음에 대해서 성공적인 죽음과 실패한 죽음을 말한다는 것은 죽음을 삶의 연장이거나 삶의 한 사건으로 이해하는 것이다. 정확히 말해 죽음은 삶을 매듭짓는 일이다. 성공적으로 죽음을 맞이한다는 것, 그것은 아직 죽지 않은 한, 여전히 삶이며, 죽음이 나의 목숨을 앗아가기 전까지는 나는 삶을 영위하고 있다는 것을 말한다. 비록 내가 평생을 어떻게 살아 왔든지, 죽음의 순간에 성공적으로 죽음을 맞이한다는 것은 평안하게 그리고 희망으로 죽는다는 것을 말한다. 죽음에 대한 두려움이나 회피의 감정 없이 죽음을 삶을 매듭짓듯이, 삶을 완성하듯이 그렇게 맞이하는 일이다. 그래서 장켈레비치는 『죽음』에서 "죽음을 피하는 사람은 삶을 피하는 사람이다. 왜냐하면 죽음도 삶 그 자체이기 때문이다"라고 말하고 있다. 죽음이 삶의 연장이며, 그런 한 삶의 한 부분이라고 생각한다는 것이나 죽음이 삶의 완성이라고 하는 것은 사실 같은 것이다. 왜냐하면 죽음은 삶의 최종적인 사건이며, 최종적이라는 것은 곧 마무리 혹은 완성을 의미하기 때문이다.

물론 죽음을 삶의 부분으로 생각하지 않고 삶과는 무관한 것으로 생각하는 철학자도 있다. 가령 에피쿠로스는 "죽음은 우리와 아무 상관이 없다. 왜냐하면 소멸된 것은 감지될 수 없으며, 감각할 수 없는 것은 우리와 아무런 상관이 없기 때문이다"라고 말하고 있는데, 이는 죽음이 존재의 절대적인 소멸을 의미하기에 더 이상 죽음에 대해서 생각할 필요도 의미를 둘 필요도 없다고 하는 것과 같다. 만일 죽음이 존재의 절대적인 소멸이라고 한다면, 이는 사실일 것이다. 더 이상 느낄 수도 생각할 수 있는 '나'라고 할 만한 것이 전혀 없다면 나와 관련된 일체가 아무런 의미도 가질 수 없을 것이기 때문이다. 즉, 최소한 '나'에게 있어서는 '나의 죽음'은 전 우주의 죽음과 같기 때문이다. 하지만 과연 내가 죽은 이후에 '나'라는 것이 완전히 소멸할 것인가 하는 문제는 잠시 미루어 두더라도, 어떠한 관점에서 에피쿠로스의 사고는 매우 이기적인 것 같다. 나의 탄생이 단순히 나만의 사건이 아니라, 나와 관련된 가족, 친척, 민족 그리고 국가라는 거대한 흐름 속으로 진입하는 역사적인 사건이라고 한다면, 나의 죽음 역시 이러한 관계성 속의 한 사건일 수밖에 없기 때문이다. 키케로는 "죽은 사람들은 살아 있는 사람들의 정신 안에서 생존한다"고 하였는데, 이는 누구나 경험할 수 있는 사실이다. 굳이 위대한 인물이 아니더라도 우리는 누구나 이미 임종한 자신의 아버지나 어머니에 대한 기억을 가지고 있으며, 이러한 기억이 어떠한 것인가에 따라서 우리의 삶에 실제적인 영향을 미치고 있다는 것을 부정할 수가 없다. 더나아가 어떤 사람들에게 있어서 죽음이란 매우 특별한 것이다. 살아생전에는 그의 이름조차 알지 못한 사람들이 '죽음'과 더불어 세간에 알려지고 그의 삶이 매우 큰 영향력을 미치게 되는 사람들도 있다. '사람들은 헤어질 때, 가장 많이 사랑한다'는 속담이 있듯이, 죽음은 자주 사람들에게 사랑을 계시해준다. 아무도 대신할 수 없는 사랑하는 사람의 죽음 앞에서 눈물을 흘리는 사람을 위로해줄 수 있는 것은 어디에도 없다. 우리는 자주 사랑하는 사람이 죽은 이후에야 비로소 그 존재감과 그 존재의 소중함을 알게 되는 것을 체험하곤 한다. 사랑하던 사람이 죽었을 때, 가슴이 뻥 뚫린 것 같은 체험은 그가 우리의 실존의 일부를 구성하고 있었다는 것을 말해준다. 그래서 내가 어떠한 죽음을 맞이하는가 하는 것은 '나를 위해서'보다도 나와 관련된 사람들에게 많은 영향을 미칠 수가 있

396

기 때문에 매우 소중하고 의미 있는 것이다.

생텍쥐페리는 "삶에 하나의 의미를 주는 것, 이것은 죽음에 하나의 의미를 주는 것이다"라고 하였고, 프로이트는 『정신분석 논고』에서 "만일 당신이 삶을 지탱할 수 있기를 원한다면, 죽음을 받아들일 준비가 되어 있어야 한다"라고 하였다. 이러한 진술들은 모두 삶과 죽음이 동전의 앞면과 뒷면 같은 것이라고 말하고 있다. 우리의 삶에 의미를 주는 모든 것, 가족, 친지, 친구, 일, 신앙, 예술, 철학 등 이 모든 것이 우리의 삶에 의미를 준다면, 나의 죽음은 또한 이 모든 것과 밀접하게 연관이 있다. 왜냐하면 나의 죽음은 이 모든 것과의 작별을 의미함과 동시에 이 모든 것에 대해 정신적으로 그들의 실존의 일부로 남아 있을 것이기 때문이다. 즉, 죽음을 통해서 나는 비로소 이러한 것들과의 정신적인 관계에서 더 이상 갈등도 굴곡도 다툼도 없는 일종의 영원의 차원으로 그들과 함께한다. 빅토르 위고가 "모든 죽음은 하나의 사태이지만, 마치 가르침처럼 살아 있다"고 할 때나, 레오나르도 다빈치가 "우리는 다른 사람들의 죽음으로부터 우리의 삶을 이룬다"라고 할 때, 이는 모두 우리가 사랑한 사람들의 죽음이 우리의 정신과 마음에 보다 차원 높은 방식으로 함께 존재하고 있음을 의미한다. 그래서 어떤 의미에서 나의 삶이 사랑하는 것들을 위한 삶인 것과 마찬가지로 나의 죽음은 사랑하는 것들을 위한 죽음이 되는 것이다. '휴식'이 평화를 의미하고, 죽음이 '휴식'을 의미하는 것이라고 한다면, 진정한 평화는 오직 죽음 안에만 있을 것이다. 오스카 와일드는 "죽음은 우리 모두의 운명이며, 죽음 없는 삶은 불완전한 것"이라고 말하고 있다. 죽음이 없다면 진정한 평화도 없기에 삶은 항상 불안하고 불완전하다. 오직, 죽음만이 우리를 진정한 휴식과 평화로 인도하는 것이라고 한다면, 죽음이야말로 삶의 완성인 것이다. 시인이자 시네 아티스트인 앙토넹 아르토는 "죽음의 맛을 아는 사람에게만 완전한 죽음이 있다"라고 하였다. 완전하게 죽는 것, 이는 죽음의 순간에 완전한 평화를 맛보는 사람이다. 자신의 죽음에 맞서 완전한 평화를 맛보는 사람이야말로, 죽음이 존재의 끝이 아니라, 새로운 삶의 시작임을 증언해주는 사람들이다. 왜냐하면 누구도 자기존재의 절대적인 소멸 앞에서 완전한 평화를 가질 수는 없을 것이기 때문이다. 그래서 죽음의 가장 본질적인 특성은 '신비'이다. 그리고 이러한 신비는 그가 삶을 사랑하고 죽음마저 사랑하고 있다는 사랑의 신비를 말해주는 것이기도 한 것이다.

죽음은 새로운 삶으로의 문이다

죽음에 대한 인문학적 반성에서 한 발짝 더 나아가 죽음에 대한 종교적 차원의 반성은 죽음에 대한 하나의 새로운 지평을 열어준다. 진정 죽음 이후에 무엇이 기다리고 있으며, 우리의 죽음은 우리에게 어떠한 삶의 변화를 예고하는지를 진지하게 묻게 된다면 이는 이미 종교적 차원의 성찰이다. 인문학적 혹은 철학적 차원의 삶에 대한 성찰이 삶과 죽음의 관계, 즉 죽음을 현재의 삶의 한 연장선상에서 고찰한 것이었다면, 종교적 차원의 죽음에 대한 성찰은 죽음과 죽음 이후의 새로운 삶에 대한 관계, 즉 죽음이 가지는 사후의 세계에 대한 의미를 성찰하는 것을 말한다. 역사상 많은 수행자들이 '죽음'을 '존재의 끝'이라고 생각하지 않고 오히려 죽음을 '진정한 삶'으로 나아가는 '사건'처럼 고려하고 있는데, 이는 죽음에 대한 전형적인 종교적 성찰이며, 또한 죽음에 대한 가장 낙관론적인 차원의 생각이라고 할 수 있다. 물론 '죽음 이후'의 세계는 인간의 이성을 초월하는 것이므로 이에 대해서 무엇을 말하든 '참된 것'이라고 할 수 없기에 죽음에 대해서는 인간이 말할 수 없다고 잘라 말한 적지 않은 사상가들이 있다. 공자가 그러하였고, 칸트가 그러하였다. 하지만 인간의 이성이 관여할 수 없다고 해서 말할 수 없다거나 논의되어서는 안 된다는 것도 일방적이고 편협한 생각이다. 토마스 아퀴나스는 이성은 개별적인 사실들을 추론하여 보편적인 지식을 알 수 있는 능력이라고 하였는데, 사실상 어떤 의미에서 모든 보편적인 진리는 인간의 이성이 직접 관여할 수 없는 것이다. 가령 우리는 중력이라는 것을 결코 이성적으로 직접 통찰할 수가 없다. 다만 현상들을 통해서 추론하여 중력이라는 것이 있다고 믿고 있을 뿐이다. 마찬가지로 인간의 본성이라는 것도 개별적인 인간현상을 고찰하고 추론하여 그렇게 믿고 있는 것이지 누구도 인간본성 그 자체를 감각하거나 직관할 수는 없는 것이다. 사랑이나 우정 같은 것도 마찬가지다. 누구도 한 사람이 내면 깊숙이 지니고 있는 어떤 사람에 대한 사랑을 감각하거나 통찰할 수가 없다. 다만 그의 행위와 그의 모든 행동을 관찰하면서 그가 그 누구에 대한 사랑을 지니고 있음을 확신할 수 있을 뿐이다. 죽음도 마찬가지다. 누구도 죽음 이후에 무엇이 있을 것인지를 감각하거나 통찰할 수가 없지만, 다양한 죽음에 대한 현상을 통해서 그렇게 믿고 확신할 수 있다.

죽음 이후에 다른 삶이 있을 것이라는 믿음은 거의 대부분의 문화에서 볼 수 있는 일반적인 현상이다. 사람이 죽으면 '장례식'이라는 것을 치른다. 어떤 문화에서도 장례식이라는 것이 없는 곳은 없다. 장례식은 문화마다 고유한 풍습을 가지고 있는데, 일반적으로 아시아권 나라들은 죽은 사람의 시신을 땅에 묻고, 무덤을 만든다. 티베트에는 천장天葬이라는 죽은 사람의 시신을 독수리가 뜯어먹도록 놓아두는 풍습이 있다. 그 이유는 하늘에 있는 조상들과 가급적 가까이 있도록 하기 위해서이다. 그리고 아프리카의 가나에서는 장례식을 '축제'처럼 지낸다. 죽은 사람의 시신을 모셔두고 악기를 연주하고 춤을 추며, 멀리서 온 손님들은 시신과 함께 사진을 찍기도 하며 밤새워 축제를 즐긴다. 그리고 대다수 불교 스님들의 경우 '화장'을 하고, 49일 동안 제를 지내는 풍습을 가지고 있다. 레비스트로스의 『슬픈 열대』에는 아마존의 어떤 부족은 '식인장'을 치른다고 소개하고 있는데, 이는 죽은 사람의 일가친척들이 모여 앉아서 그의 시신 일부를 한 점씩 먹는 것이다. 우리의 관점에서 보면 잔인하고 끔찍한 것 같지만, 그들은 그렇게 함으로써 죽은 사람의 정신(영혼)이 자신의 몸에 깃든다고 믿는다. 어쨌든 모든 문화에 존재하는 다양한 풍습의 장례식에 있어서 공통적인 점은 죽은 자의 영혼이 새로운 세계로 나아간다는 믿음이다. 사실 '장례식'이라는 것 자체가 이미 어떤 새로운 삶을 위한 '예식'을 의미한다. 모든 의식儀式에는 한 가지 공통점이 있다. 그것은 이전까지의 삶을 마무리 짓고, 새로운 삶의 모습으로 살아가야 한다는 다짐이다. 입학식, 졸업식, 종업식, 종무식, 약혼식, 결혼식 그리고 장례식, 이 모든 것이 하나의 삶을 매듭짓고 새로운 삶의 형식으로 살아가야 한다는 것을 말해주고 이를 준비하는 과정이다. 그런 의미에서 '장례식'은 삶의 최고의 순간이다. 바로 이 최고의 순간을 위해서 그렇게 노력하고 삶의 무게를 지탱해내는 것이다. 그래서 아나톨 프랑스는 "죽음은 삶의 유일한 보상이다"라고 한 것이다.

하지만 사후의 삶이 '진정한 삶', '삶의 유일한 보상'으로 표현할 만큼 그렇게 멋진 것이기만 할까? 꼭 그렇지만은 않을 것이다. 사후의 삶이 진정한 보상이 된다는 것은 보상받을 만한 삶을 살았다는 한에서일 것이다. 대다수 종교에서는 사후의 삶이 어떠할 것인가를 현재의 이 세계에서의 도덕적인 삶이 결정한다고 생각하고 있다. 가령 불교의 '윤회사상'에서는 현재의 삶이 어떠했는가에 따라서 사후에 다시 태어날 영혼들의 삶의 모습이 결정된다. 즉, 도덕적으로 선한 삶을 산 사람은 그 영혼의 모습에 보다 적합한 좋은 환경에서 탄생하고, 그렇지 못하고 악덕을 행한 사람들은 보다 열악한 환경과 상황 속에 탄생한다는 것이다. 자신의 이후의 삶에 영향을 미치는 것을 불교에서는 '업'이라고 한다. 반면 기독교에서는 사후의 삶은 오직 믿음에 의해서 결정된다고 보는 사람들도 있지만, 일반적으로는 자신의 현세의 삶의 모습이 어떠했는가에 따라서 '지옥', '연옥', '천국'으로 나아갈 것이라고 보고 있다. 단테는 『신곡』에서 지옥에 있는 영혼들의 모습을 아주 리얼하게 묘사하고 있는데, 그중에 위대한 왕들, 교황이나 주교 그리고 대법관 같은 사람들도 있다는 것은 사후의 삶이 현세의 도덕적인 삶에 대한 '심판'이라는 것을 전형적으로 보여주는 예이다.

롤랑드 보Roland de Vaux는 "죽음이란 한 사람으로 하여금 느닷없이 세계로부터 물러나, 결정적으로 시적詩的인 세계로 나아가게 하는 것이다"라고 하였는데, 여기서 '시적인 세계'란 무엇을 의미하는 것일까? 시적인 세계란 현실의 세계가 아니며, 그렇다고 공상의 세계도 아니다. 진정한 시적인 세계란 인간의 깊은 소망이 표현된 세계이다. 사람의 마음속 깊은 곳에는 어떤 도덕적인 소망이 있다. 악인들이 벌을 받고 선한 사람들이 상을 받고, 평화를 갈망하는 사람들은 평화를 바라는 사람들끼리 평화롭게 살고, 전쟁을 바라는 사람들은 그들끼리 전쟁을 하며 살기를 바라는 소망, 부자나 가난한 자나, 힘이 있는 자나 나약한 자나, 재능이 있는 사람이나 없는 사람이나 모두 함께 평등하고 벗처럼 그렇게 살 수 있는 그러한 세계에 대한 소망 그리고 더 이상 소유하려고 경쟁하거나, 남을 해치지 않아도 되는 그러한 세상에 대한 소망이 있다. 하지만 이 모든 소망은 우리가 현세를 사는 한은 오직 시적인 세계에서만 가능한 세계이다. 라이프니츠는 "지금 우리가 살고 있는 이 세계는 가능한 세계 중에서 가장 이상적인 세계"라고 하지만, 이러한 생각은 최소한 사후의 세계를 긍정하는 사람들에게 있어서는 결코 인정할 수가 없다. 왜냐하면 사후의 세계가 진정 존재한다면 그것은 최소한 지금 우리가 살고 있는 이 세계보다는 훨씬 나은 세계, 훨씬 더 완전한 세계일 것이며, 어쩌면 모든 인간이 가슴속 깊숙이 품고 있는 그 시적인 소망이 이루어지는 세계여야만 하기 때문이다. 사실 인간이 생각하는 진정한 평등이 이루어지는 때는 바로 죽음의 순간뿐이다. 죽음은 모든 이로 하여금 평등하게 한다. 왜냐하면 우리를 불평등하게 하였던 현 세계의 모든 가치가 죽음과 함께 소멸해버리기 때문이다.

죽음의 평등에 관한 일화가 있다. '태양왕'이라고 불렸던 프랑스에서 가장 위대한 왕이었던 루이 14세에 얽힌 이야기이다. 그가 죽었을 때, '생드니'에 있는 대성당의 지하묘지에 묻기 위해서 긴 행렬이 성당으로 향하였다. 때는 한여름이라, 군악대의 장송곡에 발을 맞추어 천천히 한 발 한발 성당으로 향하고 있던 대신들은 땀을 비 오듯이 흘리고 있었다. 무거운 장례예복을 차려입은 신하들은 오직 그 행렬이 끝나기만을 바랐다. 드디어 대성당의 문 앞에 이른 대신들은 한숨을 쉬었다. 총리대신이 성당의 문고리를 '탕, 탕' 두드리며, "여봐라, 여기 프랑스의 국부, 하느님의 종 루이 14세 대왕이 당도하였다. 문을 열어라!" 하고 큰 소리로 외쳤다. 그런데 성당 문을 지키던 문지기 수사가 "나는 그런 사람을 알지 못합니다!"라는 황당한 답변을 하며 문을 열어주지 않았다. 괘씸하긴 했지만, 총리대신은 "비록 덥고 급하지만 격식을 차려야 한다"는 말로 알아

「영혼의 인도」, '부그로'로부터

프랑스의 화가인 부그로William-Adolphe Bouguereau는 이미 인상주의 시대에 접어든 때에 탁월한 르네상스풍의 그림들을 그렸다. 그의 그림들은 고전주의에 기초해 있었고, 그림의 주제도 그리스의 신화나 성경의 주제들이 많았다. 그의 작품들은 당시에는 사람들의 관심 밖이었지만 오히려 현대에 와서 재조명되고 있다. 「영혼의 인도」라는 이 그림 역시 그리스도교적 신앙에 입각한 것이며, 죽은 사람의 영혼을 저편세계로 인도하는 천사들의 모습을 통해서 '죽음에 마주한 영혼들의 평등'을 잘 말해주고 있다.

듣고는, 두루마리를 펴서 왕의 족보와 업적을 읽기 시작했다. "여기 프랑스의 제 몇 대 왕조의 몇 대 자손이며, 신의 대리자이신 프랑스의 왕권을 드높이셨고, 프랑스를 유럽의 제일 국가로 이끈…" 어쩌고저쩌고하면서 장문을 읽고는 다시 "문을 열어라!" 큰 목소리로 외쳤다. 하지만 안에서는 나지막하게 "나는 그런 사람을 알지 못합니다"라는 좀 전과 똑같은 대답만 들려왔다. 너무나 황당한 총리대신은 잠시 머뭇거렸다. 여기저기서 신하들의 수군거리는 소리가 들리기 시작했고, 어떤 이들은 짜

증 섞인 목소리로 '도무지 무슨 일인가' 하고 묻기도 했다. 그러자 총리 대신은 고개를 끄덕이면서 다시 정중하게 다음과 같이 말했다고 한다. "여기 불쌍한 하느님의 어린 양이 하느님의 자비를 구하려 왔으니, 불쌍히 여기시어 문을 열어주시기 바랍니다!" 그러자 비로소 대성당의 문이 열렸다고 한다.

위의 이야기는 다소 전설 같은 일화이긴 하지만, 충분히 이해할 만한 일화이다. '왕이 곧 국가'라고 할 만큼 강력한 왕권을 세우기 위해서 그는 어떠한 일을 했을까? 수많은 정적들을 본보기로 처형하였을 것이며, 강력한 군대를 가지기 위해서 백성들의 재산을 쥐어짰을 것이다. 프랑스를 유럽의 제일 국가로 만들기 위해서 왕이 한 일은 무엇이었을까? 그것은 전쟁을 일으켜 이웃나라들을 지배하고, 땅과 재산을 가져왔을 것이다. 그가 유럽 역사에 유일무이한 가장 강력했던 전제군주라는 사실은 결국 도덕적 차원에서는 가장 많은 죄를 지었다는 것을 의미한다. 죽음으로 완전히 다른 세상으로 가는 영혼에게 왕이나 권력, 재산, 유명세 따위는 아무것도 아니다. 벌거벗은 그의 영혼은 오직 그의 기억 속에 남아 있는 "자신이 어떤 사람이었던가!" 하는 것만을 가지고 갈 뿐이다. 그러기에 죽음 이후의 루이 14세 왕의 영혼은 그 누구보다도 가련하고 불쌍한 영혼일 뿐이다. 이것이 바로 죽음 이후의 영혼의 평등을 말해주는 일화이다. 그래서 메레의 기사라는 칭호로 널리 알려진 앙투안 공보Antoine Gombaud는 "죽음에 대한 공포는 삶의 모든 악을 잊게 하고, 삶의 모든 불편함을 잊게 한다"라고 하였다. 만일 자신의 삶이 도덕적 악으로 점철된 사람이라면 죽음은 '보상'이 아니라, '징벌'이 되는 것이며, 이 징벌은 참으로 무서운 것일 수밖에 없다. 왜냐하면 "누구도 죽음으로부터 다시 돌아올 수 없다"라고 키르케고르가 말하고 있듯이, 이 징벌은 피할

『신곡』 중, 「회오리바람 속의 연인들」, '윌리엄 블레이크'로부터

단테의 '신곡과 사후세계'

단테는 『신곡』이라는 책을 통해서 사후 세계를 아주 리얼하게 묘사하였다. 신곡은 지옥과 연옥 그리고 천국을 잘 묘사하는데, 그 모습들이 하도 정교하고 리얼하여서 처음 접하는 이들의 간담을 서늘하게 하기도 한다. 『신곡』에서 단테는 역사 속의 수많은 실존인물을 등장시켜 보다 더 현실감을 준다. 단테의 사유에서 특징적인 것은 지옥과 연옥과 천국을 결정하는 것에서 믿음보다도 도덕적인 행위에 그 무게를 두고 있다는 점이다. 그는 그리스도가 탄생하기 이전에 죽은 사람들, 즉 그리스도교 신앙에 대해서 전혀 알지 못하는 사람들일지라도 그리스도교 신앙과 동일한 정신, 동일한 사랑으로 살다간 사람들은 모두 구원받은 사람들로 묘사하고 있다. 이러한 단테의 사유는 현대 신학자 카를 라너에게 있어서 '익명의 크리스천'이라는 이름으로 등장하고 있다.

수가 없고 되물릴 수 없는 것이기 때문이다. 사람들은 종종 '한 번뿐인 인생이니까 잘 살아야 한다'고 충고하지만, 만일 죽음 이후에 다른 세상이 전혀 없다고 한다면, 이러한 충고는 무의미하다. 왜냐하면 '한 번뿐이기 때문에, 마음대로 원하는 대로 살다 가면 그만'이라고 충고할 수도 있기 때문이다. 따라서 '한 번뿐이기 때문에 잘 살아야 한다'는 충고는 '누구도 사후의 세계로부터 다시 돌아와 자신의 실수를 만회할 수 없다'는 것을 전제하는 충고이다.

죽음에 마주하여 "나는 이제 진정한 삶으로 나아갑니다!" 혹은 "이제 육신의 껍질을 벗어버린다"라고 하는 선사들의 말은 사실상 모든 이의 진실이 될 수는 없을 것이다. 죽음이 말하고 있는 영혼들의 평등은 죽음 이후에는 모든 영혼이 동등하거나 평등하다는 것을 말하는 것이 아니다. 그것은 모든 영혼이 각자 자신의 영혼 속의 진실에 적합한 삶을 가지게 된다는 의미에서 평등한 것이다. 그렇기 때문에 현재의 삶에서 정의롭고, 선하며, 인정 많고, 자비로운 마음으로 살지 못한 영혼들 한마디로 사랑의 삶이 무엇인지 알지 못하는 영혼들에게 있어서 죽음은 참으로 무시무시한 사건일 수도 있다. 죽음 이후의 삶이 '진정한 삶'이라고 말한다는 것은 현세의 삶이란 죽음 이후의 삶을 위해서 준비하는 예비적인 삶에 지나지 않는다는 것을 의미한다. 이러한 사고는 '참된 세계는 이데아의 세계'요, 현재의 삶이란 '이데아의 세계에 대한 그림자'라고 생각한 플라톤적인 사유에 기인한다. 이러한 세계에 대한 형이상학적이고 종교적인 관점은 많은 경우 경험적으로도 부정할 수 없을 것 같다. 무엇이 친절한 것인지, 무엇이 선한 것인지, 무엇이 정의로운 것인지를 깨닫는 것은 매우 쉬운 일이다. 하지만 내가 진정 친절한 사람이 되고, 진정 선한 사람이 되고, 정의로운 사람이 된다는 것은 매우 어려운 일이다.

어쩌면 평생이 걸린다. 만일 죽음 이후에 아무것도 존재하는 것이 없다고 한다면, 평생을 걸려서 선하고 의로운 사람이 되었음에도 한 번도 제대로 써먹지도 못하고 사라져야 한다면, 이보다 더 큰 부조리함이 어디 있겠는가. 따라서 죽음을 자신의 명상의 가장 중요한 주제로 삼았던 과거의 수행자들은 결코 어리석지 않은 것이다. 왜냐하면 모든 의롭고 선한 영혼들에게 있어서 그들의 선과 의로움이 진정 삶으로 이어지는 것은 죽음 이후의 삶이기 때문이다. 그래서 진정으로 죽음을 명상하는 사람들에게 있어서 세계는 역전이 된다. 세상 사람들이 모두가 바라는 좋은 것들은 너무나 하찮고 피해야만 할 것들이며, 가장 가난하고 보잘것없는 사람들의 삶이 오히려 다행한 삶으로 보이는 것이다. 성경에서 "첫째가 꼴찌가 되고 꼴찌가 첫째가 된다"는 말은 이러한 의미가 아닐까. 샹포르는 "사람들은 자연의 악들을 알게 되면서 죽음을 경멸하지만, 사회적인 악들을 알게 되면서 삶을 경멸한다"라고 하였다. 이는 다시 말해서 우리가 살고 있는 이 사회라는 것은 본질적으로 '사회악'을 품고 있는 세상이며, 누구도 이 사회악으로부터 자유로울 수가 없다는 것을 말해주고 있다. 참으로 진지하게 이러한 사회악의 비참함을 체험한 사람이라면, 이러한 '사회악'을 품고 있는 사회를 경멸하지 않을 수 없을 것이다. 그래서 옛 금언에는 "수행자들은 광야로 도망가고 예술가들은 이상 속에 숨는다"는 말을 하였을 것이다. 왜냐하면 사회악이 없는 곳은 광야와 자신의 내면內面뿐이기 때문이다. 루소는 사회악이 없는 사회의 가능성을 '신석기 사회'라 생각하였고, 레비스트로스는 이러한 사회악이 없는 사회의 가능성을 아마존의 원주민들에게서 보았다고 증언한 바 있다. 하지만 인간의 사회가 '사회성'이라는 인간의 본성에서 나온 것이라고 한다면, 사회악이 없는 사회란 최소한 이 현세의 삶에서는 공상에 불과한 것이다. 아우구스티누스는 "내가 나를 피해 어디로 숨을 것인가, 내가 가는 곳 어디든지 그곳에 내 마음도 함께 따라가는 것이 아닌가!"라고 고백하였다. 인간이 만드는 사회에는 인간성이 작용하고 있다. 인간성이 근원적으로 문제를 안고 있다면, 인간이 만든 사회는 문제를 낳기 마련이다. 어찌할 수 없는 인간 사회의 '사회악들', 이것이 옛 수행자들로 하여금 광야로 피신하게 한 이유이며, 또한 죽음을 그들의 묵상의 주제로 선택한 이유일 것이다.

앙드레 마이예Andrée Maillet는 "삶이란 오직 하나의 의미만을 가지고 있다. 탄생에서 죽음으로 나아가는 하나의 직선이다. 나머지는 모두 하찮은 것이다"라고 하였다. 이러한 말은 참으로 수행자다운 말이다. 진정한 수행자라고 한다면, 이 지상의 삶이란 오직 이후에 다가올 새로운 삶을 위해서만 의미 있는 것이다. 그것이 일이든, 공부이든, 창조적인 작업이든 혹은 남녀 간의 사랑이나 이웃에 대한 사랑이거나 무엇이든지 그 궁극적인 목적은 진정한 삶을 잘 맞이하기 위한 한 방편일 수밖에 없다. 그래서 "삶 안에서 매 발자국은 죽음으로 향하는 발자국이다"라는 옛 금언이 수도자들에게는 진정한 진실이 되는 것이다. 물론 이러한 생각이 "천국에 들기 위해서 이웃을 사랑해야 한다"는 전통적인 교의라고 생각할 수는 없다. 우리가 이웃을 사랑하는 것은 의무라기보다는 나의 내적인 존재의 표현이라고 해야 할 것이기 때문이다. 내가 진정 선하고 의로우며, 사랑으로 살고 있다면, 바로 이러한 나의 존재론적인 모습이 이에 적합한 나의 미래의 삶을 보장하는 것이다. 천국이 기쁨이고 행복이라면, 현재 나의 삶은 천국과 비슷한 삶을 살고 있을 때 가장 기쁘고 가장 행복할 것임이 당연한 귀결이다. 그렇기 때문에 엄밀히 말해 사랑은 의무가 아니다. 사랑은 사랑으로 채워진 사람에게 있어서 그것 없이는 살

「카르투시오 이미지」

봉쇄수도원과 '카르투시오 수녀원'

가톨릭의 역사에서 수도원의 기원은 예언자나 의인들이 광야나 사막으로 나아가 혼자 신을 추구하고 천국을 앞당겨 살았던 삶에서 비롯하고 있다. 이러한 전통을 추구하는 수도회를 '관상수도회'라고 하고 이러한 수도자들을 '관상수도자'라고 한다. 오늘날에는 '사랑의 실천'이라는 수도자들의 사회적 참여로 '활동수도원'이라는 것이 보다 많이 생겨나고, 이 둘을 겸하는 '반-관상 반-활동'을 지향하는 수도원들도 많다. 하지만 여전히 외부인의 출입이 엄격히 금지되고 수도자들의 사회적 접촉이 완전히 차단된 '봉쇄수도원'들이 있다. 이들 봉쇄수도원들은 사후의 삶 혹은 천국의 삶을 증거하는 상징적인 장소라고 할 수 있다. 마이클 화이트 감독의 영화 「사랑의 침묵」과 필립 그로닝 감독의 「위대한 침묵」은 이러한 관상수도자들의 삶을 잘 보여주는 영화이다. 그림은 「위대한 침묵」에 나오는 카르투시오 수도회의 '한국 수녀원'의 이미지를 형상화한 것이다.

아갈 수 없는 매일의 양식이요, 삶을 지탱하는 유일한 힘과도 같은 것이다. 이러한 사람에게 있어서 죽음이야말로 진정 참된 삶으로 나아가는 관문인 것이다. 파스칼은 사후의 심판이 있는 것인지에 대해서 아무도 알 수 없다면 있다고 믿는 것이 낫다고 생각하였다. 왜냐하면 수학적인 확률로서 반반의 확률을 가진 것이라면 그 결과가 좋은 것이 좋기 때문이다. 만일 최후의 심판이 없다고 믿었는데, 있다면 망하는 것이지만, 있다고 믿었을 때는 없다고 해도 큰일날 일이 없기 때문이라고 하였다.

하지만 이러한 파스칼의 생각은 사후의 삶을 생각하는 데 썩 좋은 생각이 아니다. 왜냐하면 사후세계의 징벌이 두려워서 선을 행하는 사람은 매우 드물 것이며, 또한 두려움으로 행하는 것은 진정한 선, 진정한 사랑이 아닐 것이기 때문이다. 우리가 진정 사후의 세계에 대한 확신을 가질 수 있는 것은 죽은 자에 대한 기억이다. 생텍쥐페리는 "만일 죽은 자에 대한 기억을 찬미한다면, 죽은 자는 살아 있는 사람보다 더욱 귀하고 힘이 있다"라고 하였다. 한 사람의 의인이나 성인은 수백 명의 철학자나 신학자들보다 더 힘이 있다. 왜냐하면 그들은 그들의 존재와 삶으로서 사후의 삶을 진정으로 인간이 나아가야 할 새로운 삶이라고 증언하였고, 이상적인 세계, 시적인 세계를 희망하였던 모든 이의 정신 속에서 끊임없이 이러한 세상이 헛된 공상이 아니라고 말하고 있기 때문이다. 우리는 참으로 죽음 이후에 어떠한 것이 우리를 맞이할지를 알 수가 없다. 하지만 분명한 것은 우리가 참으로 도덕적이고 정의롭고 이상적인 세계를 갈망하는 한, 우리는 더욱 분명히 우리의 죽음이 존재의 절대적인 마침은 아닐 것이며, 사후에 주어질 새로운 삶은 이러한 우리의 갈망으로 인해 현재의 삶보다 더 적합하리라는 확신을 가질 수 있을 것이다. 저편세계나 사후세계를 생각하는 것은 죽음이 두려워서이거나 존재가 소멸되는 것이 두려워서가 결코 아니다. 오히려 도덕적이고 정의롭고 평화로우며 서로 사랑하는 이상적인 세계, 사람들이 단 한 번도 실현해보지 못한 그 시적인 세계가 결코 인간이 지어낸 환상이나 공상이 아니라는 것에 대한 희망과 신념 때문일 것이다. 이러한 신념과 희망을 가진 이들만이 매일을 죽음과 맞이할 수 있을 것이며, 자신이 진리를 멀리하고 악을 행하는 것 외에 두려운 것은 어디에도 없을 것이다. 옛 격언에 '오늘 편지를 쓰지 않는 사람은 내일도 편지를 쓰지 않는다'는 말이 있다. 마찬가지로 오늘 죽음을 생각하지 않는 사람은 내일도 죽음을 생각하지 않을 것이다. 하지만 모든 인간은 언젠가 죽을 수밖에 없다는 것이 또한 만고불변의 진리이다. 우리가 죽음에 대해서 전혀 생각하지 않는다면, 우리는 결코 좋은 죽음, 성공적인 죽음을 맞이할 수가 없을 것이다. 이는 또한 지금 현재의 삶에서도 결코 진정한 삶, 진정 행복한 삶을 꿈꾸지 않는다는 것을 말해준다. 분주한 일상에서 벗어나 한 번쯤 죽음에 대해서 명상해본다는 것, 이는 영혼의 다이어트와 같은 것이다. 우리가 애타게 추구하는 모든 것이 한갓 지나가는 것에 불과하다는 생각은 우리의 영혼을 가볍게 하고 자유롭게 하는 유일의 것이다. 이것이 무소유의 정신이며, 마음이 풍요로운 자의 정신이다.

글을 마치며

사실 이 책은 결론이라는 것이 필요하지 않은 책이다. 매 장마다 하나의 독립된 주제로 가급적 보편적이고 전체적으로 이성적 사유에 납득할만한 진실, 지혜, 진리를 말하고자 하였기 때문이다. 그럼에도 너무나 많은 것을 작은 한 권에 책에 담고자 한 욕심이 앞서지 않았나 하는 염려가 되는 것도 사실이다. 어떤 의미에서 이 책은 나의 생각이나 지식을 제시한 것이 아니라 수많은 문호, 철학자 그리고 예술가가 묵상하고 음미한 것을 나의 언어로 전달해주고자 하는 책이다. 그렇기 때문에 이 책을 읽으면서 저자의 색깔이 분명하지 않다고 느끼는 사람들도 있을 것이다. 하지만 '쓰이지 않은 것은 사라지고 말 것'이라는 격언을 핑계 삼아 보다 의미 있고 행복한 삶을 위해 누구든지 필요한 것을 음미할 수 있도록 가급적 많은 사상가의 입장을 소개하려고 하였기 때문에 이 책에서 나의 입장이나 견해는 크게 중요한 것이 아닐 수 있다. 그리고 마지막 두 장에서는 본의 아니게 그리스도교적 입장이 부각되고 있는 것도 사실이다. 이는 의도한 것이 아니라, 나에게 친근하고 많이 접해온 것을 소재로 접근하였기 때문이다. 독자들의 이해를 바란다.

기쁨이 없이 타인을 기쁘게 할 수가 없고, 내가 행복하지 않다면 결코 너를 행복하게 할 수 없는 것이 불변하는 삶의 원리가 아닐까 한다. 이 책을 읽는 독자들이 이 책에서 소개하는 주옥같은 명언들을 음미하고 작은 삶의 행복들을 발견하고, 한 번쯤 보다 의미 있고 가치 있는 삶에 대해서 생각하게 된다면 이 책을 저술한 나의 작은 노력이 진정한 보상을 받게 될 것이라 생각한다.

철학자 디오게네스는 한낮에 등불을 들고 의로운 사람들을 찾아 다녔다고 한다. 그만큼 당시에도 의로운 사람들을 퍽 만나기 어려웠다는 이야기이다. 하지만 이 이야기는 나에게 지금껏 인생을 살아오면서 가장 감동받는 일종의 '퍼포먼스'처럼 와 닿는다. 내가 비록 의로운 사람이 못된다 할지라도 의로운 사람이 있기를 애타게 바라는 마음이 곧 진정한 철학자의 모습처럼 보이기 때문이다. 한국사회에서 더 많은 사람들이 철학자 디오게네스처럼 그렇게 의로운 사람들을 갈망한다면, 바로 이것이 한국사회를 보다 살기 좋은 사회, 보다 행복한 사회로 변화시키는 원동력이 될 것이다.

참고 문헌

곰브리치, E. H.,『서양미술사』, 백승길 옮김, 예경, 2003.

공자,『논어』, 김형찬 옮김, 홍익출판사, 2011.

김광우,『프랑스 미술 500년』, 미술문화, 2006.

김교빈, 이현구,『동양철학에세이』, 동녘, 2007.

김성곤,『다문화시대의 한국인』, 열음사, 2002.

김진엽, 하선규 외,『미학』, 책세상, 2007.

김현태,『철학과 그리스도교 문화탐색』, 철학과 현실사, 2005.

김형효,『가브리엘 마르셀의 구체철학과 여정의 형이상학』, 인간사랑, 1990.

_____,『베르그송의 철학』, 민음사, 1991.

노자,『도덕경』, 임수무 역해, 계명대학교출판부, 2001.

데카르트,『방법서설』, 권오석 옮김, 홍신문화사, 2004.

도킨스, 리처드,『이기적 유전자』, 홍영남 옮김, 을유문화사, 2005.

라벨, 루이,『성인들의 세계』, 최창성 옮김, 가톨릭출판사, 1997.

라삼, 요셉,『토마스 아퀴나스: 존재의 형이상학』, 이명곤 옮김, 누멘, 2009.

라크르와, 장,『현대 프랑스 사상의 파노라마』, 정성진 옮김, 탐구당, 1985.

리드, 허버트,『현대미술의 원리』, 김윤수 옮김, 열화당, 1996.

맹자,『맹자』, 박경환 옮김, 홍익출판사, 2011.

박이문,『예술철학』, 문학과 지성사, 1994.

반 데 바이어, 로베르트,『이슬람과 서양: 이슬람과 서구의 반목의 역사』, 손도태 외 옮김, 좋은글, 2002.

버거, 존,『피카소의 성공과 실패』, 김윤수 옮김, 서울, 미진사, 1984.

베르체, 레오폴드,『사랑의 생활』, 양진하 옮김, 성바오로 출판사, 1985.

베유, 시몬, 『중력과 은총』, 윤진 옮김, 사회평론, 1999.

사르트르, 장 폴, 『실존주의는 휴머니즘이다』, 박정태 옮김, 이학사, 2011.

사시에, 필리프, 『왜 똘레랑스인가』, 홍세화 옮김, 상형문자, 2000.

슈뢰딩거, 에르빈, 『생명이란 무엇인가. 정신과 물질』, 전대호 옮김, 궁리, 2007.

신연숙, 『반 고호』, 창작과비평사, 1987.

신창석, 『예술에 대한 철학적 담론』, 대구가톨릭대학교출판부, 2008.

아라스, 다니엘, 『서양미술사의 재발견』, 류재화 옮김, 마로니에북스, 2008.

아리스토텔레스, 『형이상학』, 김진성 옮김, 이제이북스, 2007.

_____, 『니코마코스 윤리학』, 이창우 외 3인 옮김, 이제이북스, 2006.

아우구스티누스, 『고백록』, 최민순 옮김, 바오로딸, 2004.

_____, 『신국론』, 제 1-10권, 성염 옮김, 분도출판사, 2004.

아퀴나스, 토마스, 『진리론』, 이명곤 옮김, 책세상, 2012.

_____, 『신학대전』, 11권, 성염 옮김, 바오로딸, 2003.

알리기에리, 단테, 『신곡』, 유필 옮김, 밀리언셀러, 2011.

에드만, 어윈, 『예술과 인간』, 박용숙 옮김, 문예출판사, 1993.

에코, 움베르트, 『중세의 미와 예술』, 손효주 옮김, 열린책들, 1998.

염명순, 『마르지 않는 창작의 샘, 피카소』, 아이세움, 2002.

오, 미셸, 『세잔: 사과 하나로 시작된 현대미술』, 이종인 옮김, 시공사, 1996.

오먼, 조지, 『가톨릭 전통과 그리스도교 영성』, 이홍근, 이영희 옮김, 분도출판사, 1991.

오타비아니, 디디에, 『미셸 푸코의 휴머니즘』, 심세광 옮김, 열린책들, 2008.

오토, 루돌프, 『聖스러움의 意味』, 길희성 옮김, 분도출판사, 1987.

윌, 케빈, 『예술철학』, 박갑성 옮김, 민음사, 1992,

윌슨, 에드워드, 『인간 본성에 대하여』, 이한음 옮김, 사이언스북스, 1978.

이마미치 도모노부, 『단테 신곡 강의』, 이영미 옮김, 안티쿠스, 2011.

임영방, 『중세의 미술과 도상』, 서울대학교출판부, 2007.

주교회의 성서위원회, 『신약성경』, 한국천주교중앙협의회, 2005.

진교훈, 『생명공학과 가톨릭 윤리』, 가톨릭대학출판부, 2006.

최종수, 『고호의 영성과 예술』, (사)한국기독교연구소, 2000.

칸트, 『순수이성비판 서문』, 김석수 옮김, 책세상, 2006.

케니, 앤서니, 『토마스 아퀴나스』, 강영계·김익현 옮김, 서광사, 1986.

코레트, 에머리히, 『인간이란 무엇인가?』, 안명옥 옮김, 성바오로출판사, 1994.

키르케고르, 『들의 백합화 공중의 새』, 표재명 옮김, 종로서적, 1980.

_____, 『사랑의 역사』, 상 & 하, 임춘갑 옮김, 종로서적, 1982.

태평양 국제이해교육원, 『다문화 사회의 이해』, 동녘, 2010.

푸코, 미셸, 『말과 사물』, 이광래 옮김, 민음사, 1988.

풀끼에 (P.), 『실존주의』, 김원옥 옮김, 탐구당, 1990.

플라톤, 『파이돈』, 박영덕 옮김, 육문사, 1994.

_____, 『국가론』, 플라톤 전집 중 제1권, 최민홍 옮김, 盛昌출판사, 1986.

플로티노스, 『플로티노스의 에네아데스 선집』, 조규홍 옮김, 누멘, 2009.

하이젠베르크, 『부분과 전체』, 김용준 옮김, 지식산업사, 2005.

홍승식, 『가브리엘 마르셀의 희망의 철학』, 가톨릭출판사, 2002.

화이트비, 『플로티노스의 철학』, 조규홍 옮김, 누멘, 2008.

힐쉬베르거, 요한네스, 『서양철학사』, 강성위 옮김, 이문출판사, 1983.

Abraham, Jean, *Le Vent*, Éditions du Seuil, 1956.

_____, *Port-du-salut*, Le Temps qu'il fait, 1999.

Alain, *Eléments de philosophie*, Paris, Gallimard, 1916.

Alquié, Ferdinand, *Le Problème moral*, Éditions Chantiers, 1933.

_____, *Le Désir d'éternité*, PUF, 1943.

Aquinatis, Thomae, *Summa Theologica*, I–II, Parisiis, Petit–Montrouge, 1841.

Arcand, Bernard, et Serge Bouchard, *Les Meilleurs Lieux communs, peut-être*.

Montréal, Boréal, 2003.

Basile, Jean, *La Jument des mongols*, Montréal, Éditions du Jour, 1964.

Baudrillard, Jean, *Le Système des objets : la consommation des signes*, Paris, éd. Gallimard, 1968.

Bazin, Hervé, *Le neuvième jour*, Paris, Grasset, 1994.

Berdiaeff, Nicolas, *De la dignité du christianisme et de l'indignité des chrétiens*, Éditions, Je sers, 1931.

_____, *Le Sens de la création. Un essai de justification de l'homme*, trad. Lucienne Cain, Desclée de Brouwer, 1955.

Berger, Gaston, *Recherches sur les conditions de la connaissance*, Paris, PUF, 1941.

_____, *Caractère et personnalité*, Paris, PUF, 1954.

_____, *Traité pratique d'analyse du caractère*, Paris, PUF, 2010.

Blais, Marie-Claire, *L'ange de la solitude*, éd., VLB âéditeur, 1989.

Bonaparte, Marie, *Guerres militaires et guerres sociales*, Paris, Flammarion, 1920.

_____, *Essais de psychanalyse*, Imago Publishing Ltd., 1950.

Brunschvig, *La modalité du jugement*, Alcan, 1897.

Cabanès, Augustin, *Victor Hugo mégalomane et spirite, dans Grands névropathes*, tome 2, Paris, Albin Michel, 1931.

Chardin (P. T. de), *Le Phénomène humain*, Paris, éd. Seul, 1955.

Chateaubriand (René de), *Les Martyrs, ou le Triomphe de la foi chrétienne*, Paris, Le Normant, 1809.

_____, *Réflexions politiques sur quelques écrits du jour et sur les intérêts de tous les Français*, Le Normant, 1814.

Cioran, Michel, *Exercices d'admiration*, Gallimard-Arcades, 1986.

_____, *Solitude et destin*, Gallimard-Arcades, 2004.

Claudel, Paul, *L'Oiseau noir dans le Soleil levant*, Paris, Gallimard, 1929.

Cousin, Victor, *Fragments philosophiques*, Paris, Ladrange, 1840.

_____, *Cours d'histoire de la philosophie morale au dix-huitième siècle*,
   Paris, Ladrange, 1840.

Decaux, Alain, *Victor Hugo*, Paris, Éditions Perrin, 2001.

Delacrix, *Études esthétiques*, Paris, G. Crès & Cie, 1923.

Descartes, *Discours de la méthode*, II, oeuvres complet, Gallimard, 1984.

Deschaussées, Monique, *Musique et spiritualité*, Paris, Dervy, 1990.

_____, *La musique et la vie*, Buchet chastel, 2001.

Duméry, H., *Le problème de Dieu en philosophie de la religion*, Paris, Desclée,
   1957.

Eco, Umberto, *Le problème esthétique chez Thomas D'Aquin*, Paris, PUF, 1993.

Forest, Aimé, *L'Avènement de l'Ame*, Paris, Beauchesne, 1973.

_____, *Du consentement à l'être*, Paris, Montaigne, 1935.

Foscolo, Ugo, *Le Sixième Tome du Moi*, trad. et présenté par Michel Orcel, L'
   Alphée, Paris, 1984.

Foucault, M., *Les mots et les choses*, Paris, Gallimard, 1966.

Frossard, André, *Histoire paradoxale de la IVe République*, Grasset, 1954.

_____, *L'Évangile inachevé*, Desclée de Brouwer, 1995.

Gainsbourg, Serge, *Dernières nouvelles des étoiles*, Librairie Plon/Pocket, 1994.

_____, *Pensées, provocs et autres volutes,* Éditions de poche, 2006.

Genuyt, F. M., *Vérité de l'être et Affirmation de Dieu*, Paris, J. Vrin, 1974.

Gide, André, *De l'Influence en littérature*, Paris, L'Ermitage, 1900.

_____, *Les Limites de l'Art*, Paris, L'Ermitage, 1901.

Gilson, Etienne, *Le Thomisme*, Paris, J. Vrin, 1942.

Grateloup, Léon-Louis, *Anthologie Philosophique terminales*, Broché, 1992.

_____, *Les philosophes de Platon à Sartre*, Broché, 1995.

Guitry, Sacha, *Jusqu'à nouvel ordre...*, éd. Maurice de Brunoff, Paris, 1913.

_____, *L'Esprit*, éd. Le Livre contemporain, 1958.

Hegel, *Cours d'esthétique*, I, trad. J. P. Lefebvre et V. von Schenk, Paris, Aubier, 1995.

Hertel, François, *Le Beau Risque*, Montréal, Bernard Valiquette/Action canadienne-française, 1939.

Jankelevitch, V., *Valeur et signification de la mauvaise conscience*, Paris, Alcan, 1933.

Jimenez, Marc, *La critique: Crise de l'art ou consensus culturel?*, Paris, Klincksieck, 1995.

_____, *Qu'est-ce que l'esthétique?*, Paris, Gallimard, 1997.

Kandinski, W. *Interférences,* Paris, Robert Delpire, 1960.

Kant, *Fondement de la métaphysique des moeurs1*, Paris, Trad. Victor Delbos, Delagrave, 1967.

Kierkegaard (Soeren), *Etaps sur le chemin de la vie*, trad. F. Prior et M. H. Guignot, Paris, Gallimard, 1975.

Klee, Paul, *"Confession créatrice," et Poèmes, in: Aquarelles et dessins*, Paris, Robert Delpire, 1959.

_____, *Théorie de l'art moderne*, Paris, Gallimard, 1998.

Lacroix, Jean, *Mystique et politique*, Paris, Bloud et Gay, 1939.

_____, *Force et faiblesse de la famille*, Paris, Seuil, 1948.

Lagneau, Jules, *Célèbres leçons et fragments*, P. U. F., 1964.

Lavelle, Louis, *La conscience de soi*, Ed. Bernard Grasset, 1933.

_____, *L'erreur de Narcisse*, Paris, Bernard Grasset, 1939.

Lee Myung-Gon, *L'essence humaine et La spiritualité réaliste d'après la* philosophie de st. Thomas d'Aquin, Lille, ANRT, 2004.

Leibniz, Principes de la nature et de la grâce fondés en raison, Paris, PUF, 2001.

Lemoine, Wilfried, Réhabiliter l'homme dans l'amour de son mystère, Montréal, les Éditions de l'Autorité, 1955.

Mabillon, Jean, De re diplomatica, Editio Secunda ab ipso Auctore recognita, par D. Thierri Ruinart, Paris, 1709.

Maillet, André, Le paradigme de l'idole: Essai-poème, Montréal, Amérique française, 1964.

Malebranche, Traite de la nature et de la grace, Paris, broché, 1994.

Marcel, Gabriel, La dignité humaine et ses assises existentielles, Paris, Aubier, 1964.

_____, Homo Viator, Paris, éd. APGM.

Maritain, Jacques, Le degrés du savoir, Paris, Desclée, 1932.

Mauriac, François, La Province, Paris, Arléa, 1988.

_____, La Vie de Jean Racine, Paris, Perrin, 1999.

Maurois, André, Mes songes que voici, Paris, Grasset, 1932.

Mondoloni, Roger, Le Livre d'or de l'Humanité, Paris, éd. Encre, 1984.

Mounier, Emmanuel, Traité du caractère. Paris, Editions du Seuil 1950.

Navarre, Yves, Une vie de chat, Albin Michel, 1986.

Nédoncelle, Maurice, La réciprocité des consciences, Paris, Aubier, 1942.

Némirovsky, Irène, La Vie de Tchekhov, Albin Michel, 1989.

Nougaro, Claude, C'est dit, Paris, Éditions Gallimard, 2006.

_____, L'Ivre d'images, Paris, Le Cherche midi, 2002.

Pascal, Pensée, Paris, GF-Flammarion, 1976.

Paul-Valéry, L'Âme et la Danse-Dialogue de l'Arbre, Paris, Poche, 1923.

Pierre, Abbe, Cent poèmes contre la misère, éd. Le Cherche-midi, Paris, 1988.

_____, *Dieu et les hommes, entretien avec Bernard Kouchner*, éd. Robert Laffont, 1993.

Pinès, S., *La liberté de philosopher.* De Maïmonide à Spinoza, Paris, Desclée de Brouwer, 1997.

Platon, *La République*, trad. R. Baccou, Paris, GF–Flammarion, 1991.

Ponceau, Amédée, *Initiation philosophique*, Paris, Marcel Rivière, 1944.

_____, *Musique et angoisse*, Paris, La Colombe, 1951.

_____, *Le temps dépassé: l'art et l'histoire*, Paris, Marcel Rivière, 1973.

Rahner, Karl, *Dangers dans le catholicisme d'aujourd'hui*, Paris, DDB, 1959.

_____, *Le chrétien et la mort*, Paris, DDB, 1966.

Rolland, Romain, *Goethe Et Beethoven, Paris,* Broché, 1930.

_____, *Les Pages Immortelles De Rousseau*, Paris, broché, 1938.

_____, *journal (1915-1943)*, Paris, Éditions Vineta, 1951.

Roy, Claude, *Un poète mineur*, Paris, Gallimard, 1949.

_____, *Un seul poème*, Paris, Gallimard, 1955.

_____, *Poésies, Poésie*, Paris, Gallimard, 1970.

Salome, Jacques, *Contes à guérir, contes à grandir,* Albin Michel, 1993.

_____, *Les mémoires de l'oubli*, Albin Michel, 1999.

Salter, James, *There and Then: The Travel Writing of James Salter*, Philadelphia, PA, U.S.A., 2005.

Sartre, *L'existentialisme est un humanisme*, Paris, Gallimard, 1990.

Schleiemacher, E., *De la Religion*, trad. par Bernard Reymond, Paris, Van Dieren Éditeur, 2004.

_____, *Esthétique. Tous les hommes sont des artistes*, Paris, Le Cerf, 2004.

Séguéla, Jacques, *La Terre en rond*, Flammarion, 1960.

_____, *Le futur a de l'avenir*, éd Ramsay, 1996.

Simone, WEIL, *L'enracinement*, Paris, Gallimard, 1949.

_____, *Oppression et liberté*, Gallimard, 1955.

Solzhenitsyn, A. I., *A Letter to the Soviet leaders*, Collins: Harvill Press, 1974.

Souriau, Etienne, *Clef pour l'esthétique*, éd. Seghers, Paris, 1970.

Spinoza, *Ethique*, 2ème Parite, Proposition 17, in Oeuvres complètes, Gallimard, 1954.

Swift, Jonathan, *Journal de Holyhead*, trad. par David Bosc, Éditions Sulliver, 2002.

Terrasse, Antoine, *Bonnard. Étude biographique et critique*, Genève, Skira, 1964.

Thériault, Yves, *Amour au goût de mer*, Beauchemin, Montréal, 1961.

Troyat, Henri, *Tchekhov*, Flammarion, 1984.

Ts'ao Siue-Kin, *Le Rêve dans le pavillon rouge*. Traduit du chinois par Franz Kuhn, texte français en 2 volumes par Armel Guerne, Paris, Éditions Guy Le Prat, 1957-1964.

Werber, Bernard, *Nouvelle encyclopédie du savoir relatif et absolu*, Paris, Poche, 1993.

Wittgenstein, *Investigations philosophiques*, trad. P. Klossowiski, Paris, Gallimard, 1961.

Zurcher, Bernard, *Braque vie et oeuvre*, Fribourg, Office du livre, 1988.

삶의 진리를 위한 철학 수업

철학,
인간을
사유하다